# 日本古代中世の社会と宗教

*Society and Religion in Ancient and Medieval Japan*

宮崎健司【編】

*Kenji Miyazaki*

法藏館

# 日本古代中世の社会と宗教❖目次

## 第Ⅱ部　社会と文化の諸相

# 日本古代中世の社会と宗教

# 緒　言

日本における前近代、とりわけ古代中世の社会においては、仏教や神祇信仰などの宗教が果たした役割はたいへん大きい。そのため当該期の歴史研究においては社会と宗教という観点が不可欠かつ重要な視点であるといえる。そしてこの視点による研究は、歴史研究全体の深化を促すものと考える。そこで本書では、それらの具体的な研究成果を提示するとともに、社会と宗教という視点の重要性をあらためて提言するため刊行するものである。

本書は、次の二部構成であるが、以下にその概要を示すことにしたい。

第Ⅰ部　仏と神のかたち
堅田　理「八・九世紀における僧尼と財について」
関山麻衣子「僧侶の社会事業と在地信仰」
中林　隆之「比叡山諸院と初期天台宗の形成」
駒井　匠「諸国講読師制度に関する二題」

## 第Ⅱ部　社会と文化の諸相

三澤佑里香「諏訪市博物館蔵「慶応四年十一月五日〳〵東京着〳〵の日記」翻刻と概要」

Ⅰ部「仏と神のかたち」は、具体的な仏教、神祇信仰などをテーマとした諸論考で、さまざまな信仰実態とその影響を分析し、宗教と政治、社会の関係を解き明かす内容になっている。

堅田論文は、八・九世紀における僧尼と財と関係を『日本霊異記』や、近江国依知庄関係史料により分析し、寺財は使用目的が明確化される必要があり、僧尼の財もすべて仏事に費用されるべきとの規範が存在したこと、土地の集積や房中息利稲など僧尼の私財の運用は寺外の俗人に請負われ、在地の実力関係に基づき私有されながら、仏事としての使用目的を明確化し寺財となり、安定的な所有が実現していったと指摘している。

関山論文は、中国からもたらされた神仏習合の思想が、どのように日本で受容され発展したかについて、僧侶の社会事業を手がかりに検討し、人々による要求に応じた僧侶は社会事業を行ったが、その要求の背景には仏教的儀礼を望み神の威光が増すことに期待があり、それは神仏習合への理解の進捗をしめすとともに、神仏習合の受容と発展を物語ると指摘している。

中林論文は、天台宗の拠点たる比叡山の基本構造は、十世紀初めごろまでに確立したとし、東塔・西塔・横川と称された三塔地域を軸に発展、東塔や西塔では、国家の支援の下、内供奉僧らの勧めによる歴代天皇の「御願」の諸院の建立が相次ぎ、各院に年分度者も配され、横川にも楞厳院などが形成されて貴顕を含む僧らが住し、また西塔、ついで東塔の年分度者により、王家・摂関家や王城鎮護のための神仏習合の仏事も恒例化されたと指摘している。

駒井論文は、九世紀の諸国講読師制度整備を中心に、これと国分寺政策、諸国文殊会・仏名会の展開との連関を検討し、まず天長二年（八二五）の読師新設を取り上げ、新設以前、国分寺僧は南都からの派遣となっていたが、これが機能しなかったため、南都は読師新設を求め、地方進出を目指したとする。また九世紀半ばには諸国文殊会・仏名会や天皇周辺で仏教的な罪が意識されており、これにより国分寺の滅罪の機能も浮上したとして、これを受けて、国分寺の機能強化のため講読師補任階梯遵守が命じられたと指摘している。

工藤論文は、『日本三代実録』に収録されている願文から、仁明天皇女御の藤原順子が願主となって作成された貞観元年（八五一）四月十八日の貞願寺年分度者に関する願文を取り上げ、願文には、皇太后として天皇を補佐する役割に言及するとともに、その具体的方法は容易に出家できない順子が自分の代わりとして貞願寺の年分度者三人を置くというものであったとする。つまり年分度者による仏道修行の功徳を天皇の政に廻向することで、仏教的聖帝としての天皇の政務を助けるとともに、在家者による仏教的作善の実現が可能となったことを指摘している。

佐藤論文は、今木神は平安京遷都により平野社主神として官祭の対象となり、皇太子守護神として崇敬をうけたが、もと高野新笠が平城京田村後宮で奉斎したことから、新笠の母の出自の和氏が奉斎する神であったとする。この神が藤原仲麻呂の田村第の故地で屋敷神となり、皇太子守護神の神格が成立するのは、墓所での鎮めを担った神が王宮の場の鎮めに応用されたもので、祭祀女性はこれを治めることで特別なキサキ権を成立させ、ミコの成功を外護したことを指摘している。

細井論文は、地方官衙に置かれた陰陽師が八～九世紀では軍事目的で主に辺要に置かれたが、九～十世紀にその設置地域に発生した、兵乱の前兆とされる怪異も、大部分は中央の神祇官・陰陽寮が占っており、地方官衙—官寮の二段階の占断方式があったことに加え、地方で怪異を占う人材確保の問題を検出し、地域の宗教権門と国司の関係を調整する必要があったことを指摘している。

横田論文は、静岡市から富士宮市にかけての山間部に全国的に例の少ない降魔坐の大日如来像が四軀存在していることから、その形式に『天台小止観』などの天台宗の影響が考えられ、この地域には十一世紀中頃に、天台沙門「平快」による活動がみられることから、天台宗の影響下、山岳信仰のネットワークが広がっていた可能性を指摘している。

杉本論文は、院政期貴族社会の聖俗の交流について、院政期を代表する貴族藤原宗忠を事例として取り上げ、聖俗の交流の実態について検証し、宗忠の日記『中右記』に散見する「訪」「同車」記事に注目し、かかる活動などを通じて構築された宗忠の人的ネットワークの実態などを指摘している。

宮﨑論文は、十二世紀の法隆寺一切経として書写された『開元釈教録』巻第十九（入蔵録上）を取り上げ、列記された仏典の排列などを現行本と対比して、その異同に着目し、本品が『開元釈教録』の単なる写本ではなく、奈良時代に多様性を示していた一切経に起因する蔵書目録である可能性を指摘したものである。

東舘論文は、親鸞が二十九歳に専修念仏帰入した際、六角堂の観音菩薩およびこの観音が世に現われた存在として尊崇されていた聖徳太子から重大な導きを得たが、親鸞在世時に至るまでの観音・太子両信仰の展開の過程とその歴史的意義、および、親鸞が二度にわたって得た導きの内容を確認しつつ、親鸞がこの導きを得るに至ったことの意味について指摘している。

岡野論文は、十四〜十六世紀の千葉氏が妙見菩薩を信仰した背景を、比叡山の妙見菩薩像や天台宗檀那流の僧の活動から考察し、什覚『檀那門跡相承資』、厳吽『玄旨重大事口決』から、比叡山の妙見菩薩像や七星信仰が下総国に伝わったこと、妙見菩薩の本地仏が観音菩薩か薬師如来かという議論に発展する背景について指摘している。

大平論文は、義天玄承の伝法衣「義天玄承料九条袈裟」（龍安寺蔵）を纏った姿で描かれた頂相の調査により見いだされた遺例を踏まえ、この形式の頂相は龍安寺二世である雪江宗深によって始められ、当初は妙心寺派の僧全体で見られたが、妙心寺派の細分化や龍安寺の性格の変化にともない、徐々にその範囲を狭め、十六世紀初頭以降は一部の龍安寺僧の頂相にしか見られなくなったと指摘している。

Ⅱ部「社会と文化の諸相」は、宗教との関係を分析する上での前提となる政治や社会の諸相をそれぞれの関心に基づいて考察したものである。

西村論文は、生駒市西畑遺跡の発掘成果を踏まえて、いわゆる平城京西方の葬地の様相を検討し、生駒山地の歴史的意義を指摘している。

古市論文は、仁徳紀の玖賀媛・速待伝承が、丹波・桑田郡の丹波国造と、播磨・飾磨郡の播磨国造の祖に仮託された地域勢力相互の交渉を反映した伝承であると論じ、当該期の政治的状況を前提とすることで、この伝承の意義を明らかにし、伝承的記事の中から、国家形成期の中央支配権力と地域勢力の関係、また地域勢力相互の関係を見出す試みの一つであるとする。

門井論文は、九州最大規模の須恵器窯跡として知られる牛頸窯跡群からは、「筑前国奈珂郡手東里」「和銅六年」「奉調大瓱一」などが刻まれたヘラ書須恵器片が出土している。窯では六世紀から九世紀まで須恵器を生産していることが分かっているが、「手東里」と刻まれた資料や周辺郷の所在の確認を通じて、筑前国での律令制の編成がどのように行われてきたかの一端を指摘している。

新井論文は、称徳天皇の神仏観を明確にするため、景雲改元を中心に、称徳天皇の伊勢神宮および天照大神への意識や、「天皇霊」などの神仏の列挙の意義について考察し、その背景には称徳天皇の正当な皇位継承者たろうとする思想があることを指摘している。

櫻井論文は、旧稿の補論として、鮨（鮓）の用字とその熟成期間について考察を加え、いずれも製法の差異を意味するものではなく、熟成の時間差は旬の食材を鮨（鮓）としたためと指摘している。

増成論文は、延暦十七年（七九八）～同十九年に実施された公廨稲設置・再設置について、諸制度（公廨稲・国司公廨田・国司借貸）の相互関係に着目し、公廨稲の補塡機能の位置づけの相対的低下や、国司公廨田や公廨稲の得分機能が抱えていた問題の解消などが公廨稲停止の背景として想定できることなどを指摘している。

小倉論文は、『弘決外典鈔』撰述における具平親王の作業過程について、「外典目」の検討を中心に検討し、親王はまず『止観輔行伝弘決』に登場する外典の書名を抜き出したが、それをそのままリスト化せず、複数の図書目録を利用して適切な書名を捜索、確認し、必ずしも所引外典すべての校訂・注釈を目的としたわけではなく、省かれた書目もある一方で、注釈目的あるいは向学心からわざわざ「外典目」に加えられた書目もあったことを指摘している。

伊藤論文は、京都府立京都学・歴彩館のデジタルアーカイブ「東寺百合文書ＷＥＢ」「京の記憶アーカイブ」をサンプルに多角的な検索の実践例を提示し、平安時代の占いをキーワードに検索した資料を紹介するとともに、所蔵資料の情報発信には、時代に即したコンテンツの作成が重要であることを指摘している。

三澤論文は、信濃国一之宮諏訪神社（現・諏訪大社）に関わる神仏分離を検討する上で貴重な資料である諏訪上社大祝家に伝わる大祝諏方家文書のうちの一つで、明治元年（慶応四年）十一月から十二月に記された東京での記録を全文翻刻するとともに、若干の考察を加えている。

以上、いづれもそれぞれの観点に基づいて鋭く分析した諸論考であり、斯界に大きく寄与するものと考える。読者諸氏におかれては、是非、ご味読いただきたいと願う。

最後になったが、出版事情の厳しい折柄、本書の上梓にあたり、ご高配を賜った法藏館社長西村明高氏に御礼申し上げる。また編集を担当いただいた今西智久氏にも感謝申し上げる。

二〇二五年二月

叡山を望む西賀茂の茅屋にて

宮　崎　健　司

# 第Ⅰ部　仏と神のかたち

# 八・九世紀における僧尼と財について

堅田　理

## はじめに

僧尼令不得私蓄条には「凡そ僧尼、私に園宅財物を畜《たくは》へ、及び興販出息すること得じ」とあり、僧尼による私財の蓄積と運用は禁止され、田令官人百姓条では「凡そ官人百姓は、並に田宅園地を将て、捨施し、及び売り易へて寺に与ふること得じ」とし、寺による財の集積に対する制約が設けられていた。(1)僧尼や寺と財との関係は、実際どのようなものであったのか。そこに在俗の人々はどのように関わっていたのか。

本稿では、第一節で『日本霊異記』(2)を素材に、説話において僧尼と財との関係や規範がどのように語られたのか、また、寺財と檀越との関係はどのように描かれているのかを確認する。(3)第二節では、近江国愛智庄に関わる史料を素材として、僧の私財の具体的なあり方を検討し、また僧による土地集積を支えた人々の関係を捉えるよう試みる。それらを通じて古代における僧尼や寺と財との関係の特徴の一端を照射できればと思う。

# 一　『日本霊異記』にみる寺・僧尼と財との関係

## 僧尼と財との関係

まず、僧尼と財との基本的な関係を中巻第二一縁を素材に考えてみたい。金鷲《こむじゅう》優婆《ば》塞《そく》は、諾楽京の東山の一の寺に住み修行していた。彼は執金剛神像の蹲《こむら》に縄を繋けて引き願い、昼夜休むことがなかった。ある時、蹲から放たれた光が皇殿に至り、驚いた聖武天皇が勅使を遣わし状況を知ることになる。天皇は優婆塞を召し、何を願い求めるのかと問うた。優婆塞は「出家し仏の法を修《おこなひ》学《まな》びむと欲ふ」と答え、天皇は勅して得度を許し、金鷲を法名としたとする。そして彼の行を誉め、「四の事を供《たてまつ》るに乏しきこと無し」と述べる。四の事とは、飲食・湯薬・衣服・臥具あるいは房舎をさす(4)。寺院において僧が必要とするものは、基本的にこの四つであり、それが施され、修学する環境を得ることが官僧となることの一つの意味であった。

次に、布施や供養のあり方についてみてみたい。下巻第二四縁では、近江国野洲郡部内の御上嶺の社に鎮座した陀我大神が、社の辺の堂に居住し暫くの間修行していた大安寺僧恵勝の夢に現れ、「我が為に経を読め」と求める。明くる日には小さき白き猴《さる》が現れ、前世からの因縁を説き、その身を脱れむが為に、法華経を読むことを恵勝に求める。恵勝は、「然れば供養し行はむ」というが、猴は「本より供《そな》ふべき物無し」という。恵勝は、「此の村に籾《もみ》多《あまた》有り。此れを我が供養の料に充てて経を読ましめよ」と、陀我大神に寄せられていた封六戸からの収入を供養に充てるよう求める。しかし、猴は、「朝庭我れに賜《たま》ふ。而れども典《かと》れる主有りて、己が物と念ひて、我れに免《ゆる》さず。」と社司が私物化していて神の自由にならないと説明する。それに対し恵勝は「供養無くば、何為《いかにして》経を読み奉らむ」と答え、その後、六巻抄を読む知識に猴が加わる様に話は展開する。読経をするためには、どうしても供養物が必要である。その一線を譲らないことが話の展開の前提となる。

夫の死に際し阿弥陀画像を造ることを発願した女性が、貧しい中、秋ごとに落穂を拾い、それを供養として捧げて画師を請じたという、上巻第三三縁の様に、何らかの供養物を布施することが三宝との関係を形成するためには必要であった。

同様の極貧の女性を主人公とし、寺財の具体的なあり方を示すものに中巻第二八縁がある。聖武天皇の世に、大安寺の西の里に一の女人がいて、極貧であった。彼女は、大安寺の丈六仏は衆生の願う所をたちまちによく施し賜うというので、花と香と油とを買って丈六仏の前に参詣し、「我れ昔の世に福《さきはひ》の因《たね》を修《おこな》はずして現身に貧窮《まづ》しき報《むくい》を受取る。故に我れに宝を施《たま》ひて窮《まづしきこと》の愁《うれへ》を免《まぬか》れしめよ」と日を累ね月を経て願ったという。すると、ある日朝起きて門の椅《はし》の所を見ると銭四貫があり、短籍《ふみた》には「大安寺の大修多羅供の銭」とある。彼女がそれを寺に返しに行き、宗の僧が銭を入れたる蔵を確認すると封の印はそのままで、銭四貫のみが無くなっており、その銭を元に戻した。彼女は丈六仏に参詣し家に帰るが、翌日の朝には、庭の中に銭四貫があり、短籍には「大安寺の常修多羅供の銭」とある。再び銭を寺に返しに行くが、「宗の僧等、銭の器を見れば、封誤たず、開き見れば銭四貫のみ無し。怪びて蔵め封」したという。さらに、翌日には閫《とじきみ》の前に銭四貫があり、短籍には「大安寺の成実論宗分の銭」とある。寺に返しに行くと、宗の僧が銭の器を確認するに前日同様であった。そこで「六宗の学頭の僧等集会」し、女性に由縁を問うと、彼女は丈六仏に花と香と燈を献じて福分を願っていたことを告白する。衆僧は、その銭が仏の与えた銭であることを認め、彼女にその銭を与えたとされる。

一人の女人が、丈六仏に直に花と香と油を供えて福分を願うことが可能であったこと。また、宗分の銭が銭の器、さらには蔵に納められて短籍を付けて宗の僧により管理されていたこと。その管理上での案件の最終決定は、六宗の学頭の僧等の集会・協議によりなされている。寺財の一部は、寺内の宗ごとに、その修学を支えることを目的として集積・管理されていることがわかる。

同様なモチーフは、中巻第四二縁にもみられ、極貧に迫られた左京九条二坊の人である海使蓑女が、左京九条四坊にある穂積寺に参詣し千手の像に福分を願い、観音菩薩の化身たる妹によって銭百貫の入った皮櫃《かはひつ》がもたらされた。そして、「三年を過ぎて、千手院に収めたる修理分の銭百貫無し」と聞き、観音が賜う所なりと知られたとしている。ここでは、寺院の建物等の維持を目的とする「修理分」の銭が極貧の女性のもとに届けられた。

この様な寺財は、僧によって借りられる場合もあった。下巻第三縁には、「沙門弁宗は、大安寺の僧なり。天年《ひととなり》弁《さとしさ》有り。白堂《びゃくだう》を宗とし、多く檀越を知り、高く衆《もろひと》の気を得たり。帝姫阿倍天皇の代に、弁宗其の寺の大修多羅供の銭三十貫を受用《うけもちゐ》て、償ひ納むること得ず。維那の僧等銭を徴《はた》りて逼《せ》むれども、債《もののかひ》を償ふに便《たより》無し」とされ、返済に窮した弁宗は、泊瀬の上山寺の十一面観音菩薩に銭を賜うことを願い、それを見た船親王が事情を知り、銭を布施することによって弁宗の願いが叶えられる。この説話では、弁宗が寺の銭を受用したこと自体は何ら責められず、恣意的な使用や、私物化とはみなされていない。それは、償うことができれば問題のない寺財の用い方であったからであろう。彼が銭を受用する前提には、彼が白堂を宗とし多くの檀越を知り人気があったという事実がある。白堂の意味は明確ではないが、「白」が「もうす」意味であれば、各地で開かれる法会で、願文や経典を読み上げる、声明に達していたという意味に近いのではないかと思われる。彼は各地での法会に参勤するために移動し生活する元手を借財し、法会での布施・供養を受けて大安寺へ戻った時にそれを返済していたのではないだろうか。何らかの理由で法会が開かれなくなったりして、返済できなくなった可能性も考えられよう。借財自体が責められていない背景は、借財の目的・用途の正当性にあったのであろう。

### 寺財に関わる僧尼の規範

寺の構成員である出家者の寺財に対する規範について考えておきたい。上巻第二〇縁では、延興寺の沙門釈恵勝が、湯を涌かす分の薪一束を盗んで他に与えて死に、牛に転生して駆使されていた。そして、知らぬ僧に化した観音菩薩によって事の因縁が顕されると、牛は死に、役を終えたという。「むしろ飢に迫められ沙《す》土《ひぢ》を食むとも謹《ゆめ》常住の僧の物を用《もちゐ》食《は》まざれ」との教訓が示され、「所以に大方等経に云はく、『四重五逆は我れもまた能《よ》く救ふ。僧の物を盗むことは我救はぬ所なり』」と述べられる。常住の僧物を盗むこと、恣意的に無断で用い、それを償わないことは重罪であるとの規範の存在が示されている。

上巻第二七縁で、「詐《いつは》りて塔を造ると称《い》ひて人の財物を乞斂《こひあつ》め、退《かへ》りて其の婦と雑《くさぐさ》の物を置きて噉《く》」うなどした、自度の石川沙弥が身を焼かれ命を終える現報を受けたのは、募財の目的・用途と異なる私的流用の罪の極端な話である。また、下巻第二三縁では、信濃国小県郡嬢里の人大伴連忍勝が、大伴連等が作った氏の寺に常住し、大般若経の書写を発願し物を集めて自度し修道していたが、人の讒《しこぢ》を受け、檀越たる同族の大伴連によって打ち殺され閻羅王の闕にいたった。そして、「汝実《まこと》に願を発し出家し道を修《おこな》ふ。是の善有りといへども住める堂の物を多用《おほくもちゐ》る。故に汝の身を摧《こだ》くなり。今還りて願ふことを畢へ、後に堂の物を償へ」と教示され蘇生したという。善行のために集めた物であっても、その物を恣意的に、また、それ以外の目的で多用することは、檀越を裏切る行為とされた。

これらのことは、寺財の存在に対する社会的承認が、その目的・用途が明確化され、それに沿って使用されることと一体であったことを示すものと思われる。

下巻第五縁では、河内国安宿郡の信天原山寺の妙見菩薩に、畿内の人々が、知識を結い、毎年燃燈を献じていたという。帝姫阿倍天皇の代のこと、燃燈とともに、室の主である僧に、銭と財物が施された。おそらく、寺と僧の生活を維持する費用として財物も募られ、寺に入れられたものと思われる。ところがその布施の中の一部の銭五貫を、弟子が密かに盗み隠したという。後に弟子がその銭を取るために行くと、そこには銭は無く、鹿が箭《や》を負って仆《たお》れていた。その鹿を担うために河内市の辺の井上寺の里に返り、人等を率いて山寺へ行った。おそらくこの人々は、燃燈の知識に加わっていた人達でもあったであろう。そこで目にしたものは、鹿ではなく弟子が盗んだ銭であり、菩薩の示しにより事が発覚したものとされている。この場合にも、寺や僧の生活を維持するための費用が、知識によって布施されており、それは僧や弟子たちが恣意的に寺の法会や維持という目的の外に用いるものではないという規範が前提となっている。

また、財への執着自体を咎めるものには、中巻第三八縁がある。聖武天皇の御世に馬庭山寺に常住した一人の僧が、室の内に銭三〇貫を隠蔵しており、死後にも蛇に転生してそれを守ろうとしていたという話である。その因縁を知った弟子は、その銭を布施に充てて、経を誦し供養した。欲の山の頂を見ることはできないとの教訓が示されるが、僧には仏事を目的としない蓄財は必要なく、すべて仏事に費用されるべきとの規範がみてとれる。

### 檀越との関係

まず、檀越としての豪族が描かれる説話からみてみたい。中巻第九縁は、武蔵国多磨郡大領の大伴赤麻呂について次のようにある。

天平勝宝元年己丑の冬十二月の十九日に死ぬ。二年庚寅の夏五月の七日に黒斑なる犢生《こうし》る。自《み》づから碑文《しるし》を負《お》ふ。斑の文を探《あなぐ》るに、謂《い》はく「赤麻呂は、己れが造る所の寺を擅《ほしきまま》にして、恣《ほしきまま》なる心に随ひて寺の物を借用《かりもちゐ》て報い納めずして死《し》亡ぬ。此の物を償はむが為の故に牛の身を受くるなり」といふ。茲に諸の眷属《やから》と同僚《ともがら》と、慚愧《は》づる心を発《おこ》して、慄《おそ》るること極り無くして、謂はく「罪を作ること恐るべし。あに報《むくい》無かるべけむや。此の事季《すゑ》の葉《よ》の楷模《かたき》に録《しる》すべし」といふ。故に同じき年の六月の一日に諸人《もろひと》に伝ふ。冀《こひねが》はくは、慙愧《はぢ》無き者斯《こ》の録《ふみ》を覧《み》て心を改め善を行ひ、むしろ飢の苦に迫められ銅《あかがね》の湯を飲むとも、寺の物を食まざれ。

郡大領の大伴赤麻呂が、自分が檀越となって建てた寺を擅にして、恣意的に「寺の物を借用いて報い納めずして死亡」し、その債務を償うために牛の身に転生したことが示される。第一に、自己の資財を基にして造営した寺であっても、寺院が成立した上では、その寺財に対して檀越として関わる場合、「借用」する関係に立つこと。すなわち、檀越は寺財の運用を請負う関係にあること。第二に、「飢の苦に迫められ銅の湯を飲むとも、寺の物を食まざれ」と、寺財の私的な消費は罪であるとの規範が語られることに注目しておきたい。

　同様に檀越としての豪族が描かれる説話に下巻第二六縁がある。田中真人広虫女は、讃岐国美貴郡大領の妻として、酒や稲・銭の出挙を行っていたが、酒に水を加え薄めたり、大小の斤を用いて利を収め、また非理なる利息で苛酷な取立てを行った。そして、病を得て閻羅王の闕に召された夢を夫と子息に語るが、そこで示された罪の第一は、「三宝の物を多く用《もちゐ》て報《かへ》さざる罪」とされ、第二に酒に水を加えたこと、第三に大小の斤を用いて不当な利を得ていたことが挙げられる。広虫女が運用していた財の一部には「三宝の物」が存在していた。その後、上半身が牛の身になる現報を目の当たりにした大領と子息が、「愧恥《はぢ》ぢて慼慟《いた》み、五体を地《つち》に投げて、願を発すこと量《はかり》無し。罪の報《むくい》を贖《あか》はむが為に、三木寺に家の内の雑種《くさぐさ》の財物を進入《たてまつりい》れ、東大寺に牛七十頭と馬三十疋と治田二十町と稲四千束とを進入れて、他人《ひと》に負《おほ》せたる物は、みな既《すで》に免《ゆる》」したとする。家の種々の財物を三木寺に、牛馬や治田・

稲を東大寺に施入し、また他人に負せた物を免じている。これは、当時の社会において、郡領が、郡名を冠する寺院の檀越としてその財の運用を支え、さらに各地に設定された東大寺領の運営を支える存在として認識されていたことが背景となり、それが当時の通念として説話のなかに表現されたものと考えることができる。

寺の檀越は、村人の知識によって担われる場合も存在した。中巻第三二縁は紀伊国名草郡三上村の人が、薬王寺のために知識を率引し、檀越となって「薬の分《わけ》を息貮《いら》へ」ることを請負っている。その薬分の稲は、檀越の一人である岡田村主石人によって、妹の桜村に住む岡田村主姑女《をばめ》に預けられ、酒を作って出挙し利を得ていた。その姑女から酒二斗を貸用《かりもち》い、償わずに死んだ物部麿が檀越である石人の夢に現れ、「吾れ先に是の寺の薬の分《わけ》の酒を二斗貸用《かりもちゐ》、償《つくの》はずして死にき。所以に今牛の身を受けて、酒の債《もののかひ》を償ふ」と語り、牛に転生し、八年を限りて寺の産《なり》業《はひ》に駆使されることで返済を果たしていることを告げ知らせたという。石人は、妹の桜村の姑女に事実を確認するとともに、知事僧浄達と檀越等が因縁を悟り、牛となった物部麿のために誦経を修したとされる。おそらく知事僧浄達は、薬王寺の寺財を管理する役にあった者で、彼と檀越等（三上村の人々）との間で薬料の物を「息貮《いら》へ」ることの約束事が結ばれていたものと考えることができる。そして、運用を請負われ、出挙された酒は、借りる人に「寺の薬分の酒」として認知されていた。その酒を借り用い、利息とともに報納する行為が仏縁になると考えられていたと思われる。

寺の交易銭を素材としたものに、中巻第二四縁の楢磐嶋の話がある。大安寺の西の里に住む楢磐嶋は、聖武天皇の世に「大安寺の修多羅分の銭三十貫を借りて、越前の都魯鹿津《つるがのつ》に往きて交易《あきな》ひ」し、その帰途に閻羅王の闕の使の鬼に召されようとするが、「寺の交易の銭を受けて商ひ奉るが故に」暫く召すことを免《ゆる》される。そうするうちに、使の鬼が飢え疲れ、食物を求め、磐嶋は干飯を与え、さらに家に帰り牛の宍《しし》を饗《あへ》することを約束する。饗を受けた鬼は、磐嶋を免して、磐嶋と同じ戊寅年生れの率川社《いざがはのやしろ》の許《もと》の相八卦読《さうはちくゑよみ》を身代わりにするとともに、鬼の為に金剛般若経百巻の読誦を求める。磐嶋は、「大安寺の南塔院に参《まゐ》入りて、沙弥仁耀法師を請《むか》へて」、二箇日をかけて金剛般若経百巻を読誦してもらった。三日後に鬼が再び現れ、「大乗の力に依りて百段《ひゃくたび》の罪を脱《まぬか》れ、常より食《くひもの》飯《いひ》一斗を復《ま》倍して賜《たま》ふ。喜《よろこば》しく貴《たふと》し。今より以後《このかた》、節《をり》ごとに我が為に福《さきはひ》を修《つく》り供養せよ」と言い遺し、忽然と見えなくなったという。大安寺の西の里に住む楢磐嶋は、大安寺に日常的に出入りし、寺の交易銭たる修多羅分等の銭を借り受け、交易を請負う関係にあったのであろう。金剛般若経百巻の読誦を求められた磐嶋が、大安寺の南塔院の沙弥仁耀のもとへ経典読誦を依頼するため即座に参入していることも、そうした日常的な関係が前提になっているものと考えられる。寺からすれば、大安寺の西の里に居住する人々に交易を請負わせていたということになる。

寺財としての稲や銭は、檀越たる豪族や知識を結んだ村人あるいは交易を担う者等、俗人に貸し出され、それを出挙する等の運用を請負わせるのが基本的なあり方であった。

## 二　僧と私財――愛智庄を事例として

**僧の私財と寺の財**

まず、貞観一八年（八七六）一一月二五日「近江国愛智庄定文」(5)の内容を確認したい。

近江国愛智庄

合水田壱拾弐町

庄佃弐町　獲稲肆「八」佰束

之中
除二百卅束　二百束後年営料　卅束租料
残稲五百七十束　可二春得一米廿五斛七斗　五十一□　春功□
地子米卅五斛　庄田十町地子　町別四斛八□　三斛五斗□
都合米陸拾斛柒㪷之中
除用料米壱拾伍斛柒㪷　馬料、庄用米運功
大津定米肆拾伍斛之中
卅斛講経料
応レ奉レ講経論廿八巻　毎年行事、若地子用途　不レ足、二年一度可レ講、
自在王菩薩経二巻　上下　奉二為八幡大自在王菩薩一
金剛般若経一巻　奉二為天神地祇一
法華経一部　奉二為国家及四恩一
三論一部七巻　為レ紹二隆仏法一
布施法
講師米弐拾斛　読師米伍斛
法用中米伍斛
宗学衆施燈料壱拾斛　雖レ云二損年一、件施燈　不レ可レ闕、
残米伍斛、毎年売、納二息利一、加二用有レ損之年一、若

上内用途、有下可二充用一事上者、随レ宜用レ之耳、

右講経料、遠期二日月一、応レ奉レ修、但講読師、以二自宗熟業之人一、依二次第一請用、彼法用准二諸供一、以二預人一充用、夫生死无常、誰成二遠憑一、仍且定行如レ上、但房中頃年所二息利一銭、并愛智庄息利稲等、此治田買加料也、弟子僧斉真・増寿等、熟二知此志一、勿二以互用一、然講経事始レ自二貞観十九年一応二勤修一、仍且定レ之、

貞観拾捌年拾壱月弐拾伍日

前豊前講師大法師「安宝」

依レ疑捺二私印一

これは、前豊前国講師である東大寺僧安宝が、愛智庄の佃二町の穫稲と、地子田一〇町の地子米の用途を定めた定文である。馬料、庄用米運功の必要経費を除いた四五斛の中、三〇斛を自在王菩薩経以下の講経料として、講師・読師・法用僧の布施に充て、一〇斛を宗学衆施燈料として三論宗の修学のための燈明料として施し、残り五斛を出挙の元手及び有損の年のための予備として使用するという用途が明らかにされている。それは、生死無常の世にあって、安宝がそれまでに集積してきた墾田によりなる愛智庄の運用の目的を明らかにし、また「房中頃年所息利銭」や、「愛智庄息利稲等」を「治田買加料」として利用し、その宗学の繁栄を期すとともに、そうした運用を弟子である斉真と増寿に確約させる内容をもっている。墾田、房中の息利銭、愛智庄息利稲という東大寺僧安宝の私財の内容が分かる(6)とともに、その仏事用途を明らかにすることによってはじめて、その所有が安定したものとなることが前提となっていると考えることができる。前節で『日本霊異記』の説話を素材に確認したように、僧には仏事を目的としない蓄財は必要なく、すべて仏事に費用されるべきとの規範が前提となっている。

用途が明らかでない僧尼の私財は、生死無常の世にあって、もしそのまま死が訪れた場合、どのように処分され

たであろうか。天長元年（七二四）五月二三日「延暦寺禁制式[7]」のなかの次の記述をみておきたい。

凡そ生有らば必ず死す。誰ぞ此を免れん、てへり。頃年、山家の仏子等、或は旬月を経て病死し、或は遺言無く頓没す。或は資具有りて弟子無く、或は附物無くして弟子有り。自今以後、長逝せば、同法知事相助け、分に随ひて葬埋せよ。若し残物有らば、南海伝に依りて処分を判るべし。先ず、仏に負へる債資を報じ、次に看病者に宛て、然る後に財物資具有るべし。当に三に均分し、三宝に上るべし。其れ仏分は、仏堂塔殿を造るに用ふ。其れ法分は、経典法門を造るに用ふ。其れ僧分は、諷誦の料物なり。経典章疏有らば、当に経蔵に納め、伝法料に宛つべし。若し屋牀の類有らば、住持分に宛つ。唯遺言已に記し訖るを除く。〈第一一条〉

ここでは叡山の僧が亡くなった場合の処置について述べている。遺言が無い場合、また弟子が無く僧が亡くなった場合、遺物があったならば、『南海寄帰内法伝[8]』によって処分するという原則を示した後、まず、「仏に負へる債資を報」ずる。次に看病せる者に充てる。それでも残る場合は、三宝に対して用いる。仏分は仏堂塔殿の造営修理に、法分は経典書写等に、僧分は諷誦の料物に。また経典章疏等の書籍類は経蔵に納め、屋牀の類は住持分に充てるとする。「仏に負へる債資を報」ずることが第一に挙げられていることは、僧の活動にとって寺財の借用が一般的であったことを示すものとしても注目されるが、ここでは遺財が、三宝物として本寺全般の用途を支える物として分割収納されることを確認しておきたい。遺言があれば尊重され、また弟子があれば弟子に相続されることが前提となっている。おそらく、こうした「延暦寺禁制式」の内容は、その他の寺院においてもその原則に大きな違いはなかったものと想定しておきたい。

次に、僧の私財と寺の財との関係を、貞観一〇年に真紹により記された「禅林寺式[9]」を参考にみておきたい。一五条に「或る人は、別財を以て三宝に施し、或る時は、僧施の上に譲り奉る。是の如くして度累なり、物随ひて積集す。所以に仏言く、我が物、人与奪すること无きは、良に非用を制すが為なりと。三宝物を以て仏殿等の修理に宛てるは、誰ぞ非用と称せむや。今、此の伽藍建立以来、年序稍に積り、仏財漸く集まる。若し徒に貯へて其の用を示さざれば、当に人をして誤用の罪に処せしむべし。仍て須く頃年の三宝施物、計りて長財と成し〈謂は田薗等なり〉、仏殿等の修理に充て用ふべし。若し余有りて、僧房等の修理に充てむと欲せば、執事、衆を仏前に集め、其の由を啓白し、然る後にこれを充て用いよ」とある。人々による三宝への施物が積集するが、それを積集したままに用途を示さないことは誤用の罪となる。そうした施物は、長財として、仏殿の修理等の目的を明らかにして使用すべきである。その上で余りがあり、僧侶の私的な生活に関わる側面が強い僧房等の修理に用いようとするならば、執事が仏前に大衆を集め、寺院構成者周知のもとで行われる必要があるとされている。ここでは、三宝への使用目的の明確化が寺財の条件とされていること、また田園は長財と位置づけられていることを確認しておきたい。

右の様なあり方は、僧侶による土地の買得行為についても関連する。一一条に「観心寺は是れ先師和尚の建立する所なり。修治料の田薗、即ち余の買入る所なり。十五僧を以て、住寺の定額と為す。而るに田薗員少なく、地利多きに非ず。茲に因りて、ム甲、毎年労を計り、仏燈料幷に駆使等の衣服を行下す。余の没後、件の事続ぎ難し。仍て須く余の所為に准じ、年内の料を推量し、宜しきに随ひて労行し、以て雑役人の衣服を送れ。亦立て長労と為せ。背欠するを得ざれ」とあるように、寺院を修治するという目的を明らかにした上で、僧侶である真紹が田園を買得することは、当然のこととして述べられている。そして寺院を維持することのなかには、仏燈料としての油や、駆使・雑役人の衣服の支給も含まれ、それは長労として位置づけられている。

安宝は、後に触れるように、東大寺の三論供家別当としての経歴をもち、三論宗の相続と興隆を願う立場にあった。そうした願いに沿った形で、安宝の私財が今後、また彼の死後にも生かされていくためには、その目的に適った用途を明確化し限定した上で、東大寺三論供家の長財とされ、長労として末永く使用される必要があった。そのために作成されたのが、「近江国愛智庄定文」であり、弟子二人もその認識を共有することが求められた。弟子たちは、安宝の私財を相続することになろうが、資具以外の物の使用目的が同時に示されたことになろう。その後、安宝の集積した墾田は、東大寺領愛智庄として、東大寺の長財とされるにいたったと考えられる。(10)

**安宝による土地集積の過程――大国郷売券の検討から**

安宝によって「近江国愛智庄定文」が作成される前提には、愛智郡大国郷における土地の集積があった。その過程の一部は、大国郷売券として知ることができる。はじめに、仁寿四年（八五四）一二月一一日「近江国大国郷墾田売券(11)」をみておきたい。

近江国愛智郡大国郷戸主依知秦公年主戸（口脱カ）秦忌寸五月麻呂解　申依二庸米一売二買墾田一立二券文一事

十一条八里卅門田壱段　戸主依知秦公益継戸同平刀自女土

右件墾田、所レ負庸米弐斛充二価直一、切二常土一売二進東大寺衙一既訖、依レ式立二券文一如レ件、以解、

仁寿四年十二月十一日墾田主秦忌寸「五月麻呂」

相　売秦忌寸真工女（画指）

戸主正八位上依知秦公「年主」

証　人依知秦「浄男」

依知秦「吉成」

庸調領依知秦「直継」

若湯坐

郷　長依知秦「全吉」

「郡判之

擬大領正七位上依知秦公「氏益」　擬主帳掃守連「田次麿」

副擬少領従八位上調忌寸

擬少領大初位下依知秦公」　○「愛智郡印」二八アリ。

「件墾田雖下以二先日一寺家進納上、被二返却一也、

因即同寺僧安宝師沽進如レ件、以解、

斉衡三年十一月十九日秦忌寸五月万呂

庸領依知秦直継」

「件墾田買二納東大寺三論別供学衆燈料一、但惣券移二載安宝之甥滋賀郡真野郷戸主従六位下大友曰佐豊継戸口

同宮安名一、然未レ載レ券、惣墾田有レ数、後日可レ載レ之、

貞観弐年肆月拾壱日

供別当法師安宝」　○件以下「東参論印」一八アリ。

仁寿四年一二月一一日、秦忌寸五月麻呂は墾田一段を庸米二斛を価直に充て東大寺衙に売却したが、寺家より返却されてしまった。そこで、斉衡三年（八五六）一一月一九日に、東大寺僧安宝に改めて売った。それを受けた東大寺三論別供別当たる安宝は、その墾田を三論別供学衆燈料として納めたが、惣券には、後日、安宝の甥である滋賀郡真野郷戸主従六位下大友曰佐豊継戸口同宮安の名義で登録すると貞観二年四月一一日に追記している。墾田を東

大寺に売納することとした背景には、安宝の存在があったからかもしれないが、東大寺としては目的が明らかでない状況で、寺財を動かして零細な墾田を購入するいわれは無く、それを拒否したのであろう。三論別供別当であった安宝は、改めてその土地を三論別供学衆燈料とすることを目指し、甥の名義を使用して土地の集積をはかろうとしたことがわかる[12]。惣券とは、おそらく荘園を構成する墾田の目録のような文書で、それは、国郡など行政機構に対し、荘園の土地所有を証明する意味をもったものと考えられる。その文書では、元の所有者は俗人名義で構成されていた。一方、売券においては、土地集積に直接関わった当事者間での認証関係が表れているといえる。安宝へと収斂していく土地集積の過程の当事者間の関係を、大国郷売券に見て取ることができるといえよう。その土地集積はどのような人々によって担われていたのであろうか。そこで、貞観二年以降の売券について、土地、売買人、理由、署名人等について整理して表に示した（三〇・三一頁）。

まず、買人に注目すると、東大寺僧安宝、大国郷戸主依知秦公浄男が土地集積の中心的な役割を果たしていることがわかる。依知秦公浄男は、先掲の仁寿四年の売券で証人として名を連ねていた人物である。彼は、安宝の意を受けて、在地で土地を集積した中心人物であったと想定できる。

次に、墾田売却の理由についてみてみると、ここでは、正税稲、官稲、所負官物、所負稲が挙げられている。正税出挙をはじめとする税の納入を、愛智庄息利稲で肩代わりする形で、墾田が集積されたのであろう。また、⑧・⑩のように単に「所負稲」とされているものは私出挙稲であると考えると、その返済のために墾田が売却されたものとみることができる[13]。安宝の私稲たる愛智庄息利稲の運用のなかで墾田が集積していった。

さらに、売券における署名人のあり方についてみてみたい。署名人には、売買人の他、証人が立てられ署名を加えている。また、証人の他に、正税稲を含む官稲等の納入業務を在地で担う者として「領」「了事」「頭領」「徴部」

「庸調領」「税領」等の肩書で署名を加える場合もみられる。大国郷売券において、個人名まで分かる者を『平安遺文』の文書番号と共に示すと以下の様になる。「領」：依知秦公国成（一六号）・秦人乙麻呂（四七号）・調首浄川（四七号）・調首豊門（六五号）・依知秦前秋主（六五号）・依知秦公千門（八九号）。「了事」：調首大野（四七号）、秦人福足（四七号）。「頭領」：依知秦公永吉（一一六号）。「徴部」：依知秦公年主（六五号）・依知秦公福主（八九号）・依知秦公弟縄（一一六号）・依知秦公千門（一一六・一三一号）・依知秦公吉直（一二〇号）。「庸調領」：依知秦直継（一一七号）を確認できる。彼らが、大国郷における納税業務を末端で管理していたのであろう。

安宝が買人となっている売券をみると、②には依知秦公千門が、③では依知秦公弟縄が、⑤ではその両者が証人として署名を加えている。それは、安宝の土地買得が、在地で徴税業務を担う依知秦公氏の人々の認証のもとに行われたことを示している。一方、④・⑧は「証人」の署名がない。

④は、依知秦公浄男が五筆の墾田を安宝に売ったものであり、浄男の近親者が「相売」として署名を加えるのみで、その土地の相続権を放棄することの確認の意味がある。[14]他の事例と異なって「証人」の署名がないのは、安宝と浄男との私的な関係に基づいて作成されたからと考えられる。浄男名義のままでも、「三論別供田」に施入することは可能であったと思われるなか、敢えて浄男が彼の一部の土地の名義を安宝のものへと変えたのは、それによって得られる価直五五〇束が、彼の働きへの得分となった可能性があるのではないかと思う。安宝の私稲の運用は、実際には依知秦公浄男によって請負われていたのではないだろうか。[15]安宝による土地集積は、大国郷における徴税担当者としての依知秦公氏の人々の認証を背景として、愛智庄息利稲の運用を担う依知秦公浄男との緊密な関係のもとで行われたと考える。[16]浄男による土地買得は、承和七年（八四〇）を初見とするもので、[17]安宝の私稲運用の請負い関係は、その頃まで遡る可能性がある。

| 相売 | 連署人 | 買人 | 平遺 |
|---|---|---|---|
| 依知秦公福貞<br>依知秦公貞成 | **保証人**正八位下依知秦公貞宗・秦忌寸家継・従八位上依知秦公長吉・依知秦公文男、**徴部**正八位下依知秦公千門、**税領**大初位下依知秦公・大初位下依知秦公、**郷長**若湯坐連 | ［　］薬師安麿 | 131号 |
| | **証人**依知秦公・大初位上依知秦公永雄・正八位上依知秦公千門・依知秦公継雄 | 東大寺僧安宝 | 132号 |
| 依知秦公真貞 | **証人**依知秦公真勝・依知秦公・秦公・依知秦公弟縄、**郷長**依知秦公 | 東大寺僧安宝 | 135号 |
| 依智秦公田次丸<br>依智秦公夏吉 | | 東大寺僧安宝 | 140号 |
| | **証人**依知秦公益継・依知秦公弟縄・依知秦公千門・依知秦公福万・依知秦公長吉・秦公宗直、**郷長**依知秦公舎吉 | 東大寺僧安宝 | 144号 |
| 男辛国連阿弖麻呂<br>依知秦公真乙前女 | **擬大領**外従八位位依知秦公市原、<br>**擬少領**大初位上依知秦公真人 | 大国郷戸主従八位上依知秦公浄雄 | 147号 |
| 秦公□□ | **証人**依知秦公永吉・従八位上依知秦公吉直・依知秦公安麻呂、**擬大領**正八位上依知秦公勇吉 | 行徳 | 149号 |
| 物部辛国<br>物部阿古磨<br>依知秦真刀自女 | | 東大寺僧安宝 | 150号 |
| 依知秦公夏成 | **証人**正八位上依知秦公千門・従七位上依知秦公人主・正六位上若湯坐連縄吉・依知秦公寅継・依知秦公永吉・依知秦公福万 | 大国郷戸主従八位下依知秦公浄男 | 151号 |
| | **証人**正七位上依知秦公・正八位下依知秦公・依知秦公・依知秦公 | 大国郷戸主従八位上依知秦公浄男 | 159号 |

**表　貞観２年以降の大国郷売券**

| | 年月日 | 所在地 | 田積<br>(段．歩) | 理由・価直 | 売人 |
|---|---|---|---|---|---|
| ① | 貞観３年10月19日 | 13条11里１川原田〈西方〉 | 1.180 | 依正税60束 | 大国郷戸主依知秦公福万 |
| ② | 貞観３年11月13日 | 10条５里36家内田 | 1.000 | 依官稲60束 | 大国郷戸主外従八位上依知秦福行 |
| ③ | 貞観５年３月29日 | 11条７里35門田東 | 1.000 | 直稲60束 | 大国郷戸主依知秦公永吉 |
| ④ | 貞観５年11月15日 | 10条５里30家田<br>10条６里５野中田<br>10条９里１槐本田<br>10条９里２槐本田<br>11条８里30門田 | 2.000<br>2.100<br>2.000<br>1.000<br>1.000 | 充官稲550束 | 大国郷戸主依知秦公浄男 |
| ⑤ | 貞観６年３月５日 | 12条７里20林田<br>12条７里21林田 | 0.160<br>0.200 | 官稲50束 | 大国郷戸主依知秦公浄長子依知秦公安麿 |
| ⑥ | 貞観７年10月15日 | 10条５里35家田<br>10条６里４上野田<br>10条６里５野中田<br>10条６里10野依田 | 2.200<br>0.176<br>4.218<br>2.100 | 正税稲230束 | 僧高徳 |
| ⑦ | 貞観８年10月11日 | 10条６里５野中田 | 2.000 | 所負官物、稲50束 | 大国郷戸主秦公宗直 |
| ⑧ | 貞観８年10月24日 | 10条６里30家田 | 1.000 | 所負稲、25束５把 | 僧高徳 |
| ⑨ | 貞観８年11月21日 | 12条７里27林田<br>12条７里33林田<br>12条７里34林田<br>12条８里７門田 | 0.260<br>1.310<br>1.180<br>1.270 | 正税稲182束 | 大国郷戸主依知秦千嗣 |
| ⑩ | 貞観10年4月13日 | 12条7里28林田南 | 1.000 | 所負稲40束 | 養父郷戸主平群廣人戸口依知秦公廣成（廣人戸依知秦公田刀自女土） |

⑧は、僧高徳と安宝の売買によるもので、僧侶間のものであるからか、「証人」は立られていない。その僧高徳は⑥において、四筆の土地を依知秦公浄雄（浄男と同一人物と想定）に売与している。売買の対象とされた墾田の多くは、延暦～弘仁年間に大国郷戸主調首新麻呂によって買得されていたものに重なる。(18)それらの土地が、僧高徳の手に渡り、さらに浄男に正税稲二三〇束を価直に充てて売与された。僧高徳には息子辛国連阿弖麻呂がおり、「相売」として署名を加えている。僧高徳は俗名辛国連某であったのであろう。証人は立てられず、奥に郡司の署名が加えられている。この僧高徳は、どのような存在なのか。僧が売主となる売券が郡司の署名を伴って作成されていることは、正税出挙の償還に関わって作成された売券であることと関連していると思う。僧高徳は、私度か正式な出家を遂げた者かは分からないが、営田を行いつつ法名をもち信仰生活を送っていたと考えられる。営田活動を営むかぎり、俗名の者であれ法名を名乗る者であれ正税出挙を受けたのであろう。(19)その償還のために墾田を売却する売券においては、正税納入が第一義とされるため、郡司の署名をもつ売券も作成されたのではなかろうか。そうした僧が安宝の土地集積の目的に共感し、浄男に土地を売与したことを示すものと思う。一方、⑧は、「所負稲」とされ、私出挙によるものであったため、私的な関係において処理された。また、売券⑦では、行徳という人物が土地を買得している。彼も僧高徳と同じように営田活動を営む出家者であったものであろうか。

このようにして安宝のもとに集積された土地は、僧の私財として極めて不安定な状況にあったものと思われる。それは、その使途を明確にし、寺院の長財となることによって初めて安定的な所有となる。安宝の私財の不安定な所有を支えていたのは、息利稲の運用を請負った浄男をはじめ、正税出挙等の徴税を担っていた大国郷の依知秦公氏の人々や、安宝の計画に共感した高徳などの出家者達の認証からなる在地での実力による秩序であった。安宝やその弟子斉真・僧寿等は、財の運用を在地の人に請負わせた上で、私財の管理に当っていたのではないだろうか。

そうした状態からより安定した所有となすために作成されたのが、先述の「近江国愛智庄定文」であった。墾田を売却することで土地集積に協力した人々は、その後、その土地が三論宗の修学のために生かされていくことで、仏法の興隆に結縁していると意識したのであろう。それは、房中の息利銭や、愛智庄の息利稲を受けた人々にも共通するものであったと思われる。

『日本感霊録』第一話は、延暦年中のこととして、元興寺僧聖護と勝寧との座具をめぐるトラブルについて語るものである。その中には次のような記述がある。(20)

「座具は彼の日即便ち戸屋の大徳取り収めたり」と云々。是に、護師、大きに忿恚《いか》りて曰く、「我れ都《かつ》て識《し》らず。是れ汝盗み匿《かく》セルカ。何ぞ虚言《そらごと》を以て輙《たやす》ク我に債《おほ》スル。」都て屈伏せず。尋《つ》ぎて即ち諸の俗の氏族に告げ率《いざな》ひ、寧師を搏《う》タムトす。〈「債」、側賣の反、負なり。「搏」、補各の反、手もて撃つなり。〉茲れに因り、寧師、沐浴して清浄にし、念《おも》ひを中門の西方の天王に繋け、夜毎に後分に、至誠に祈りて言さく、「余、比日《ひころ》間、虚言を蒙りテ、盗人の羂《わな》〈居宜の反、和那〉ニ繫《かか》れり。仰ぎ願はくは、天尊、必ず霊験殊特の助けを垂れて吾が耻を救ひたまはむことを」と、種々に祈願して、一二日を過せり。然る間、護師、氏族を唱《とな》へ率ひたれば、元興寺の正倉の院に悉皆《みな》来り集ひ、当《まさ》に今日を以て、族を将《い》て領せむとす。此に、寧師、斎食の後、自らの房の内にて、目を閉じ念を正し、一心に四天大王に祈願して、黙然《もだ》して住《を》り。(中略)集れる諸の刀禰等、亦驚怖を生《な》し、同じく共に嘆きて言はく、「我等□□〈不〉善の誹りを□□て、誤りて清浄の伽藍に来り至れり。羞《は》づかしきかな、哀《かな》しきかな、徒に苑〈□なり〉事を行へること。」空しく大きなる慚《はぢ》を懐きて去りぬ。

少しの行き違いから僧房の間に落ちていた座具を盗んだとの濡れ衣を着せられた聖護は、「諸の俗の氏族に告げ率い」て勝寧を打とうとする。その状況において勝寧は四天王に難を遁れられることを祈願する。氏族は「正倉の院に悉皆来り集い」「族を将て領せむとす」るが、四天王への祈願による霹靂神の働きによって勝寧は難を遁れる。そして、「集まれる諸の刀禰等」は、「誤りて清浄の伽藍に」来たことを悔いて帰っている。僧は、俗人と結びついている。一つの座具に象徴化された僧の私財は、「氏族」「刀禰」と表現されるような、僧の近親者をはじめ縁故のある者たちとも繋がるものとして意識されていることが興味深い。僧の私財は、そうした人々との関係の中で運用され所有された。

## おわりに

本稿では、前半で『日本霊異記』の説話を素材に、僧尼と財との関係や規範、また寺財と檀越との関わり方についてどのように語られているかを確認した。寺財は、その使用目的や用途が明確化されることを必要とした。僧尼の財も目的のない蓄財は必要なく、すべて仏事に費用されるべきものであった。また、寺財は檀越をはじめとする俗人によって借用され、運用されることによって維持された。後半では、近江国大国郷売券と「近江国愛智庄定文」を素材に、東大寺僧安宝の私財のあり方について検討した。安宝の私財たる息利稲や房中息利銭は、依知秦公浄男に運用を請負われ、正税出挙等の徴税を担っていた大国郷の依知秦公氏の人々や、営田活動を行う出家者たちの協力を得て土地集積が図られた。そしてその土地集積は、「近江国愛智庄定文」により講経料・燈明料という使途を明確化することによって寺財とされ、安定的な所有を実現することが目指されていた。

僧の私財は、その運用に関わる寺外の俗人、あるいは僧の活動に共感する出家者との緊密な関係を背景にし、また、寺財においても運用を俗人に請負わせる形がとられていた。そうした関係が、中世の商業・金融活動が寺財を資本とするような形で現象したり[21]、日本独自にみられる在俗出家や出家入道のような人々[22]、さらには寺院につながる様々な身分の人々の存在形態を生み出していく歴史的前提の一つとなったのではないだろうか。

**注**

(1)『続紀』和銅六年一〇月戊戌条（諸寺が多く田野を占めることを制す）、天平一八年三月戊辰条（京畿内において、寺家が地を買うことの厳禁）、同年五月庚申条（諸寺が百姓の墾田・園地を競い買い、永く寺地とすることの禁）、延暦二年六月乙卯条（私に道場を立て、田宅・園地を将て捨施し、幷て売易し寺に与えることの禁）、同年一二月戊申条（京内諸寺が利潤を貪り求め、宅を以て質に取り、利を廻して本としている。多歳を経ても一倍を過ぎてはならない）、延暦三年一二月庚辰条（王臣家・諸司・寺家が山林を包ね幷せて利を専らにすることの禁）など、『続紀』にも寺財に対する規制は継続的にみられる。

(2) 新日本古典文学大系『日本霊異記』（岩波書店、一九九六年）。

(3) 吉田一彦「日本古代の宗教史」（吉田一彦・上島享編『日本宗教史1　日本宗教史を問い直す』、吉川弘文館、二〇二〇年）の「寺院の金融・商業」の項に、『日本霊異記』の説話等にみえる出挙や交易への論及がある。

(4)『日本国語大辞典』第二版（小学館、二〇〇一年）「四事」の項。

(5)『平安遺文』一七二号。『大日本古文書』家わけ一八、東大寺文書之三（東南院文書之三）、八八頁）。

(6) 佐藤泰弘「東大寺東南院と三論供家」（『甲南大學紀要』文学編、一四四、二〇〇六年）は、貞観一八年になっても墾田は三論供家の資財になっておらず、安宝の私財のままであったとしている。

(7)『天台霞標』五編巻之一（大日本仏教全書一二六・五二二頁）。

(8) 巻第四、三六「亡財僧現」（『大正新修大蔵経』第五四巻―二三〇頁）。宮林明彦・加藤栄司訳『現代語訳　南海寄帰内法伝――七世紀インド仏教僧伽の日常生活――』（法藏館、二〇〇四年）。「延暦寺禁制式」は、内法伝の「亡

財僧現」（遺産相続の種々相）における遺産処分の原則や具体的な物品の遺産処分の記述を参考に、当時の叡山における実情を勘案して記述したものと考える。

（9）『平安遺文』一五六号。

（10）天暦四年（九五〇）一一月二〇日「東大寺封戸荘園寺用帳」（『平安遺文』二五七号）に「愛智郡大国庄田七町一段三百廿歩」とみえ、『東大寺要録』巻六、「諸国庄田地　長徳四年（九九八）注文定」に「愛智郡大国庄七町一段二百廿歩」とみえる大国庄と同一のものと考えられている（加藤友康「近江国愛智庄立券文　解説」、東京大学史料編纂所編『東京大学史料編纂所影印叢書5　平安鎌倉古文書集』、八木書店、二〇〇九年）。

（11）『平安遺文』一一七号。

（12）延暦一四年四月二七日官符（『類聚三代格』巻一九）では、田令官人百姓条、天平一八年五月九日官符、延暦二年六月一〇日官符（私に道場を立てること、田宅園地を捨施・売易して寺に与えることを禁じたもの）を引用した上で、「如聞。或寺詐二附他名一実入二寺家一。如レ此之類往々而在。前後雖レ禁違犯猶多。此而不レ粛豈曰二皇憲一。宜下其承前施捨売易田宅園地。子細勘録附レ使申上上。自今以後。復有二此類一。咸皆没官以懲二将来一。」とする。延暦二年及び一四年官符の位置づけとそれが九世紀末まで現行法として機能したことについては、中林隆之「律令制的土地支配と寺家」（『日本史研究』三七四、一九九三年）を参照。安宝が甥の名義を使用したあり方は、ここで禁止の対象とされている「他名に詐附」する行為に他ならない。

（13）直木孝次郎「正税と土地の売買」（『奈良時代史の諸問題』、塙書房、一九六八年）。

（14）宮本救「律令制村落社会の変貌――近江国大国郷を中心として――」（『日本古代の家族と村落』、吉川弘文館、二〇〇六年）。

（15）林屋辰三郎「院政政権の歴史的評価」（『古代国家の解體』、東京大学出版会、一九五五年）は、浄男を「寺家による治田獲得運動の線に浮び上った仲買人」と捉えているが、本稿では、安宝の私稲の運用を請負った存在として捉えたい。安宝が買人となっている売券にしても、土地買得の段取りは浄男が中心となって整えたものと考えられるのではないだろうか。

(16) 中野栄夫「近江国大国郷売券をめぐる二、三の問題」(『律令制社会解体過程の研究』、塙書房、一九七九年)は、大国郷売券について、第Ⅰ期:延暦一五年~天長二年(「保長」「保子」の同署)、第Ⅱ期:承和七年~貞観三年(「保証」「証人」および「領」「徴部」等の収税吏の署名)、第Ⅲ期:貞観三年~貞観八年(「証人」のみ)、第Ⅳ期:延喜三年(「刀禰」のみ)に時期分類した。それを前提に、小口雅史「九世紀における墾田・村落の史的展開」(『弘前大学国史研究』八一、一九八六年)は、大国郷売券の保証人について、第Ⅱ期以降、「広範囲に亘って相互に地縁関係を有する依知秦公氏を中心とした保証人集団が出現しているのである。そしてこれら保証人集団の中には前郡司や、官位を持ち徴税吏を兼ねている者も多いから、この新しい保証人集団は有力農民層によって構成されている」とし、「かかる保証人集団の在り方は、もはや他国において「刀禰」と呼ばれている保証人集団と何ら異ならないのではなかろうか。」と指摘している。本稿では、そうした保証人を構成する人々が、安宝の私稲の運用を請負った依知秦公浄男の活動を支えていたと捉えたい。

(17) 依知秦公浄男が買人となっている貞観二年以前の売券には、承和七年(八四〇)二月一九日(『平安遺文』六五号)、同一四年九月三日(八七号)、嘉祥元年(八四八)一一月三日(八九号)、仁寿四年(八五四)四月五日(一一四号)のものがある。

(18) 『平安遺文』一五・一六・四四号。

(19) 中野前掲注(16)は、第Ⅰ期から第Ⅱ期への署名人の変化の背景に、公出挙の班挙基準が、人から土地へ転換したことを想定している。

(20) 辻英子『日本感靈録の研究』(笠間書院、一九八一年)の「書き下し文」による。

(21) 網野善彦『日本の歴史をよみなおす』(筑摩書房、一九九一年)、同『日本中世に何が起きたか――都市と宗教と資本主義――』(日本エディタースクール出版部、一九九七年)。

(22) 平雅行「出家入道と中世社会」(『大阪大学大学院文学研究科紀要』五三、二〇一三年)。同「日本中世における在俗出家について」（『大阪大学大学院文学研究科紀要』五五、二〇一五年）。

# 僧侶の社会事業と在地信仰

関山麻衣子

## はじめに

日本古代の信仰については、神祇信仰と仏教、そしてもう一つの状況について研究が積み重ねられてきた。仏教と日本の神信仰との融合である。古代だけではなく明治の神仏分離を経て、現代にいたっても神社や寺院、祭礼などにその痕跡を残す神仏の融合については、各時代でこれまでも多くの研究が積み重ねられ、さらにアジア地域との比較が進められている[1]。とくに日本古代の神仏融合[2]については明治時代の辻善之助の古典的な研究以来[3]、日本の神と仏の融合がどのようになされたかについて考察が進められてきた。しかしながら、一九九〇年代後半になって、その思想が仏教と同様に中国から日本へもたらされたことが明らかにされた[4]。日本おいて最初期の神仏融合の特徴とされてきた、「神自身が神であるという罪から逃れ、その身を離れて仏教に帰依したいと願う」という表現は、すでに『高僧伝』などの中国で作られた史料にみえており、神仏融合研究は、再考が必要となったのである。さらに日本古代の神仏融合のもう一つの要素であり、大仏造立にあたってその守護を申し出た宇佐八幡神に代表される護法善神という神と仏の構造も、同じく中国からの伝来と考えられ、日本の神仏融合は中国の神と仏の関係の引き写しとされた。この新しい足場を得た上で考えるべきは、中国からもたらされたこの思想が、日本でどのように浸透し展開したかであり、それについてはいまだ検討の余地があると思われる。

当初中国からもたらされたこの思想に触れることができたのは朝廷周辺の人たちであった。神宮寺建立の初期の例として知られる気比神宮寺の建立には藤原武智麻呂が関わっている。『藤氏家伝』下の「武智麻呂伝」にみえる気比神宮寺建立に関わる内容は、霊亀元年（七一五）のこととして、気比神が夢中において武智麻呂に訴えることがしられる(5)。気比神は前世の報いによって長く神となっていたが、仏教に帰依し修行をしたいと訴えその援助をもとめる。武智麻呂は気比神宮寺をつくりその願いに応えた。その後、天平勝宝年中（七四九～七五七）に常陸国の鹿島神宮寺や(6)、天平宝字七年（七六三）に伊勢国の多度神宮寺の建立にかかわった満願などに代表される僧侶の活動により(7)、神仏融合の思想が各地へ広まった。中央の官大寺僧の活動は地方にも及び、仏教の布教に努めたことはよく知られており(8)、神仏の融合についても、同じく在地へと出向いた僧侶により推進されたと想像できる。僧侶たちは寺や堂で布教を行い、さらに各地につくられた法会のための場所が、信仰の拠点だけではなく、周辺を行き交う人たちを助ける扶助機能をもっていたという(9)。さらにこうした僧侶たちが在地ではたした活動としては、行基による灌漑施設の整備などに代表される社会事業がある。僧侶によるこうした活動は時代を通じて史料上に散見し、社会で大きな役割を果たしていた。

そこで本稿では、九世紀半ばを中心に僧侶の社会事業とその布教との関係をみながら、僧侶がいかなる原動力のもとで神仏融合の展開に関わったかについて考察していきたい。先ほども述べたとおり、神仏融合が社会に浸透していくためには僧侶の導きがあったと考えるからであり、八世紀にもたらされた神仏融合の思想が次第に社会に根付いて受け入れられ、その後一一世紀頃に本地垂迹説が登場するまでの間の神仏融合の捉え方の変化が、中国からもたらされた日本古代の神仏融合の思想の進展であると考えるからである。

## 一　僧侶による社会事業

僧侶による社会事業の実践は、行基によるものが有名だが、それより古く大化二年（六四六）の道昭（または道登）による宇治橋の造立から始まり、その後も灌漑施設の整備など多くの社会活動が僧侶を中心として行なわれてきた。堀裕氏によれば、人々を教化する「化他」を得意とする僧侶が、利他行の一環として土木事業に関わってきたとし、とくに弘仁末から貞観年間にかけては、国家の財政状況が危機的であったため、その補完機能や立て直しのために、国家は積極的に彼等の力を利用したという(10)。

ここで僧侶と社会事業の関わりをみていくにあたり、貞観七年（八六五）に奥津嶋神宮寺を建立した賢和についてとりあげたい。神宮寺に関する史料は、単発的で他の事象との関連がみられないことが多いが、賢和は他の史料からもその姿がみえるからである。

奥津嶋神宮寺は、『日本三代実録』貞観七年四月二日条にその建立の経緯がみえる。

二日壬子。元興寺僧伝灯法師位賢和奏言。久二住近江国野洲郡奥嶋一。聊構二堂舎一。嶋神夢中告曰。雖レ云二神霊一。未レ脱二蓋纏一。願以二仏力一。将下増二威勢一擁二護国家一。安中存郷邑上。望請。為二神宮寺一。叶二神明願一。詔許レ之。

この史料によれば、元興寺の僧で伝灯法師位であった賢和が、近江国野洲郡の奥嶋で堂舎を構えていたところ、嶋神が夢中において、神といえども煩悩から脱することができないため、願わくは仏力をもって自らの神威を増し、国家を護り、郷邑を安らかにしたいと告げたという。そのため神宮寺を建立して、神の願いを叶えたいと奏言する内容になっている。

奥嶋神は、『延喜式』巻一〇の蒲生郡の項に、「奥津嶋神社〈名神大〉」（〈 〉内は割注。以下同様）としてその名が見え、近江八幡市北津田町にある大嶋奥津嶋神社が有力な比定地である[11]。

この史料にあるように、賢和は近江国の野洲郡に住まいしていた。そして同じ近江国にあった和邇泊の修築に携わっている。

太政官符

応レ令下二近江国司一検中領和邇船瀬上事

右得二元興寺僧伝灯法師位賢和牒一偁。件泊。故律師静安法師去承和年中所レ造也。而沙石之構逐レ年漸頽。風波之難随レ日弥甚。往還舟船屢遭二没溺一。公私運漕常致二漂失一。爰賢和自二去年春一。企二心弥済一輸二誠修造一。数月之間適得二成功一。但恐累レ年之後所在少破。無二人繕修一。徒以頽壊。望請。令下二国司一検校兼修中理破損上者。右大臣宣。宜下自今以後。永付二国司一。相続令上レ作。若不レ存二検校一有レ致二損壊一者。遷替之日拘二其解由一。

貞観九年四月十七日

（『類聚三代格』貞観九年四月一七日太政官符）

和邇泊は、律師静安により承和年中（八三四〜八四八）に造られたが、年月が経って荒廃したので往還の舟船が被害に遭い、公私の貨物が常に漂失する事態となっていたため、賢和により修築されたことがわかる。そしてその後は国司によって検校とその修理を請う内容となっている。

ここにその名がみえる静安は、承和五年（八三八）に宮中仏名会を始めたことで知られ[12]、承和七年には初めて清涼殿で灌仏会を行っている[13]。静安の弟子たちは、「賢」の字を通字としており、貞観九年（八六七）には、静安の弟子の賢真が静安の建てた近江国比良山にあった妙法と最勝の両寺を官寺にすることが認められるなど、多方面で活躍した。[14] 和邇泊の修築に携わった賢和も静安の弟子の一人と想定され、その静安とその弟子たちの活動拠点は近江国にあった。

しかしながら、この賢和の活動は近江国にとどまらない。和邇泊を修築する少し前、播磨国にも出向いているのである。

播磨国の魚住泊の修築の史料は以下のとおりである。

太政官符

応レ令二播磨国聴一レ造二魚住船瀬一事

右得二元興寺僧伝灯法師位賢和牒一偁。夫起二長途一者。次二客舎一而得レ息。渡二巨海一者。入二隅泊一而免レ危。則知三海路之有二船瀬一。猶三陸道之有二逆旅一。伏見二明石郡魚住船瀬一。損廃已久未レ能二作治一。往還舟船動多二漂没一。匪三唯物損二於公私一。深悲三人墜二於悲命一。繕修之可レ務尤急二於道橋一者也。望請。与二講師賢養一共同レ心勠レ力。試加二営造一。以遂二宿情一者。右大臣宣。件泊頽壊之後。年祀稍積。将レ造之議公家不レ忘。而今二僧慷慨一向輸レ誠。念二彼志慮一。何不二助嘉一。宜下二知国司一令上レ得二成功一。

貞観九年三月廿七日

（『類聚三代格』貞観九年三月二七日太政官符）

この史料で賢和は、船瀬が海を渡るため必要なものであることをまず述べる。そして明石郡の魚住船瀬が長く機能しておらず、そのために往還する船が漂没し、物だけではなく人名をも失う事態になっていることを告げ、講師の賢養とともにその営造を申し出ている。

魚住泊は、三善清行の「意見封事十二箇条」により、その築造の経緯がよくわかる。[15] 一二の項目のうちの一つである「一、重請修復播磨国魚住泊事」によると、

**写真１　魚住泊比定地（赤根川河口）**

右臣伏見山陽・西海・南海三道舟船海行之程、自檉生泊至韓泊一日行、自韓泊至魚住泊一日行、自魚住泊至大輪田泊一日行、自大輪田泊至河尻一日行、此皆行基菩薩、計程所建置也、而今公家唯修造韓泊・輪田泊、長廃魚住泊、由是公私舟船、一日一夜之内、兼行自韓泊指輪田泊、至于冬月風急暗夜星稀、不知舳艫之前後、無弁浜岸之遠近、落帆棄楫、居然漂没、由是毎年舟之蕩覆者、漸過百艘、人之没死者、非唯千人、昔者夏禹之仁、罪人猶泣、況此等百姓、皆赴王役乎、伏惟聖念必応降哀矜者也、

臣伏勘旧記、此泊天平年中所建立也、其後至于延暦之末、五十余年、人得其便、弘仁之代、風浪侵齧、石頽沙湮、天長年中、右大臣清原真人、奏議起請、遂以修復、承和之末、復已毀壊、至于貞観初、東大寺僧賢和、修菩薩行、起利他心、負石荷鍤、尽力底功、単独之誠、雖未畢其業、年紀之間、莫不蒙其利、賢和入滅、稍及卌年、人民漂没、不可勝数、官物損失、亦累巨万、伏望差諸司判官幹了有巧思者、令修造件泊、其料物充給播磨・備前両国正税、冀也、早降聖朝援手之仁、令脱天民為魚之歎、凡厥便宜、具載去延喜元年所献意見之中、不更重陳、

とあり、魚住泊は檉生泊、韓泊、大輪田泊、河尻とともに天平年中（七二九〜七四九）に行基が建立したと記されている。これらの泊は、それぞれ一日の行程で航行できるように計られていた。この五泊のうち、韓泊と大輪田泊はその後国家によって継続的に修復がなされるが、魚住泊は長く捨て置かれた。そのため、瀬戸内を航行する舟船は、一日一夜のうちに韓泊から大輪田泊まで行くことになり、航行が困難となって漂没する船が多くなった。その

ような状況の改善を目指し、魚住泊の修復を請う内容となっている。

魚住泊は、行基により天平年間に建立されたのち延暦の末年ころまでは恩恵が受けられたが、弘仁年間（八一〇～八二四）頃から崩壊し始め、天長九年（八三二）には、清原夏野によって修復されている。『類聚三代格』にみえる夏野の奏上によれば、(16)夏野自身の封物をもって舟泊を造ったけれども為し遂げられず、公の力に依ることを望み、勅により国司次官以上一人をことに当たらせ、正税をもって造作させることとなった。しかしながら再度使用に耐えない状況になったと思われ、先にみたとおり貞観九年に僧賢和によって修築がなされている。そして三善清行によれば、賢和入滅後四〇年ほど経って再び荒廃したため、その修復を求めることになる。

なお、中世以降においては、建久七年（一一九六）に重源によって修築され、建保年間（一二一三～一九）には重聖上人により、正応二年（一二八九）には性海上人により修理の手が加えられたことが知られるが、その後は明治二一年（一八八八）まで記録が途絶える。この魚住泊は、現在の兵庫県明石市の赤根川下流域に比定されている。(17)

以上みてきたように、魚住泊は何度も修築の手が加えられており、拠点となる重要な港であった。

ここで注目した賢和による社会事業はどのような観念の下で行われたのであろうか。

## 二　社会事業への期待

時代をとおして行われる僧侶の社会事業は、堀氏がかつて指摘されたとおり、(18)かれらの宗教的な実践と社会の要請が合わさり行われた。ただしその社会事業を行う動機については、その僧侶の出身地域との関わりも指摘され、僧侶の様々な活動が、とくに灌漑設備などの勧農行為に優位に働く場合は、僧侶の出身氏族の活動を僧侶による知識結の力によって補完したとも考えられるという[19]。

僧侶の社会事業について、その代表的なものの一つに空海による讃岐国の万農池の修築がある。『日本紀略』弘仁一二年（八二一）五月壬戌条には次のようにある。

壬戌。讃岐国言。始レ自二去年一。隄二万農池一。工大民少。成功未レ期。僧空海。此土人也。山中坐禅。獣馴鳥狎。海外求レ道。虚往実帰。因レ茲道俗欽レ風。民庶望レ影。居則生徒成レ市。出則追従如レ雲。今離二旧土一。常住二京師一。百姓恋慕如二父母一。若聞二師来一。必倒レ履相迎。伏請充二別当一。令レ済二其事一。許レ之。

この史料によると、讃岐国の言として、万農池の堤を築こうとするものの完成にいたらず、そのため讃岐国出身の僧である空海の助力を請う内容になっており、許可されている。空海がすでに当地を離れ京に住んでいることはわかっているが、百姓は父母のように慕っているともある。空海の事績は讃岐国にとどまるものではないが、万農池の修築にあたっては、出身国との関わりがあり、地元からの切実な求めによるものであった。

万農池修築については他に「讃岐国万農池後碑文」という史料がある[20]。文字の誤脱と意味がとれない箇所があり、碑文としては不完全とされ、碑文内に出てくる真勝なる人物の手控えとして残された可能性が指摘されている[21]。ただ不完全ながらも、空海の修築から三〇年ほど経過した仁寿二年（八五二）に実施された修理について、日程と人数、費用をみることができる。同年閏八月には二〇〇〇余人を要して五日間作業し、翌年二月に六〇〇〇余人による約一〇日間の作業、そして、さらにその翌年の三月には二〇〇〇余人で作業を行っており、工夫の延べ人数は一九八〇〇余人、所用費用は一二万余束であったという。修築には多くの人数が必要であることがわかる。空海が行った際の修築の様子を詳しく知ることはできないが、多くの人が関わり、その人々を駆り立てるために、地元から輩出された高名な僧侶の力が必要とされた。

一方で六国史などには社会事業の様子を示す史料が多くある[22]。なぜ修築や修繕するにいたったかについて理由がわからないものもあるが、日々の生活のなかで必要な事業なされたことが読み取れ、個人が行うものもあるが[23]、その多くは国の事業として命じられている。

律令の規定をみると、営繕令一二の「津橋道路条」には「凡津橋道路。毎レ年起二九月半一。当界修理。十月使レ訖。其要路陥壊。停レ水。交廃二行旅一者。不レ拘二時月一。量差二人夫一修理。非二当司能弁一者。申請。」とあり、津橋道路の修理については、毎年九月半ばから一〇月まで国司または郡司により行われ、要路が陥ちて壊れることなどがあれば、時期を待たず人夫を遣わして修理するように定められている。また、営繕令一六の「近大水条」では、「凡近二大水一。有二堤防一之処。国郡司以レ時検行。若須二修理一。毎二秋収訖一。量二功多少一。自レ近及レ遠。差二人夫一修理。若暴水汎溢。毀二壊堤防一。交為二人患一者。先即修営。不レ拘二時限一。応レ役二五百人以上一者。且役且申。〈若要急者。軍団兵士亦得二通役一。〉所レ役不レ得レ過二五日一。」とあり、海または大河に近く堤防があるところは、国・郡司がそれを検校し、もし修理すべきであれば、秋の収穫が終わった後に行う。ただし堤防が決壊するような事態になれば、すぐに対応し、その役夫が五百人以上になる場合は申請するようにとある。

三善清行の「意見封事十二箇条」でみた行基によってひらかれたとされる五泊のうち、大輪田泊に目を転じると、三善清行が「公家唯修造韓泊・輪田泊」と述べるように、国家によって修復がなされている。『日本後紀』弘仁三年（八一二）六月辛卯条には、「遣使修大輪田泊」とあって、使いを遣わして修築がなされ、天長八年（八三一）には、大輪田泊使の遷替年限について六年ごとにすることがみえる[24]。その後寛平九年（八九七）には、使いが遣わされているのにもかかわらず、大輪田泊周辺において風と波による損害が多く、少しの破損が大きな被害に及んでおり、さらには土地の者が泊の材木を盗む状況であるのに、そのことを点検し誤りをたださなかったため多くの出費が絶えないとして、国司に対してその管理が命ぜられた。以上により大輪田泊は、国家の管理下におかれていたことがわかる[25]。

また、瀬戸内の航路は、古くから重要視されており、行基が策定した五泊以外にも『播磨国風土記』編纂当初から多くの泊がみられ[26]、その修築のために郡司が関わっている。例えば、『続日本紀』延暦八年（七八九）一二月乙亥条には、「播磨国美嚢郡大領正六位下韓鍛首広富、献㆓稲六万束於水児船瀬㆒。授㆓外従五位下㆒」とあり、美嚢郡司である大領の韓鍛首広富が、水児船瀬を修築するために稲六万束を献じたため、外従五位下が授けられたとある。美嚢郡は現在の兵庫県三木市と神戸市北区の一部に比定される。水児（加古）の船瀬は、播磨国を流れる加古川河口域にあった船瀬であり、美嚢郡内を流れる美嚢川は、三木市別所町で加古川に合流する。そのため水児船瀬は、美嚢郡にとって重要な港であった。『続日本紀』延暦一〇年（七九一）一一月壬戌条にも、「壬戌。授㆓播磨国人大初位下出雲臣人麻呂外従五位下㆒。以㆑献㆓稲於水児船瀬㆒也」とあり、大初位下出雲臣人麻呂が水児船瀬のために稲を献じたとして、外従五位下が授けられている。

それでは、僧侶による社会事業は、どのような状況下で必要とされたのであろうか。

空海については、入定すぐから多くの伝記が編まれているが、万農池の修築について記載されるのは、寛治三年（一〇八九）に経範によって編纂された『大師御行状集記』からである[27]。『大師御行状集記』には一〇三の項目が書き上げられているが、その六八番目に万農池についての記載がある[28]。

万農池条第六十八

池是讃岐国多都宇多津両郡之境。山四方輪囲。倶於一方有一谷口。凡山内有卅六谷。皆出山河。其頸築堤。名万農池。〈以此水依耕作田万町。名万農池也。〉而国図帳雖有田之名。併成荊棘之地。爰以国司請官裁。致欲築堤之励。随則下遣官使。議申上云。当郡是晴天経五日。無水渋之潤。霜雨及両日。有洪水之難。而築防堤之功及三箇年歟。此間降雨。非所敢人力。亦不雨。国内弥可已。仍池内谷上堤辺不降雨。於国中祈禱風雨順時五穀成熟之由。忩得其霊験。単為仰入唐和尚法力。可待遣下者。而件和尚。今度依有他障不可遣云々。重国司申請解状牒。（中略）任国解状。依勅発向。於池堤側。建立壇場。三箇年之間令祈願。雖降甘雨於国内。不降露水於当郡。以仏法威験。遂果已畢。

「（中略）」とした部分には多少の異同がありながらも、先にみた『日本紀略』弘仁一二年五月壬戌条の讃岐国解が引用されている。空海による万農池修築の経緯については、この国解にみられる内容と大きくは変わらないが、この『大師御行状集記』には空海に期待されたこの社会事業の目的として、「入唐和尚の法力」や、「仏法の威験」の言葉がみえる。

『大師御行状集記』は空海入定後約二五〇年後に書かれたものであり、その内容については作者である経範の関心によるところもあるが、(29)「入唐和尚の法力」、「仏法の威験」の言葉にみえる思いは、僧侶の社会事業における人々の期待を表現しているものと思う。万農池の修築には、空海にとっても自らの教線を拡大する絶好の機会となったが、(30)こうした僧侶側からの布教への願いとともに、その土地の者からは、僧侶の人心を惹き付ける力を求める思いが窺える。

社会事業のうち人々の生活に必要な事業は主に国家によって行われたが、魚住泊のように国の修築対象から外れたもの、あるいは万農池のように官製事業を行う予定にしていたものの、何かしらの事情で順調に進まなかったものについては僧侶の力が必要とされた。魚住泊・和邇泊ともに、修築後の維持管理は国司によってなされているが、(31)

その事業を契機としては、僧侶による人々を集約する力が必要であった。それは地元からの要請であったといえる。その要請の中身は、僧侶らの結集力とともに、空海にも期待された仏教による威光であった。

そのように考えたとき、第一節でみた賢和の船瀬の修築も地域の人々からの要請であったと想定できるのではないだろうか。賢和の出身国がどこであったかは不明だが、近江国がその拠点であったことはすでに述べた。なぜ播磨国まで出向いたのかはわからないが、播磨国の講師の賢養とともに修築しているので、その関係により播磨に出向いたのかもしれない。賢和は、修築の知識を有していたと想像され、さらには空海にも期待された「仏法の威験」が求められたのであろう。さらにいえば、同時期に行った奥津嶋神宮寺の建立も地元の要請に応えたものではないだろうか。神の訴えによってなされる神宮寺の建立は、神の言葉に仮託された地域の人々からの要請であり、それに応える行為は社会事業の一貫であった。そこで在地信仰と仏教との関わりについて、節を改めて詳しくみたい。

## 三　仏教儀礼と在地信仰

日本における神仏融合の最初期の史料は、先に掲げた気比神宮寺以外にもいくつか知られている。若狭国の若狭比古神についての史料では、神であることを苦悩とし、仏教に帰依することによって神道を免れたいという訴えがなされ、ここには神身を離脱したいという神の思いが示される[32]。こうしたいわゆる「神身離脱」の訴えによって、神のための神宮寺建立や神前での読経などの儀礼がなされていく。ただ、神身離脱を願う神たちは、その後も神としてその存在を残しており、神たちのその身を離脱したいという願いは願望に過ぎない[33]。ここに、中国との神仏融

合との違いがあり、これが日本の特徴である。(34)

神仏の融合に関する史料をみていくと奈良時代初めから平安時代にかけて、次第にその内容は変化し、その思想にも深化がみられる。中国からもたらされた神仏融合の思想は、神の身の離脱を願い仏教に帰依することのみを求めていたが、平安時代初期以降、仏教的儀礼により神の存在のままにその威勢を増す形へと変化していく。例えば『続日本後紀』承和三年（八三六）一一月丙寅条では、「勅。護二持神道一。不レ如二一乗之力一。転レ禍作レ福。亦憑二修善之功一。宜下遣二五畿七道僧各一口一。毎二国内名神社一。令上読二法華經一部一。国司検校。務存二潔信一。必期二霊験一。」とあり、神道を護持するためには、仏教の力に越したことはないとし、さらに禍を転じて福をなすには、仏教的な善行が頼りであるとしており、そのための具体的な行為として、五畿七道に僧一人を使わし、国内の名神社において法華経一部を読むように勅がくだされている。(35)こうした変化は、日本の神が、仏教の影響を受けながらも、神はその後も神としての存在を残したまま、日本における神祇信仰としてその信仰を保っていったから起こりえたことである。

そして、仏教儀礼による神への荘厳は、神の威光を増すとの考えのもとに、求められていく。

神仏習合の史料として有名な「多度神宮寺伽藍縁起幷資財帳」の願文の部分には次のようにある。(36)

伏願、私度沙弥法教并道俗知識等、頃年之間、構二造法堂・僧房・太衆湯屋一、種々所レ修二功徳一、先用廻二施於多度大神一、一切神等増二益威光一、永隆二仏教一、風雨順序、五穀豊稔、速截二業綱一、同致二菩提一、次願聖朝文武、擎レ水渧レ善、動二乾坤一誓二千代平朝、万葉常君一、次願遠近有縁知識、四恩済挺、塵籠共昉覚者、現在法侶等、同蒙二利益一、遂会二界外輪際有頂一、早離二閻浮一、倶奉二極楽一。

この史料では、私度沙弥法教が道俗知識等を率いて、法堂・僧坊・大衆湯屋などを建立し、種々の功徳を修して多度大神に廻施することにより、一切神等は威光を増益するという。そして仏教が永く隆盛し、天候も順調で五穀もよく実り、より速く業による綱をたち菩提に至ることを願うとしている。ここでも仏教的な行為により、神等の威光が増すとみえる。

ほかにも、延暦年中（七八二〜八〇六）に建立された香春神宮寺に関する承和四年の史料は次のようにある。

大宰府言。管豊前国田河郡香春岑神。辛国息長大姫大目命。忍骨命。豊比売命。惣是三社。元来是石山。而上木惣無。至二延暦年中一。遣唐請益僧最澄躬到二此山一祈云。願縁二神力一。平得レ渡レ海。即於二山下一。為レ神造レ寺読経。爾来草木蓊鬱。神験如レ在。毎レ有二水旱疾疫之災一。郡司百姓就レ之祈禱。必蒙二感応一。年登人寿。異二於他郡一。望預二官社一。以表二崇祠一。許レ之。

（『続日本後紀』承和四年一二月庚子条）

豊前国田河郡にある香春峯の神の山は元来石山であったが、延暦年中に遣唐請益僧であった最澄がこの山で渡海の無事を神に祈り、山の下で神のために寺を造り読経を行ったところ、それまで石山であった山に草木が鬱蒼と茂り、神の験があったという。それ以降、水旱や疫病などの災いがあるたびに郡司や百姓らが祈ったところ、必ず感応があった。他郡に比べて実り豊かで人々も長生きであったため、官社に預かり、「崇祠」であることを表したい旨が太宰府より申請され許可されている。神宮寺の建立と神前読経が行われることにより、神の威力が増進していることがわかる。そこには、最澄が祈願したことも加味されていることだろう。

また、肥前国松浦郡にある弥勒知識寺について、承和二年（八三五）の太政官符によると次のようにある。

太政官符

応レ令レ常二住肥前国松浦郡弥勒知識寺僧五人一事

右得二大宰府解一偁。観音寺講師伝灯大法師位光豊牒偁。依二太政官去天平十七年十月十二日騰勅符一。件寺始置二僧廿口一、施二入水田廿町一。自レ余以来年代遥遠緇徒死尽。寺田空存修行跡絶。望請。置二度者五人一令レ修二治彼寺一。即鎮二国家一兼救二逝霊一者。府依二牒状一謹請二官裁一者。右大臣宣。宜人選乙心行無レ変、精進不レ倦。堪下住二持仏法一鎮中護国家上之僧甲以令地常住天。

承和二年八月十五日

（『類聚三代格』承和二年八月一五日太政官符）

観音寺の伝灯大法師位の光豊の牒によれば、この寺には天平一七年（七四五）に僧二〇口が置かれ水田二〇町が施入されたが、その後僧侶が亡くなり荒廃したため、新たに度者五人を置いて再興させ、国家鎮護と亡くなった霊を救うことを望んでいる。この寺については、藤原広嗣との関係で語られ、「松浦廟宮先祖次第幷本縁起」との関連が知られる。この縁起の信憑性をめぐっては古くから議論があるが、北啓太氏は、本縁起の「その祖と言えるものの成立時期を一応十世紀末～十二世紀初頭頃と考定」された[37]。また松浦神宮弥勒知識寺と関係する鏡宮・神宮知識無怨寺の創建譚の部分は、その整備に吉備真備が登場し礼賛するような文章となっているが、真備が肥前守や大宰大弐となっていたことをあわせれば、真備との関わりもあったと考えられ、当縁起の編纂の材料となるなんらかの資料の存在を想定した。『続日本紀』天平一八年（七四六）六月己亥条の玄昉の死亡記事には「世相伝云。為二藤原広嗣霊一所レ害」とあり、玄昉の死については、広嗣の霊により害されたという世間の噂があり、また宝亀六年（七七五）一〇月壬戌条の吉備真備の薨伝には、「雖二兵敗伏レ誅。逆魂未レ息」とあり、広嗣が誅された後も、その怨霊が祟りをなしている様子がみえている。円仁の入唐中の見聞を綴った記録である『入唐求法巡礼行記』の最末部分において、円仁らが日本へたどり着いた後、九州北部の神々に転経を行っている記事がある[38]。会昌七年（承和一四年・八四七）一一月二八日には、竈門大神に一千巻を転じ、翌日には住吉大神と香椎名神、一二月一日には筑前名神、そして「松浦少弐霊」に五百巻を転じている。松浦少弐は、ここでみてきた藤原広嗣のことである。さらに、日を改めて香春明神や八幡菩薩にも出向いている。先にみた香春明神も含めここにみえる九州北部の神々は、

「松浦少弐霊」とともに、帰国の報告を行うべき対象として認識されていたことがわかる。そして怨霊として恐るべき存在であり、神と同じように祀られる「霊」にも仏教的な儀礼が求められていたことがわかる。

また、斉衡三年（八五六）一二月には常陸国から次のような奏上があった。

> 戊戌。常陸国上言。鹿嶋郡大洗磯前有レ神新降。初郡民有二煮レ海為レ塩者一。夜半望レ海。光耀属レ天。明日有二両恠石一。見在二水次一。高各尺許。体於二神造一。非二人間石一。塩翁私異レ之去。後一日。亦有二廿余小石一。在二向石左右一。似レ若二侍坐一。彩色非レ常。或形像二沙門一。唯無二耳目一。時神憑レ人云。我是大奈母知少比古奈命也。昔造二此国一訖。去往二東海一。今為レ済レ民。更亦来帰。
>
> （『日本文徳天皇実録』斉衡三年一二月戊戌条）

ここには、常陸国の報告として次のようにある。鹿島郡大洗磯前に新たに神が降臨し、初めに塩焼きの郡民が見たときには、夜の海において光耀が天に届くように見えていたが、翌日になると、高さ一尺ほどの不思議な二つの石が海のそばにあった。その次の日には、二〇余の小石がその石の左右に並んでおり、その姿は石に向かって侍って座っているようであり、その形は耳目の造形はないものの僧侶のようでもあった。神が人に憑いて、神の名を告げ、「むかしこの国をつくりその後東海に去ったが、いま民を助けるために再びやってきた」と述べる内容になっている。その翌年の天安元年八月には官社に列せられ(39)、これらが現在の大洗磯前神社と酒列磯前神社とされ(40)、それぞれ茨城県東茨城郡大洗町と同県ひたちなか市磯崎町にある。さらに、同年一〇月には、「在二常陸国一大洗磯前。酒列磯前両神。号二薬師菩薩名神一」とあり(41)、薬師菩薩名神と号したことがわかる。『延喜式』巻一〇においては鹿嶋郡の項に「大洗磯前薬師菩薩明神社」として、那賀郡の項に「酒烈磯前薬師菩薩神社」としてその名が見える。ここで薬師菩薩との習合が見られることは、仁寿三年（八五三）頃より全国的に天然痘が猛威を振るい、同年二月に「是月。京師及畿外多患二皰瘡一。死者甚衆。天平九年及弘仁五年有二此瘡患一。今年復不レ免二此疫一而已」とあることも関係があるのだろう。[42] 神としての不思議な石の出現には、この時期の不安定な社会状況を反映しており、神威による世の安定を求める姿がみえるが、斉衡三年に突如史料上にあらわれた神は、その神威に薬師菩薩の力が付与されていた。

神への仏教儀礼に期待されるのは、大洗磯前薬師菩薩神や酒列磯前薬師菩薩神の登場に求められたように、その背景として疫病による被害があった。その他にも地震による被害が頻発しており、斉衡二年（八五五）五月の地震では東大寺の大仏の頭部が落下している。[43] こうした社会不安のなかで、神への仏教儀礼は、神の威光の増す行為であり、神の力によるより大きな恩恵を望む人たちにより、求められた。

こうした思いが広がるなかでの神宮寺建立に期待が、賢和による奥嶋神宮寺に結びついたのではないだろうか。大陸からもたらされた神仏を融合の思想は、まずは中央で知られるようになった。[44] その後少しずつ地方へ神仏融合の考え方に触れる状況ができあがり、仏教儀礼への期待が高まるにつれ、神宮寺建立への機運が高まると、地域からもその建立が求められたのである。賢和は社会事業を行うなかで人々の期待に触れ、その活動の一つとして神宮寺を建立したのであろう。

## おわりに

日本の神仏融合は、中国から得た枠組みを用いて神仏関係の形成をみた。また、この習合関係は、日本における神祇信仰の形成に影響を及ぼし、日本の神は神仏融合の概念のなかで自覚され、それまで曖昧模糊としていたものが、ある程度の個性をもって語りだされる。この「神」の用語は中国ですでに規定され、中国における神仏関係によって構成された輪郭が日本へもたらされた。そしてそれが日本の「神」にあてはめられ、神仏関係が形成されたものの、その発展については、全てが同じではなかった。日本においては、神としての信仰が残され、神身離脱は願望にとどまり、さらにその融合の仕方も変化していく。そしてその先に本地垂迹説にみられるような、神と仏の対応関係があるものと考えられる。日本での本地垂迹説の登場は、一一世紀前半と考えらえており[45]、その前段階として一〇世紀以降十六社奉幣の制度の確立と、さらに一一世紀初頭には、その十六社にさらに五社が追加された二十一社奉幣の制度の確立がある。こうした制度ができてくるのは、九世紀後半から一〇世紀にかけて、六国史などに頻繁にみられる天変地異による国家の動揺によるものであり、その動揺が国家の宗教的な儀礼の確立に進ませた[46]。

日本古代における信仰は仏教と神祇信仰、そして神仏の融合現象が重なりながら展開していくが、神観念の変化とともに、それまで身近ではなかった神への新たな仏教儀礼がよりよい生活のために有効な手段であることが認識されると、神に対する仏教的荘厳が望まれるようになり、その要請によって僧侶らは人々の要望に応える形で、神祀りへも関わることになったのであろう。それが、日本古代における神仏融合の展開の一つと考える。

## 注

（1）吉田一彦編『神仏融合の東アジア史』（名古屋大学出版会、二〇二一年）。

（2）前掲注（1）においては、「神仏習合」という言葉ではなく、それに替わる言葉として「神仏融合」という言葉が用いられた。同書の序章において編者の吉田一彦氏によりその意義が説明されている。それによれば、「「習合」という用語は、吉田神道（唯一神道）の開祖とされる吉田兼倶によって広く使われ始めた言葉であり、純粋であるべき神道に対し仏教と融合した不純な神道を指すものとして批判的に用いられた。そのため「習合」という用語よりも、「融合」という現代で用いる一般語の方が学術用語として中立性、妥当性を持つと考える。」（吉田一彦

「東アジアの神仏融合と日本の神仏融合」」とする。ただ同書の書評において、この提言については疑問が呈されるものもあり（林淳「書評　吉田一彦編『神仏融合の東アジア史』」『史林』一〇五－四、二〇二二年、など）、用語として現時点では定着していないが、本稿ではさらに議論が深まることを期して「融合」を用いた。

(3) 辻善之助「本地垂迹説の起源について」（『日本仏教史研究一』、岩波書店、一九九三年、初出一九七〇年）。

(4) 寺川真知夫「神身離脱を願う神の伝承――外来伝承を視野に入れて――」（『佛教文学』一八、一九九四年）、吉田一彦「多度神宮寺と神仏習合――中国の神仏習合思想の受容をめぐって――」（梅村喬編『古代王権と交流4　伊勢湾と古代の東海』、名著出版、一九九六年）。

(5) 沖森卓也・佐藤信・矢嶋泉『藤氏家伝　鎌足・貞慧・武智麻呂伝　注釈と研究』（吉川弘文館、一九九九年）。

(6) 『類聚三代格』天安三年二月一六日太政官符。

(7) 「神宮寺伽藍縁起幷資財帳」（『三重県史』資料編古代上・付録、二〇〇二年）。

(8) 鈴木景二「都鄙間交通と在地秩序――奈良・平安初期の仏教を素材として――」（『日本史研究』三七九、一九九四年）、藤本誠『古代国家仏教と在地社会――日本霊異記と東大寺諷誦文稿の研究――』、吉川弘文館、二〇一六年）。

(9) 藤本誠「古代の交通を支えた仏教施設と福田思想――八世紀後半～九世紀前半の貢調運脚夫の交通と救済をめぐって――」（佐々木虔一・武廣亮平・森田喜久男編『日本古代の輸送と道路』、八木書店、二〇一九年）。

(10) 堀裕「「化他」の時代――天長・承和期の社会政策と仏教――」（財団法人古代學協會編『仁明朝史の研究――承和転換期とその周辺　』、思文閣出版、二〇一一年）。堀氏は、天長・承和の頃の社会政治状況と僧侶の活動は、「仏教的なイデオロギーが現実の問題と直接関わりながら展開していった」のであり、「僧侶が国家の社会政策の一環としてはっきり位置付けられた時代」として、天長・承和を「化他の時代」と呼ぶことを提唱された。

(11) 大嶋奥津嶋神社から二〇〇メートルほど離れたところにある境外社若宮神社の裏山に、土地の伝承として「字堂跡」があり、それが神宮寺であった可能性が指摘されている。なお若宮神社の地蔵堂内にある滋賀県指定文化財の地蔵菩薩立像はその様式からみて九世紀の造立と考えられ、奥嶋神宮寺建立に関わりがあると想定されている（宇野茂樹「平安初期の僧形神像――近江国奥津嶋神社像を中心として――」『古代文化』三八－一、一九八六年、長坂一郎「平安時代前期の神宮寺における薬師如来像造立について――滋賀・大嶋神社奥津島神社蔵木造地蔵菩薩立像再考――」（『東北芸術工科大学文化財保存修復研究センター紀要』三、二〇一三年、など）

(12)『続日本後紀』承和五年一二月己亥条。

(13)『続日本後紀』承和七年四月癸丑条。

(14)『日本三代実録』貞観九年六月二一日条。ほかにも同じく弟子の賢護は、静安の思いを受けて一万三千仏の仏画を造り、それを各国に置くことを請い裁可を受けている（『日本三代実録』貞観九年一二月一九日条、『類聚三代格』貞観一三年九月八日太政官符）。

(15) 日本思想大系8『古代政治社会思想』（岩波書店、一九七九年）。

(16)『類聚三代格』天長九年五月一一日太政官符。

(17) 赤根川河口近くの公園には、明石市教育委員会による「明石市指定文化財魚住泊」の説明板が建てられている。なお、赤根川河口部において実施された一九七九年及び一九八六年の調査により、直径〇・七～一メートル、長さ五～六メートルほどの丸太複数本が海中より引き揚げられた。炭素一四年代測定法により、一〇世紀初頭頃の年代が与えられている（春成秀爾・工藤雄一郎・稲原昭嘉「魚住泊の位置と年代」、『国立歴史民俗博物館研究報告』一九〇、二〇一五年）。

(18) 前掲注（10）。

(19) 川尻秋生「寺院と知識」（上原真人・白石太一郎・吉川真司・吉村武彦編『列島の古代史　ひと・もの・こと3 社会集団と政治組織』、岩波書店、二〇〇五年）。

(20)『続群書類従』第三十三輯上雑部所収。

(21) 亀田隆之「讃岐万農池の造営工事」（『日本古代治水史の研究』、吉川弘文館、二〇〇〇年、初出一九七八年）。

(22) 例えば、多くの人数が使役されたことがわかるものとして、『続日本紀』天平宝字五年七月辛丑条には遠江国荒玉川（天竜川）の堤が三〇〇余丈にわたり決壊したため、延べ三〇万三七〇〇余人を役し、粮を支給して修築させたとある。また同延暦四年一〇月己丑条には、河内国の堤防が三〇か所も破壊したため、延べ三〇万七千余人に粮を支給して修築させたとある。

(23) 『続日本紀』延暦三年一〇月戊子条など。なお同条では、越後国蒲原郡の三宅連笠雄麻呂が、蓄えにより人々を助け道橋を修造したことが記され、それにより従八位上が授けられている。

(24) 『類聚三代格』天長八年四月二一日太政官符。

(25) 『類聚三代格』寛平九年九月一五日太政官符。

(26) 松原弘宣「播磨灘における交通」（同編『古代王権と交流6　瀬戸内海地域における交流の展開』、名著出版、一九九五年）。

(27) 宮城洋一郎「空海の救済事業と弘法大師伝」（『日本仏教救済事業史研究』、永田文昌堂、一九九三年）。

(28) 『続群書類従』第八輯下伝部所収。

(29) 宮城洋一郎「平安末期の弘法大師伝」（『仏教史学研究』三八‐一、一九九五年）。

(30) 前掲注（21）、（27）。なおほかに、万農池の修築については、寺内浩「弘法大師空海と満濃池修築」（『愛媛大学法文学部論集　人文学編』四六、二〇一九年）などがある。

(31) 地域での社会事業では、地方豪族層としての郡司層の関わりが深かったことも知られている（磐下徹『郡司と天皇　地方豪族と古代国家』、吉川弘文館、二〇二二年など）。

(32) 『類聚国史』巻一八〇・仏道七・諸寺・天長六年三月乙未条。

(33) 寺川真知夫氏は、日本の神は神身離脱を求めながらもその身を脱しないことから、日本の古代史料に見える神々の訴えを「神身離脱願望伝承」とされた（前掲注（4））。

(34) 拙稿「平安時代における神の変容——神仏融合と神仏隔離——」前掲注（1）。

(35)　中井真孝「平安初期の神仏関係――特に護法善神思想と神前読経・神分得度について――」（菊地康明編『律令制祭祀論考』、塙書房、一九九一年）。
(36)　前掲注（7）。
(37)　北啓太「『松浦廟宮先祖次第并本縁起』について」（佐藤信編『史料・史跡と古代社会』、吉川弘文館、二〇一八年）。なお国史大系本にある「救遊霊」を北氏の説に従い「救逝霊」とした。
(38)　小野勝年『入唐求法巡礼行記の研究』第四巻（法藏館、一九八九年）。
(39)　『日本文徳天皇実録』天安元年八月辛未条。
(40)　大洗町史編さん委員会編『大洗町史』（大洗町、一九八六年）。
(41)　『日本文徳天皇実録』天安元年一〇月己卯条。
(42)　『日本文徳天皇実録』仁寿三年二月是月条。
(43)　『日本文徳天皇実録』斉衡二年五月庚午条。
(44)　前掲注（4）吉田氏論文。
(45)　上島享「日本中世の神観念と国土観」（『日本中世社会の形成と王権』、名古屋大学出版会、二〇一〇年）。
(46)　笹生衛「「災い」神を変える――九・十世紀における災害対応と神の勧請――」（『神道宗教』二六四・二六五号、二〇二二年）。

# 比叡山諸院と初期天台宗の形成

中林隆之

## はじめに

最澄が創設した日本天台宗が比叡山を本拠とすることは言うまでもない。周知のごとく、比叡山には入唐前の最澄が修行した山院（のちの一乗止観院）を鏑矢として一山に多数の院が形成され、一大勢力に発展していった。本稿では、一大宗教権門として展開していくことになる比叡山の原型が形作られた、十世紀はじめごろまでの様子について、そこで形成されていった諸院に即して、その成立過程と特徴について具体的に検討してみたい。

初期の比叡山の諸院についてはこれまでも研究が蓄積されてきている(1)。ただし、先行研究の中には後世の史料に依拠して立論されたものも多い。そうした後世史料に依拠した研究は、比叡山の姿を長期的且つ俯瞰的に概観する点では意義がある。しかし、比叡山の宗教拠点としての形成過程とその特質について実態的・過程的に解明しようとする際には、史料批判を含めて課題が残されている部分も多いと言わざるをえない。そこで本稿では、あらためて『類聚三代格』巻二や「正史」、『延喜式』などの古代国家が編纂した法制・歴史史料などを基軸におきつつ、あわせて初期の最澄の伝記（『叡山大師伝』(2)）など、確実な史料に基づいて、十世紀初めごろまでの延暦寺と天台宗の形成過程について考えてみることとしたい。(3) そしてそのことを通じて、のち最大の権門寺院に成長し、王権にも多大な影響力を有することになっていく延暦寺の特質について探ってみたい。

考察は、最澄による比叡山での修行開始から始め、王権の庇護の下で東塔・西塔・横川に諸院が立ち並び、全体として一山寺院としての比叡山の基本的構造の原型が形成された十世紀初めごろまでの様子を、最澄・円仁・円珍ら入唐僧やその受法弟子らによる諸院の形成と相承の動向、諸院への年分度者の配置、それらにも関わる神仏習合の動きなどをたどりながら順次検討し、その意義について考えてみたい。

## 一　最澄と比叡山・天台山

まず、先行研究に導かれながら、最澄の経歴と比叡山との関係についてみていくことから始たい。

来迎院蔵の度牒（案）によれば、最澄は俗姓三津首廣野で近江国滋賀郡古市郷を本貫とし、宝亀十一年（七八〇）十一月十二日に近江国国分寺僧の死欠の補として出家得度したことが知られる。最澄は元来の近江国国分寺が焼失した延暦四年（七八五）に、比叡山での山林修行に入ったとされる（『叡山大師伝』、ちなみに国昌寺が正式に近江国国分寺とされたのは弘仁十一年〈八二〇〉だが、それ以前から事実上、国昌寺がそれを代行していたのだろう）。山林修行は、おそらくは養老僧尼令13禅業条に規定された山居修道として、国分寺の三綱に申請してなされたものであろう。その際、最澄が比叡山を選んだのは、自身の本貫地の中で早くから「神山」として注目され（『古事記』上：「大山上咋神、亦名、山末之大主神、此神者、坐二近淡海国之日枝山一、亦坐二葛野之松尾一、用二鳴鏑一神者也」）、藤原仲麻呂が「先考之旧禅処」（亡父武智麻呂の旧禅処）ゆかりの柳樹について詠んだ詩にあるような、近江国を代表する霊峰・修行地であったことが一因とみてよいであろう（『懐風藻』外従五位下石見守麻田連陽春一首：「和藤江守詠禆叡山先考之旧禅処柳樹之作 一首」、「禆叡寔神山」）。なお、最澄が山居のために営んだ草庵に、当初寺院的な実態がどの程度あったかは不明である。

『叡山大師伝』によれば、最澄は内供奉僧寿興の知遇を得たのち、『大乗起信論疏』や『華厳五教章』といった華厳系の章疏類の検討を通じて天台教学への指向を強め、『摩訶止観』や『法華玄義』を初めとした天台法文類を書写したという。そして延暦十六年（七九七）十二月に桓武天皇の意向（「天心有レ感」）により内供奉禅師に任命され、結果、民部省符によって、「以二近江正税一充二山供費一」てられたという。それが事実であるとすれば、彼の比叡山での山居の拠点が公的に整備されたのは、この頃ということになる。ちなみに『延喜民部式』下には定心院の正月の修法料・年分度者料や西塔院の年分度者料とは別立てで、延暦寺の十二月二十三日から正月十四日までの「三七」日分の修法料の白米十一斛の支給規定がみられる。あるいはこれが最澄への「山供費」に由来するものなのかもしれない。なお最澄の比叡山での拠点は、のち「一乗止観院」と称されたことからも明白なように、その名称は最澄が信奉した天台智顗の著述した『摩訶止観』『小止観』などに記された「止観」、ひいては『法華経』の「一乗」思想に由来する。

他方、『扶桑略記』承平六年（九三六）三月六日条に記されているように、東塔院の根本中堂焼失の際に救出された本尊は薬師仏像であった。それが創建期以来のものであることは、仁和二年（八八六）七月二十七日官符（『類聚三代格』巻二）所引の延最申状に「最澄が薬師仏像を東塔院に安置、釈迦仏像を西塔院に置き、住持之主を充て伝法の本となす」とあることからも疑いがたいだろう。その際、天台宗を掲げた最澄の『法華経』信仰に由来するものであれば、延暦寺の根本中堂に安置されるべき本尊としては、本来は釈迦仏こそがもっともふさわしいと推察される。にもかかわらず、実際にそこに安置されたのは薬師如来であった。この点はどのように理解すべきであろうか。

結論的に言えば、その根本的な理由は、この寺（院）が、桓武の御願寺（院）的な位置づけを持って確立したことに起因するではないか。[4] 上記したとおり、『叡山大師伝』によれば、延暦十六年に最澄は桓武の意向により内供奉に預り、その「山院」には、山供費が充てられたとされる。こうした国家的対応は、後述する以後の諸天皇の「御願」によって禅師や年分度者が配置された延暦寺諸院と同様の処置といってよい。とすれば、そこには本願主たる桓武の意向が強く介在するとみるのが自然であろう。そしてその桓武の護持仏は、薬師如来であったことが知られている。[5] したがって法華信仰を基軸とする天台教学の拠点の本尊に薬師如来が据えられたのは、桓武の意向（とそれに従った最澄の意思）が大いに関係しているとみるべきなのではなかろうか。[6]

この点にも関連して、最澄と王権中枢部との関係を示すものとしてもう一つ重視すべき点は、彼の遣唐請益僧としての入唐の事情に関わる問題である。唐貞元二十年（八〇四）九月十二日付の「唐明州過書」（『平安遺文』一―一九、延暦寺文書）によれば、最澄の入唐の目的は、当初より天台山をめざしたものであった。それが最澄自身の求法としての意義を有することは言うまでもなかろうが、加えて重視すべきは「過書」（明州牒）に記された、最澄が天台山供養のために携えた物品の目録記載である。その筆頭には、「函盛、封全」された『金字妙法蓮華経』一部〈八巻／外標金字〉、『无量義経』一巻、『観普賢経』一巻が挙げられていた。そしてこれらの経典については、「已上十巻最澄称是／日本国春宮永封、未レ到、不レ許二開折一」と記されており、これらの経典が皇太子の命で永封され、天台山に到達するまで未開封が厳命された箱に入れられていたことがわかる。つまり、最澄の天台山行きには、皇太子安殿親王の要請にもとづき、天台系経典類を天台山へ奉納するという目的もあったわけである。ちなみにこうした動きは、巨視的に言えば、長屋王による千の袈裟の唐衆僧への奉納（『唐大和上東征伝』）以来の、日本王権中枢を構成する王家・貴族層の唐の仏教拠点への結縁行為の一環といってよく、のち橘嘉智子の五臺山・僧らへの宝物・袈裟などの奉納（『日本文徳天皇実録』嘉祥三年五月壬午条の橘嘉智子崩伝）などにも引き継がれる宗教行動ということができよう。

ちなみに安殿親王については、『叡山大師伝』にも、これに相応する「是時　春宮殿下、択二好手之上一書二写法華無量義普賢等大乗経三部二通一、即以二一通一附二送大唐一、和上堅持渡海入唐、安二置天台山修善寺一切経蔵一、又一通安二置比叡山一切経蔵一為二弘通本一、又又　春宮殿下施二与金銀数百両一、充二入唐求法之助一…」とする記述がみられる。(7) これらのことから判断すると、王権中枢部において最澄の掲げた天台教学にもっとも強く共鳴し、彼の遣唐請益僧としての天台山での求法活動を支持した最大の外護者は、元来は皇太子安殿親王であったであろうことが推察される。(8)

いずれにせよ、こうした最澄の求法と帰国が、これ以後の、円載・円珍、さらにはのちの成尋といった日本の天台僧らの天台山への求法・巡礼や、聖教・書簡類の請来と送付、教学上のやりとり等々を通じた、比叡山と唐天台山との歴代の国際的つながりをもたらす礎となったのである。

## 二　延暦寺諸院と禅師・年分度者

### 比叡山諸院の形成

最澄以後の比叡山は、内供奉僧らに誘われた歴代の天皇の「御願」による諸院の創設—僧（禅師）の配置と、年分度者の輩出、およびそれらの累積を基軸にして、俗別当の管理と援助の下、[9]天台宗の拠点の「山」として発展していった点に最大の特徴がある。これらの歴代の諸院の形成と年分度者の確保の動きは互いに密接に関連しているのだが、それぞれ独自に検討すべき諸点もある。そこでまずは、天台僧（禅師）が配置された諸院・堂・楼の形成について、『類聚三代格』巻二所収の官符など、確実な史料にもとづき、諸先学に学びながら考えてみたい。

最澄が建立した一乗止観院を中核とした地域一帯は、その後東塔と称されていく。それに対して、円澄が最澄より仏事を付属されたという西塔院釈迦堂（上記仁和二年七月二七日官符）を中心とする一角は西塔と称された。[10]そして両塔地域の周辺には、時々の天皇の「御願」にもとづく諸院や堂・楼が立ち並び、それぞれ住僧（禅師）が官許によって配置されていった。そうした官許の住僧が配置された「御願」の院や堂・楼として、九世紀末までに、東塔には一乗止観院（根本中堂）の他に、定心院・摠（総）持院・四王院と文殊楼が、西塔域には釈迦堂と西塔宝幢院などがあったことが確認できる。順に見ていこう。

**定心院**　東塔域の定心院は、『続日本後紀』承和十三年（八四六）八月丙戌条所引の勅の後に記された地の文に、「先ㇾ是、天皇建㆓定心院於延暦寺㆒、故今日有㆓此勅㆒」とあり、仁明天皇の「御願」による建設であったことがわかる。[11]そして同年十二月丙申には、勅により近江国の正税三万束を出挙し、定心院の「三宝并梵王帝釈供養料、毎日白米壱斗伍升伍合」と僧十人の「毎日白米陸斗肆升」、「燈分油毎日弐合」料に充て、これらを近江国司が支弁することが命じられた（『同』同年十二月丙申条、『延喜主税式』上）。あわせて僧十名の炭は、近江国徭丁が焼くとされた（『延喜民部省式』）。この他、大膳職より年料の日別一升五合の塩、大蔵省より正月悔過布施料の綿・絹・布なども支給された（『延喜大膳式』下・『延喜大蔵省式』）。定心院には、翌承和十四年（八四七）二月に、改めて勅により延暦寺僧の中から智行の者を選抜して正式に定心院十禅師として配属することが決定され、各僧が毎日『大般若経』

二巻の転読と六時行道すること、死欠の際には「才行共備、人衆所レ推者」を官に申請し、補填することとされた（『続日本後紀』承和十四年二月庚申条）。ちなみに配置されて間もない十禅師は、嘉承三年（八五〇）二月甲子に、円仁とともに宮中仁寿殿にて「文殊八字法」と呼ばれる密教修法を実修している（『続日本後紀』同日条）。当時危篤であった仁明の平癒を祈念した修法であろう。

**摠持院**　摠持院（総持院・惣持院）は、堂舎の成立時期は不詳だが、嘉祥三年（八五〇）九月に内供奉大法師であった円仁の奏上によって、練行者を簡定して「天台総持院十四禅師」が配置されたことが、文徳天皇の「御願」の院としての成立の画期とみるべきであろう（『日本文徳天皇実録』嘉祥三年九月己丑条）。この摠持院（総持院・惣持院）には、経常費として美濃国の正税四万束の出挙利稲が配当され、近江国からは修理延暦寺惣持院料として穀七百斛の息利舂米が充てられている（『延喜主税式』上）。

**四王院**　最澄の高弟の一人であった内供奉十禅師光定の天安二年（八五八）の卒伝によれば、四王院は、光定が伝燈法師位に就任した「四年」（仁寿四年〈八五四〉カ？）に「奉レ制」って「起」こしたとされる文徳天皇「御願」の院である（『日本文徳天皇実録』天安二年八月戊戌条）。貞観十四年（八七二）までには禅師も配置されていたことが知られる（『類聚三代格』貞観十四年十一月一日付太政官宣）。その後、元慶二年（八七八）五月十五日に陽成天皇の勅により、「四王堂」に対し美濃国から仏僧供料として正税が配当され、その正税息利稲の「残白米十石・黒米十石」なども毎年充てられた（『日本三代実録』同日条）。なお『延喜主税式』上によれば、美濃国より正税四万束の利稲が配当されていたことがわかる。

**文殊楼**　文殊楼は、内供奉十禅師承雲の申状によれば、五臺山巡礼を成し遂げた慈覚大師（円仁）が唐からの帰国後、比叡山にも五臺山の文殊の応化顕現のために「二重之高楼」を建てようとしたのを受け、弟子の承雲が遺命を引き継ぎ貞観十二年（八七〇）に造営し、これを「公家」に進め（承認を求め）、同十八年（八七六）に官牒によりそれが認可された、清和天皇「御願」の楼（院）である。その後、清和院の意思により元慶三年（八七九）に近江国浅井郡の大浦庄が楼料として施入され、庄田より燈分と修理料が充当された。さらに同五年（八八一）には承雲の申請にもとづき楼に新たに僧四口を置き、庄田より充当された燈分・修理分の残分を供養料に宛て、承雲（およびその死後には円仁門徒）の検校の下、昼夜二時にわたり文殊法を修し夏冬二期にその修行遍数を言上することとされた（『類聚三代格』巻二、元慶五年三月十一日官符）。

**西塔院釈迦堂**　仁和二年七月二十七日付官符（上記）所引の内供奉伝燈大法師位延最の申状によれば、西塔院釈迦堂は、もともと最澄が東塔一乗止観院の薬師仏に対応する形で釈迦仏を置き、円澄を住持の主として西塔の仏事全般を経営させた西塔域の中核堂であったという。そして最澄―円澄が釈迦堂で「人主」と「天下」のために『法華経』・『仁王経』・『最勝王経』を長講してきたのを受け、その後仁和二年七月に至り、延最が父師円澄の遺命を受け継いで五僧を配置し、光孝天皇の身体保全と国内の安寧のために（「奉二誓聖躬一、扶二衛海内一」）、昼は『大般若経』を転読し、夜は「釈迦仏名真言」を百遍念誦し、季ごとに読誦した巻数を奏聞することとし、五僧の供料は定心院に准じることなどを要請して勅許されている（『類聚三代格』巻二、仁和二年七月二十七日官符）。

なお仁和二年七月五日には、勅により、西塔院釈迦仏堂の「長明燈油毎日二合、正月十四日箇日、毎日一升、僧五口供料、毎日白米各四升六合」などを近江国正税稲一万五千束の出挙利稲などで充当することが決定されているので（『日本三代実録』同日条、『延喜主税式』上）、光孝天皇の「御願」堂として位置づけられたことになる。

**西塔宝幢院**　貞観元年（八五九）八月二十八日官符所引の十禅師伝燈大法師位恵亮の賀茂・春日二神のための年分度者（後述）を求めた表によると、清和天皇が「東宮」であった嘉承三年（八五〇）八月五日に所願を上啓し

（ただし『文徳天皇実録』によれば、実際には惟仁親王の立太子は十一月で、「八月五日」は文徳天皇の即位を天下諸神に班幣し報告した日である）、以後、毎年惟仁（清和）の降誕日（三月二十五日）ごとに臨時得度（―授戒）が認められ、貞観元年（八五九）八月二十八日以前までに八名の僧が配当されていたという（『類聚三代格』巻二、貞観元年八月二十八日付官符）。また恵亮の宝幢院での地位を師資相承していた常済の申状によると、清和の即位後には、宝幢院に内蔵寮より仏燈僧料が充当されており、さらに貞観十八年（八七六）に至り、常済が宝幢院所属の八僧に正式な官牒の付与と欠員が生じた場合の定心院・摠持院に準じた人員補充を要請し、いずれも官許されている（『類聚三代格』巻二、貞観十八年三月十四日官符、『日本三代実録』同日条）。したがって宝幢院は、清和の「御願」の院ということになろう。

ただしその後、西塔域では宝幢院と西塔院との間で年分度者の試業の実施などをめぐり一時確執があった。すなわち、宝幢院八僧らの奏請により元慶七年（八八三）に新たに置かれた宝幢院別当に就任した観栖の申状によれば、宝幢院では、貞観元年以来、年分度者の試業などの院中庶事は、恵亮―常済が師資相承して担当してきた。ところが、常済の没後には西塔院司が旧例を改めそれを勾当し、学生の簡定も西塔院司が実施するようになっていたという。そこで観栖は、所属八僧らの意を受けて、仁和三年（八八七）に、宝幢院別当が年分度者試業その他の庶務を担当することなどを改めて奏請し、裁可されている（『類聚三代格』巻二、仁和三年三月二十一日付官符）。

## その他の諸院（堂）

比叡山の各地には十世紀初め頃までに、他にも国家により承認されたいくつもの院・堂が形成されていた。『延喜主税式』上によれば、延暦寺分の燈油、同寺宝幢院の燈油・僧供料の他に、随自意三昧堂の仏の燈用油・僧供料白米、楞厳院の燈油・僧供料白米、千光院の燈油料などについて、いずれも近江国が正税を交易もしくは舂いて毎年十月以前に寺家に送納するよう規定されている。ただし、これらの堂・院の成立過程は、六国史や『類聚三代格』などでは確認できない。ちなみにやや後の史料によると、東塔の随自意三昧堂は清和のころの建立とされ（『叡岳要記』上、『阿娑縛抄』所収「諸寺略記」など）、横川の（首）楞厳院は円仁が創始したとされ（『慈覚大師伝』、『叡岳要記』下など）、東塔の千光院は延最が建立したと伝える（『叡岳要記』下）。いずれにせよこれらの諸院・堂には一定の僧が配置されるものもあり、燈料・僧供の白米などの国家的支給がなされたことがわかる。

このうち（首）楞厳院が置かれた横川地域には、仁寿二年（八五二）に死去した出家後の源朝臣明（嵯峨皇子　法名素然）が生前に居住し、「横川宰相入道」と号したというので（『公卿補任』嘉祥三年条）、九世紀半ばごろまでには、東塔域・西塔域のみならず北の横川地域にも貴顕出身者を含む僧らの拠点が形成されていたようである。

以上のように、比叡山の東塔・西塔・横川に次々と建てられた諸院・堂・楼は、内供奉十禅師となった僧などの誘導のもと、それらの僧と時々の王権中枢部との信任関係を前提とした歴代の天皇の「御願」の累積によって形成され、それぞれに僧（禅師）が配置されていったことがわかる。これら諸院は、それぞれ建立の主導者となった僧の弟子ら（門徒）によって師資相承されていった。

なお、諸院は、基本的には近江・美濃など比叡山の膝下もしくは近傍の国衙機構から納入される正税利稲などの経費を軸に運営された。そのうえ住僧に対しては、毎年比叡山（延暦寺）全体で国家機構（大蔵省）より八百屯の綿が布施として支給されていた（『延喜大蔵省式』）。

こうして比叡山では、諸院の建立が相次ぎ、時として諸院間・門流間の緊張をはらみつつも、代々の天皇およびそれを輔翼する藤原氏（摂関家）や王氏（源氏）などとのつながりを歴史的に更新し続けることによって、総体として国家権力・王権に寄り添う性格を重層的に強化しつつ、国家の保護を受けて発展を遂げていった。

## 比叡山諸院と年分度者

寛平七年（八九五）十月二十八日太政官符所引の延暦寺牒には、「当寺年分惣一十人、皆是　先皇御願也」とあり、九世紀末の時点で、延暦寺と管下の諸院に「先皇御願」の十名の年分度者が配当されていたことがわかる（『類聚三代格』巻二、同日付官符）。その内訳は、最澄の奏上にもとづく延暦二十五年（八〇六）正月二十六日官符で制定された止観業と遮那業（真言胎蔵業）の二名を皮切りに、円仁の表にもとづく嘉承三年（八五〇）十二月十四日官符での金剛頂経業および蘇悉地経業の二名（当初は四月三日得度　先帝＝仁明の追善を目的とする）と、同年十二月十六日官符による止観業二名の追加（貞観十一年〈八六九〉二月一日官符による）、およびその後の、恵亮の表にもとづく貞観元年（八五九）八月二十八日官符での二名の試業の追加（西塔宝幢院）、そして仁和三年（八八七）年三月十四日官符での座主円珍の上表をふまえた三月度の二名の加増である。

このうち最初の最澄の上奏をもとにした延暦二十五年の年分度者は、元来は御斎会と連動して宮中で得度がなされたものであった。また、そもそも延暦寺は、延暦二十五年当時はまだ正式に寺号を承認されていなかったし、最澄自身も、年分度者の上奏時には国昌寺を自身の本寺としていた（『顕戒論縁起』所収、延暦二十五年正月五日付僧統表など）。したがってこの時点までは、天台宗分ではあっても、延暦寺に配当された年分度者とは言えない。それが転換したのは、最澄没後の弘仁十四年（八二三）二月二十七日付官符（『類聚三代格』巻二）による。この官符も前年の（六月十一日付の治部省宛官符に引用された）最澄の上表にもとづくものだが、ここで最澄は、比叡山の場において「天台法花宗年分度者二人」の「法花経制」による得度を毎年春三月の桓武の死没日（「先帝忌日」）の三月十七日に実施すべきことを上表し、最澄入滅直後の弘仁十四年の奉勅官符によって認められている。そしてほぼ同時期（同年）に延暦寺での大乗戒壇の設立が勅許されたことにともなって、これ以後、天台分の年分度者は、原則として延暦寺での得度と受戒、その後十二年間の山籠修行がなされることとされた。

以後、延暦寺での年分度者の試業―得度は、上記の貞観十一年二月一日付官符により、「先格」（延暦二十五年官符）の二名分が三月十四日試業で同十七日に得度（春季分）、「後格」（嘉承三年十二月十四日・十六日官符）の四名分が八月二十三日試業で同二十七日得度（秋季分）とされ、また西塔宝幢院に配当された年分度者二名については、三月二十五日試業・得度、さらに仁和三年分の二名は、三月十七日試業・得度とされた（『類聚三代格』巻二、寛平七年十月二十八日付官符）。

付言すると、『延喜大膳式』下には、延暦寺での年分度者の試業に関する「三度料」の規定がある。これは三月春季分・八月秋季分（ただし西塔宝幢院分を除いた分）に加えて、元慶寺の年分度者の試業を、「其試業経典、一准二天台宗年分一」えて十二月上旬に勅使を招請して実施し、陽成天皇の降誕日（十二月十六日）に得度・登壇させ、菩薩戒（大戒）の受戒後に本寺（元慶寺）に還すよう求めた遍照の上表が裁可された、元慶元年（八七七）十二月九日付官符（『類聚三代格』巻二、『日本三代実録』元慶元年十二月九日詔）の帰結である。したがって、十二月の試業は天台宗分ではあっても延暦寺分の年分度者に関するものではない。ちなみに『延喜大膳式』下では、西塔宝幢院分年分度者の試業料については、「三度料」とは別立てで規定されている。

なお、以上の年分度者のうち、貞観元年に西塔宝幢院に配当された年分度者二名については、当初は延暦寺（天台宗）分としての位置づけはやや曖昧であったようである。貞観八年閏三月十六日付官符では、西塔宝幢院二名分を含めて「此寺年分惣八人」とされている。ところが、延暦寺座主であった円珍の要請（牒）にもとづいて同十一年（八六九）二月一日付官符で春秋二度の年分試業—得度が規定されたのは六名分のみであり、そこに西塔宝幢院分の二名は含まれていない。しかも、西塔宝幢院の年分度者については、貞観元年の官符で、得業以後の「僧中諸事」について、「准㆓天台真言等宗㆒同用㆑之」とされていることが留意される。これは、当該の二名分の年分度者に関して、僧の試業および身分、法会・諸行事などについて天台・真言宗の僧と同様の扱いとするように、との指示であるとみられる。この官符の指示は、裏を返せば、西塔宝幢院の二名分の年分度者は、当初は、単純に天台宗に所属したとは言えず、後述するように、賀茂明神および春日明神付きでそれぞれの担当経典を長講するための専当の僧という位置づけであったことを示しているように思われる。

そうした扱いが転換したのは、西塔宝幢院別当伝燈大法師位となった観栖の申請による。観栖は、宝幢院の僧らが先の官符（牒）にみえる「准㆓天台真言等宗㆒同用㆑之」に対して、「所㆑学之宗已是天台也、而称㆑准㆑之其義迂遠」と論（愁）じていることを踏まえ、「僧中諸事」を止観・真言業によって行うことを申請した。その訴えは仁和三年（八八七）三月の官符によって裁可された（上記仁和三年三月二十一日付官符）。これ以降、宝幢院の度者も天台分の年分度者としての位置づけが明確化した。ただし以後も、上記したように『延喜大膳式』下での西塔院での試業料は、他の年分度者の試業とは別立てとされているので、他の一般の年分度者とはやや異なる位置付けとされていたものとみられる。

ちなみに得度後の授戒は、延暦寺の申請（牒）をふまえた上記の寛平七年（八九五）十月二十八日付官符によって、年分度者のみならず臨時度者も含めて、四月十五日以前に実施されることになった。

さて、延暦寺諸院の年分度者に関しては、神仏習合の展開にも関わって、なお言及すべき論点があるが、それについては項を改めて検討したい。

## 三　初期比叡山と神仏習合

そもそも最澄が延暦寺での修行を開始するきっかけとなったのは、上記の通り、比叡山が古くより「神山」であったことに起因する。こうした「神山」での仏教の拠点経営自体は、汎東アジア的動向の一環ということができる。中国における諸「山」での僧尼らの活動は、泰山・衡山などに典型的にみられるように、もともとは道教的な信仰の拠点であった「山」に多くの僧らが修行の場として住み着き、そこに蘭若・院・寺を次々と建立し、道教的思想と融合する側面も持ちつつも、次第に仏教の拠点としていった歴史を有する。(12) 新羅の南山などでの仏教信仰も、土着の「山」に対する信仰（おそらく中国の「山」信仰と類似する側面が多いだろう）の上に重層したものであったと考えられる。

しかし、比叡山諸院の神仏習合の場合は、こうした汎東アジア的な一般動向に加え、王権中枢部（王家—藤原氏）に密接する神祇の崇拝に、これまた王権擁護のための年分度者の得度申請（と国家的裁可）を連動させた点に大きな特徴があると言える。すなわち、恵亮の申請による西塔宝幢院の賀茂明神・春日明神へのための年分度者の申請・裁可（上記貞観元年八月二十八日官符）、および円珍の奏請にもとづく東塔での大比叡明神・小比叡明神のための年分度者の申請・裁可である（同上記仁和三年三月十四日官符）。順に見ていこう。

清和天皇の護持僧であった恵亮は、清和の「降誕日」（三月二十五日）ごとに臨時度者を賜り続け、上記のごとくこれが貞観元年（八五九）に宝幢院八僧とされた。加えて恵亮は、同じく貞観元年に二名の年分度者の試業—得度を三月下旬に西塔宝幢院にて実施することを請い、同年八月二十八日付の官符で裁可されている。賀茂明神分の

『大安楽経』三十八巻の読経を担当する一名と、春日明神分の『維摩詰所説経』三巻の読経を担当する一名の計二名である（『類聚三代格』巻二、同日付官符）。

春日明神は藤原氏の氏神であり、年分度者が読経するのも興福寺維摩会での講説対象となった『維摩経』であった（なおこの経典に見られる維摩居士は鎌足になぞらえれられていたと思われる）。清和即位からほどない貞観元年での春日明神への年分度者配置は、すでに先学によって指摘されているように、即位した幼帝清和とそれを輔翼した母后藤原明子および外祖父で太政大臣であった藤原良房の意向が背景にあるとみられる(13)。

さかのぼって、そもそも貞観元年に賀茂・春日両神への年分度者を申請する際に恵亮が言及している、皇太子たるべき惟仁親王（のちの清和）のために当初の宝幢院の臨時度者を上啓したとされる嘉承三年八月五日には、鹿島神宮寺にも僧五人を配置することを裁可する奉勅官符が出されていたことに注意すべきである（『類聚三代格』巻二）。鹿島神宮は、言うまでもなく藤原氏（中臣氏）の氏神を祀る神宮で、春日大社にもその祭神が勧請され（『延喜祝詞式』）、天平神護元年（七六五）には春日神封二十戸も鹿島から割き充てられている（『新抄格勅符抄』所収、大同元年牒）。その後も延暦二十年（八〇一）に春日神封が停止された代わりに春日祭料が鹿島神封から充てられたことに示されるように（『新抄格勅符抄』所収延暦二十年九月二十二日付官符）、春日と鹿島は八世紀以来、密接に関わる神社（・神宮）であった。そして嘉祥三年の鹿島の神宮寺への五人の僧の配置を裁可した奉勅官符の宣者は藤原良房であった。したがって、これも恵亮の宝幢院への臨時度者配置と連動した動きとみてよいであろう。貞観元年における春日明神への『維摩経』読経のための年分度者の配置はその延長線上にある動きと言えよう。

一方賀茂明神は、薬子の変（平城太上天皇の変）以降、嵯峨天皇により王城鎮護の神として位置づけられ、伊勢神宮に准じて斎王が置かれた神であった。そして賀茂明神のための『大安楽経』読経の年分度者の配置が決定された貞観元年八月二十八日は、前年八月の文徳天皇の死去にともなって退下した述子内親王に代わる新たな斎王が卜定される直前にあたり（『日本三代実録』によれば卜定は同年十月五日）、その後実際に卜定された斎王は、幼帝清和の同母妹儀子内親王であった。この決定も母后藤原明子とその父良房の意向によるとみてよい。

つまり、春日・賀茂両明神に対する年分度者の配置は、両者相まって藤原氏に支えられた君主清和の治世の安寧と王城の鎮護を、関連する二神への読経により祈念するためのものであったと言えよう。そしてこれ以後も、宝幢院は、藤原氏に輔翼されるべき歴代天皇およびその居所たる王城の鎮護のために毎年春日・賀茂両神へ祈念するための年分度者の試度の場とされ、藤原氏―王家に密接する形での比叡山の神仏習合の推進のための拠点の一つと位置づけられたわけである。

次に、仁和三年三月十四日付官符による大比叡神・小比叡神への年分度者の配置について考えよう。延暦寺座主であった円珍は、西塔院（宝幢院）に春日・賀茂両神のための年分度者が配当されたにもかかわらず、延暦寺全体を守護する比叡山の主神に対して配当された年分度者がいないと訴え、大比叡神分として大毘盧遮那経業の度者一名、小比叡神分として一字仏頂輪王経業の度者一名をそれぞれ配当し（三月十七日に試度）、「地主之結恨」を解き、「護国之冥威」を増すことを求め、裁可されている。

なおこの時、山神に対して度者の配当を求めた意味については様々な要因が検討されるべきであろうが[14]、とりわけ重視すべきは、当該期の王権中枢に関わる政治的動向の推移とそれへの円珍の対応であろう。上表の中で円珍は、桓武が許可した初発の天台業年分度者の試業経典であった『毘盧遮那経』が、「八方法蔵之肝心、陀羅尼経之梁棟」であるにもかかわらず、その年分度者が一名にすぎないと述べる。同時にこれまた「延暦天子」（桓武）が「不予」となったとき、祖師（最澄）が「経」（『一字仏頂輪王経』）によってその延命に寄与した功績が「山家之開泰」につながり、以後東西の弟子らが研鑽を重ねてきたと回顧する。[15] さらにその上で「仏法中興、莫レ過二承和之聖代一、山神膺レ慶偏仰二当時之鴻慈一」と述べる。つまり円珍は、「承和之聖代」、すなわち仁明天皇の治世こそが比叡山（天台宗）の開基を許可した桓武朝を継承した仏法中興の画期であり、山神が「膺レ慶」けたのも仁明の配慮によると主張しているのである。

仁和三年三月は光孝天皇の治世晩年であるが、円珍があえてここで桓武朝に加えて仁明朝に言及した意味は、陽成が廃された後に新たに即位した光孝が仁明の子であるからに他ならず、その仁明‐光孝皇統の正統性とその仏法興隆の意義を強調するためであろう。

ちなみに仁明は、上記したとおり東塔域に「御願」の定心院を建立し、そこに十禅師を配置していた。それがその後続いていく比叡山各塔域での歴代の「御願」院建立の濫觴となったわけで、その意味で延暦寺にとっては、仁明朝を「仏法中興」の時とするのは不当ではない。

円珍はそうした事情を踏まえ、比叡山の開山を認めた桓武の事績を受け継ぐこととなった仁明‐光孝を、仏教興隆を進める新たな正統皇統として讃美し、それに密着しつつ比叡山の地主神としての大比叡・小比叡のための年分度者の配置を求めたわけであり、以後それが継承されていくことになる。年分度者による大小比叡神に対する『大毘盧遮那経』・『一字仏頂輪王経』の読経の反復は、比叡山を、開山の檀越たる桓武が崇敬した密教経典と、それらによって加護される地主神によって、王城の鎮護の山として永続的に位置づける行為とみられる。

こうして延暦寺は、総体として地主神との密教を通じた神仏習合を推進し、のちこれを山王信仰として流布していく。その中で、王家・王城鎮護の寺としての位置付けを確固たるものにするとともに、あわせて宝幢院年分度者により藤原氏の信奉する神の加護も仰ぐことで、絶大な権力的基盤と権威を有した神仏習合にもとづく社会的宗教勢力として成長していくことになるのである。

## おわりに

天台宗の拠点としての比叡山延暦寺およびそのもとでの各塔域における諸院の形成事情について、確実な史料に依拠しながら検討してきた。延暦寺は基本的に歴代の君主権力・王族・摂関家などの貴顕の帰依や、公卿俗別当などを通じた国家的庇護・管理の下、入唐僧や内供奉僧および彼らの受法弟子等により多くの諸院が形成される形で成長していった。諸院には国家により承認された禅師が配置され、また基本的に正税などの国家的な財政支援もなされた。諸院はそのもとで、王権守護の恒例・臨時の仏事を執行した。

それぞれの諸院は師資相承を通じて発展し、三塔地区に展開していった。諸院は、年分度者の配分や諸仏事・事務などをめぐり相互に競合することもあったが、天台座主の統括の下、全体として国家的援助を受けながら、天台・密教・神仏習合の拠点として発展していったのである。

**注**

(1)　景山春樹「三塔・九院・十六谷」(村山修一編『比叡山と天台佛教の研究』、名著出版、一九七五年、所収)、同『比叡山寺　その構成と諸問題』(同朋舎、一九七八年)、武覚超『比叡山諸堂史の研究』(法藏館、二〇〇八年)、など。

(2)　『叡山大師伝』については、佐伯有清『伝教大師伝の研究』(吉川弘文館、一九九二年)によるところが大きい。

(3)　初期の叡山諸院に関する近年の実証的研究としては、岡野浩二「延暦寺諸院記録の生成事情」(『駒沢史学』八七、二〇一六年）、同「天台座主円珍の教団経営」（『日本仏教綜合研究』一五、二〇一六年）がある。また虎尾俊哉編『訳注延喜式』中・下（講談社、二〇〇七年・二〇一七年）の延暦寺諸院に関する注釈も、基本的論点を提示している。本稿における諸院の沿革の検討は、これらの研究成果を大いに参考にしている。

（4）比叡山の「神山」としての性格と、最澄以降の比叡山での神仏習合については、吉田一彦「最澄の神仏習合と中国仏教」（『日本仏教綜合研究』七、二〇〇九年）を参照。

（5）この点については、平岡定海「御願寺の成立とその性格」（同『日本寺院史の研究』〈第三章第五節〉、吉川弘文館、一九八一年）を参照。

（6）西本昌弘「平安京野寺（常住寺）の諸問題」（角田文衞監修財団法人古代学協会編『仁明朝史の研究――承和転換期とその周辺――』思文閣出版、二〇一一年）を参照。

（7）『山門堂舎記』根本中堂条の地の文には、「延暦七年戊辰伝教大師建立者、伐㆓虚空蔵尾自倒之木㆒、以㆓本切㆒自手彫㆓刻薬師仏像一軀㆒、安㆓置之㆒」とあり、延暦七年（七八八）に最澄が自ら倒木をもとに彫刻し薬師仏像を安置したというが、伝承の域を出ない。

（8）この点に関わって、薗田香融「最澄とその思想」（『日本思想体系4　最澄』、岩波書店、一九七四年、所収）は、皇太子安殿の法華系典籍類の天台山奉納について、南学慧慈―太子後身説にもとづいて「聖徳太子」が前世において『法華経』などを南嶽に取らしめたという故事にもとづき、自身を「聖徳太子」に擬した可能性を指摘する。また堀裕「平安新仏教と東アジア」（『岩波講座日本歴史　第4巻古代4』、岩波書店、二〇一五年、所収）は、薗田説を踏まえ同様に理解しつつ、最澄の遣唐請益僧としての天台山への派遣を、法相・三論両教学の争いを鎮め諸宗融和を求めた延暦二十一年の高尾山寺での講会に連動する国家的意思にもとづくものとする。そして最澄が安殿親王の持たせた『法華経』などとともに天台山修善寺に持参した「屈十大徳疏十巻」や「本国諍論両巻」を、高尾山講会およびその前年の比叡山での法華講会の成果を奉納したものと推測する。

（9）ちなみに桓武は、最澄が請来した天台系典籍を七大寺に頒布するため、図書寮に命じて書写させている。また桓武の重視した常住寺には天台院が置かれ、そこにも天台典籍が安置された（以上、『叡山大師伝』）。したがって桓武も最澄の掲げる天台教学に理解を示し援助しているといえる。ただし、桓武の最澄に対する最大の関心は、彼の学んだ密教修法にあり、天台教学は副次的位置を占める。

(10) 延暦寺の俗別当については、岡野浩二「天台・真言・南都寺院の監督」（同『平安時代の国家と寺院』、塙書房、二〇〇九年、所収）を参照。

(11) 『日本三代実録』によると、貞観五年（八六三）七月二十七日に、勅により諸大寺に修理料として新銭などが施入されたが、そこで「延暦寺」に三十貫、「比叡西塔院」に十五貫が宛てられている。西塔院は、このころまでに比叡山内で、「延暦寺」（一乗止観院〈根本中堂〉を中核とした東塔を指すとみられる）に対して、相対的に独立性を有した塔・院として国家的に承認されていたようである。

(12) 遠藤慶太『仁明天皇』（吉川弘文館、二〇二二年）は、仁明天皇の「御願」の院としての定心院の成立過程について、その財政基盤を含めて丁寧に論じている。

(13) この点については、中林隆之「東アジア〈政治―宗教〉世界の形成と日本古代国家―」（『歴史学研究』増刊号、八八五、二〇一一年）にて概括的に言及した。

(14) 石田瑞麿「賀茂・春日両神分年分度者と小戒受持」（同『日本仏教における戒律の研究』〈第三章第三節二〉、仏教書林中山書房、一九六三年）。

(15) 岡野前掲注（3）「天台座主円珍の教団経営」は、叡山の主神たる山神（大比叡神・小比叡神）への年分度者の設置要求は、円珍が、賀茂明神・春日明神のためという名目で藤原氏と結んだ西塔の姿勢やその内部分裂を矯正し、比叡山全体の統合を狙ったものとする。

(16) 『叡山大師伝』によれば、延暦二十四年九月上旬に、桓武は和気弘世を通じて最澄に重ねて潅頂秘法を修行せしめることとし、勅旨により「西郊」で壇場を創建し、五仏頂浄土・大曼荼羅をそれぞれ一幅描かせている。そして灌頂は勅使石川朝臣河主の検校の下、実施されている。また光定の『伝述一心戒文』巻下では、最澄の弟子円澄が、師の命により五仏頂法の修法を実施し、桓武の延命を図ったと記されている。円珍の主張はこれらを踏まえたものだろう。

# 諸国講読師制度に関する二題

駒井　匠

## はじめに

日本古代において地方にどのような仏教がどのように受容されていたのか。かかる課題については『日本霊異記』を活用した研究等が大いに進展してきたところではあるが、[1]本稿では、九世紀に地方で執行された法会について近年新たな研究成果が出されたことも踏まえ、当該期の地方の仏教に関わる制度・政策を検討したい。

堀裕氏は、天長・承和年間に創始された諸国文殊会や諸国仏名会を取り上げ、これらの法会の展開と教化を得意とする僧の活動との関係や、貧民救済や架橋、治水等の国家の社会救済事業との関係を明らかにした。[2]また中本由美氏は、諸国文殊会について天台宗の諸国講読師への進出に対して、南都が対抗する目的から文殊会を創始したことや、それが依拠する信仰を明らかにしている。[3]

文殊会等の法会に限らず、九世紀の地方仏教政策に関する史料は豊富に残されている。この時期には諸国講読師制度に関する政策も多数見える。諸国講読師制度は、延暦年間に幾度も変転しながらも、弘仁年間には職掌が定まり、天長二年（八二五）には読師が新設（後述）される。柴田博子氏は、読師の新設を以て諸国講読師制度の始まりとし、(4) 前田慶一氏も平城～淳和朝をこの制度の「完成期」と評価する。(5) また、この制度は諸法会を軸とした僧侶の昇進階梯との関係からも取り上げられている。(6)

また弘仁～承和年間が国分寺制度に変化が見える時期であることも夙に指摘されてきたところである。吉岡康暢氏は、承和年間における転用国分寺設置による国分寺制度の維持・整備を、良吏政治と関連付けながら、当該期における災害や富豪層の台頭を背景とした「勧農機能の回復と人心の動揺の鎮静化」を目的とした政策とした。(7) 中井真孝氏は、平安前期の国分寺政策を取り上げ、弘仁～承和年間にかけて国分寺の修造・代替が行われ、国分寺の維持が目指された一方で、国分寺僧の資質低下を背景に国分寺が担ってきた仏事が他の寺院や国庁で行われるようになり、地方仏教や「鎮護国家」における国分寺の役割が相対的に低下したことを指摘している。(8)

弘仁～承和年間は諸国を対象とした仏教政策が展開した時期であり、これら諸政策の連関も指摘されてきた。例えば、中井氏は講師による国分寺検校に注目している。また角田文衞氏も国分寺と諸国講読師（その前身たる国師時代も含む）との関係を述べる中で、諸国講読師制度の展開過程にも言及している。(9)

九世紀の地方仏教政策は先行研究も多いものの、残された検討課題もなくはない。後述するように、諸国講読師制度の完成がなぜ天長年間であったのかという時期の問題について、検討が不十分な点もある。また近年の研究を踏まえるならば、諸国文殊会・仏名会と諸国講読師制度、国分寺政策との関係も検討課題として浮上してこよう。

そこで本稿では、諸国講読師制度を中心としながら、地方仏教政策について、(1)諸国講読師制度の成立、とりわけ読師の新設を、国分寺政策との関係から検討し、その背景を明らかにする。(2)承和年間を中心に、諸国講読師整備・国分寺政策・諸国法会の展開の連関について検討する。またその連関に、諸国文殊会や仏名会の展開と関わる仏教信仰、特に天皇周辺の仏教信仰が与えた影響に言及する。(1)と(2)とでは共通する題材を取り扱っているが、聊か論点が異なる。二題と称する所以である。

## 一　諸国講読師制度の成立と南都・天台宗

### 諸国講読師制度と国分寺僧

本稿では、諸国講読師制度の完成とされる読師新設について、当時の仏教界の動向を踏まえて検討する。この読師新設は国分寺政策の変更を伴うものでもあった。まずここでは、国分寺と関係するものを中心に、諸国講読師制度に関する法令を検討する。

諸国講師は、『続日本紀』大宝二年（七〇二）二月丁巳条に初出する諸国国師を前身とする。国師は中央から派遣されていた[10]。制度整備に関する法令は延暦年間に頻出し、任期や職掌に関する勅が複数出されている。延暦一四年（七九五）八月一三日太政官符（後掲【史料1】に引用）により国師は講師に改称され、その後もいつくかの関連する法令が出され、次の太政官符により講師の補任年齢や在任期間、職掌が定められた。

【史料1】『類聚三代格』（以下、『類三』）巻三、諸国講読師事、延暦二四（八〇五）年一二月二五日太政官符

太政官符

応下簡二任諸国講読師一及相替六年為上限事

右、得二僧綱牒一偁、案二太政官去延暦十四年八月十三日符一偁、（中略）宜下改二国師一曰二講師一、毎レ国置中一人上。挙下才堪二講説一為レ衆推譲者上、申レ官奏聞、然後聴レ補。一任之後、不レ得二輙替一。但読師者国分寺僧依レ次請レ之者。今検二諸国講師一、或身期二老死一、或情無レ知レ足、則自倦二講席一。何堪二誨導一。遂使二汚レ法堕レ罪、背レ師棄レ資。（中

略）伏望、簡二大智一而任二講師一、挙二少識一而補二読師一。限以二六年一為二秩満期一。其部内寺寄二附件師一。（中略）謹請二処分一者。右大臣宣。奉レ勅、（中略）其講師年限、一依二来請一。但浅学之輩、未レ練二戒律一。年少之人、時聞二違犯一。宜下簡二年卌五已上心行已定、始終不レ易者一補上レ之。簡レ才用レ譲、申レ官経レ奏等、一同二前格一。（中略）其読師者、依レ旧用レ之。又部内諸寺者、講師国司、相共検校、不レ得二独恣一。

延暦廿四年十二月廿五日（傍線筆者。以下同）

講師は国師時代から中央派遣の僧であったが、柴田氏が指摘するように、僧綱は読師も中央派遣とするよう要請していたと考えてよいだろう。(11) しかし読師はこれまで同様国分寺僧が用いられることとなった。この後、延暦二五年（八〇六）正月二六日太政官符（『類三』巻二、年分度者事）により、各宗派に分配された年分度者を諸国講師に差任することが制度化される。

【史料1】にみえるように、読師は国分寺僧が担うことになっていたが、その国分寺僧については次の史料が注目される。

【史料2】『類三』巻三、国分寺事、弘仁七年（八一六）五月三日太政官符

太政官符

応下自レ京所レ入諸国国分寺僧、路次充中供養并伝馬上事

右、太政官今月三日下二七道諸国一符偁、依下太政官去延暦二年四月廿八日下二七道諸国一符上、択二擢京寺之僧一補二入国分闕一。而頃年間、緇徒去日唯授二公験一、不レ充二食馬一。今、被二右大臣宣一偁、郵伝之設、本備二逓送一。宜下自今以後、僧身及童子一人令上レ充二供養公乗一者。諸国承知依レ宣行レ之。其給法者僧日米二升塩二勺、従日米一升五合塩五撮。立為二恒例一。

弘仁七年五月三日

そもそも国分寺僧の死闕は、延暦二年（七八三）四月二八日太政官符（『類三』巻三、国分寺事）により、妄りに新たに得度させず当土の僧を充てることとなっていた。しかし、【史料2】によると、弘仁七年に至るまでの間に、国分寺僧の闕員は「京寺」からの派遣で補うことになっていたことがわかる。「京寺」とあるが、弘仁七年時点で平安京に多くの僧が止住していたとは考え難いので、この場合は南都の諸寺を指すのであろう。【史料2】は延暦二年四月二八日官符に依拠して出されたものであるが、『類三』で確認できる当該官符の内容は上述の通りであり、「京寺」の僧による闕員補充については何ら記されていない。いずれの時期からなのかは不明であるが[12]、弘仁七年かそれ以前には、国分寺僧は南都僧の派遣に切り換えられていたと考えられ、【史料2】に至って、その路次の供養や伝馬の使用について定められたのである。

しかし、次の史料によると、南都僧の中には本寺から去ることを重くみ、また師主の下で修行することを重視する者がいたようであり、国分寺僧として地方に向かうことが忌避されていた様子がわかる。

【史料3】『類三』巻三、国分寺事、弘仁一二年（八二一）一二月二六日太政官符

太政官符

応レ補二国分金光明寺僧闕一事

右、案二去天平十三年二月十四日格一偁、毎レ国造二僧寺一、必令レ有二廿僧一。若有レ闕者、即須二補満一。延暦二年四月廿八日格偁、今国司等不レ精二試練一、毎レ有二死闕一、妄令二得度一。理不レ可レ然。宜乙死闕之替、擢下当土僧之中堪レ為二法師一者上補甲之。先申二闕状一、待レ報行レ之。自今以後、不レ得二新度一者。頃年停二前件格一、簡二京諸寺僧心願者一、補二彼闕所一。右大臣宣。奉レ勅、如レ聞、僧等或重レ去二本寺一、或喜レ従二師主一。至三于入二国分寺一、心願者蓋

寡矣。因レ是法会之場、僧員不レ備、先朝之制、於レ茲有レ闕。夫消レ禍殖レ福、釈教為レ本、弘レ道利レ物、必由二其人一。自今以後、心願之外、宜下択二当国百姓年紀六十已上心行既定終始無レ変者一度上レ之。

弘仁十二年十二月廿六日

これにより、国分寺僧は「心願之外、宜下択二当国百姓年紀六十已上心行既定終始無レ変者一度上レ之」と改められた。南都僧による国分寺僧闕員補充の可能性も残されているが、当土の百姓を得度することになったのである。延暦二年四月二八日官符では、既に得度している者を国分寺僧とすることで、僧尼を増加させない方針が採られていたが、弘仁七年以前にその方針は放棄されていたと考えられる。しかし、ここに見えるように、南都僧は南都から離れたくなかったのである。国分寺僧は死闕があれば補われるということからすると、言わば終身制を前提としていたと考えられ、規定上は赴任したのち南都に帰ってくることは不可能であった。

弘仁年間後半においても読師は主に国分寺僧が担っていたと考えられるが、天長二年に至って、中央派遣のポストとして読師が新設されることとなる。

【史料4】『貞観交替式』天長二年五月三日太政官符

太政官符

応下置二読師一幷充中講師供養上事

右、得二僧綱牒一偁、検二案内一、去延暦十三年已往、毎レ国置二大小国師一、令下講二安居経一、兼検中部内諸寺上。十四年改二国師一称二講師一、毎レ国置二一人一、住二持正法一、不レ預二他事一。但読師者国分寺僧依レ次請レ之。廿四年更令三講師検二校部内諸寺一。而今或講師夏中身死、無二人修一レ法、検二知庶事一、随亦為レ怠。伏請、択二有能者一、補二任読師一。其歴任限一准二講師一。供養者用二国分寺供料一。若不レ足者、充二部内寺物一。講師供養同亦准レ此。謹請二処分一者。

左大臣宣。奉レ勅、依レ請。但正月最勝王経悔過幷安居等供養料、依レ旧用二正税一。

天長二年五月三日

天長二年には、僧綱の牒により読師に国分寺僧を用いるのを改め読師を置くこととなった。ここには「択二有能者一」ぶとあるのみで、具体的にどのような僧を補任するのかは不明確であるが、後掲の斉衡二年（八五五）八月二三日太政官符（【史料7】）で読師の補任階梯として三階が見えることからすると、読師も南都僧の派遣となったと考えてよいだろう。また任期も講師同様六年と定められ、供養料は国分寺供料を用いることとされた。これ以前は、国分寺僧が読師として講師を輔佐していたのだが、その国分寺僧は南都からの派遣、もしくは当国の者からの選抜であった。これを改め、読師を南都から派遣することになったのである。天長二年に至って講師・読師共に中央派遣の僧官となったのであり、【史料4】は諸国講読師制度の整備の上で重要な意味を持つと考えられる。ここに読師のポストが新設されたわけだが、南都僧を国分寺僧として派遣する制度も、実際に赴く者は少なかったと思われるものの維持されていたのだから、南都僧の地方への派遣枠は増加している。

しかし、承和年間には一部の国から読師廃止が要請され、それが許可されるという事態が起こる。(13) 柴田氏も論じるように、読師新設は国家と僧綱の主導によるものであり、諸国の実情を踏まえたものではなかったのである。(14)

### 読師新設の背景

前節で見たように、天長二年には読師が新設された。国分寺政策にも目を向けるならば、当該期においては南都から地方への僧侶派遣に関わる政策に変化があった時期とも言える。では、なぜこの時期に変化が起きたのであろうか。柴田氏は、読師新設も含めた弘仁・天長年間の講読師制度整備の背景として、当該期の飢饉や災害によって国分寺の法会への需要が高まり、国分寺僧を含め諸国内の僧尼を教導する講師の役割が重視されるに至ったとする。しかし、災害との関係のみでは、読師新設が天長二年という年であったことを十分に説明できないであろう。ここで注意したいのは、天長年間から模索されはじめた天台宗の諸国講読師補任である。柴田氏もこのことと読師新設との関係に触れているが、天台宗と南都の関係は重要と考える。はじめにで述べたように、中本氏は諸国文殊会創始を天台僧の諸国講読師進出への南都の対抗と解しているが、読師新設も同様の背景から理解することが可能なのではないか。

まず読師が僧綱の要請により中央派遣とされたことの意味を確認しておく。地方派遣のポストであっても、中央の僧がそれへの補任を求めていたことは、例えば、宝亀年間に僧綱によって国師増員が計られていた可能性が指摘されている[15]ことからも十分考え得るところである。講読師の補任枠を加増させることは、僧侶にとっても望むところであった。

これを踏まえた上で注目したいのが、南都僧の国分寺への派遣に関する路次の供養等を定めたのが弘仁七年で、読師を新設としたのが天長二年であるということである。

『伝述一心戒文』巻中、先師作六条式載国師国用文（『大正新脩大蔵経』〈以下、『大正蔵』〉第七四巻、六五〇頁、下）によると、天長元年（八二四）、当時延暦寺俗別当であった伴国道は光定に「准二年分二人一、而可レ有二国講師一人、国読師一人一」と告げたという[16]。天台僧にも講読師補任の途が開かれつつあった。すでに延暦二五年（八〇六）正月二四日太政官符により、諸宗に分配された年分度者は諸国講師として任用されるルートが設定されていた。堀裕氏が述べるように、延暦二五年正月二六日太政官符には諸宗教学を修学する年分度者の講師補任ルートが示されており、諸国講師のポストは中央の大寺に所属して修学する年分度者の特権であった[17]。天台僧も制度上はこのルートに乗ることが可能であったが、最澄の比叡山への大乗戒壇設置が実現すれば[18]、それはほぼ不可能となろう。最澄も『天台法華宗年分学生式』（六条式）で天台僧の講師補任を構想しており[19]、光定や国道も講読師補任の途を新たに模索していた[20]。こういった時期に、南都からの読師派遣が実現された。天長二年は、天台僧を四天王寺・法隆寺の安居講師とすることが定められ（『類三』、巻二、経論并法会請僧事、天長二年二月八日太政官符）、天台宗の南都法会への進出が達成された年でもあるが、大乗戒壇設立をめぐって僧綱と最澄の間で論争があったばかりである。中本氏の指摘するように、天台僧の諸国講読師補任も僧綱にとっては容認できないものであったろう。天台宗の諸国講読師補任の動きに対して、南都僧で構成される僧綱は先手を打って、講師のみならず読師をも南都から派遣するように要請したのではなかろうか。

読師を中央派遣とする以前、国分寺僧は中央派遣となっていた。読師新設を天台宗と南都との関係から理解した場合、国分寺僧に関しても同様の視角から理解できるのではないか。

弘仁四年（八一三）頃から天台宗と南都の論争が始まり[21]、弘仁四年六月に最澄と光定は、興福寺において藤原冬嗣の前で法相宗の僧侶と論義を行い、「天台奥義、秀二於法相宗一」であることを示したという（『伝述一心戒文』巻上、「被最初年分試及第得度聞伝宗旨文」〈『大正蔵』巻七四、六三五頁、下〉）。弘仁六年（八一五）八月には、最澄は関東行化に向かった（『叡山大師伝[22]』）。

南都僧の国分寺への補任に関わる諸制度の整備は天台宗の東国進出の時期と近接している。【史料4】とは異なって、【史料2】は僧綱の発議によるものとは記されていないが、憶測を逞しくするのであれば、天台宗の動きを受けて、南都僧を地方に派遣することが模索されたのではないか。そこで、以前より行われていた南都僧による国分寺僧闕員補充を促そうとして【史料2】が出されたのではないか[23]。当時の国分寺僧は読師に補任される場合があったので、これが功を奏して、南都僧が国分寺僧として赴任すれば、講師・読師を南都僧で占めることも可能となる。僧綱の発議によるものでなかったとしても、【史料2】は僧綱にとって歓迎される政策だったはずである。しかし、これはうまくいかなかった。恐らく【史料2】の段階でも国分寺僧補任を希望する僧は少なかったのではないか。そこで僧綱は、延暦二四年に求めていた読師の南都からの派遣を再度求めることにしたのではなかろうか。

## 二　諸国講読師と仏教信仰

承和年間以降も、諸国講読師制度・国分寺制度に関する政策は多数見られ、諸国講読師制度に参入せんとする寺院も増加していく[24]。天長年間以降も諸国講読師が僧侶にとって重要なポストであったことが窺えるが、彼らに講説や僧侶の教導が求められていたことが後掲の諸史料からわかる。これらの能力の希求は如何なる背景により現れてくるのであろうか。ここでは、承和年間以降の諸国講読師と国分寺の関係を追い、同時期に諸国に展開する文殊会・仏名会にも触れつつ、諸国講読師制度・国分寺政策・仏教信仰の連関を検討したい。

### 講読師に求められた能力

天長七年（八三〇）には、薬師寺最勝会竪義が諸国講読師への補任階梯に位置づけられた[25]。既に延暦二五年正月二六日太政官符により諸宗年分度者には講師の途が開かれていた。これらのことから諸国講読師には教学を身に付けていることが求められていたと考えられる。

承和年間以降の諸国講読師に関わる法令を見てみても、講説能力が求められていたことがわかる。

【史料5】『類三』巻三、国分寺事、承和六年（八三九）六月二八日太政官符

太政官符

応下於二国分尼寺一安居之中令上レ講二法華経一事

右、被二権中納言従三位兼行左衛門督陸奥出羽按察使藤原朝臣良房宣一偁、奉レ勅、国分二寺初建自遠。一則名為二金光明護国寺一、一則号為二法華滅罪寺一。（中略）是則　先帝救レ世利レ物之法、遠伝二于今一不レ朽者也。而頃年所レ行僧寺安居之会、独講二最勝王経一、尼寺滅罪之場、無レ説二法華妙典一。両寺所レ設法蔵、用有レ不レ同。宜丙仰二諸国一令下講読師、安居之会、先於二僧寺一講中最勝王経上、次於二尼寺一講乙妙法華経甲。庶幾無二無三之勝理、開二示邦国一、除災植福之大善、広被二衆庶一。

承和六年六月廿八日

これによると、国分尼寺の安居では『法華経』が講説されていないという状況にあった。これを問題視し、安居に講読師を派遣して、国分寺では最勝王経を、国分尼寺では法華経を講説させることとした。国分寺の機能と関わって講読師の講説能力が求められた事例といえる。

また次の史料からは、諸国講読師は国分寺僧の教導にも当たっていたと考えられる。

【史料6】『類三』巻三、国分寺事、仁寿三年（八五三）六月二五日太政官符

太政官符

応レ令三国分寺幷定額寺僧勤二六時修行一事

右、被二右大臣宣一偁、先帝創二建国分二寺一、分号二護国滅罪之寺一、択二苾蒭・々々尼一、殊設二儭施具足之法一。又於二定額寺一、雖二建立有レ主本願異一レ趣。而擁二護国家一、豈為二分別一。此皆救レ世利レ物、伝二于今一不レ朽者也。是以

一切刹土常転二法輪一、百千人天倶蒙二解脱一、善神満レ国悪龍出レ境。而頃年講師之挙不レ允二格意一、国分之僧還多二放逸一。福田荒而不レ耕、農畝競而訟レ利、鐘磬絶レ響、六時無レ聴、香火止レ煙、三業弥倍。護国滅罪之理、不レ可二焉然一、抜苦与楽之誠、必須二勤慎一。宜下重告二知講読師一、六時修行、同仰二定額寺一、相共検察上。若有下不二遵行一者上、録レ名言上。

仁寿三年六月廿五日

国分寺と定額寺を「擁二護国家一、豈為二分別一」と見る立場も注目されるが、講師補任のあり方や国分寺僧の資質が問題とされていたことがわかる。事実書で講読師の補任のあり方が問題とされていることを踏まえれば、講読師にも六時の修行が命じられたと解釈できる余地もある。[26] 勿論、講読師にも六時の修行が求められたであろうが、[27] 事書によるならば、講読師に対して国分寺僧と定額寺僧を指導するよう命じることが官符の主目的であったと考えられる。ここでも護国や滅罪といった国分二寺の機能と関わって、講読師が教導するように求められていると言える。[28]

このように諸国講読師による国分二寺法会への関与や国分寺・定額寺僧への教導という職掌が重視されてくる中で、斉衡二年には五階三階の遵守が命じられた。[29]

【史料7】『類三』巻三、諸国講読師事、斉衡二年八月二三日太政官符

太政官符

応下定二試業之階一補中任諸国講読師上事

講師五階試業、複、維摩立義、夏講、供講

読師三階試業、複、維摩立義

（中略）今被二右大臣宣一偁、補二講読師一、具存二前格一。而選挙之日、未二必其人一。因去承和四年十一月廿六日、

仰二僧綱一必令二尽署一。加以、頃年之例、別立二五階三階一、令レ補二講読師一。是協二格意一、量レ才委任也。而今有司称三格無二試業之階一、任レ意恣挙二少智之輩一。已乖二制旨一、多渉二濫吹一。凡厥諸国置二講読師一者、将レ令下邦家照二於戒珠之光一、天下護中於禅行之化上。若非レ智非レ行、如二此道一何。宜下自今以後縁二件業階一俾上レ申二補任一。

斉衡二年八月廿三日

諸国講読師制度は、延暦年間以降その補任手続きが幾度か問題視されており、承和四年（八三七）にも選任に際して僧綱全員が署判を加えることが決められたようである。つまり、講読師の補任方法は承和年間から改革が図られていた。『続日本後紀』承和六年九月己亥条にも、「講読師等、不二必其人一。僧尼懈怠、周旋乖レ法。国司検校、亦不レ存レ心」るため、諸国国分寺における毎年正月の最勝王経転読と吉祥悔過が十全に行われていないとして、会場を国庁に移すことが見え、講読師の問題が挙げられている。また【史料6】からも講読師補任のあり方に問題があると認識されていたことがわかる。【史料1】【史料4】に見える「大智」「有能者」を選ぶために、斉衡二年以前から慣例的に行われてきた五階三階を遵守すべきことが【史料7】で命じられたのである。

【史料5】と【史料6】では、国分寺における法会や僧侶の教導に講読師がその役割を果たすことが求められていた。【史料7】は、五階三階による補任を遵守するように命じるものであり、前提としては講読師の資質低下があり、その改善策と考えられるが、講読師の資質の問題視や諸国講読師補任制度整備は、国分寺政策と関連するものと位置づけることもできるだろう。

### 講読師制度・国分寺政策と仏教信仰

前節では諸国講読師補任制度と国分寺政策との関係を指摘した。そこで取り上げた史料からは、国分二寺の護国と滅罪が注目されるようになっていたことが窺えるが、なぜ承和年間頃にこのようなことが起きたのであろうか。勿論、その背景としては、吉岡氏が指摘した災害の多発が想定されよう。しかし護国だけでなく滅罪も求められていることは注意を要しよう。

護国と滅罪は国分二寺を特徴づける大きな役割であるが、天長・承和年間に諸国に展開する文殊会・仏名会でも滅罪が意識されていた。まず文殊会を見てみよう。

天長五年（八二八）二月二五日太政官符（『類三』巻二、経論幷法会請僧事）によると、勤操・泰善により「畿内郡邑」で始められた文殊会では、貧者への施給が行われており、それは「若有二衆生一聞二文殊師利名一、除二却十二億劫生死之罪一。若礼拝供養者、生々之処、恒生二諸仏家一、為二文殊師利威神一所レ護。若欲三供養脩二福業一者、即化レ身作二貧窮孤独苦悩衆生一、至二行者前一」と説く『文殊師利般涅槃経』に依拠したものであった。ここでは「十二億劫生死之罪」、つまり一二億劫も生死（輪廻転生）する罪が意識されていた。後述するように、諸国仏名会には講読師の関与は見えないが、文殊会の実施については、「須下国司・講読師仰二所部郡司及定額寺三綱等一、郡別於二一村邑一、屈二精進練行法師一、以為二教主一、毎レ年七月八日令上修二其事一。」とあるように、講読師も国司と共に関与することになっていた。

次いで仏名会を見てみよう。

【史料8】『類三』巻二、造仏々名事、承和一三年（八四六）一〇月二七日太政官符

太政官符

応レ行二諸国仏名懺悔一事

右、内典有二礼懺之法一。所二以改レ往脩レ来、滅レ悪興レ善者也。人之在レ世、恒与レ罪倶。已因二三業一而成レ過、亦

従二六根一而致レ咎。罪相所レ縁、若干無数。唯応三慚愧而陶二出我心一。豈合三覆蔵而滋二漫他魔一。夫万三千之宝号、二十五之尊名、聴レ之者塵労自脱、仰レ之者煩障永除。枯二暴河之龐水一、研二羇鎖之金剛一。大矣哉浄業。不レ可二得而称一。自二承和初一有レ勅毎レ到二年終一、大内常修二此法一、護二持寰宇一、饒二益黎甿一。雖三恩情慊切、已無二厚薄一、而功徳霑濡、恐殊二内外一。大納言正三位兼行右近衛大将民部卿藤原朝臣良房宣。奉レ勅、宜レ令二天下一種修行一。四方合レ力、万民共レ心者。諸国須下毎レ年自二十二月十五日一迄二十七日一三箇日夜、別於二庁事一灑掃粧厳、屈二部内名徳七僧一、礼中懺仏名大乗上。凡慈悲為二仏性一、敬信是道場。宜下斎会之間禁二断殺生一、長官率二僚下一尽レ誠致レ信、如レ法祗奉上。其布施者三宝穀七斛、衆僧各六斛。供養准レ例、並用二正税一。

承和十三年十月廿七日

この法会は、「自二承和初一有レ勅毎レ到二年終一、大内常修二此法一、護二持寰宇一、饒二益黎甿一。」とあるように、国土の護持を目的のひとつとして宮中で行われていた法会が諸国に展開したものと考えられる。冒頭に「人之在レ世、恒与レ罪倶」とあり、仏教的な罪への意識があったと考えられる。この信仰を前提として、仏名会は諸国に展開せしめられたのである。

さて、諸国に展開した法会の特質と国分二寺に求められた役割は滅罪という点で共通し、これらの連関を推測させる。【史料8】ではどのよう罪を指すのかは具体的ではないが、諸国文殊会や、【史料6】に「一切刹土常転二法輪一、百千人天倶蒙二解脱一」とあることから、当該期には特に輪廻転生と関わる罪が意識されはじめていたようである。[30]

ただ、【史料8】からもわかるように、諸国だけではなく宮中でも天長・承和頃から仏教的な罪が強く意識され始めていた。宮中仏名会の前身儀礼は奈良時代から確認されるが、[31]天長年間以降、宮中仏名会の開催が明確に確認できるようになる。[32] 当該期の天皇周辺の仏教信仰や諸国法会の特質を踏まえるならば、国分二寺が有する滅罪の機能が注目されるようになるのも、こういった動向と無関係とは考え難かろう。[33]

以上を踏まえるならば、諸国での護国・滅罪が重視された結果、それらを確実に実践するために講読師の教導・講説が必要とされたと考えられる。その役割を果たすことができる僧侶を補任するために五階三階の遵守が求められたのであろう。

## おわりに

本稿では、諸国講読師制度、国分寺政策、諸国文殊会・仏名会に関わる事柄に考察を加えた。一では、諸国講読師制度の整備、とりわけ読師新設は、天台宗の講読師補任への動きを受けた南都側の要請によるものであったことを明らかにした。二では、⑴承和年間以降、国分二寺の機能を十全に発揮させるため、講読師の教導・講説の能力が求められ、これと関わって五階三階の遵守が求められたこと、⑵国分寺の機能への着目は、天皇周辺における滅罪への注目が関係していたことを明らかにした。一で取り上げた諸政策の連関を敢えて簡略化して示すならば、〈天皇周辺や諸国における滅罪の信仰の浸透→国分二寺の滅罪への注目→講読師の講説・教導能力の必要性の高まり→補任制度整備〉とすることができよう。

最後に課題について述べたい。まず、本稿で注目した滅罪の信仰の浸透についてである。このような信仰が浸透していく契機は何であろうか。また本稿では地方の仏教を取り上げたものの、定額寺には殆ど触れていない。貞観年間には定額寺が重視されるようになるという指摘もあり、その背景も含めて検討する必要がある。[34] 在地の仏教受容の様相にも触れることができなかった。本稿で取り上げることができなかった史料も多い。全て今後の課題としたい。

**注**

（1）藤本誠『古代国家仏教と在地社会――日本霊異記と東大寺諷誦文稿の研究――』（吉川弘文館、二〇一六年）等。

（2）堀裕「「化他」の時代――天長・承和期の社会政策と仏教――」（角田文衞監修・財団法人古代学協会編『仁明朝史の研究――承和転換期とその周辺――』、思文閣出版、二〇一一年）。

（3）中本由美「九世紀の日本における文殊信仰の特質――諸国文殊会を素材として――」（『佛教史学研究』五九－二、二〇一七年）。以下、中本氏の見解は全てこれによる。

（4）柴田博子「諸国講読師制成立の前後――ひとつの覚え書として――」（奈良古代史談話会編『奈良古代史論集』第二集、真陽社、一九九一年）。以下、特に注記しない限り、柴田氏の見解は全てこれによる。

（5）前田慶一「諸国講読師制度の成立と展開」（『南都仏教』八四、二〇〇四年）、六二頁。以下、前田氏の見解は全てこれによる。

（6）堀裕「智の政治史的考察――奈良平安前期の国家・寺院・学僧――」（『南都仏教』八〇、二〇〇一年）。

（7）吉岡康暢「承和期における転用国分寺について」（下出積與博士還暦記念会編『日本における国家と宗教』、大蔵出版、一九七八年）、八三頁。以下、吉岡氏の見解は全てこれによる。

（8）中井真孝「国分寺制の変遷」（『日本古代仏教制度史の研究』、法藏館、一九九一年、初出一九八二年）。以下、中井氏の見解は全てこれによる。

（9）角田文衞「国分寺の寺院組織」（『角田文衞著作集2　国分寺と古代寺院』、法藏館、一九八五年、初出一九三八年）。

(10) 国師については、佐久間竜「国師について」(『続日本紀研究』一二三、一九六四年)、藤井一二「律令国家展開過程の国師について——地方国衙の仏教活動を中心にして——」(『続日本紀研究』第一五三・一五四合併号、一九七一年)、難波俊成「古代地方僧官制度について」(『南都仏教』二八、一九七二年)、名畑崇「国師・講読師について(上)・(下)」(『大谷学報』五四‐三・四号、一九七四・一九七五年)、柴田博子「国師制度の展開と律令国家」(『ヒストリア』一二五、一九八九年)、中納雅司「国師制度の成立と展開——奈良時代地方仏教行政についての一試論——」(『続日本紀研究』四二七、二〇二二年)。

(11) 柴田前掲注(10)論文。

(12) 吉岡氏は平城天皇在位期間中と推測する。

(13) 例えば、『続日本後紀』承和八年(八四一)一二月甲申条には「摂津国、請レ停レ任二読師一。許レ之」とある。読師廃止については、柴田氏・前田氏の研究の他、追塩千尋「九世紀の国分寺」(『国分寺の中世的展開』、吉川弘文館、一九九六年、初出一九八〇年)も参照。

(14) 前田氏も、読師新設を「中央官大寺側の要望を受け入れて成立した」ものとする(六二頁)。

(15) 堀前掲注(6)論文。

(16) 『大正蔵』からの引用については、本文中の通り、巻数・頁数・段数の順で示す。

(17) 堀前掲注(6)論文。

(18) 大乗戒壇設置が勅許されたのは弘仁一三年(八二二)である(『類三』巻二、年分度者事、弘仁一四年〈八二三〉二月二七日太政官符)。

(19) 『天台法華宗年分学生式』(安藤俊雄・薗田香融校注『日本思想大系4　最澄』、岩波書店、一九七四年)。

(20) 岡野浩二「延暦寺俗別当と天台座主」(『駒沢史学』三三、一九八五年)。天台僧の講読師補任は、承和二年(八三五)一〇月一五日太政官符(『類三』巻三、諸国講読師事)により定められた。

(21) 薗田香融「最澄とその思想」(『日本古代仏教の伝来と受容』、塙書房、二〇一六年、初出一九七四年)。

(22)『叡山大師伝』は、佐伯有清『伝教大師伝の研究』(吉川弘文館、一九九二年)による。関東行化に関しては、薗田前掲注(21)論文も参照。

(23)【史料2】に見える右大臣は藤原園人である。角田文衛氏は、園人は仏教界と何ら交流がなかったとするが(「山科大臣藤原園人——特にその政道観をめぐって——」、『角田文衛著作集第五巻　平安人物志　上』、法藏館、一九八四年、初出一九四九年)、近年の西本昌弘氏の研究により、空海と交流があったことがわかっている(「空海関係史料から見た弘仁皇帝の時代」『空海と弘仁皇帝の時代』、塙書房、二〇二〇年、初出二〇〇七年)。仏教界と無関係であったとは言えないだろう。

(24)堀前掲注(6)論文。

(25)『類三』巻二、経論幷法会請僧事、天長七年九月一四日太政官符。

(26)前田氏は「講読師や国分寺僧が六時修行を怠っているため、修行を行なうよう重ねて命じている」とする(六四頁)。

(27)講師は国分寺に止住していたと考えられており(宮本救一「墨書土器から見た国分寺の講師院と読師院」『日本通史月報』二一、岩波書店、一九九五年)、講師と国分寺僧は共に六時修行を行ったであろう。

(28)やや時代は下るが、『類三』巻二、造仏々名事、貞観一八年(八七六)六月一九日太政官符には、『最勝王経』による滅罪がみえる。当該官符を含め、『金光明経』・『最勝王経』と懺悔滅罪の関係については、堀裕「『金光明経』・『金光明最勝王経』の日本への伝来と展開」(東北歴史博物館・日本経済新聞社編『東日本大震災復興祈念特別展　東大寺と東北——復興を支えた人々の祈り——』、日本経済新聞社、二〇一八年)。

(29)角田文衛氏も国分寺政策との関係からこの官符を位置づける(角田前掲注(9)論文)。

(30)平雅行氏は、九世紀後半から一〇世紀前半に殺生罪業観が貴族社会に定着するという(「殺生禁断と殺生罪業観」(脇田晴子、マーチン・コルカット、平雅行編『周縁文化と身分制』、思文閣出版、二〇〇五年)。

(31)勝浦令子「八世紀の内裏仏事と女性——「仏名会」前身仏事を手がかりに——」(『日本古代の僧尼と社会』、吉

川弘文館、二〇〇〇年、初出一九九五年)。

(32) 堀前掲注(2)論文。例えば、『類聚国史』巻一七八、仏道五、仏名、天長七年閏一二月戊寅条や『続日本後紀』承和二年一二月庚寅条等。仏名会については、竹居明男「日本における仏名会の盛行」(『七寺古逸経典研究叢書第三巻　中国撰述経典(其之三)』、大東出版社、一九九五年)も参照。

(33) 天平一三年(七四一)に国分二寺の設置が命じられた頃の滅罪とは、その指し示すところが異なる可能性も考えておく必要があろう。国分二寺設置時の滅罪の内容については諸説あるが、近年では吉田一彦氏が、瘡との関係から法華滅罪の意味を解釈している(「国分寺国分尼寺の思想」、須田勉・佐藤信編『国分寺の創建　思想・制度編』、吉川弘文館、二〇一一年)。

(34) 大江篤「神の怒りと信濃国定額寺」(『日本古代の神と霊』、臨川書店、二〇〇七年、初出一九八四年)。

# 『日本三代実録』の願文にみる仏教思想

工藤美和子

## はじめに

『日本三代実録』以前の国史、すなわち『日本書紀』から『文徳天皇実録』の正史のなかに収録された願文は『続日本後紀』に一篇とその数は少ない(1)。

しかし、延喜元年(九〇一)成立の『日本三代実録』には、貞観元年(八五九)四月一八日、貞観七年(八六五)七月一九日、貞観九年(八六七)一〇月一〇日、貞観一六年(八七四)三月二三日の四篇、呪願文は貞観二年(八六〇)四月二九日、貞観三年(八六一)三月一四日、元慶二年(八七八)三月二七日、同年四月二九日、仁和元年(八八五)四月二六日の五篇の願文が記されその数が多くなっていることがわかる。

それら願文のなかで注目されるのが、貞観元年四月一八日に作成された願文である。この願文は、仁明天皇(八一〇~八五〇)の女御で、貞観元年当時皇太后であった藤原順子(八〇九~八七一)が願主となって作成された願文である(以下、「順子願文」と記す)。この願文は、順子が発願し建立された安祥寺へ三人の年分度者を置くために作成された。願文という文章は、悟りを得るために何を実現するのかを仏に誓った内容が記されることから、当時の在家者の仏教信仰観を知る上で重要な手がかりとなるが、なぜこの願文が『日本三代実録』に収められたのだろうか。

そこで本論では、藤原順子の願文を仏教的に読み解き、順子が願文でどのようなことを仏に誓ったのか、悟りを得るために自ら何をしなければならないと考えていたのかについて若干の考察を試みたい。

## 一　「順子願文」にみる誓願の目的

願主の藤原順子は、藤原冬嗣（七七五〜八二六）と藤原美都子（七八一〜八二八）の長女として誕生した。同母兄弟に藤原長良（八〇二〜八五六）、良房（八〇四〜八七二）、良相（八一三〜八六七）がいる。『日本三代実録』貞観一三年（八七一）九月二八日条によれば順子は「后美姿色、雅性和厚」と美しさを備えた穏やかな女性あったという。皇太子・正良親王（のちの仁明天皇）の元へ入内後、天長四年（八二七）に道康親王（八二七〜八五八、後の文徳天皇）が誕生する。正良親王が天皇に即位後、天長一〇年（八三三）に女御となり、仁寿四年（八五四）に皇太后、貞観三年二月に出家し、貞観六年（八六四）に太皇太后となった。

順子が発願した安祥寺は、嘉承元年（八四八）に建立された。開創者は真言宗の恵運（七九八〜八六九）である。恵運が貞観九年（八六七）に記したとされる『安祥寺伽藍縁起資財帳』によれば、寺は上寺と下寺に分かれ、多くの堂塔が建てられた。仁寿元年（八五一）に七人の僧侶が置かれ、斉衡二年（八五五）には定額寺となっている(2)。

順子は貞観三年に、天台宗の円仁（七九四〜八六四）から戒を授かり出家しているが、順子の受戒に関しては、順子の兄の良房と恵運の間で、「太政大臣為崇重延暦寺、勧進皇太后令受大乗戒賜(3)」と交わされていることから、順子の受戒は「大乗戒」すなわち菩薩戒で行うことを良房が望んでいたことが分かる。
安祥寺に年分度者を置くための許可は貞観元年四月一八日条太政官符にも、

応得度安祥寺年分者三人事
試経論
大孔雀明王経一部三巻　大仏頂真言一道
大随求真言一道　　菩提心論一道
右件経論等、度者須先依真言宗講習而後読他経論
妙法蓮華経一部八巻
金光明最勝王経一部十巻
右件経、度者須先習自宗而後兼学、但其論疏道於七宗之中、任度者之意、其課試之法各依所兼之宗本法、複試竪義亦復如是。
以前得彼寺牒偁、皇太后御願偁、……。(4)

と記されている。
太政官符によれば、安祥寺は順子の「御願」であること、安祥寺に置かれた年分度者三人には、『大孔雀明王経』等の密教で重要視された経論を中心に、『法華経』『金光明最勝王経』等の経典も学ぶことが課された。また「論疏」は「七宗」すなわち三論・法相・華厳・律・倶舎・天台・真言から「度者之意」に任せて試験が行われた。太政官符には「皇太后御願偁」のあとに「順子願文」が引用され、安祥寺建立と年分度者を置いた目的が記されている。

では順子の願文にはどのような誓願や順子が実現したいことが書かれているのかについて読み解いていきたい。なお願文は長文のため本論では便宜上（A）～（H）に分ける。

（本文）

皇太后の御願に縁りて、安祥寺に年分度者三人を置きき。願文に曰く、

（A）密に以に、真化は無方、慈航を暗海に導き、神功は不測、智炬を邪山に運ぶ。窺渉する者は其の宗を究むる莫く、帰仰する者は咸彼岸に超ゆ。権実兼ね済ひ、名言両ながら絶つ。故に能く感通の理は沙界を紛綸し、報施の途は塵劫を昭彰する者なり。伏して惟に、仁明皇帝、均芳一を得て、大千に降迹し、広運に垂衣して高居に負扆すと雖も、而るに十地を忘るる無く、四禅に託する有り。白雲に御する有り、仙駕追はれざるに逮び、九服所以に衰を纏ひ、百霊是に於いて慟を結ぶ。威霊在すが若く、歳月逾深し。

（B）余、昔閨門より出で、入りて巾櫛に侍す。瑤光神を降し、先帝を誕得せり。粛みて天規を奉じ、丕に祖業を隆んにす。未だ汾水の遊に従はざるに、俄に鼎湖の駕に遷る。慧日は早く隠れ、世間虚空、終天復た看るべからず。地を隔て何れの日か将た会はん。祇犢の情を懐抱に感じ、垂堂の念を、心神に軫す。余が家二親を亡ひ、国両帝を送り、三従の義永く絶え、孤寡の思い交侵す。

（C）夫れ以れば、始め有れば必ず終わり有り、生有れば必ず死有り。哀楽の代謝、盛衰の互来するは、猶朝の暮有り、昼の夜有るが如くにして、必然の理、脱れざる所以なり。是に以て調御丈夫は、林変の悲しみを示し、浄徳夫人は、花委の患を遺す。上界の天人、猶以て免れず。下界の凡夫、何方ぞ遁るるを得んや。況んや復た奈河の渡、平生の財随はず。平等の前、君臣の序弁うること無く、独り生まれて独り死に、自ら作りて自ら受く。……此の六賊を長養し、彼の三界を輪廻す。豈に有為の力を借りて無為の家を構へ、有漏の身を役して、

無漏の職に転ずるに如かんや。夫れ仁は遠からんや、我斯に至らんと欲し、早歳志有り、未だ時の来たるに属らず。

（D）去る仁寿年中、初めて此の伽藍を建つ。須達の金を布き、祇陀の地を割き、瓶沙の務を翹す。輪奐の功は、龍宮自ら写し、毘首の巧、尊顔更に開く。是に於て荷衣を延き、住持の客と為し、龍象を屈して、伝燈の主と為す。(5)

（A）の冒頭、仏の真理は限りというものはなく、仏の慈悲や智慧が衆生の煩悩にはたらきかけ、仏の教えは娑婆世界に行きわたっていると述べられる。注目されるのは、「仁明皇帝、均芳一を得て、大千に降迹し、広運に垂衣して高居に負扆すと雖も、而るに十地を忘るる無く、四禅に託する有り」と、仁明は天皇として徳政を行っていたが、その実の姿は娑婆世界に垂迹した菩薩であると理解されていた点である。

天皇を菩薩と見なす考えは、七世紀後半の制作とされる『長谷寺銅板法華説相図銘』の「伏惟れば聖帝は、金輪を超へたまひ、逸多に同じ(6)」と記され、「聖帝」である天武天皇は、「金輪を超へたまひ、逸多に同じ」と仏教的聖帝である金輪聖王以上で弥勒菩薩に等しい存在であるという。奈良時代にも、聖武天皇を「金輪を送って成道し(7)」と聖武天皇を金輪聖王と理解していた。平安時代には、空海（七七四～八三五）が藤原冬嗣（七七五～八二六）の追善供養のため、良岑安世（七八五～八三〇）に依頼され作成した「右将軍良納言、開府儀同三司左僕射の為に大祥の斎を設くる願文」に、淳和天皇を「皇帝陛下、金輪、四天に転じ、智劍、三障を斫らむ(8)」と、天皇は金輪聖王であり衆生の「三障」を除くと記されている。「順子願文」では、順子は仁明という真の姿は菩薩が垂迹した徳の高い天皇に仕えたこと、この世が天下泰平であったことの喜びが述べられている。

（B）では、順子は「余、昔閨門より出で、入りて巾櫛に侍す」と、仁明の元へ入内したこと、「先帝を誕得せり」「丕に祖業を隆んにす」と文徳天皇という後継者に恵まれた述べる。ところがその幸せは長くは続かなかった。願文には、「未だ汾水の遊に従はざるに、俄に鼎湖の駕に遷る」と、子の文徳が即位後八年ほどで順子より先に亡くなってしまう。すでに夫である仁明もこの世にはおらず、夫と子など近しい人を亡くした悲しみや自らの境遇についての「余が家二親を亡ひ、国両帝を送り、三従の義永く絶え、孤寡の思い交侵す」と述べる。順子の両親はすでに死去しており、仁明と文徳という二人の天皇をも失ったが、それによって順子は「三従の義」を実践する機会を失ったと語る。三従とは、古代インドのバラモン教の法典『マヌ法典』、中国『礼記』や『儀礼』など儒教でも説かれる教えで、女性は幼少時には親に仕え、嫁しては夫に、老いては子に従うという考えである。

近年、「三従」は『法華経』提婆達多品の「五障」とともに「五障三従」と解され、女性が男性に従属するという女性差別的な意味があるという見方がなされているが[9]、「順子願文」では、願主である順子自らがこの言葉を積極的に用いていることに注目すべきであろう。順子は自らを「丕に祖業を隆んに」したこと、すなわち天皇家の子孫を継続させる家長的役割を担っていたと自ら認識している。つまり幼少時は母となる準備、母となれば子が一人前になるための養育、子が一人前になれば女は家を守る役割を持つことが「三従の義」の意味である。ところが、親・夫だけではなく子の文徳までも順子より先に亡くなることで家長の役割が消滅したことを「三従の義永く絶え、孤寡の思い交侵す」だと述べた。

孤独の思いに沈んでいった順子は、その思いを（C）で、「始め有れば必ず終わり有り、生有れば必ず死有り」と仏教の基本的教義である無常の教えであると語り、その教えを「必然の理、脱れざる所以」であるという。「調御丈夫は、林変の悲しみを示し」の「調御丈夫」とは、『長阿含経』『雑阿含経』『大般涅槃経』等に説かれる釈迦がもつ一〇の名号の八番目の名称で、「林変の悲しみ」は釈迦が大般涅槃に入ったことを示すために沙羅双樹の葉が真っ白に変わってしまったことを意味する。また「浄徳夫人」とは、『法華経』妙荘厳王品に登場する妙荘厳王の妻の名前であり、「花委の患を遺す」すなわち花が咲きほこってもいずれ色褪せるという無常の教えを示している。涅槃と無常という仏教の根幹の教えが語られたとき、順子は「上界の天人、猶以て免れず」と、天人でさえも諸行無常から逃れることはできないのであるから、まして「下界の凡夫」である順子は「何方ぞ遁るるを得」ることはできないと述べる。

また、「下界の凡夫」は生前から「平生の財」など様々な執着が生じてしまうこと、その執着が「六賊を長養し、彼の三界を輪廻す」と煩悩となって、いつまでも悟りを得ることができないのだと語る。ではどうやって「三界」「有為」「有漏」といった輪廻の世界や煩悩への執着から脱するのだろうか。

その方法を願文では、「夫れ仁は遠からんや、我斯に至らんと欲し、早歳志有り」と記す。この文言は、孔子『論語』述而篇の「子曰く、仁は遠からんや、我仁を欲すれば、斯に仁至る」の引用である。『論語』では、仁の道は我々の手に届かない遠い所にあるのではなく、自ら道を求めさえすればすぐに仁の道は来る、という意味である。しかし願文では、「仁」を仏の慈悲を意味する言葉として用い、それは決して特別ではないこと、「志有り」と順子自らが願っていた出家という方法で「仁」を表すことができると述べる。しかし、「未だ時の来たるに属らず」と順子の出家はすぐには実現できなかった。

日本に伝来した仏教は大乗仏教すなわち在家仏教であるから誰もが仏になれるという教えである。しかし、願文が記された当時は、伝統的な出家主義の考えの方が優位であった。出家は布施行にあたる作善であり、仏道修行としても優れていると認識されていたと考えられる。その一方、仏教信仰をもつ在家者にとって出家は簡単に行える問題ではなかった。

例えば、一〇世紀半ばの文人貴族大江朝綱（八八六～九五八）は、長男の澄明を亡くした時の追善願文で、「抑も亡者（澄明）早くに未だ病に在るの前、深く出家の趣を談ず。門業を思うが為泣きて許さず(10)」と、出家の志を持っていた澄明の願いを、「門業を思うが為」と文人貴族という家業の継承を重んじるが故に許さなかったと述べる。つまり、貴族にとって一族の家業継承を前に出家は簡単に認められる問題ではなかったのだ。同様に、順子も、親や天皇（夫と子）を亡くしたとはいえ、皇太后という地位にある上に、文徳の第四皇子で順子にとっては孫である清和天皇（八五〇～八八〇）が在位中であったため、「祖業」の継承を補佐するという役割を完遂しなければならず出家は容易な問題ではなかった。

では、順子はどのような方法でこの問題を解決しようとしたのだろうか。それについて（D）には、「仁寿年中、初めて此の伽藍を建つ」と安祥寺の建立を発願したと述べる。安祥寺を建立することで堂内に安置する仏像や経典書写などの作善も行われるが、それだけではなく、「荷衣を延き、住持の客と為し、龍象を屈して、伝燈の主と為す」と恵運に住僧として招くこと、また年分度者を置き仏の教えを伝えるための法会を行うことを発願した。

## 二　「順子願文」にみる年分度者の役割

「順子願文」は続けて安祥寺に年分度者を置くことの意味や、功徳と廻向について以下のように記している。

（E）余れ丈夫の志有ると雖も、未だ婦人の身に行うこと能はず。願う所は毎年此の三人を度し、身に代り道を修め、将に三毒を除き、上は以て仏法の寿命を増し、下は以て我懐の宿望を遂げんことを。但し以るに衆生の種性、大小同じからず。能仁の随応は、示現一に非ず。故に空教有教、頓漸権実、各其の器に当りて、皆是れ二と無く、菩薩の利他、孰れかを捨て孰れかを取らん。然るに則ち世間行う所の八宗の教えは、須く皆脩習すべし。病に応じ薬を与う。然而人命限り有り、法門尽くること無し。仍りて人々に学を分かち、該ね通ずるを責めず。而るに浅薄の輩、膚受の流れ、各所見に迷いて、見ざる所を誣い、遂に一味の水をして忽ち波瀾を異にし、同床の子をして還りて矛楯を成さしむ。之を正教に論ずるに、良に容れざる所、今の度する所、此れ異なる有り。

（F）夫れ真言の教門は、諸法の肝心、如来の秘要は、凡て仏子に在り。必ず脩習すべし。仍りて度者に課し、以て自宗と為し、自余の七宗は皆兼学と為す。度者は必ず並びに一宗を学ぶべし。此れ兼済の道を立てて、彼の不別の心を示さん。仍りて試度の後は便ち寺家に籠り、七年の際は山を出づるを聴さず。昼は則ち兼ねる所の経論を講じ、夜は則ち宗とする所の経呪を念ぜよ。又此の度者をして毎年相次ぎて夏の中三月、法華最勝仁王等の経を講演せしめ、其の講師は、寺家簡定し、僧綱所に牒して、将に充行せしめん。但し法華最勝は、年年相替えて、一部を講ぜしめ、仁王経に至りては、毎年加講す。住山の限り満たば、利他を行ずべし。須く新薬、弘福、法隆、崇福等の寺の例に准じて、維摩会最勝会の竪義の列を預かるべし。其の年次は崇福の下に置く。但し複已下の業、本寺の例に拠りて課試し、夫の名を修る徒をして、屈する所を知り、実を束む流れをして、伸ぶる所有らしめん。然らば則ち道の精華、未だ地に堕ちず、義の骨髄、猶人に在らん。又八月に至る毎に、廿一日より起り、廿七日に尽るまで、合わせて七箇日、殊に田邑天皇の奉為に、尊勝法を修め、乾坤と与に終始し、日月と将に貞明ならしめ。此の勝縁、是れ無量維捧と為さん。仁明天皇を資け奉り、菩提の樹を洗拂し、正覚の花を開敷せん。

（G）田邑天皇の神路を翼賛し、青蓮台上、面に弥陀を奉じ、紫紺の堂中、親しく慈氏を承け、八音を聴きて課を証し、千葉の登りて神を娯しめん。庶幾くは我皇、千仏と手を並べ倶に摩頂の愍みを垂れ、百像の口を聚め、同じく育養の慈みを加へんことを。金輪長く転じて、北極の尊動かず、塵劫方に尽きて南山の寿虧けず。大庭に夢興りて、無為の化及ぶべく、豊谷に歌騰りて、有截の風弥長からん。開闢以来登遐の聖霊、薫修の雨を灑ぎて、三障の垢を清め、後々代々、有土の主、持念の風に依りて、万代の基を固めん。殊に別に荘り奉る、天智天皇の山稜、兆域道場の近く、疎鐘長夜の眠りを覚し、雅梵重昏の聴きを驚かす。山岳の色を改めず、即ち霊鷲の峯を開き、乍に生死の界に御し、即ち涅槃の楽しびを取らん。太皇太后、及び中宮と、坤儀徳を備はり、王母寿を献じ、太政大臣は皇化を匡揚して、君が堯舜の美に昇るを致し、帝徳を賛弼し、聖が義軒の声を蓋ふを捧じ、諸王公主、盤石の緒を固めて、天人の際逾高く、股肱喉舌は補袞の規を申して、山河の賞を克懋し、文武は匪躬の節を罄し、牧伯は字育の方を宣き、華夷仁に依り、士女義を蹈み、日月光華、風雲律呂、時和し歳阜に、災害生ぜず、民富み世豊かに、禍乱発せず。上は有頂に至り、下は輪際を究め、中間の所有、一切の含識、同じく種智の車に乗り、等しく寂光の土に遊ばん。惣べて是の広大の功徳は、考妣の神を資け奉る。

（中略）

（H）凡て厥の試度の事、権律師伝燈大法師位慧運をして、専一の勾当たらしめ、血脈相伝へ別人に関らしめず。其の行事は、一ら寺記に任せん。若し臨時に俗を以て勾当と為すべきこと有らば、専ら寺家の請ふ所に依りて更に他人を雑へ用いじ、と。

（E）は、「余れ丈夫の志が有ると雖も、未だ婦人の身に行ふこと能はず」と記されている。「丈夫」とは男性のことである。直訳するならば、男性と同じように仏道への志があるが、「婦人の身」であるから出家ができないという意味になるが、それは女性だから出家ができないと言っているわけではない。男性であっても、大江朝綱の願文の「門業を思うが為」とあるように、天皇や大臣などの貴族も容易に出家することはできない。後継者を育成することは、天皇をはじめとする貴族社会での義務であった。それは男女関係なく課される問題であったため、皇太后である順子も同様の役割が生じていた。その役割を順子自ら「三従の義」だと述べている。(11)

しかし出家できない順子はどのような方法で出家に等しい仏道修行を実践するのか、その点について願文は、「毎年此の三人を度し」と、安祥寺に年分度者三人を置くという方法で果たそうとしたと述べる。

年分度者とは、一定数の得度出家が許可される制度のことで、持統天皇一〇年（六九六）に一〇人の年分度者を許可したことが始まりとされる。当初は貴族や僧侶による推薦で任命されていたが、延暦一七年（七九八）の桓武天皇の勅によると、『法華経』『金光明最勝王経』の他に一〇問が課され、五問以上を正解しなければ認められないなど厳格化されていく。延暦二三年（八〇四）正月七日の勅には、「真如妙理、一味無二、然三論法相、両宗菩薩、目撃相諍」と、三論と法相両宗の争いを諫め、「年分度者毎年宗別五人為定、若当年無堪業者、闕而莫塡」(12)と両宗派から五人の得度者を出すこと、仮に欠員が出てもそれを埋めるために能力がない僧侶の得度を厳しく禁じている。延暦二五年（八〇六）正月二六日に、最澄の上表に対して出された勅では、年分度者を定員一二名と定め、天台宗にも二人の年分度者が許可されている。

一方、「順子願文」にみる年分度者は、順子の申請による臨時得度であるが、これまで年分度者に関する研究は、勅や太政官符などから国家が仏教界をどのように統制していたのか、国家権力はどのように使われていたのかという、世俗社会と仏教界との支配関係を重視する立場を中心に論じられてきた。(13)しかし「順子願文」では、年分度者を置いた理由について「身に代り道を修め、将に三毒を除かん」と、年分度者は順子の代理であり、僧侶を支援して修行に専念させることによって、三毒（貪・瞋・恚）という煩悩を除くのだと述べる。その僧侶の利他行が廻向されることによって順子は、「我懐の宿望を遂げん」と、順子の悟りが完成することを願っている。すなわち、年分度者の支援がまず順子の自利行となる。また、年分度者の三人は、修行によって得た功徳を順子並びに衆生に廻向する利他行を行ったことになる。また、「八宗の教えは、須く皆脩習すべし」と、南都六宗に天台と真言の教えを学ぶことの重要性を説きながらも、「該ね通ずるを責めず」と八宗すべてに通じていなくてもよいこと、むしろ「各所見に迷いて見ざる所を誣ひ、遂に一味の水をして忽ち波瀾を異にし、同床の子をして還りて矛楯を成さしむ」と、それぞれの学派に属する僧侶同士が自ら学んだ教えの正否を競うことを、「良に容れざる所」と厳しく禁じている。

　順子のように、世俗社会の役割を負っているために出家ができない者が、自らの代わりに僧侶に修法を行わせた先例として桓武天皇があげられる。『叡山大師伝』には、

> 然るに石川（勤操）、檉生（修円）、二禅師は、宿く芳縁を結び、朕（桓武天皇）が躬を守護す。此の二賢を憑て、仏法を昌にせんと欲す。朕が躬に相代りて、尊を屈し軀を捐て、弟子等を率て、経教を尋検し、此の法を受伝して、以て国家を守護し、衆生を利楽すべし。[14]

と仏法興隆を願う桓武天皇に代わって、三論宗の勤操（七五四〜八二七）と法相宗の修円（七七一〜八三五）の二人が、最澄が行った灌頂を受けたと記されている。同様の記事は、『続日本紀』天長一〇年一〇月二〇日条の「円澄卒伝」に、桓武の病気平癒を願い、勤操や修円ら七人の僧侶が桓武天皇のために毘盧遮那法を行うとともに、桓武に代わって僧侶に灌頂を受けさせたことが記されている。

（F）では、安祥寺の年分度者の修行について、「夫れ真言の教門、諸法の肝心、如来の秘要、凡て仏子に在り、必ず脩習すべし」と、天台密教は様々な教えのなかでも重要な教えであるから、「度者に課し、以て自宗と為し、自余の七宗は皆兼学と為す」と、必ず天台密教を中心に学ぶこと、それ以外の七宗は一宗を選び学ぶように定められた。また「試度の後、便ち寺家に籠り、七年の際は山を出づるを聴さず」と、年分度者の試験後は寺に七年間籠山し修行することも定められた。この七年間の修行は、最澄が『山家学生式』で定めた一二年籠山行より短いことになる。さらに願文には、僧侶が行うべき修行方法も細かく定められている。たとえば「昼は則ち兼ねる所の経論を講じ、夜は宗とする所の経呪を念ぜよ」と、日中は天台密教以外で選んだ宗派の学問を講義し、夜は天台密教の陀羅尼を唱えることを決めている。寺で行われる法会も、「毎年相次ぎて夏の中三月、法華最勝仁王等の経を講演せしめ、其の講師は、寺家簡定し、僧綱所に牒して、将に充行せしむ」と記す。「夏の中三月」とは夏安居を意味するが、その間は『法華経』『金光明最勝王経』『仁王経』の講説を行うこと、講師は安祥寺内で選出し僧綱所に法会の開催と講師について届出ることを定める。ただし『法華経』と『金光明最勝王経』は交互に隔年毎の講演であるが、『仁王経』は毎年講義することを求めている。

七年間の修行期間を終えた年分度者の僧侶は、「住山の限り満たば、利他を行ずべし」と、寺を出て布教活動を行うことが定められた。つまり、安祥寺での七年間という修行は自らの悟りのための実践すなわち自利行であって、それが完成されれば他者を悟りへと導く利他行という自利利他の完成が目指される。

また「新薬、弘福、法隆、崇福等の例に准じて、維摩会最勝会の竪義の列を預かるべし」とある。「新薬」とは新薬師寺、「弘福」は天智天皇が天智天皇九年（六七〇）頃に建立した弘福寺、法隆寺、大津京への遷都にあたり天智天皇七年（六六八）頃建立された崇福寺に准じ、興福寺維摩会と宮中で行われる最勝会の竪義も安祥寺の僧侶が加わることも願われた。竪義は竪者（講師）と問者、探題の三者が必要である。安祥寺の僧侶は竪者を務めるのであるが、安祥寺で学んだ仏の教えを講演することは、願文の「利他を行ず」に相応しい修行となる。つまり年分度者とは寺に籠山している間は天台密教を中心とした仏教を学び、籠山後は寺を出て仏法を人々に広めるという役割を担っており、優れた仏教者を養成することが重要な目的であった。

年分度者制度が優秀な人材を育成する目的であったことは、延暦二三年正月七日の勅でも、三論と法相宗に対して年分度者の定員を融通し合うことは認めないこと、また学ぶべき経典を、

法華最勝依旧為同業、華厳涅槃各為一業、経論通熟、乃以為得、雖読諸論、若不読経者、亦不得度、其広渉経論、習義殊高者、勿限漢音、自今以後永為恒例[15]

と、『法華経』『金光明最勝王経』『華厳経』『涅槃経』と定め、それを修めない者の得度を禁止している。承和九年一二月一三日の仁明天皇の勅にも、延暦二五年に一二人の年分度者を置いたこと、その年分度者は、

演説者衆、諳誦者寡、（中略）妙法蓮華経最勝王経諳誦之人、経別一人、毎年聴度、随業各入近江国妙法寺幷最勝寺、夫試定者、始従序品、至于竟軸、咸令諳誦、若一句半偈不分明者、並為不第、縦三業中無及第者、闕如待後歳之能者、自今以後立為恒例[16]

と、講師は多いが読師が少ないことを憂い『法華経』と『金光明最勝王経』の二つの経典を序品から終わりまで暗記させること、試験の及第者がいない場合は翌年に再度試験へ臨むようにと述べる。

年分度者に課される仏道修行は厳格化され、高度な知識と実践が望まれていたが、「順子願文」にも、「道の精華、未だ地に堕ちず、義の骨髄、猶人に在らん」と、仏法を広めるためには優秀な僧侶の存在が重要であると述べる。続けて「八月に至る毎に、廿一日より起り、廿七日に尽るまで、合せて七箇日、殊に田邑天皇の奉為に、尊勝法

を修め」と願われる。「田邑天皇」とは文徳天皇のことだが、毎年八月二一日から二七日までの七日間にわたり文徳天皇のために尊勝法が修せられる。尊勝法とは尊勝曼荼羅を本尊とし、息災や滅罪を祈願する法会で、不空訳『仏頂尊勝陀羅尼儀軌』や善無畏訳『尊勝仏頂修瑜伽法儀軌』に依っており、日本では真言宗の真雅（八〇一～八七九）が嘉祥三年（八五〇）に清和天皇の誕生を祈願して行ったのが初めとする最新の密教修法であった。この修法を順子は文徳天皇のために行うが、文徳はすでに亡くなっていることから、修法の目的は文徳の成仏のための廻向にあった。

文徳天皇は出家することはなかったが、斉衡三年（八五六）三月、円仁より灌頂を受けている。『慈覚大師伝』には、

三年三月廿一日、天皇請大師於冷泉院書堂南殿、受両部灌頂。王子法号素延〈清原君〉、算延〈多治比君〉、及孝忠大法師〈藤原〉、大納言正三位兼行左近衛大将藤原朝臣良相、東宮亮藤原朝臣良縄、左兵衛佐藤原朝臣基経、右衛門佐藤原朝臣常行、大内記紀朝臣夏井等同受之。[17]

と記されている。ここでは文徳は「両部灌頂」を受けたと書かれているが、文徳天皇は出家をしていないこと、参加者の大半が在家者であることから、金剛界と胎蔵界曼荼羅を用いた結縁灌頂が行われたと考えられる。参加した在家者のなかには、文徳天皇の二人の皇子である、素延（源時有、生没年不詳）と算延（源毎有、生没年不詳）、藤原良相、藤原良縄（八一四～八六八）、紀夏井（生没年不詳）ら文徳とゆかりある人々も参集している。たとえば藤原良相は文徳の外叔父[18]、藤原良縄は文徳の皇太子時代からの重臣で即位とともに蔵人に任じられ[19]、紀夏井は文徳の重臣として仕えていた[20]。

文徳は天安二年（八五八）三月にも再び灌頂を受けているが、このときの様子を『慈覚大師伝』では、「天皇又

受戒灌頂、預之者十余人」と記し、『日本文徳天皇実録』天安二年三月丙子条には、常寧殿で『般若波羅密多理趣経』百巻が書写され、素延（源時有）と算延（源毎有）が出家したと記されている。

さらに功徳を「仁明天皇を資け奉」ると仁明に廻向される。功徳は仁明の「菩提の樹を洗拂し、正覚の花を開敷せん」と悟りが廻向によって完成されるだろうと述べているが、これは（A）で仁明を「仁明皇帝、均芳一を得て、大千に降迹し、負扆すと雖も、而るに十地を忘るる無く、四禅に託する有り」と娑婆世界に垂迹した菩薩ととらえていることから、菩薩として救済活動を行うのではなく、仏になって衆生救済を行うために廻向される。

（G）は、さらに「田邑天皇の神路を翼賛し、青蓮台の上に、面に弥陀を奉じ、紫紺堂中に親しく慈氏を承け、八音を聴きて果を証し、千葉に登りて神を娯しめん」と文徳が極楽浄土もしくは兜率天へ往生することが願われる。文徳も仁明と同様に菩薩として理解されていたが、その死後は阿弥陀仏の極楽浄土か弥勒菩薩の兜率天かいずれかにおもむくように願われる。同様のことは文徳天皇皇子の源能有（八四五～八九七）が願主となって貞観五年（八六三）一二月一三日に母伴氏の一周忌法会で記した願文「源大夫閤下の為の先妣伴氏の周忌法会願文」（願主は源能有、願文作成は菅原道真）に、経典書写の功徳を母伴氏と父の文徳へ廻向するが、文徳について「安養の院、逾宝樹の華を饒にし、覩史の宮、益す青蓮の夢を□（欠字）[21]」と述べている。「安養の院」とは極楽浄土のことで、「覩史の宮」は弥勒菩薩の兜率天を意味するが[22]、源能有の願文は功徳を廻向することで、文徳が極楽浄土もしくは兜率天のどちらかに往生してほしいと願っている。この願文は「順子願文」の五年後に作成され、直接影響を受けたかは不明ではあるものの、当時、通常異なる浄土と考えられた極楽浄土と兜率天が区別することなく並列的にとらえられ、どちらかに往生し新たな救済活動を行って欲しいという共通認識があったと考えられる。

「順子願文」は続けて功徳を「我皇、千仏手を並べて倶に摩頂の愍みを垂れ、百像の口を聚め、同じく育養の慈みを加へんことを。金輪長く転じて、北極の尊動かず、塵劫方に尽きて南山の寿虧けず」と清和天皇へ廻向する。清和が「千仏」とともに衆生に「摩頂」を行うと記しているが、「摩頂」とは将来仏になる菩薩に対して行われる仏からの授記のことである。また「金輪長く転じ」と、歴代の天皇と同様に清和は金輪聖王であって、その治世の安泰と長寿が祈られる。清和の長寿が願われるのは、金輪聖王がもつ四つの徳の一つに「寿命長命」[23]があるからで、善政の継続を願ったもので一般的な意味での長寿が祈願されているわけではない。清和も仁明や文徳同様に仏道修行中の菩薩と理解されていたから、衆生のために娑婆世界で長く仏教的徳政を行い、そして人々に授記を与えるという役割を果たすため、菩薩から仏になることが祈られる[24]。

願文では、現実世界に菩薩が金輪聖王＝清和天皇という姿で垂迹し、衆生救を行うと同時に仁明や文徳といったすでに亡くなっている天皇には、菩薩ではなく仏となって一切衆生救済を行うことが期待されている。ただし、「開闢以来登遐の聖霊、薫修の雨を灑ぎて、三障の垢を清め、後々代々、有土の主、持念の風に依りて、万代の基を固めん」と記されたように、過去の天皇すべてが菩薩とみなされているわけではない。

また功徳は仁明・文徳・清和の祖である「天智天皇の山稜」へも廻向される。さらに「太皇太后、及び中宮と、坤儀徳を備はり、王母寿を献じ」と、太皇太后と中宮の徳が高まること、中国の仙女・西王母のように長寿であることを願う。当時の太皇太后は嵯峨天皇皇女で淳和天皇皇后だった正子内親王（八一〇～八七九）、中宮は文徳天皇女御で清和天皇の母・藤原明子（藤原良房女、八二九～九〇〇）である。太皇太后と中宮の徳と長寿が祈られるのは、皇太后である順子と同様、太皇太后と中宮として天皇を補佐する役割を担っていることを示唆している。

続けて「太政大臣は皇化を匡揚して、君が堯舜の美に昇るを致し、帝徳を賛弼し、聖が義軒の声を蓋うを捧じ」と、当時の太政大臣だった藤原良房による清和天皇の補佐という役割にも功徳が廻向される。「堯舜」は堯帝と舜帝、「義軒」は伏羲と黄帝という中国の伝説上の聖帝のことであるが、天皇もまた聖帝であることを示唆し、その徳政を支えることが太政大臣の役割だと述べる。また「諸王公主、盤石の緒を固め」と親王や内親王、「股肱喉舌、補衮の規を申して」は大臣や納言といった天皇の側に仕える家臣のことを指すが、「文武は匪躬の節を罄し」「牧伯は字育の方を宣き」と、文官や武官、地方官人など身分や位に関係なく一人一人が天皇を中心とした徳政に積極的に関わり、政を実践していくように願う。それによって、「災害生ぜず、民富み世豊かに、禍乱発せず」と自然災害や疫病も起きず、秩序が保たれ人々が安穏に暮らす世の中が実現されると述べる。

功徳の廻向は現実世界だけではない。「上は有頂に至り、下は輪際を究め、中間の所有、一切の含識」と天界から地獄までの六道すべてに行き渡り、一切衆生はすべて悟りにいたることが誓われ、最後に順子は「広大の功徳は、考妣の神を資け奉る」と父母への報恩としたいと述べる。もちろん仁明や文徳、清和と父母など順子の血縁関係者への廻向も重要であるが、順子は血縁という限定された人間関係の枠内だけではなく、「一切の含識」とすべての他者への功徳がいきわたること、社会全体で悟りを目指すことを誓ったのである。

## おわりに

「順子願文」のなかで、順子自ら「三従の義」が果たせなかったと記していたが、父母・夫・子に先立たれた順子に残された新たな「三従の義」の実践が仏教的作善であった。しかし皇太后としての天皇補佐の役割が生じているため容易に出家することはできない。そこで安祥寺を建立し年分度者に自らの代理として様々な仏教的作善を修めてもらうことになるのだが、この方法は順子だけではなく、出家することができない在家者ができる利他行の規範となっていく。利他行の実践として在家者は寺の建立・仏像の造立・経典書写などの菩薩行は可能でも、天台密教を学び修法を行うことや、講師などは在家者では実現不可能な修行である。その背景には「順子願文」が草された貞観の初め頃には貴族社会のなかでも出家主義が優先されていたためだと考えられるなかで、在家者にもできる出家と同等の仏道修行とは何かが模索されたのだろう。

そのため、在家者の実現可能な仏教的作善として考えられたのが年分度者を置くことであった。すなわち菩薩行ができる人材の養成である。仏法を永遠に伝えるために僧侶を養成することが年分度者を置く真の意味であり、僧侶によって仏法が説かれ、その教えを一切衆生救済につなげるために、その養成が国をあげて援助されることとなった。

一方、「順子願文」からほどなくして、在家社会のなかにあった出家主義優先の仏道修行のあり方が解消されるようになる。それは菅原道真(八四五~九〇四)が提唱した「一家の因果」としての誓願の継承と実践である[25]。道真が願主に依頼され作成した願文の特徴に、追善の対象となる死者が生前から利他行の実践を願い仏道修行を行いたい旨の誓願をもっていたが、その誓願が果たせないときは残された者が遺言(一家の因果)として誓願を継承する方法が提唱される。そのなかでは死者は残された者たちに実は作善をさせるために表れた菩薩という解釈がなされると、出家主義優先とはならず、九世紀後半の在家者の仏教信仰の新しい指針となっていくのである。

## 注

(1)『続日本後紀』承和一三年(八四六)八月丙戌一七日条に願文一篇が収載されている。平安期では、六国史以外で願文が収録されているのは、空海『性霊集』や菅原道真『菅家文草』、康平年間(一〇五八~一〇六五)ごろに藤原明衡によって編纂された『本朝文粋』、大江匡房『江都督納言願文集』などがある。願文については、拙著『平安期の願文と仏教的世界観』（思文閣出版、二〇〇八年）を参照。

（2）第14研究会モニュメント編『安祥寺の研究Ⅰ――京都山科区所在の平安時代初期の山林寺院――』（京都大学大学院文学研究科21世紀COEプログラム、二〇〇四年）、上原真人編『皇太后の山寺――安祥寺創建と古代山林寺院――』（柳原出版、二〇〇七年）。

（3）『東大寺要録』巻第十一本願章第一「恵運僧都記録文」。

（4）『類聚三代格』第二巻（『増補新訂国史大系』）。

（5）本文の引用は、『増補新訂国史大系』による。また佐伯有義編『三代実録巻上』（増補六国史、朝日新聞社、一九三〇年）も参照した。

（6）「長谷寺銅板法華説相図銘」は、上代文献を読む会編『古京遺文注釈』（桜楓社、一九八九年）、東野治之「七世紀以前の金石文」（上原真人編『言語と文字』ひと・もの・こと列島の古代史6、岩波書店、二〇〇六年）を参照。

（7）『東大寺要録』巻八、福山敏男「東大寺大仏殿の第一期形態」（『寺院建築の研究』中、福山敏男著作集二、中央公論美術出版、一九八二年）参照。

（8）渡邉照宏・宮坂宥勝校注『三教指帰　性霊集』（日本古典文学大系七一）による。

（9）三従は五障とともに仏教による女性差別的文言としてこれまで考えられてきたが、「順子願文」や一〇世紀以降に作成された女性願主の願文に積極的に用いられてきたことから、近年、女性差別的文言ではないことが論じられている。植木雅俊『仏教のなかの男女観――原始仏教から法華経に至るジェンダー平等の思想――』（岩波書店、二〇〇四年）、大久保良俊「最澄の教学――天台教学と密教――」（大久保良俊編『山家の大師　最澄』日本の名僧三、吉川弘文館、二〇〇四年）、工藤美和子「摩頂する母――菅原道真の願文にみる母と子――」（同『平安期の願文と仏教的世界観』、思文閣出版、二〇〇八年）、稲城正己「女人成仏再考――「五障」とは何か――」（『日本宗教文化史研究』二二-一、二〇一八年一一月）参照。

（10）大曾根章介校注『本朝文粋』（新日本古典文学大系二七）による。

（11）前近代の男女の役割についてデヴィッド・グレーバーは、男は生きるために衣食住を生産し、女は子孫を生産するという役割を担うと指摘している。グレーバーはそれを男女差別ではなく、男女の役割すなわち生産するものが異なるだけであって役割としては対等な関係であると論じている。デヴィッド・グレーバー『価値論――人類学からの総合的視座の構築――』（以文社、二〇二二年）。

（12）『類聚国史』巻第一七九。

（13）佐藤文子氏は藤原順子の願文について、年分度者は真言宗以外にもう一つの宗旨を修めること、また経呪の読誦や経典の講演も求められていること、それを済ませることで維摩会や最勝会の竪義出仕が許可されていることから、延暦二五年の制度よりさらに厳しい能力が僧侶に求められるようになったと論じられ、延暦年間の年分度者厳格化の背景には、当時はじまった官僚の登用試験を参考に桓武天皇の近臣（和気広世）らが提案したのではないかと論じられている。佐藤文子「延暦年分度者制の再検討」（同『日本古代の政治と仏教――国家仏教論を超えて――』、吉川弘文館、二〇一八年）。年分度者の先行研究には他にも、二葉憲香『古代仏教思想史――日本古代における律令仏教及び反律令仏教の研究――』（永田文昌堂、一九六二年）、中井真孝『日本古代仏教制度史の研究』（法藏館、一九九一年）、曾根正人『古代仏教界と王朝社会』（吉川弘文館、二〇〇〇年）など多数がある。

（14）『叡山大師伝』（佐伯有清『伝教大師の研究』、吉川弘文館、一九九二年）。

（15）『類聚国史』巻第一七九。

（16）『類聚国史』巻第一七九。

（17）『慈覚大師伝』（佐伯有清『慈覚大師伝の研究』、吉川弘文館、一九八六年）。

（18）文徳天皇は即位時、藤原良相を比叡山へ遣わし、円仁に大般若経転読を依頼している。『叡山大師伝』前掲注（14）参照。

（19）『日本三代実録』貞観一〇年二月一八日条によると、文徳天皇の忌日には『法華経』の講読を行っていたという。

(20)『日本三代実録』貞観八年九月二二日条に、「夏井天性聡敏、臨事不滞。恩寵優渥、任用転重」と記されている。
(21)『菅家文草』巻第一一。
(22)『無量寿経』巻下に「恭敬して、歓喜し去って、還って安養国に到らん」と説かれ、また『金光明最勝王経』には「覩史天宮」と説かれている。
(23)『十住毘婆沙論』戒報品。
(24)清和天皇が金輪聖王と称されるのは、『日本三代実録』貞観元年八月二八日の伝燈法師恵亮の上表文に「伏惟金輪陛下、六牙に乗りて神跡を降し、……仏の付属を受け、大法輪を転ず」と、清和天皇は仏の付属を受けた六牙の象に乗る普賢菩薩と述べている。
(25)「安氏諸大夫先妣の為の法華会を修する願文」(『菅家文草』巻第一一)に母・多治氏の誓願を継承することを「一家の因果」と記している。

# 今木神の原像——日本的祖先信仰成立過程の解明のために——

佐藤文子

## はじめに

今木神は、山背遷都に伴って京郊で奉斎された神で、平野社の祭神である。(1) 平野社の祭神は『延喜式』神名に「平野祭神四座」、同式四時祭には「平野神四座祭今木神、久度神、古関神、相殿比売神」とあり、同大炊式には「平野、古開、久度三神」ともあって、今木神を平野神とも称した。今木神は朝廷から特殊な崇敬を受け、平野祭祝詞においては、伊勢大神と同様の「皇大御神」の称を用いられている。

『江都督納言願文集』巻三に収められる「左大臣家平野建立堂願文」（嘉祥二年〈一一〇七〉）には、

夫平野明神者、本朝之宗廟也。占二神居於紫宮之北一、施二霊望赤県之中一。変化无レ方、尊神四所之其一。陰陽不レ測、皇別八姓之其先。故通二三之主一、廻二翠花於幸臨之天一。明雨之君、寄二錦車於祭祀之日一。公家所レ上、誠異二他神一。

と述べられている。多少の誇張はあるにせよ、十二世紀初頭には皇室崇敬の神という位置づけが与えられていたことは間違いない。三宅和朗は平野祭に、神社祭祀ではなく王権祭祀の性格があったことを指摘している。

今木神には皇太子守護の神という性格があり、『儀式』『延喜式』には、皇太子みずからが平野祭に参向して奉幣することが定められている。また桓武天皇外戚神という認識を得るに及ぶことから、『延喜式』の段階では「桓武天皇の後王、大江・和等の氏人」が平野祭に関与することとなっている。『儀式』では皇太子が神前座につくと、山人が迎え入れられて神寿詞を申す儀があったので、平野祭には皇太子を祝賀する意味合いがあったと思われる。

皇太子の参向・奉幣を受ける今木神には、桓武天皇の生母によって奉斎されたという履歴があり、母たるキサキの祭祀が皇子を守護していた記憶を投影して神格が形成されていることは極めて興味深い。このことは宗教史上きわめて重要な意味を持つと考えるが、いかなる経緯・論理によって、皇太子守護の神という神格が引き出されるのかについて、詳しくは論じられてはいない。

## 一　今木神はどこからきたか

今木神奉斎の形跡については、延暦元年（七八二）に「田村後宮の今木大神」が従四位上に叙されたことが『続日本紀』（同年十一月十九日条）に見え、平野社の今木神はこれを遷祀したものとみられる。田村後宮は、藤原仲麻呂の田村第があった場所であり、時に孝謙天皇の行在所となり、仲麻呂の強力な後見で皇太子となった大炊王（淳仁天皇）の宮となっていたこともある「田村宮」に当たる。その後光仁天皇によって「田村旧宮」として活用されていたところ、夫人高野新笠に与えられたものとみられる。伴信友『蕃神考』は、平野祭において大江氏と和氏が関与することになっている点に注目し、それが高野新笠の父母の氏に該当することから、今木神を高野新笠が奉斎した神であると推測し、さらにそれを遠祖を祭祀したものとみた。今木の称が今来（新来の意味）に由来するとして渡来系の神（蕃神）に違いないと考えたのである。新笠の祖先を百済の王族と説明しているのは、桓武の勅命編纂物である『続日本紀』新笠伝および嵯峨の勅命編纂物である『新撰姓氏録』である。

信友の説のうち、平野社の今木神が田村後宮で高野新笠によって奉斎されていた神であるとする推測については、状況から判断し得る妥当な推測と認めることができる。しかし平野社の祭神が、新笠の父系母系の氏が祭祀していた神であり、今木神は父方の遠祖を祭祀したものであったと推測するに足る根拠はない。すでに義江明子が指摘するように、平野祭に大江氏と和氏が出仕することになったのは、『貞観式』成立よりも以後『延喜式』成立よりも以前のことであって、このことは平野の祭神を新笠の父系母系の氏の奉斎神とする説明づけが後次的に発生したことを示すものである。また新笠の祖先を百済の王族とする理解については、和気清麻呂に命じて『和氏譜』を作らせ[2]、所生の自分が感生帝たることを演出する「天高知日之子姫尊」の諡号を送る[3]など、一貫して生母の出自を飾ろうとした桓武天皇側の編纂物に従うのは、適切ではない。

では今木の称が今来（新来の意味）に由来するといえる積極的証左はあるのであろうか。

今木と今来を同一視する信友の説は、これより以前『五畿内志』の一として編纂されていた『大和志』（享保一〇年〈一七三六〉）にあり、信友の説もこの影響下にあるものと考えられる。『大和志』は「今木双墓」として、「在二古瀬水泥邑一、与二吉野郡今木村一隣。皇極天皇元年十二月蘇我大臣蝦蛦、預造二双墓今木一、一曰二大陵一為二大臣墓一、一曰二小陵一為二入鹿臣墓一。天智天皇与二中臣鎌子連一共議誅レ之、即日許三蘇我族葬二埋蝦蛦及入鹿屍於双墓一。（以下略）」としており、「今木」の地名がある吉野郡今木村付近の古瀬水泥邑にある二つの墳墓（水泥古墳・現奈良市御所市古瀬）を、『日本書紀』皇極元年是歳条に記載がある「今来」に造った蘇我蝦夷・入鹿の墓に比定している。傍線部は『日本書紀』皇極天皇元年（六四二）是歳条および同四年（六四五）六月己酉〈十三日〉条からの引用である。『日本書紀』の記述では、皇極元年の段階で「預ねて双墓を今来に造る」とあるが、皇極四年の誅殺後に葬ることを許されているのは、『日本書紀』では「双墓」とはなく「墓」とのみあるので、それが今来に築造された双墓であったかはここからはわからない。

これについては、上代の音韻の違いによる仮名遣いの区別から、木（乙類のキ）と来（甲類のキ）の発音が異なっていたことを踏まえ、今木を今来とみることは不適切であるとする見解が見られる。西田長男は、『古事記』『日本書紀』『風土記』『新撰姓氏録』においては、「木」の借字が「来」に宛てられる事例がなく、「城」「貴」「紀」に宛てられることを指摘している。(4) さらに『万葉集』についても武田祐吉の一覧を示した上で、「今木」は文字通り「今木」か、あるいは「今城」かの意味であって「今来」の意味がないことを指摘した。和田萃も今来の双墓を検討した論文のなかで、今木と今来を混同する説を批判している。(5)

今木と今来を無限定に混同する説は、音韻の違いによって仮名遣いの書き分けが存在していた事実を判明させてきた研究蓄積の存在を無視するものである。否定するにはこれらに匹敵する大規模データを示す必要があるが、それは存在しない。従って平安京遷都後に平野社の祭神となった「今木大神」の経歴を、高野新笠が田村後宮において、父和乙継が祀っていた祖先神を遷祀したものと説明する説は成立しがたい。さらに次節にみる今木（今城）の信仰の実態を考慮にいれると、今木神が朝鮮系渡来系氏族集団が奉斎してきた神であるとする論理からは、この信仰を説明づけることはできず、本質はむしろ違う部分にあると考えざるを得ないのである。

今木は、平野祭における今木神に対する祝詞に「今木より仕奉り来たれる」とあることから、やはりかつて祭祀されていた場についての名称であると考えられる。これまでこれを固有の地名と考える立場から、本祠の場所を比定する議論がなされてきた。和田萃もまたこれを地名と考え、今木庄・菟足社が所在した大和国添上郡内とした。(6)

岡田荘司は、今木を「新来」の意味とする伴信友以来の伝統的理解を採り、百済系渡来氏族の和氏によって奉斎されてきた渡来神としたうえで、和乙継（新笠の父）の墓所の場所にこれを求めて広瀬郡内とし、(7)久度神は大和平群郡久度神社祭神とみて、同じ手法でこれを新笠の母大枝朝臣真妹の祖神とみたのであった。

本稿は、平野の祭祀は高野新笠が祀ったものが要素の一部を成したとみるが、それは父系・母系においてそれぞれ祭祀されていた神格を単純に遷祀したものではなく、名指しにしがたい何かが祭祀されることで神格を成熟させたていったと考える。祝詞の文意による限り、「今木」は祭神ではなく、祭祀されていた場を指しており、渡来神の原義がある祭神を指す名詞ではない。また、すでに松前健も指摘するように、かならずしも特定の地名を指すものともいえない。

平野祭においては、「物忌」（祭事における依坐役）が関与し、斎戒して今木・久度・古関三神に仕えた。「物忌」は王氏・和氏・大江氏から出ることになっていた。王氏とは皇親のことである。延喜太政官式（平野祭見参条）にはこれに当たる王氏は「桓武天皇後の王」とあって、(8)平安京北郊において皇太子守護の神という役割を委ねられた今木神祭祀を特徴づけている。新笠がこれを奉斎したのは、田村後宮を賜わり夫人となった時期と推測されるので、所生の皇子山部親王は、すでに皇太子であったことになる。特に「桓武天皇後の王」が今木神の物忌に当たるとされたのは、田村後宮での奉斎の経緯を承けたものである。平城京から平安京へ受け継がれて常設化した今木神の宗教的機能を考える上では、〈キサキによる皇子のための祈願〉という事柄が、無視できない大きな側面であるように思う。

## 二　ふたつのイマキ

『日本書紀』斉明四年（六五九）五月条には、八歳で夭折した建王の殯宮が「今城谷上」に設営されたことがみえている。建王は中大兄皇子の子で斉明天皇からは孫に当たる人物である。建王の殯宮（ここでは葬地を兼ねる）が設定された「今城」は、吉野郡大淀町今木とする説や越智岡上陵（斉明陵）治定地をあてる説があるが、すでに和田萃が指摘するとおり、紀温湯への行幸の途次において斉明が臨んだ丘としては、吉野郡大淀町今木付近とみるのが妥当であるとみられる。

これじたいが端的に平野今木神のルーツであるわけではない。しかしなお、ここで取り上げる必要があるのは、今木（今城）が固有の地名を指すものではなく、後述するように死者の場が設定されたことで発生する祭祀を指すと考えられるからである。

【史料】『日本書紀』斉明四年（六五九）五月条

五月、皇孫建王八歳薨。今城谷上起レ殯而収。天皇本以二皇孫有順一而器重レ之。故不レ忍哀傷慟極甚。詔二群臣一曰、万歳千秋之後、要合二葬於朕陵一。廼作レ歌曰、

伊磨紀那屢　乎武例我禹杯爾　倶謨娜尼母　旨屢倶之多多婆　那爾柯那皚柯武　其一
（いまきなる　おむれがうへに　くもだにも　しるしくたたば　なにかなげかむ）
伊喩之々乎　都那遇舸播杯能　倭柯矩娑能　倭柯倶阿利岐騰　阿我謨婆儺倶爾　其二
（いゆししを　つなぐかはへの　わかくさの　わかくありきと　あがもはなくに）

阿須箇我播　瀰儺蟻羅毘都都　喩矩瀰都能　阿比娜謨儺倶母　於母保喩屢柯母 其三

（あすかがは　みなぎらひつつ　ゆくみづの　あひだもなくも　おもほゆるかも）

天皇時々唱而悲哭。

右では建王の夭折を嘆き悲しんだ斉明が、将来必ず自分の陵に合葬するよう求め、三首の歌を詠じている。このうち第一首は重要である。「今城である小山の上に　せめて雲が立つのがはっきり見えたなら　嘆くことなどなにもないだろうに」という意味である。雲が立つとは神霊が象を示しているという意味にとらえられるので、殯宮が設営された小山が死者のたましいの在処として認識されているということになる。ここでの「今城」は殯宮乃至墓の場所を指しており、この表音を示す借字は「伊磨紀」（乙類のキ）である。

さらに斉明天皇は、同年十月「紀温湯」行幸のおりにも建王を思い出し、悲泣して三首の歌を詠じている。

【史料】『日本書紀』斉明天皇四年（六五八）十月甲子〈十五日〉条

冬十月庚戌朔甲子、幸㆓紀温湯㆒。天皇憶㆓皇孫建王㆒、愴爾悲泣。乃口号曰、

耶麻古曳底　于瀰倭柂留騰母　於母之楼枳　伊麻紀能禹知播　倭須羅庾麻旨珥 其一

（やまこえて　うみわたるとも　おもしろき　いまきのうちは　わすらゆましじ）

瀰儺度能　于之裒能矩娜利　于那倶娜梨　于之廬母倶例尼　飫岐底舸庾舸武 其二

（みなとの　うしほのくだり　うなくだり　うしろもくれに　おきてかゆかむ）

于都倶之枳　阿餓倭柯枳古弘。飫岐底舸庾舸武 其三

（うつくしき　あがわかきこを　おきてかゆかむ）

詔㆓秦大蔵造万里㆒曰、伝㆓斯歌㆒、勿㆑令㆑忘㆓於世㆒。

このうち第一首にいう、斉明にとって決して忘れることができない「いまきのうち」とは、建王本人のことを指している。「うち」とは宮や城などになぞらえられた死者の住まいのことであろう。

ここでは死者のために設けられた施設を指す名詞が「今城」なのであり、生者から意識され、死者空間という場のイメージが定着することで、地名としても定着すると考える。「今城」「伊麻紀」のキは乙類であり、設けられた城・柵あるいは神籬の木の意味にも通じる。他方「新来」のキは甲類であってこれとは異なり、上代においてこれらが区別なく、常時混用されることは可能性として考えられない。

さらにいまひとつの事例を以下にあげる。

【史料】『万葉集』巻九（一七九五）宇治若郎子の宮所の歌一首

妹等許　今木乃嶺　茂立　嬬待木者　古人見祁牟

（妹らがり　今木の嶺（に）茂り立つ　嬬待つの木は　古人見けむ）

宇治若郎子（菟道稚郎子）は、応神天皇の皇子で、『日本書紀』では父から太子に立てられながら、異母兄の仁徳天皇に譲るためにみずから命を絶ったとされる(9)。この歌の「古人」は亡き皇子を指している。題詞に「宮所」とする今木の嶺とは、やはり夭折した皇子のための殯宮か墓が設けられた場を指しているのである。これを要するに、乙類のキによる「今城」「今木」とは、特定固有の地名というより、死者の場を指す名詞なのであって、今木神の信仰は、生者から意識された小山や小丘の死者空間で行われた鎮魂から発生するとみたほうがよい。

## 三　死者の丘と小治田宮

雷丘（奈良県高市郡明日香村）もまた、前節でみた今木（今城）の条件を備えている。

雷丘至近の東南一帯には、七世紀前半から九世紀中ごろに推定できる遺構群（雷丘東方遺跡）があったことが確認されている。一連の調査成果から、八世紀の小治田宮は雷丘を要素として含みこんでいたと考えられており、飛鳥川の東の三〇〇メートル四方を小治田宮の範囲とする意見もでている。(10)

本稿がこの遺跡を重要であると考えるのは、八世紀の小治田宮が死者空間である雷丘と密接な関係にあり、それが明らかに平安時代初頭以降にまで継続しており、後述するようにそこでなんらかの祭祀が行われたとみられることによる。ここでは先に雷丘が死者空間として定着していたことについて触れておきたい。

九世紀初成立の『日本霊異記』上巻－一「捉電縁」は、「電岡」（雷丘）の由来を少子部栖軽が召喚した雷が落ちた地であると説明する説話である。ここでは雷丘の位置について「古京少治田宮の北に在り」とされている。雷丘の東南に広がる雷丘東方遺跡の継続は、九世紀中頃にまで及んでいるので、著者薬師寺僧景戒が存命当時に認識していた「少治田宮」に直接関係する遺構を含むと考えられる。

また『霊異記』では、雷丘は雄略天皇が雷神の威を怖れて幣帛を奉った場であり、栖軽の墓が作られ碑文が刻まれた柱があったとされている。雷を捉えた栖軽は小子部であり、『霊異記』のこの縁は鬼が鬼を制するという型の説話であるので、景戒の当時において、雷丘は怖れ憚るべき場とする印象があったと考えられる。

雷丘はこれまでの考古学的調査において、少なくとも五世紀後半から七世紀代に及ぶ葬送の痕跡が確認されてい

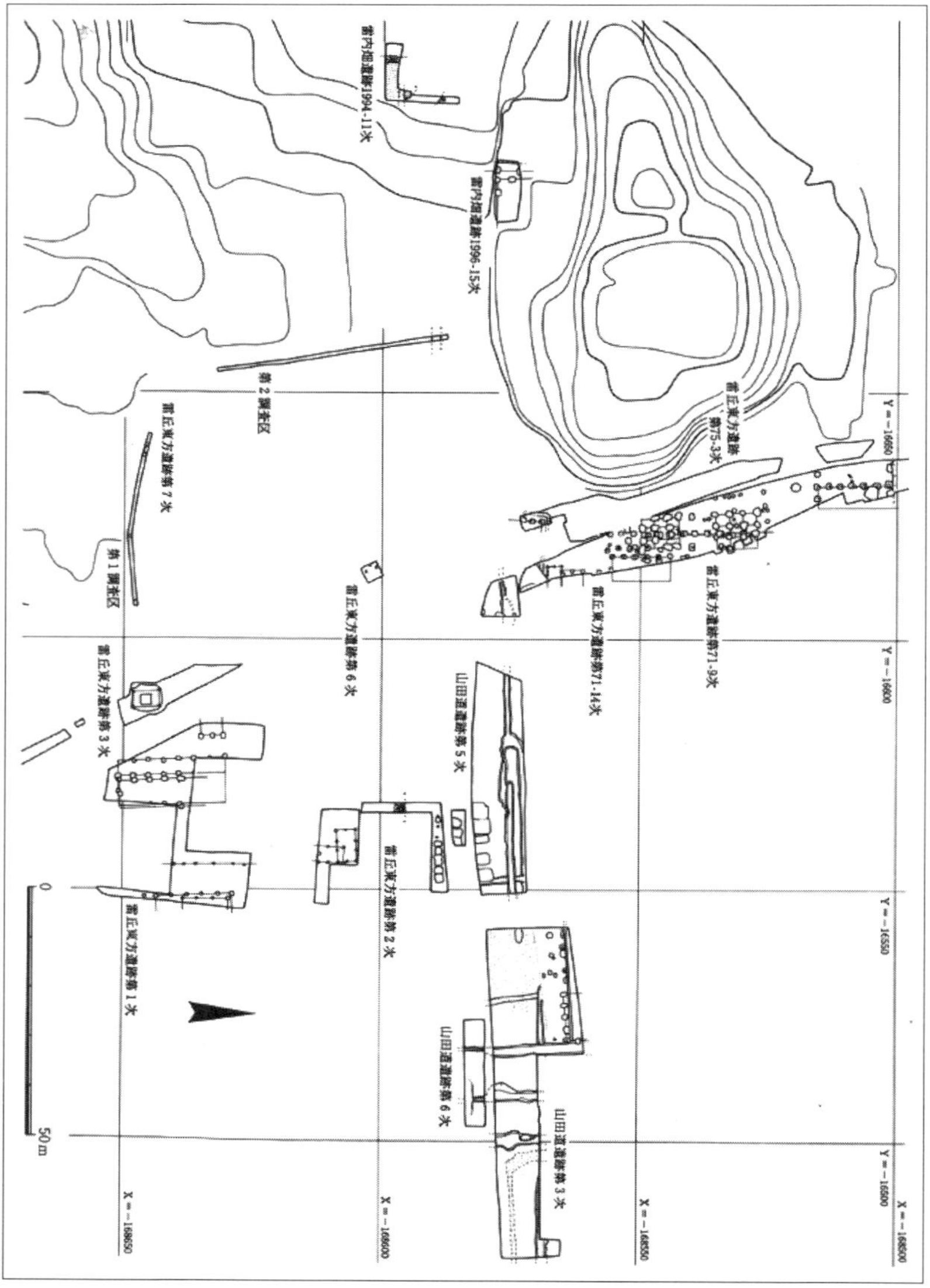


図1　雷丘周辺遺構図（『明日香村遺跡調査概報平成９年度』より）

る。[11]雷丘の第一三九次調査では、「城山」の字が残る雷丘の中心部が調査され、円筒埴輪、横穴式石室および石室が後次的に削平をうけた痕跡、小型石室などが確認されている。この調査で五世紀後半から六世紀前半の年代観に属する円筒埴輪が確認されたことは、雷丘に該当時期の古墳群が存在していたことを示し、さらに七世紀代の小型石室が確認されていることから、東南部に宮関連の建物が建ち始める七世紀前半には、すでに雷丘が死者空間として定着していたと考えられる。

七世紀代において死者空間の至近に生者の活動痕跡が伴うことじたい、興味深い事実であるが、ここで特に注目したいのは九世紀の痕跡である。

昭和六十二年（一九八七）年に実施された雷丘東方遺跡第三次調査では、検出された井戸遺構（SE01）から、底部外面に「小治田宮」などの墨書が残る土師器が複数発見され、[12]耳目を驚かせた。該当の井戸は年輪年代法によってその枠材の伐採年を七五八年＋αとする判定結果がでており、[13]天平宝字四年の淳仁天皇の小治田宮行幸・滞在の時期に近いことから、これに伴って作られた井戸と推測されている。[14]

これら墨書土器については、相原嘉之が詳細に検討を加えている。[15]「小治田宮」の墨書土器が出土したのは井戸内堆積土下層部分の石敷直上からである。相原は石敷内および石敷直上から出土した土器の型式は、平城宮土器Ⅳ・南都Ⅰ期中段階に属するとみて、八世紀末から九世紀初頭の年代観を与えている。

石敷直上からこれらに伴って、「副」と墨書された土器が出土していることは注目すべきである。当然ながらこれは神祇官の次官を示す「副」であると考えられ、ここでは神祇官官人が派遣されてなんらかの祭祀が行われていた形跡が認められるということになる。

小治田宮について、これに隣接する雷丘との関係を説明づけた竹本晃の研究は、本稿の主題に重大な示唆を与え

**図2　土師器底部外面墨書「副」（『雷丘東方遺跡第3次発掘調査概報昭和62年度』より）**

るものである。[16] 竹本は、『万葉集』巻三（二三五）所収の柿本人麻呂の歌の或本歌が、忍壁皇子すなわち刑部親王のための挽歌であることを見抜き、この歌をもって雷丘近辺に忍壁皇子宮があったとした岸俊男説[17]に対して、雷丘には忍壁皇子の殯宮が設営されたのではないかとした。

【史料】『万葉集』巻三（二三五）

天皇、雷の岳に出でませる時に、柿本朝臣人麻呂が作る歌一首

大君は　神にしませば　天雲の　雷の上に　廬りせるかも

右、或本に云はく、「忍壁皇子に献れるなり」といふ。その歌に曰く、

「大君は　神にしませば　雲隠る　雷山に　宮敷きいます」

竹本がこの或本歌における「雲隠る」について、死の敬避表現であるとしたのは、まさに首肯すべきで、これはみずからにとって大切な人が死んだことを冥なる神霊となったことに見立てた表現である。ここでの「雲隠る」は大君が亡くなったという意味の動詞であるとともに、生者にとって異界の存在である雷にかかる詞を兼ねており、私訳を試みるならば「大君は神でいらっしゃるので、神霊となられ、雷山で宮を構えておいでになる」となる。

また竹本はこの挽歌を念頭に、雷丘東方遺跡で検出された井戸SE01上層堆積土から出土した土器の墨書「□城下」について言及し、ここにみる「□城」をかつて雷丘に殯宮が築かれたことから発生した地名であるとみている。竹本は雷丘に忍壁皇子の殯宮がかつて設営されたという場の記憶によって、殯宮を示し得る「□城」が地名として生じたとみている。仮に実際の殯宮が設営されていなかったとしても、雷丘が死者の場のイメージを持っていたこ

とは疑いないであろう。

この井戸SE01の下層からは「小治田宮」の墨書がある土器が複数発見され、このあたりに淳仁期ごろ以降の小治田宮があったことは確実であるので、竹本の指摘は、淳仁以後も継続していた小治田宮が、死者空間たる雷丘と関連していた――□城に対する□城下の施設であった――ことを示すものである。

雷丘東方遺跡では、第一次調査で飛鳥浄御原時期から平安時代初頭の時期に推定できる出土遺物をともなう建物群や溝が確認された。その後第三次調査で井戸SE01が確認されるにおよび、真北より4°西へふった方位軸をもつ一連の建物等について、小治田宮関連施設と考えられるに至った。この廃絶時期が、出土遺物によって九世紀以降にまで下るとみられることは重要である。

雷丘は生者たちにとって死者たちの住処と意識された場所なのであって、丘に沿って設置された小治田宮関連施設について九世紀以降にわたる継続性が認められることは、この宮がたんなる離宮というより、宗教的機能を持っていたことを示すものである。以下に述べるように、淳仁天皇の小治田宮行幸にも参拝の意味合いが含まれていた可能性を考えなければならない。

天平宝字四年（七六〇）から五年にかけて、淳仁天皇は小治田宮と保良宮に行幸している。保良宮への行幸・滞在については、造宮計画の完遂を目指したものであることが明確であるが、なぜ同時期に小治田宮にも重点をおき、みずから行幸・滞在したのか、その理由は釈然としない。この謎は小治田宮行幸に参拝という宗教的目的があったとみることではじめて解決する。保良京は都城であって、小治田宮は拝所であったとすべきなのである。

【史料】『続日本紀』天平宝字五年（七六一）正月癸巳〈七日〉条

詔曰「依レ有二大史局奏事一、暫移而御二小治田岡本宮一。是以、大和国司史生已上、恪勤供奉者、賜二爵一階一。郡司者賜レ物。百姓者免二今年之調一。授二守従四位下藤原恵美朝臣真光従四位上、介外従五位下山辺県主男笠外従五位上一。大掾正六位下布勢朝臣清道已下、史生已上、爵人一級。賜二郡司・軍毅絁・綿一各有レ差。

行幸の当事者である淳仁天皇が、藤原仲麻呂の強力な後見によって先帝指名の皇太子を廃して立った天皇であったという点を鑑みると、小治田宮への行幸は、中国皇帝において傍系即位の場合に特に行われた謁廟儀礼に擬した行動であった可能性が高い。この当時の淳仁の天皇権に不全があったことについては、旧稿で論じたとおりであり[18]、小治田宮行幸は、まさに統治者としての資格を確かにする目的で行われた儀礼的行為であったと考えられるのである。

むろんこの当時の小治田宮が、ただちに宗廟であったと言い得るものではない。一系の皇統の下に祖霊が統合された状態がそこに在ったとはいえない。参拝が必要な対象がこの一処のみではなく複数に渉っていた可能性も考えられる[19]。しかしながらやはり、小治田宮はたんなる天皇の離宮ではなく、拝所機能をもっており、なんらかの宗教的儀礼が行われたとみなければならない。それは重ねて墓所が設けられて死者の居所のイメージが定着していた雷丘と組み合うものであったと考えられる。

雷丘と小治田宮との関係性は、皇帝陵と陵寝との関係性に似ているが、神体山と神社との関係性とも似た部分があり、どちらとも単純に系譜づけられるほどには同じではない。陵寝とは、中国皇帝において行われた制で、墓所のほとりに正寝に似た施設を設けて、死霊を自分自身に連なる祖先として宗教的に接遇し、そこを拝所として扱い、政治的な報告を行い意向をうかがう場である。

儒家による礼理念の上では、このような宗教的かつ政治的儀礼は死者の墓所ごとではなく、都城の居住エリア付近で一処にまとめられて設営された宗廟においてこそ、行われるべきであった。宗廟の制は、後漢蔡邕『独断』によれば、前殿と後殿の構成を持つ為政者の空間をかたどるものであり、生者から拝を受ける前殿部分（狭義の廟）には、祖先歴代の位牌が安置されることになっている。[20]天子においては七廟が祭祀対象で、『礼記』王制篇には「三昭三穆、太祖の廟而して七」としている。

皇帝が前皇帝の陵墓に赴いて拝謁する親謁は、唐の皇帝において盛んに行われ、玄宗はこの儀礼を発展させる形で、五つの皇帝陵に親謁する儀礼を行っている。[21]この行動は、山陵を宗廟とみなし、国忌の制の整備を進めた称徳天皇や桓武天皇にも多少なりとも影響を与えるところがあったといえる。

雷丘と「今木」を結びつける端的な証拠は存在しない。しかし、淳仁の小治田宮行幸が、傍系天皇による即位謁廟に擬した行為であったとするならば、死者の丘とその拝所という信仰形態は、死者の場の鎮めから発生する神格が、宮都近辺で王権祭祀の神格として機能していた今木神の信仰形態と不可分の関係にあるものと考えなければならない。

## むすび

高野新笠の居所となっていた田村後宮は、これまでの研究によって平城京左京四条二坊の東半分にあったと推定される宮である。[22]藤原仲麻呂の田村第の故地が、田村旧宮として引き継がれ、宝亀年間に高野新笠が光仁天皇夫人になるに及んで新笠の居所となっていた。延暦元年（七八二）十一月には田村後宮に祀られていた今木大神に対して従四位上が叙されており（『続日本紀』同年十一月十九日条）、この神は高野新笠が祭祀者となって奉斎していたものである。その後、長岡京への遷都計画が進められるなかで、この地は仲麻呂甥の是公に与えられた（『続日本紀』

延暦三年（七八四）閏九月十七日条「天皇幸右大臣田村第宴飲」）。この邸第地の主であった藤原仲麻呂は、言わずと知れた政争の敗死者である。道祖王廃太子後、仲麻呂は夭折した息男の妻粟田諸姉を大炊王に娶せ、田村第に囲い込んで皇太子とし、第に田村宮を設営して、ついには淳仁天皇として擁立する。仲麻呂は称徳・道鏡と対立を深めた末に軍事抗争に及び、琵琶湖のほとりで妻子とともに誅殺されると、淳仁は廃され淡路へと流される。

仲麻呂の田村第の故地で奉斎された神が今木神であったことは、決して故なきことではない。今木の神がそのような場で奉斎されたのは、墓所や殯宮で担っていた鎮めの威力を、場の鎮めに応用するものであった。いわゆる歴代遷宮にみるような移動を旨とする習俗においては、凶事への対処は、遠ざける／遠ざかるという単純な手法で完了してしまうので、場を鎮めるための宗教的技術は必要とされない。しかし政庁や街区がともなう宮都が成立し、定着性が高まるにつれ、曰く因縁のある場を捨て去らずに継続的に活用する必要が生じる。都遷りの習慣を徐々に終結させていく歴史的段階にあったことが、鎮めの祭祀を生者の圏内に迎え入れる契機となったのである。換言すると、六世紀末葉から九世紀前半までの間には、移動的習慣と定住的習慣が併存し、ゆっくりと定着へとむかっていくが、特別な王宮や邸第の場を定着させて継承しようとする局面において、その場の諸霊を放置せずに接遇する必要が発生し、今木の祭祀が鎮めの威力を期待されて屋敷神化したとみるべきなのである。

田村後宮で高野新笠によって奉斎された今木神は場の鎮めを担う神であり、イマキと呼ばれた死者空間で鎮めのために行われた祭祀をその原像とする。その意味で今木神は、多くの神祀りの成立がそうであるように、なんらかの神格があって、それに対する尊崇の故に祀られたのではなく、イマキの鎮めのための祭祀が恒常化することで、場の鎮めの力を持つ神格を成立させたものである。

歴代遷宮の習慣をもっていた人々が居住エリアを本格的に恒久化させるためには、王宮や邸第の場を代を襲ねて継承するための技術が必要となる。建物を堅固にするなどの外形的技術以上に必要になるのは宗教的技術である。たとえば当主の看取り・場の鎮魂や正殿継承、あるいはそれらを支える家や祖先の祭祀は、場を継承するために必要とされ、開発された技術なのである。

特に、仲麻呂のような敗死者の場を受け継ぐということは、継承する者たちが場に宿る特別な力を鎮めて制御し得たということを意味し、祭祀者は困難な祭祀を果たしたことで霊力豊かな者（特別な后妃、特別な大刀自）の立場を獲得することになる。母キサキの祭祀の力は、災いのもとを鎮めて守護の力に転化し、皇子のためにふるいたたせて政治的成功を実現する。今木神が桓武天皇以後皇太子の守護神となる仕組みはこのようにして成立したものであろう。

比較の対象として考えるなら、皇帝をはじめとする中国為政者層の喪礼(23)は、死者との共存の技術を高度に発達させたケースである。正殿での寿終死を看取ることから宗廟編入までの高度に複雑化した作法が整備され、次代の継承を実現するための儀礼として成熟している。

これに対し、日本古代において宗廟が不成立であったことは、死者のたましいを再社会化し共存できるようにする技術に不全があったことを意味している。平安京に都が定着してもなお、災いの元を完全攻略してしまうのではなく、限られたエリアのなかで、遠ざかる／遠ざけるというフラットな方法を併せ用いていく。さらにそこに、仏教者に大きく依存した死者接遇が成立する特徴的な日本の宗教習俗が醸成されていく。その起点の位置に、本稿で取り上げた今木神の信仰はあるのである。

## 注

（1）今木神に関連する研究として、西田長男「平野祭神新説」（『日本神道史研究』九、講談社、一九七八年）、今井啓一「桓武天皇御生母贈皇太后高野氏と平野神」（『帰化人と社寺』、綜芸舎、一九六九年）、松前健「平野祭神論私見」（『大和国家と神話伝承』、雄山閣出版、一九八六年）、義江明子「平野社の成立と変質」（『日本古代の氏の構造』、吉川弘文館、一九八六年）、上田正昭「平野神社の創建」（『平野神社史』、平野神社社務所、一九九三年）、岡田荘司「平安前期神社祭祀の公祭化・上」（『平安時代の国家と祭祀』、続群書類従完成会、一九九四年）、三宅和朗「平野祭の基礎的考察」（『古代の王権祭祀と自然』、吉川弘文館、二〇〇八年）、前田晴人「桓武天皇の外戚神」（『大阪経済法科大学論集』一〇八、二〇一五年）などがある。これらに先行する近世期の学説として、伴信友『蕃神考』（『伴信友全集』二、ぺりかん社、一九七七年）、鈴木重胤『延喜式祝詞講義』（『鈴木重胤全集』一〇、鈴木重胤先生学徳顕揚会、一九三九年）がある。

（2）『日本後紀』延暦十八年二月乙未〈二十一日〉条。

（3）『続日本紀』延暦八年十二月丙申〈二十九日〉条附載延暦九年正月十四日条。

（4）西田長男「平野祭神新説」（『日本神道史研究』九、神社編下、講談社、一九七八年）。

（5）和田萃「今来の双墓をめぐる臆説」（『日本古代の儀礼と祭祀・信仰』上、塙書房、一九九五年、初出は一九八一年）。

（6）和田萃前掲注（5）

（7）岡田荘司「平安前期神社祭祀の公祭化」（『平安時代の国家と祭祀』、続群書類従完成会、一九九四年、初出は一九八六年）。

（8）延喜太政官式（平野祭見参条）「凡平野祭者、桓武天皇後王〈改姓為臣者、亦同〉及大江、和等氏人、並見参」。

（9）『日本書紀』仁徳天皇即位前紀。

（10）奈良国立文化財研究所編『飛鳥・藤原宮発掘調査概報』二四（一九九四年）。

(11) 神野恵・飛田恵美子「雷丘の調査——第139次」(『奈良文化財研究所紀要』二〇〇六年)。
(12) 明日香村教育委員会『雷丘東方遺跡第3次発掘調査概報』(一九九八年)。
(13) 相原嘉之・光谷拓実「小治田宮の井戸」(『明日香村文化財調査研究紀要』二、二〇〇二年)。
(14) 相原嘉之「飛鳥寺北方域の開発——七世紀前半の小墾田を中心として——」(『橿原考古学研究所論集』一六、二〇一三年)。
(15) 相原嘉之「小治田宮の土器——雷丘東方遺跡出土土器の再検討——」(森郁夫先生還暦記念論文集刊行会『瓦衣千年』、一九九九年)。
(16) 竹本晃「雷岳の或本歌——皇子の殯宮——」(『万葉古代学研究年報』一二、二〇一四年)。
(17) 岸俊男「皇子たちの宮」(『古代宮都の探究』塙書房、一九八四)。
(18) 佐藤文子「淳仁朝の造宮計画——宮の新営と天皇権力獲得の原理——」(『日本古代の政治と仏教——国家仏教論を超えて——』吉川弘文館、二〇一八年)
(19) 『万葉集』巻二(一九九)の柿本人麻呂の挽歌にみえる高市皇子の「城上殯宮」も、長屋王邸出土木簡から何らかの形で継続していたと推察でき、拝所機能をもっていた可能性がある。
(20) 『独断』下「宗廟之制、古学以為、人君之居、前有朝、後有寝、終則前制廟以象朝、後制寝以象寝、廟以蔵主、列昭穆、寝有衣冠几杖象生之具、総謂之宮」。
(21) これに言及した研究に、来村多加史『唐代皇帝陵の研究』(学生社、二〇〇一年)、金子修一『中国古代皇帝祭祀の研究』(岩波書店、二〇〇六年)、妹尾達彦「五陵の親謁」(『〈中央大学〉文学部紀要』史学、六七、二〇二二年)がある。
(22) 岸俊男「藤原仲麻呂の田村第」(『日本古代政治史研究』、塙書房、一九六六年)、金子裕之「田村第の位置」(奈良国立文化財研究所『平城京左京四条二坊十五坪発掘報告　藤原仲麻呂田村第推定地の調査』、一九八五年)。前田晴人「桓武天皇の外戚神」(『大阪経済法科大学論集』一〇八、二〇一五年)は桓武天皇が生母高野新笠の私祭を官

祭化した経緯に触れている。しかし私祭を官祭化したのは、種継暗殺事件後、皇子時代の自身が母の祭祀によって守護を受けた今木神を頼みとし、皇太子安殿親王の守護を祈るためであったと思われる。

（23）　尾形勇『中国古代の「家」と国家――皇帝支配以下の秩序構造――』（岩波書店、一九七九年）、窪添慶文「中国の葬送儀礼――漢代の皇帝の儀礼を中心に――」（『東アジアにおける儀礼と国家』、学生社、一九八二年）、松浦千春「漢より唐に至る帝位継承と皇太子――謁廟の礼を中心に――」（『歴史』八〇、一九九三年）参照のこと。

**付記**　本研究は、科研費基盤研究（C）（JP23K00102）による研究成果の一部である。

# 国陰陽師制の変遷について——怪異をめぐる中央と地方の関係——

細井浩志

## はじめに

律令国家期には中央の陰陽寮ばかりではなく、大宰府や諸国にも陰陽師が置かれていた。陰陽道の研究は近年盛んになったが、国陰陽師はこれまで余り注目されなかった。管見の限り専論は、松本政春氏と山口えり氏の研究だけである。[1] 松本氏は国陰陽師の軍事的な側面、山口氏は国陰陽師設置の時代背景に注目する。国陰陽師の史料は乏しく、いつのまにか消滅してしまう。しかし国陰陽師は辺要地域に発生する怪異を占うという、重要な役割をもっていた。怪異は兵乱の前兆とされる場合が多い。従って国陰陽師制が、辺要地域の怪異の取り扱いとどのように関連しながら変遷するのかは、国制史的にも文化史的にも解明する意義があり、本稿はこのための検討を行う。

なお、大宰府・鎮守府の陰陽師も中央からみて、辺要の地域行政機関に設置された陰陽師である点は同じである。従って便宜上、この両者も「国陰陽師」として論ずることとする。

## 一　国陰陽師の設置と消滅

最初に各国陰陽師の設置時期について、松本氏・山口氏の研究を参考にしながら述べたい。

### ①大宰府陰陽師

他に比べて特に早く設置されたのは、松本氏の指摘通り、唐・新羅などを意識しての軍事的意味合いが強かったのだろう。養老職員令は、その職掌を次のように規定する。

**（史料1）養老職員令69大宰府条**（〔　〕は本注）

……陰陽師一人。〔掌、占筮相㆑地。〕……

これは陰陽寮条の陰陽師と同じである（後掲史料15）。また官位令によれば陰陽寮陰陽師より二階下の正八位上相当で、田令31在外諸司職分田条では、大宰少典・同医師・同算師と同じく一町四段の職分田が支給され、これを耕作する事力も同じく四人が支給され（軍防令51給事力条）、この他仕丁五人が充てられる（延喜民部式下43大宰仕丁条）。禄令1給季禄条によると大宰府官人として、正八位上相当の位・季禄が支給される。一般の国陰陽師が諸国史生と同待遇であるのとは異なり、四等官である少典と同等である。これは大宰府が外交・防衛の点で占いが重要だからであろう。陰陽司という官司を構成したとの説もある(2)。

養老律令施行の翌年、大宰府陰陽師として余益人が確認でき、従六位下で百済朝臣姓を賜っている（『続日本紀』天平宝字二年〔七五八〕六月甲辰条）。また次の『令集解』所引古記では、大宰府に陰陽生がいるのかどうかが問題となっている。これは大宰府陰陽師の存在を前提とした議論であろう。

**（史料2）『令集解』職員令69大宰府条古記**

古記云、大宰博士学生之数、陰陽幷医生等、又別国博士医師有不。

また天平二年（七三〇）正月一三日に大宰師大伴旅人邸で催された梅花の宴に、「陰陽師磯氏法麻呂」が参加して歌を詠んでいる（『万葉集』五・八三六番）。従って大宰府陰陽師は大宝令制においても存在し、大宝令文にも規定があったと思われる。『唐令拾遺補』による大宝令の復原も同じ判断である。

実際の補任者としては、『続日本後紀』天長一〇年（八三三）一二月辛卯条にみえる土師雄成が最後である。延喜二一年（九二一）完成の延喜主税式上16大宰府公廨条には、大宰府陰陽師が一分半としてみえる。長徳二年（九九六）大間書（『続群書類従』二六七）には陸奥国陰陽師の官名はあがっているものの、大宰府陰陽師の記載はない。一〇世紀末頃には任ぜられなくなったのだろう。

**②陸奥国陰陽師**

承和七年（八四〇）四月二三日に改正施行された弘仁式[3]で、存在が確認できる（史料3）。公廨配分が二分と優遇されているのは、当該期の蝦夷対策が実戦を伴う切迫したものだったからだろう[4]。

**（史料3）弘仁主税式国司処分公廨条**

凡国司処二分公廨一差法者、大上国長官六分、次官四分、判官三分、主典二分、史生一分……其国博士医師准二史生一、但陸奥国博士医師陰陽師並准レ目。

ただし延暦一七年（七九八）太政官奏では、国陰陽師はまだ置かれていない（史料4）。従って陸奥国陰陽師は延暦一七年以降承和七年以前の設置である。

**（史料4）『類聚三代格』五、延暦一七年（七九八）六月二八日太政官奏、定陸奥国官員事**

太政官謹奏

定二陸奥国官員一事

按察使一人、記事一人、守一人、

介一人、大掾一人、少掾一人、

大目一人、少目二人、博士一人、

医師一人、史生五人、守傔仗二人、

右上件官員、臣等商量所レ定如レ右。伏聴二天裁一、謹以申聞、謹奏、聞。

延暦十七年六月廿八日

後掲史料6の出羽国陰陽師設置の太政官符からも、陸奥国陰陽師は軍防上の必要により、国内の怪異を占うために設置されたことがうかがえる。松本氏は、弘仁年間初期の征夷事業の中断で、陰陽師を含む征夷使が派遣されなくなった代替措置とみる。延喜治部式13鎮守府賻物条は、陸奥・出羽国、鎮守府の陰陽師の賻物は当国の物を給うとする。

陸奥国陰陽師は、延喜主税式上12公廨処分条、『柳原家記録』四六（『大日本史料』三之三、二〇四頁以下）寛治八年（一〇九四）二月二二日除目大間書、『朝野群載』四・康和三年（一一〇一）正月闕官寄物、保元四年（一一五九）正月二九日大間書（『新校群書類従』一一〇）に官名がみえる。ただし実際の補任がいつまで行われたのかは問題である。『江家次第』には次のようにみえるので、同書成立の下限（大江匡房の薨去）である天永二年（一一一一）以

[5]前に、補任が行われなくなったと考えられる。

**（史料5）『江家次第』四、除目**

至二大間一者、無二差別一皆書入［清書時用二黄紙一］、太宰陸奥一分以上、雖レ載二大間一久不レ被レ任。

### ③出羽国陰陽師

次の嘉祥四年太政官符により、出羽国陰陽師を設置したことが分かる。

**（史料6）『類聚三代格』五、嘉祥四年（八五一）二月二一日太政官符**

太政官符

応レ置二陰陽師一員一事

右得二出羽国解一偁、太政官去年六月十一日符偁、国解偁、辺要之事備レ予為レ本、不虞之儲知レ機為レ先。此国与二陸奥一共為二辺戎一。雖下復国有二大少一官員有中降差上、而至レ決二嫌疑一何彼有此無也。仮令国内非レ無二恠異一、占二候吉凶一曽無二其人一。望請、永減二史生員一殊置二陰陽師一、謹請二官裁一者。右大臣宣、奉レ勅、依レ請者。而今雑務繁多官員減少。望請、不レ省二史生一殊置二件員一。但考選俸料准二博士医師一者同宣、奉レ勅、依レ請。

嘉祥四年二月廿一日

この官符によると、出羽国は辺要なので国内の怪異を占うため、陸奥国に准拠して陰陽師の設置を申請したのである。[6]前年に出羽国府は、当時、政治的事件の前兆とも解釈された地震により被害を受けており（『日本文徳天皇実録』嘉祥三年一〇月庚申条、『三代実録』仁和三年〔八八七〕五月二〇日条）、その対策でもあろう。なお当初の申請とは異なり史生を減員していないのは、蝦夷対策の前線であるため、多忙な国務を分掌する史生も必要だと中央政府に理解されたためである。

**④武蔵国陰陽師**

次の貞観一四年太政官符により、武蔵国陰陽師を設置したことが分かる。

**（史料7）『類聚三代格』五、貞観一四年（八七二）五月二日太政官符**

太政官符

応㆘改㆓権史生㆒為㆗陰陽師㆖事

右得㆓中務省解㆒偁、陰陽寮解偁、武蔵権史生屋代直行欵状偁、謹検㆓案内㆒、出羽武蔵等国元来無㆓陰陽師㆒、而依㆓国解状㆒以㆓陰陽生㆒始置㆓件職㆒、出羽号㆓陰陽師㆒、武蔵偁㆓権史生㆒。静尋㆓事意㆒、理不㆑可㆑然。望請、准㆓出羽国㆒号㆓陰陽師㆒者、寮依㆓欵状㆒申送者、省依㆓解状㆒謹請㆓官裁㆒者、従三位守大納言兼左近衛大将行陸奥出羽按察使藤原朝臣基経宣、奉㆑勅、依㆑請。

貞観十四年五月二日

官符が引用する屋代直行の欵状によれば、権史生という形で事実上置かれたのは、出羽国陰陽師が置かれた嘉祥四年（八五一）頃だと考えられ、この時、「陰陽師」と改称した。

**⑤下総国陰陽師**

次の貞観一八年太政官符により、下総国陰陽師が置かれたことが分かる。

**（史料8）『類聚三代格』五、貞観一八年（八七六）七月二一日太政官符**

太政官符

応下減二史生一員一置中陰陽師上事

右得二下総国解一偁、此国接二近辺要一、安不レ忘レ危。不虞之戒非レ占難レ決。望請、減二史生員一置二陰陽師一。謹請二官裁一者、右大臣宣、奉レ勅依レ請。

貞観十八年七月廿一日

この官符によれば下総国は、辺要（奥羽）に近いため、緊急事態に備えて占うため、国陰陽師が設置されたことが分かる。

**⑥鎮守府陰陽師**

次の元慶六年太政官符により、鎮守府陰陽師が置かれたことが分かる。

**（史料9）『類聚三代格』五、元慶六年（八八二）九月二九日太政官符**

太政官符

応レ置二鎮守府陰陽師一事

右得二陸奥国解一偁、鎮守府牒偁、軍団之用卜筮尤要。漏刻之調亦在二其人一。而自レ昔此府無二陰陽師一、毎レ有二恠異一向レ国令レ占。往還十日僅決二吉凶一。若有二機急一何知二物変一。請被二言上一将レ置二件職一者、国加二覆覈一事誠可レ然。望請、始置二其員一令レ備二占決一。謹請二官裁一者、大納言正三位兼行民部卿藤原朝臣冬緒宣、奉レ勅、依レ請。

元慶六年九月廿九日

この官符によれば、鎮守府は軍事的緊張の中で一刻も早く怪異の判断をしなければならないこと、そして漏刻を扱う人間が必要であることが、設置の理由だと分かる。当時の鎮守府は胆沢城にあり、陸奥国陰陽師は多賀城の陸奥国府にいたのである。またこの官符より国陰陽師は戦場での占いではなく、反乱などの発生を予見することが求められていたことがうかがえる。延喜式には前述の治部式の他、次の条文がある。

**（史料10）延喜兵部式55鎮守陰陽師条**

凡鎮守府陰陽師医師、待二彼道博士及侍医等挙状一補レ之。

### ⑦常陸国陰陽師

次の寛平三年太政官符により、常陸国陰陽師が置かれたことがわかる。

**（史料11）『類聚三代格』五、寛平三年（八九一）七月二〇日太政官符**

太政官符

応下停二史生一員一置中陰陽師上事

右得二常陸国解一偁、決レ疑之要必用二占筮一。望請、准二武蔵下総等国之例一、減二史生員一置二陰陽師一。謹請二官裁一者、

右大臣宣、奉レ勅依レ請。

寛平三年七月廿日

この官符によると、疑（怪異であろう）を判断するために、武蔵国・下総国に准じて設置したことが分かる。この史料から、この時までに国陰陽師が置かれたのは、坂東では武蔵・下総・常陸の三国だけだという可能性が高い。

## 二　国陰陽師の職制

### （1）国陰陽師の職掌

国陰陽師の職掌の第一は、先行研究が指摘する通り、軍事的脅威の発生を予見するための怪異の占いである。軍事組織に陰陽師が置かれた例は、天平四年（七三二）設置の節度使の道別各一人（『続日本紀』八月丁亥条）や征夷使（延喜大蔵式93征夷使条）がある。[7] 国陰陽師が置かれた場所は、軍防上の理由から、一刻も早く国内の怪異の意味を判断する必要があった。これは出羽・下総・鎮守府の各陰陽師設置の官符（史料6・8・9）に明記される。陸奥・出羽・鎮守府は蝦夷・俘囚に、大宰府管内は白村江戦後の七世紀後半～八世紀初頭には唐や新羅の侵攻、九～一〇世紀は新羅海賊に備える必要があると認識された場所である。これに加えて大宰府は城や官司を抱えているので、その造営候補地の相地ができる陰陽師（史料1）が必要とされたのかもしれない。

坂東の場合は、下総国陰陽師設置の官符（史料8）にもあるように、陸奥・出羽両国の後背地であることが主たる理由であろう。[8] また下総国・常陸国は、国内に移貫された俘囚を警戒したことも設置理由に考えられる。例えば承和一五年（八四八）には上総国の俘囚丸子廻毛等が（『続日本後紀』二月庚子条）、貞観一七年（八七五）には下総国・下野国の俘囚が（『日本三代実録』五月一〇日条、六月一九日条、七月五日条）、元慶七年（八八三）には上総国の俘囚が（『三代実録』二月九日条、一八日条、二一日条）叛乱をおこしている。[9] 一方延喜主税式上5出挙本稲条に規定されている俘囚料は、常陸・下野両国が各一〇万束、武蔵国は三万束、上総国二万五千束、下総国は二万束である。俘囚料の多寡は国内の俘囚の人数を反映しているだろう。よって貞観一七年の叛乱をきっかけに、下総国などの当事国に国陰陽師が設置され、ついで俘囚の数が多くかつは陸奥国に接する常陸国にも、設置の必要性が認められたのである、と考えられる。

しかしこの論理では、常陸国よりも早く、武蔵国に国陰陽師が置かれた理由が説明できない。その理由だが、まず『三代実録』には、

**(史料12)『日本三代実録』貞観三年(八六二)一一月一六日条**

十六日丙戌。武蔵国毎レ郡置二検非違使一人一。以二凶猾成レ党、群盗満レ山也。

とある。すなわち当時の武蔵国の治安は、かなり悪かった。また武蔵国には新羅人を配した新羅郡が設置されている[10]。貞観一二年(八七〇)にも新羅人が武蔵国に配されており(『三代実録』九月一五日条)、当時の武蔵国は新羅人居住地と認識されていた。『三代実録』貞観八年七月一五日条によれば肥前国の豪族が、貞観一一年一〇月二六日条によれば貞観八年に前隠岐守がそれぞれ新羅人と組んで、反逆を企てた疑いがもたれている。また貞観一一年六月一五日には、大宰府から新羅海賊の博多来襲が報告されている。よってこの時期に中央政府が、主観的に新羅郡を警戒しても不思議ではない[11]。これを背景に、武蔵国には早くに国陰陽師が置かれたのであろう。ただし俘囚の反乱が起こっている上総国・下野国に国陰陽師設置の史料がない理由はわからない。あるいは当初の武蔵国と同様、権史生の形で配置したのかもしれない。

国陰陽師の第二の職掌は、鎮守府陰陽師設置の官符にみえる漏刻の調整である。漏刻によって、飛駅の際に正確な時刻を記入することが可能となり、また怪異発生時刻は、陰陽師が怪異を占う場合の重要な判断材料である[12]。また次の『続日本紀』により、宝亀五年に陸奥国に漏刻が設置されたこと、及び大宰府にはこれより以前に漏刻が設置されていたことが分かる。

**（史料13）『続日本紀』宝亀五年（七七四）一一月乙巳条**

……陸奥国言、大宰、陸奥、同警二不虞一、飛駅之奏、当レ記二時刻一。而大宰既有二漏刻一。此国独無二其器一者、遣レ使置レ之。

また『三代実録』の次の記事で、貞観一三年に出羽国に漏刻が設置されたことが分かる。

**（史料14）『日本三代実録』貞観一三年（八七一）八月二三日条**

廿三日丁酉。勅、出羽国始置二漏刻一。……

このように、大宰府・陸奥国・出羽国・鎮守府と、漏刻の置かれた場所には必ず陰陽師も置かれている。そして陸奥国と鎮守府の場合は、前述の陸奥国陰陽師設置年代および鎮守府陰陽師設置の官符（史料9）から分かるように、漏刻の設置が陰陽師の設置に先んじていた。ところで養老職員令9陰陽寮条は次のように、陰陽師と漏刻博士の職掌を明確に区別していた。

**（史料15）養老職員令9陰陽寮条**

陰陽寮

頭一人……陰陽師六人。［掌占筮相レ地］。……漏刻博士二人。［掌率二守辰丁一、伺二漏刻之節一。］……

現に大宝令制初期のものである陰陽寮の考文（「官人考試帳（?）」）では、[13] 陰陽師・陰陽博士・天文博士の職能が式占などの諸占術であるのに対して、漏刻博士の職能は「匠」である（表1）。これは職員令や鎮守府陰陽師設置官符から考えて、主に漏刻の調整をさすのだろう。つまり陸奥国に漏刻が設置された七七〇年代には、まだ陰陽師の職掌ではなかった漏刻の調整が、鎮守府陰陽師が設置された八八〇年代には完全にその職掌となっていたのであ

表1　「官人考試帳（?）」（『大日本古文書』二四、五五二頁以下）の職能

| | |
|---|---|
| 陰陽師高金蔵 | 太一、遁甲、天文、六壬式、算術、相地 |
| 陰陽師文忌寸広麻呂 | 五行占、相地 |
| 陰陽博士觮兄麻呂 | 周易経及楪筮、太一、遁甲、六壬式、算術、相地 |
| 天文博士王中文 | 太一、遁甲、天文、六壬式、算術、相地 |
| 漏刻博士池辺史大島 | 匠 |

る。なお『法曹類林』には次のようにある。

**（史料16）『法曹類林』二〇〇・公務八**

陰陽師従七位上官。漏剋博士従七位下官。而承前之例以二博士一為レ上、以レ師為レ下事。　同《（讃岐）》永直

公式令云、朝参行立、各依二位次一為レ序。同位者、六位以下以レ歯。［内外百同除二本司座一以外、公事行列依二位及歯一為レ序。今陰陽寮諸博士幷師等皆是品官。各分レ業有レ所レ掌、不レ可二混座一。若不レ得レ已就二公事一、以応二同座一者、須レ依二承前之例一。］

讃岐永直が明法家として活躍したのは九世紀前半〜中盤なので[14]、その頃、陰陽師と漏刻博士とが混座した時の座次を明確にする必要が生じたのである。これは漏刻操作の場に陰陽師がいるようになったからだろう。この時期に陰陽師が関わる追儺の弓矢を、漏刻を扱う守辰丁が作るようになるが[15]、これと関係すると思われる。

ではなぜ漏刻の調整が、陰陽師の職掌となったのか。その理由は、まず陰陽師の占法における時刻の比重が高まったことである。単なる易占と異なり、式占は時刻も踏まえて占う。八世紀の陰陽師は多様な占法を職能としたが（表1）、八世紀末前後の陰陽道の成立によりほぼ式占に限られるようになる。次に、漏刻の時刻調整との関係が考

えられる。これには太陽や夜半の星の南中により確認する方法がある。天体観察をする「天文」の能を持つ陰陽師もいるので（表1）、そのような者が鎮守府陰陽師に任じられたのであろう。[16]

第三に暦注の運用がある。九世紀には暦注が官人たちの意識に浸透し、また鎮守府の置かれたことがある多賀城跡からも宝亀一一年（七八〇）の具注暦が発見されている。[17] よって暦注に従った行動の指針を示すことができる陰陽師の重要性が高まる。

この他、官符には明記されないが、八世紀後半以降は祭祀・呪術も行った可能性はある。陰陽道成立に伴い、これらが陰陽師の職掌となるからである。[18]

なお国陰陽師と類似するものに、国博士・国医師がある。[19] 特殊技術を扱いまた設置が遅れた国陰陽師とは異なり、両官は当該国内より採用されるのが令制の原則だが、人材不足により大宝三年（七〇三）には中央の官人からも補任するようになった。国博士は国学で学生教育を、国医師は医生教育と医療とを担ったが、実際には国司の一員として国務も分掌した。鐘江宏之氏は通常の国府の業務は書生などの雑任が担い、国史生・国博士・国医師の役割はその監督だとする。[20] 国博士・国医師の国務分掌が一般的だったかどうかは問題だが、[21] 国陰陽師も国務を分掌した可能性はあろう。国陰陽師設置申請で国史生の減員を国側が申し出ているのは、その含みがあるのかもしれない。

### （2）国陰陽師の補任と待遇

国陰陽師の補任方法は、延喜式部式上146内外補任条によると、諸国史生・博士・医師・弩師とともに補任帳を正月・七月一日、解闕帳と秩満帳を正月一日に太政官に送ることになっている。また延喜兵部式鎮守陰陽師条（史料10）や次に掲げる『西宮記』から、一〇世紀の地方の陰陽師は、医道に准じて陰陽道（陰陽博士または暦・天文博士であろう）の推挙により補任されたことが分かる。

（史料17）『西宮記』二、除目

凡給官者

除二四所、内舎人文章生一外諸道挙［年挙及記伝儒挙、算明法隔年、依レ姓任二掾目一］、医道［大宰、陸奥医師］

陰陽道准レ之、勧覚院［年］、将学院［年令レ入］、已上挙状進二外記一

また武蔵国陰陽師設置の官符（史料7）から、国陰陽師は陰陽生が任じられたことが分かる。[22] 八世紀以来、陰陽師は後継者難で[23]、九世紀末になっても陰陽生の数は少なかったが[24]、正権陰陽博士二名、陰陽師六名に加えて国陰陽師を派遣できる程度には、官人陰陽師の育成が進んだのだろう[25]。更に同官符によると、武蔵国陰陽師（正確には権史生）の欠状を陰陽寮が取り次いでいる。国陰陽師補任に、陰陽寮が関与したからだろう。九・一〇世紀を通じて、受領による国博士・国医師を含む任用国司推薦権が強化されるが[26]、国陰陽師は異っている。

次に国陰陽師の考課だが、嘉祥四年の出羽国陰陽師設置の官符（史料6）に「考選・俸料は博士・医師に准ぜよ」とある。国博士・国医師は外長上なので、令制では十考で成選すなわち叙位対象となる。ただし考（毎年の成績審査）は四等評価の外長上としては例外的に内分番同様の三等評価（上中下）である[27]。また国博士・国医師は令制では部内採用を原則とする一方、『令集解』選叙令27国博士条における令釈等の諸説によれば、式部省が判補して派遣する場合は内分番（令制八考・格制六考成選）とする。また『続日本後紀』承和一二年（八四五）六月壬午条の大宰府の言上は、弘仁六年（八一五）七月二五日格によると国博士・国医師の遷代（秩限）・成選（選限）を六考だとした上で、前壱岐島医師蕨野真吉の辞状を引用し、彼が在任で六考を得たのに外階に叙せられたのは「内番上」（内分番）の例に背くので、内位に叙されたいと申請している。翻って国陰陽師は、陰陽寮との関係の深さ、

補任が陰陽道の挙状による点（史料10・17）から見て、式部省判補の内分番、選限は概ね六考だと考えられよう。なお大宰府・陸奥国・出羽国・鎮守府の博士・医師の秩限は、ある時期は五年になるなど変遷が複雑で、またそれがそのまま当該機関の陰陽師に当てはまるわけではないので考察を省略する。

ところで武蔵国権史生が陰陽師へ改称した理由は、職掌の明確化の他に官物未進の際の連坐制との関係が考えられる。奉試及第または諸道博士の共挙が得られない非業の国博士・国医師は、貞観四年（八六二）に諸国史生に準じて解由を責められ、貞観六年には連坐制の適用をうけて公廨没例に入っている。(28)だが受業は該当しない。(29)博士の挙状で任ぜられる国陰陽師は受業の国博士・国医師に準ずる処遇だろうから、貞観一四年の名称変更は連坐制適用からの解放を意味する。そして諸国史生の秩限は四年なので、これも一・二年は延びたのではなかろうか。

次に国陰陽師に対する公廨稲の配分について確認したい。主な国陰陽師は国史生を減じて設置されており、出羽国陰陽師設置官符は俸料を国博士・国医師に準ずるとする。また弘仁主税式（史料3）・延喜主税式上12公廨処分条はともに、国博士・国医師を国史生に準ずるとする。従って一般に国陰陽師は国博士・国医師や国史生と同じ一分官である。よって職田六段・事力二人程度が支給された可能性があろう。(30)また前述の通り陸奥国陰陽師は二分・大宰府陰陽師は一分半であるが、陸奥国は国博士・国医師と同じ、大宰府博士は一分大半だが医師は陰陽師と同じ一分半である。陸奥国陰陽師の場合、少目（従八位下）相当なので、それに応じた職田・事力などが与えられたはずである。

このように国陰陽師は国博士・国医師に極めて近い。従って任用国司の変質に伴い、国博士・国医師同様に国陰陽師制も衰退し、比較的収入と格式が高い陸奥国・大宰府陰陽師のみ、相対的に後まで残ったと言えよう。特に二分である陸奥国陰陽師は、官名だけは中世まで残る（『続群書類従』二六八、天文廿年〔一五五一〕大間）。ただし国陰陽師は受領に推薦権がなかったと思われるので、任用として使い勝手が悪かったことも影響して早く姿を消したのかもしれない。

## 三　諸国の怪異の判断主体

国陰陽師設置諸国の怪異は、国陰陽師が実際に判断しているのか。以下で検討しよう。

### ①大宰府

松本氏・大江篤氏[31]は、貞観一二年（八七〇）二月一二日太政官符（『三代格』五・五月一九日太政官符所引）に、「大宰府の解を得るにいはく。大鳥、兵庫の楼の上に集まる。これを卜筮に訪ふにまさに隣国の兵事あるべしてへり」とあるところから、大宰府で陰陽師と卜部が怪異を占ったとしている。この大鳥の怪異は、

**（史料18）『日本三代実録』貞観一一年（八六九）一二月四日条**

先レ是、大宰府言上。往者新羅海賊侵掠之日、差二遣統領選士等一。擬レ令二追討一、人皆懦弱。憚不二肯行一。於レ是調二発俘囚一。御以二膽略一、特張二意気一。一以当レ千。今大鳥示二其恠異一。亀筮告以二兵寇一。鴻臚中島館幷津厨等、離居二別処一。无レ備レ禦レ侮一。若有二非常一。難二以応猝一。……

とあり、やはり大宰府で占いが行われたように見える。ところが次に掲げる一二月一七日条によると、この大宰府での大鳥の怪異を、実は大宰府陰陽師・卜部ではなく、中央の神祇官・陰陽寮が判断を下しているのである。

**（史料19）『日本三代実録』貞観一一年（八六九）一二月一七日条**

去夏、新羅海賊掠二奪貢綿一。又有三大鳥集二大宰府庁事幷門楼兵庫上一。神祇官陰陽寮言、当レ有二隣境兵寇一。……

つまり先の大宰府の解や言上も、中央での官寮占を踏まえての言葉なのであろう。なお次の記事は、大宰府が管内の怪異を自ら占っているようである。

**（史料20）『日本紀略』延喜一六年（九一六）八月二二日条**

大宰府言上、筑前国早良郡司今月八日解云、於二郡司三宅春則宅一、今月三日未刻、牝牛生レ犢、頭両分、胸腹合躰、前足有レ四、後脚有レ両、図二其形体一言上者。府令二卜筮一。

だが次の『扶桑略記』によると、管内の怪異について「卜部」・陰陽寮が占っており、「古老」の意見はあるが、大宰府陰陽師が占った徴証がない。ちなみに「卜部」が大宰府卜部か神祇官卜部かは不明だが、陰陽寮と併記されている点から見て、神祇官卜部の可能性が高い。

**（史料21）『扶桑略記』裡書、延喜一八年（九一八）一〇月一五日条**

……太宰府解、壱岐島言二上怪異等一解文云、西南方彗星一三夜見。又長比売明神社、住吉明神社如二大鼓一鳴動。御躰美石出二宝殿一在二地上一。高御祖名神社内乱声。炎光照耀、指レ東飛去。卜部等申云、彼島内疾兵革。古老云、寛平六年二月、彗星見。四月、新羅賊来、損二人物一擾二吏民一。寮云、兵賊驚者。

また『権記』には、次のようにある。

**（史料22）『権記』長徳三年（九九七）一二月一〇日条**

……余申云、大宰府所二言上一恠異事。所司勘申之旨、早可レ給二報符一。……

記主の藤原行成は、大宰府の怪異を所司（神祇官・陰陽寮）に判断させ、その結果を急いで大宰府に伝えるように、と言っている。

以降の大宰府言上の怪異のうち判断を下した主体が分かるもので、大宰府陰陽師（または大宰府卜部）が占ったものは見当たらない。全て中央の陰陽寮・神祇官が占い、判断を下しているようである。例えば次の史料を見てみよう。

**（史料23）『類聚符宣抄』**三、**万寿三年**（一〇二六）**三月二三日大宰府解**

大宰府解　申請　官裁事

言上八幡宇佐宮恠異状

西門外腋御幣殿東方柞木俄枯事

件木茂盛大樹也、而俄以枯了、一葉無レ青。今月十三日申時所二見及一也者。

同月十七日辰時。鴨一雙集二南楼上一者。

右得二豊前国去三月廿日解状一偁、得二彼宮今月十七日移文今日到来一偁、御宮物恠、注二其日時一、移送如レ件。早欲レ被レ言二上於大府一者。今随二移文到来一、不レ移二時刻一言上如レ件。望請府裁早被レ言二上於官一者、言上如レ件。仍注二事状一謹解

万寿三年三月廿三日

（署名略）

これによれば、豊前国は宇佐宮での怪異を大宰府に、大宰府は太政官に急ぎ報告した。この後、五月九日に中央で官寮が占っている。また大宰府は太政官への報告に際して、怪異の意味に関する判断は一切記していない。万寿四年（一〇二七）九月四日大宰府解、長元三年（一〇三〇）三月二三日大宰府解、長元五年五月二〇日大宰府解も

同様である。つまり、大宰府管内の怪異は、大宰府ではなく中央の神祇官・陰陽寮で判断が下されているのである。ただし九世紀末から一〇世紀前半にも、新羅海賊の脅威が存在する点[32]には注意が必要である。『日本紀略』によると寛平五年（八九三）五月から翌年一〇月にかけて、大規模な新羅海賊の九州襲撃がある。延喜一七年（九一七）九月八日条にも新羅海賊来襲の記事があり、延喜一八年にも「古老」が怪異を新羅海賊来襲の前兆とした（史料21）。『日本紀略』承平元年（九三一）七月三日条では、大宰府警固所の怪異に関して「西方、兵賊の事あるべし」との判断が下されたことがみえ、承平五年一二月三〇日条では、新羅人殺害に関して大宰府に官符が下されている。承平六年三月五日条・一二日条によると、海賊対策の大元帥法が修されている。加えてその後、承平・天慶の乱がおこり、軍防上における占いの重要性・緊急性は、高まりこそすれなくなってはいない。現に中央の神祇官・陰陽寮は、しばしば大宰府管内の怪異を「兵革」の前兆と判断している。大宰府陰陽師の必要性は高かったはずである。

**②出羽国**

『三代実録』貞観一三年（八七一）五月一六日条には、出羽国が大物忌神社の怪異（災異）を中央に報告した記事がある。この怪異に判断を下したのが、神祇官・陰陽寮か出羽国陰陽師をさすのかわかりにくい。ただし「これを蓍亀に決するに並びに云く、彼の国の名神、禱るところ未だ賽さざるにより」とあるので、文脈から見て中央の官寮の可能性が高いと思われる。また元慶八年には次のように、出羽国司が秋田城内の怪異を中央に報告し、陰陽寮が怪異の判断をしたことが確認できる。

**（史料24）『日本三代実録』元慶八年（八八四）九月二九日条**

……出羽国司言、今年六月廿六日秋田城雷雨晦冥、雨㆓石鏃廿三枚㆒。七月二日飽波郡海浜雨㆑石似㆑鏃。其鋒皆向レ南。陰陽寮占云、彼国之憂。応レ在二兵賊疾疫。……

また次のように仁和元年には、やはり出羽国内の怪異を陰陽寮と神祇官とが占っている。

**（史料25）『日本三代実録』仁和元年**（八八五）**一一月二一日条**

……去六月廿一日出羽国秋田城中及飽海郡神宮寺西浜雨二石鏃一、陰陽寮言、当レ有二凶狄陰謀兵乱之事一。神祇官言、彼国飽海郡大物忌神、月山神、田川郡由豆佐乃売神、倶成二此恠一。祟在二不敬一。勅令下国宰恭祀二諸神一兼慎中警固上。……

また仁和二年には次のようにみえる。

**（史料26）『日本三代実録』仁和二年**（八八六）**四月一七日条**

令三出羽国慎二警固一。去二月、彼国飽海郡諸神社辺雨二石鏃一。陰陽寮占云、宜レ警二兵賊一。由レ是預戒二不虞一。

このように、判断した主体の分かる怪異は、陰陽寮と神祇官の占によるものであり、出羽国陰陽師の判断したものはない。一〇世紀には次の史料がある。

**（史料27）『本朝世紀』天慶二年**（九三九）**四月一九日条**

……官符三通。皆給二出羽国一。一通、応下練二精兵一勤二警固一禦二要害一備中機急上事。一通、応下国内浪人不レ論二高家雑人一差中宛軍役上事。一通、鎮守正二位勲三等大物忌明神山燃［有二御占一］事恠。

大物忌明神の怪異についての占いは「御占」とあるので、軒廊御卜など、神祇官・陰陽寮による占いであろう。

また次の記事もある。

**（史料28）『日本紀略』康保二年**（九六五）**二月二七日条**

廿七日戊辰。出羽国言上。正月八日未時、日之左右有二両耀一、即虹貫レ之。又有二白虹一。分立二東西一。仍下二陰陽寮一、令レ占レ之。

**（史料29）『日本紀略』寛和元年（九八五）六月二九日条**

廿九日壬寅。幹廊御卜。出羽国言二上蚰吠事一。近日炎旱尤盛、人以為レ愁。

史料29でも軒廊御卜、即ち神祇官・陰陽寮によって、出羽国怪異についての判断が行われている。出羽国では、元慶二年（八七八）の元慶の乱以降、俘囚の叛乱が頻繁におこっている。[33] 従って怪異判断の緊急性は、大宰府以上であったはずである。にもかかわらず、怪異が一々中央に報告され、中央で占が行われている。

以上、辺要の地である大宰府と出羽国の事例を検討した。九世紀後半の国陰陽師の活動は史料上見られない。しかし九世紀後半から一〇世紀前半は、むしろ辺要での怪異判断の緊急性が高まっていた。だからこそ東国では国陰陽師の設置が続き、また主に日本海沿岸諸国では新羅海賊に備えるため、弩師の設置が弘仁五年（八一四）五月二一日太政官符による大宰府での復置に始まり、昌泰二年[34]（八九九）四月五日官符による肥後国に至るまで次々と行われた（『三代格』巻五）。加えて九世紀以降、中国的な時間観念が官人たちに浸透していく一般動向が存在する。現に宇佐宮の怪異を報ずる大宰府解（史料23）からも分かるように、元来漏刻が設置されていた平安京・大宰府・陸奥国・鎮守府・出羽国以外の地域で発生した怪異についても発生の時刻が分かるのである。[35] ということは前述の暦注に加えて時刻を要素として占う点でも、陰陽師の影響力は質的にも領域的にも拡がる傾向にあったことになる。要するに国陰陽師の必要性は、時とともに高まる趨勢にあった。それがなぜ国内の怪異の判断を中央政府に委ねるようになるのか。これについては次節で検討したい。

## 四　怪異をめぐる国陰陽師の役割

国博士・国医師は、既に九世紀には中央の学生に勉学の資を与えるため、遙任の場合もあった(36)。しかし一方で国陰陽師を新設しながら、その国陰陽師が遙任で働かない状況を、中央政府が認めるとは思えない。また大宰府では、八世紀に大宰府卜部が管内の怪異を占っていたとする史料もある(37)。とすると、辺要で起こった怪異について、国陰陽師と陰陽寮・神祇官との間には役割分担があったとみるのがよいだろう。八世紀末から、神祇官卜部と陰陽寮陰陽師が揃って怪異を占うようになる。これについては大江氏の研究(38)があるので、これを参考に論を進めたい。

遡って、『日本後紀』をみよう。

**（史料30）『日本後紀』延暦一五年（七九六）七月戊申条**

詔曰。朕以二眇身一。忝承二司牧一。日旰忘レ食。憫二一物之向レ隅。昧爽求レ衣、懼二五行之紊レ序。比来、大宰府言、肥後国阿蘇郡山上有レ沼。其名曰二神霊池一。水旱経レ年、未二嘗増減一。而今無レ故涸減二十余丈。考二之卜筮一。事主二旱疫一。民之無レ辜、恐蒙二其殃一。方欲二修レ徳施レ恵消レ妖拯レ民。其天下鰥寡惸独不レ能二自存一者。量加二賑給一。兼令二毎レ寺三日斎戒読経悔過一。庶恤隠之感、格二於上天一。霊応之徴、被二於率土一焉。

大宰府管内である肥後国阿蘇郡の神霊池で起きた怪異である。これを「卜筮に考えた」のは大宰府か中央政府か史料30からは判然とはしないが、日照りと疫病の前兆として、天下の鰥寡惸独不能自存者に賑給し、率土（全国）に霊応が及ぶとしている。つまり怪異を、狭く大宰府管内での事件ではなく、日本全体に及ぶ災害の前兆とするのである。また史料18～21の新羅海賊も、弩師の設置状況から見て、広く日本海沿岸諸国への襲来が予想されている。

一方国陰陽師設置国ではないが、甲斐国擬大領伴直真貞に浅間明神が託宣した際、国司が卜筮させたところ託宣と同じだったので、真貞を祝に、伴秋吉を禰宜としたとある。

**(史料31)『日本三代実録』貞観七年**(八六五)**一二月九日条**

勅、甲斐国八代郡立浅間明神祠、列二於官社一。即置二祝禰宜一。随レ時致レ祭。先レ是、彼国司言、往年八代郡暴風大雨、雷電地震、雲霧杳冥、難レ弁二山野一。駿河国富士大山西峯、急有二熾火一、焼二砕巌谷一。今年八代郡擬大領無位伴直真貞託宣云、我浅間明神。欲レ得二此国斎祭一、頃年為二国吏一成二凶咎一、為百姓病死。然未二曾覚悟一。仍成二此恠一。須三早定二神社一、兼任二祝禰宜一。々二潔斎奉祭一。真貞之身、或伸可二八尺一、或屈可二二尺一。変二体長短一。吐二件等詞一。国司求二之卜筮一、所レ告同二於託宣一。於レ是依二明神願一、以二真貞一為レ祝。同郡人伴秋吉為二禰宜一。郡家以南作二建神宮一。且令二鎮謝一。雖レ然異火之変、于今未レ止。遣使者検察、埋二剗海一千許町。仰而見レ之。正中最頂飾二造社宮一。垣有二四隅一。以二丹青石一立。其四面石高一丈八尺許。広三尺。厚一尺余。立石之門、相去一尺。中有二一重高閣一。以レ石構営。彩色美麗。不レ可レ勝レ言。望請、斎祭兼預二官社一。従レ之。

「卜筮」とあるので、国府で易占か式占ができる者に占わせたことを意味する。時代は前後するが宝亀三年(七七二)に武蔵国入間郡の正倉が神火(落雷)で焼失したとき、武蔵国司が「卜占」を行わせたところ、入間郡家の西北隅の出雲伊波比神が雷神に起こさせたとの託宣があった(一二月一九日太政官符)[39]。地方の怪異は、まずは地方行政機関において占いによる原因究明がなされるのが当然であろう。史料31は甲斐国司の申請がそのまま中央政府に認められているが、地方での占いや託宣で怪異の影響が管内に留まらないとされた場合や国司の権限を越える場合は、改めて官寮が占うという仕組みが想定される。これを「覆推」という[40]。

天平宝字元年(七五七)一一月九日孝謙天皇勅(『三代格』巻五、『続日本紀』同日条)は、国博士・国医師への学

生の補任に際して修得が必要な書物を定めている。このなかに陰陽生もおり、「周易、新撰陰陽書、黄帝金匱、五行大義」が指定されている。『周易』は易占、『黄帝金匱』は六壬式の書、『新撰陰陽書』『五行大義』は陰陽五行説の理論書である(41)。国陰陽師も陰陽生出身であり（史料7）、六壬式の使い手だったのだろう。

ところで一〇世紀以前の陰陽寮陰陽師は、式占として太一式も使っていた（表1）。太一式は国家的禁制品であり、占いに使う太一式盤は、公的には中央に一基しかなかったようである。従って国陰陽師は使用制限のない六壬式で怪異を占い、その結果重要と判断して中央に送った際、陰陽寮は当初は太一式で占ったものと推測できよう(42)。

一方、一一世紀の次の史料は興味深い。

**（史料32）『宮事縁事抄』長保五年（一〇〇三）八月一九日宇佐宮司解（第五条）**

八幡大菩薩宇佐宮司解、申請、官裁事。

請レ被下依二旧例一、一一裁許上雑事。

……

一　帥平卿申行非例行幸後、宮中不レ絶二物恠一事。［令二停止一。］

右、謹検二案内一、大菩薩之御行幸、年中三度。六月晦江海御祓、八月十五日放生会、五月五日馬庭頓宮、六年一度行幸等也。此外輙無レ有レ動二御輿一。而帥卿召二宮司邦利於府一、仰云、如二五月節一、於二馬庭頓宮一奉レ令二御行一、三箇日之間、可レ奏二音楽一者。即去四月十日追(遣カ)下文云、卜筮之処、所レ告已吉也。然則可レ有二行幸一。准二五月節例一、可レ整二儲行幸雑具一者、以二同廿日一引二率一具一、府官雑任幷諸国牧宰等着レ宮、即不レ令レ陳二是非一、申二開三箇御殿一、奉レ令二御行一、両日之間、奉レ令レ御二於馬庭頓宮一。雖二非例事一、督府所行惣以難レ押。厥後示現夢想已連二日夜一也。此間忌諱雖レ多、敢不二毛挙一。抑留(当)宮旧記云、去斉衡二年又天慶四年賊首藤原純友等乱入之時、以二空御輿一、相二向純友等之処一、成二其怖畏一、不レ入二宮中一、還却已了。以二彼例一、散位惟文王破二神禁地一、乱二入宮中一之時、空御輿相二向惟文王一。凡非常之外不レ動二御輿一、況乎御行未レ聞事也。而強申二行御行一之後、物恠已以多端。就レ中狐満二部内島宮辺一事、不レ惜二其声一。為レ避二後求（咎）一言上如レ件。

この宇佐宮司解は、大宰権師平惟仲が「卜筮」で吉と出たことを理由に、非例の行幸会を行ったことが非難している。この「卜筮」が中央政府の責任でなされたならば、宇佐宮が中央政府に訴えることはない。従ってこれは大宰府の主導によるものと考えられる。

史料20・31を見ると、一〇世紀初頭までは地方で怪異を占い、その判断が中央で追認されることがあった。しかし史料23を見ると、大宰府での占いの判断は言上されていない。つまり一〇世紀のある時期からは、宇佐宮のような地域の権門に関わる怪異の場合は、大宰府や国司主導の占いが回避される、あるいは行われても中央への上申文書には掲載しなくなった可能性がある。八世紀に地域支配の中心的役割を果たしていた郡司にかわって、九世紀以降は国司（特に官長）が地域支配の前面に立つようになる。こうなると、例えば管国内に鎮座する神が崇敬されないことに怒っておこした怪異（史料25や『三代実録』仁和元年一一月二一日条など）を、国司主導で判断してはその神社の納得が得られないであろう。宇佐宮に関しては史料32の事件を直接の契機としてそうなった可能性があるが、史料25～27・30を見ると、九世紀からこうした傾向が進んでいた可能性が考えられる。

## 五　一〇世紀以降における地方の怪異への対応と九世紀の国陰陽師設置

では国陰陽師制が衰退する一〇世紀半ば以降の地方の怪異は、すべて中央で占われるのか。史料32を見ると、どうやら一一世紀になっても大宰府や国府で、独自に占いがなされていたらしい。第一に注目すべきは、受領が従者として陰陽師を連れて任国に下向する事例で、例えば尾張国守藤原元命による天文権博士惟宗是邦がいる（永延二年〔九八八〕一一月八日尾張国郡司百姓等解第三〇条〔『平安遺文』三三九号〕）。

第二に在地の陰陽師の存在である。次に掲げる筑前国観世音寺三綱解案は、大宰府郭内の所領をめぐって観世音寺と安養寺とが争った時作成されたものである。

**（史料33）康和四年（一一〇二）三月一一日筑前国観世音寺三綱解案**(43)

……

観世音寺三綱等解、申請、府裁事。

請丁被三殊任二調度文書理一、停丙止安養寺住僧等以二他条防田等一号二彼寺領田一押乙妨当寺領田弐坪甲子細状。

……

右、謹検二案内一、件田者、以二去天延三年十月十一日一大弐藤原朝臣御施入幷府牒文偁常住大悲観音・新造薬師・十一面・延命等四躰尊像常燈分施入如レ件云々者。謂二彼安養一者、陰陽師安禅私建立。以二同坪一雖レ被二施入一、専以二御願寺領田一、不レ可レ寄二私堂舎一、何況以二他条他防田一、何押二妨件寺領田一哉。望請、府裁、任二調度文書理一、為レ被レ停二止安養寺妨一、注二子細一、言上如レ件、以解。

康和四年三月十一日（署名略）

安養寺は大宰府近辺に存在したと考えられ、建立者陰陽師安禅も天延三年（九七五）以前に大宰府近辺にいた可能性が高い。「安禅」は法名なので、律令制の大宰府陰陽師ではなく、いわゆる法師陰陽師である。

この他、表2に示すように、平安時代には京以外の多くの地域に陰陽師がいた。特に播磨国は陰陽師の数が多く、九世紀にも陰陽師がいた(44)。また『善家異記』に取材した『今昔物語集』の説話によると、寛平八年（八九六）秋に備中国の郡司賀陽氏が陰陽師を招じている。彼らを使うことで、地域での占いは用が足りていたのだろう(45)。

**表2　平安時代の地域の陰陽師の例(46)**

| 場所 | 内容 | 出典 |
|---|---|---|
| 京 | 陰陽師（多数） | |
| 東大寺 | 陰陽師 | 天暦四年封戸荘園幷寺用帳 |
| 播磨国 | 法師陰陽師 | 今昔物語集巻一九など |
| 備中国 | 陰陽師 | 今昔物語集巻一六（『善家異記』） |
| 大宰府 | 僧形の陰陽師 | 康和四年筑前国観世音寺三綱解案 |
| 能登国 | 陰陽師 | 今昔物語集巻二六 |

すると九世紀における国陰陽師設置の地域的傾向について、一定の説明が可能である。蝦夷・俘囚に備えて東国は、陸奥国・鎮守府・出羽国のみならず後背地の坂東諸国にまで国陰陽師が設置された。ところが同時期の西国にも新羅海賊襲撃の脅威があり、弩師などが次々と設置されながら、国陰陽師の新設はない。これは西国では国府で占い（六壬式か）を行う人材が確保できたのに対して、律令国家支配の浸透が相対的に遅れた東北・坂東では、陰陽生を国陰陽師として派遣しなければ、国家から見て信用できる占い師を確保することが難しかったからではなかろうか。もっとも坂東諸国の場合も呪術関係の遺物が多く出土し(47)、渡来人の入植も多いので、先端的な占いができる人材がいた可能性はある。だが彼らは警戒すべき存在だったということなのかもしれない。

# 結び

八世紀末前後に陰陽道が成立すると、朝廷内外に陰陽師が生まれ、その裾野を広げることとなる[48]。また朝廷陰陽道における後継者育成が徐々に軌道に乗ってきたため、主に蝦夷・俘囚への備えとして東国に国陰陽師が設置された。一方で、陰陽寮は神祇官とともに、大八島をひとつの日本国と捉えて域内で起こった怪異を占い、天下に変事が起こる前兆とした。ここには国陰陽師が管国内の怪異を占い、陰陽寮と神祇官が重大事案や管国外の事件にも関わる疑いのある怪異について覆推するという役割分担があったと思われる。この際、陰陽寮では太一式、国陰陽師は六壬式で占ったことも想定できる。また東国とは異なり、西国は律令制当初に置かれた大宰府陰陽師があるのみで、追加の国陰陽師設置はなかった。これは、西国では国府として信用できる占い師を、九世紀段階にも在地で確保できたことが理由と思われる。

一〇世紀以降、律令国家の変質とともに国陰陽師制は衰退する。これは一・二分の任用国司の経済的魅力の低下という一般的傾向[49]による。ただし地域における占いは、受領が従者として連れて行った官人陰陽師、もしくは地域の陰陽師らによって担われた。なおこの段階で、陰陽寮・神祇官が地方で発生した怪異を占うのは、地域の宗教権門と国司との対立を調停するという側面があったのかもしれない[50]。

陰陽寮で最も重要な占いで使う太一式盤が天徳四年（九六〇）の大火で焼失したことを契機に、中央での大事の占も六壬式が使われるようになる。それでも地方の怪異が中央でも占われるのは、中央と地方の役割分担が確立していたことが理由だと想定される。

東国の国陰陽師設置については、蝦夷政策との関係をもっと精密に検証すべきであろうが、それについては後考を俟ちたい。

## 注

(1) 松本政春「奈良朝陰陽師考」(『律令兵制史の研究』、清文堂出版、二〇〇二年)、山口えり「古代の東国における陰陽師」(陰陽道史研究の会編『呪術と学術の東アジア』、勉誠出版、二〇二二年)。

(2) 松川博一「大宰府の官司」(『古代大宰府の政治と軍事』、同成社、二〇二三年)など。

(3) 虎尾俊哉「弘仁式」(『延喜式』、吉川弘文館、一九六四年)。

(4) この時期の蝦夷の動向については、工藤雅樹「律令国家と蝦夷」(『古代蝦夷』、吉川弘文館、二〇〇〇年)などを参照した。

(5) 所功「『江家次第』の成立」(『平安朝儀式書成立史の研究』、国書刊行会、一九八五年)。

(6) 出羽国陰陽師設置の記事は、『文徳実録』嘉祥三年(八五〇)六月甲戌条にもある。

(7) 前掲注(1)松本論文。

(8) 前掲注(1)山口論文。

(9) 河名勉氏は、反乱を起こした東国の俘囚は実戦経験の少ない移配後第二・第三世代で、社会集団も再編成されていたとする(河名勉「平安期房総における俘囚の反乱」吉村武彦編『律令制国家の理念と実像』、八木書店、二〇二二年)。

(10) 川尻秋生「渡来人と東国」(『古代の東国2　坂東の成立　飛鳥・奈良時代』、吉川弘文館、二〇一七年)。

(11) 山口氏はこれに加えて、富士山噴火などの自然災害も理由とする。

(12) 小坂眞二「陰陽道の六壬式占について」(上)(中)(下)(『古代文化』三八‐七・八・九、一九八六年)など。

(13) 田中卓「続・還俗」(『壬申の乱とその前後』、国書刊行会、一九八五年)、野村忠夫『律令官人制の研究 増訂版』(吉川弘文館、一九八〇年)第一篇第二章。
(14) 布施弥平治「明法博士」(『明法道の研究』、新生社、一九六六年)。
(15) 細井浩志「時間・暦と天皇」(『岩波講座 天皇と王権を考える 八』、岩波書店、二〇〇二年)。
(16) 陰陽道と天文道の関係については、細井浩志「陰陽師による天文道・暦道の兼帯について」(陰陽道史研究の会編『呪術と学術の東アジア』、勉誠出版、二〇二二年)参照。
(17) 『日本後紀』弘仁元年(八一〇)九月乙丑条引用の大同二年(八〇七)九月二八日詔書は、暦注には正しい根拠がないから廃止することを命じている。それに対してこの日、公卿は暦注が必要である旨を奏上して容れられている。何れにしろ暦注の影響が強かったことが前提となる。多賀城跡発見の漆紙具注暦については、桃裕行「多賀城跡出土の具注暦の年代について」(『暦法の研究(上)』、思文閣出版、一九九〇年)を参照。
(18) 細井浩志「陰陽道の成立についての試論」(吉川真司・倉本一宏編『日本的時空観の形成』、思文閣出版、二〇一七年)、同「陰陽道と東アジア」(田中史生編『古代日本と興亡の東アジア』、竹林舎、二〇一八年)。祭祀遺構を国陰陽師と結びつける論考としては、須賀井新人「平安初頭の南出羽における律令信仰の様相」(『公益財団法人山形県埋蔵文化財センター研究紀要』七、二〇一五年)、堀裕「東北の神々と仏教」(鈴木拓也編『三十八年戦争と蝦夷政策の転換』吉川弘文館、二〇一六年)などがある。
(19) 本稿では「国博士・国医師」に、大宰府博士・医師も含めている。
(20) 鐘江宏之「八・九世紀の国府構成員」(『律令制諸国支配の成立と展開』、吉川弘文館、二〇二三年)。
(21) 吉沢幹夫「諸国史生に関する一考察」(『東北歴史資料館研究紀要』五、一九七九年)。
(22) 前掲注(1)松本論文。
(23) 前掲注(18)細井「陰陽道の成立についての試論」、同「「陰陽道」概念と陰陽道の成立について」(細井浩志編『新陰陽道叢書第一巻 古代』、名著出版、二〇二〇年)。

(24) 得業生定員七名を陰陽寮三部門の学生定員に含めても、定員三〇名のところ九名程度しかいなかった（前掲注(18)細井「陰陽道と東アジア」）。

(25) 節度使は中央の貴族が任じられるので、節度使陰陽師も陰陽寮官人、西海道節度使では大宰府陰陽師が兼任した可能性が高い。

(26) 渡辺滋「平安時代における任用国司」（『続日本紀研究』四〇一、二〇一二年）。

(27) 前掲注(13)野村書、第一篇第一章。

(28) 中沢巷一「国博士・医師に於ける受業と非業について」（『法学論叢』七八―一・二号、一九六五年）、渡部育子「国医師についての基礎的考察」（『秋大史学』二四、一九七七年）。

(29) 貞観一七年（八七五）に讃岐国司の申請で、未納官物の補塡に受業の公廨が使われた（『三代実録』一二月一日条）。新村氏はこれを一般的措置とみる。

(30) 新村拓「令制地方医療行政の成立と展開」（『古代医療官人制の研究』、法政大学出版会、一九八三年）。

(31) 大江篤「平安時代の「怪異」と卜占」（安田政彦編『自然災害と疾病』、竹林舎、二〇一七年）。

(32) 鄭淳一『九世紀の来航新羅人と日本列島』（勉誠出版、二〇一五年）など。

(33) 前掲注(4)工藤論文。

(34) 狩野文庫本は昌泰三年とする。

(35) 木下正史「日本の漏刻」（『古代の漏刻と時刻制度』、吉川弘文館、二〇二〇年）。

(36) 桃裕行「上代に於ける国学制」（『上代学制の研究〔修訂版〕』、思文閣出版、一九九四年〈初版一九四六年〉）など。

(37) 『八幡宇佐託宣集』（鎌倉時代編纂）によれば、宝亀四年（七七三）に豊前守和気清麻呂が、女祢宜の辛島与曽女による八幡託宣の真偽を、対馬の卜部酒人・直弟定、壱岐の卜部道作に占わせている。ただし史料の信憑性をどこまで信じられるかには問題も残る。卜部については、細井浩志「古代対馬の亀卜」（『高野晋司氏追悼記念論文集』、高野晋司氏追悼記念論文集刊行会、二〇一五年）を参照。また本史料については、前掲注（31）大江論文も参照。
（38）大江篤「陰陽寮と「祟」」（『日本古代の神と霊』、臨川書店、二〇〇七年）、前掲注（31）大江論文。
（39）荒井秀規「武蔵国入間郡家の神火と二つの太政官符」（古代の入間を考える会編『論叢古代武蔵国入間郡家』、同会、二〇〇八年）。
（40）小坂眞二「卜部と陰陽道」（『月刊歴史手帖』一七－一、一九八九年）、同「古代・中世の占い」（村山修一他編『陰陽道叢書四特論』、名著出版、一九九三年）、前掲注（1）松本論文。ただし小坂氏・松本氏は同一事項を亀卜及び易筮で再占することを「覆推の制」とよぶ。
（41）『新撰陰陽書』については山下克明「陰陽道の典拠」（『平安時代の宗教文化と陰陽道』、岩田書院、一九九六年）、『五行大義』については中村璋八『五行大義の基礎的研究』（明徳出版社、一九七六年）、『黄帝金匱経』は西岡芳文「『卜筮書』（初唐鈔本）について」（『三浦古文化』五四、一九九四年）、小坂眞二「『黄帝金匱経』について」（『安倍晴明撰『占事略決』と陰陽道』、汲古書院、二〇〇四年）を参照。
（42）前掲注（23）細井論文。
（43）『平安遺文』一四七七号、観世音寺古文書（国立公文書館所蔵内閣文庫本）。
（44）細井浩志「法師陰陽師の実態とその歴史的性格について」（『史学研究』三一五、二〇二三年）。
（45）ただし『扶桑略記』寛平八年（八九六）九月二二日条所引『善家異（秘）記』逸文には陰陽師を呼んだとの記述がなく、後の追記の可能性がある（中島和歌子氏の御教示による）。また時代は降るが、『吾妻鏡』治承四年（一一八〇）七月二三日条によると、住吉小大夫昌長は筑前国住吉社神官佐伯昌助の弟で、八月六日条によると「卜筮」を行い、山木兼隆攻めの日時を決定している。当時の日時勘申は陰陽道の専件である。そして一六日条には「住吉小大夫昌長、天曹地府祭を奉仕す」と陰陽道祭を行っている。筑前国住吉社に関係する昌長の活動は、大宰府近辺における陰陽道的知の浸透を示す。
（46）前掲注（44）細井論文による。

（47）　東国の呪術関連遺物に関する出土報告・研究は多い。とりあえず荒井秀規「神に捧げられた土器」（平川南他編『文字と古代日本4　神仏と文字』、吉川弘文館、二〇〇五年）、高島英之「古代東国における人面墨書土器に関する一試論」（『群馬県埋蔵文化財調査事業団研究紀要』四〇、二〇二二年）、門田誠一「考古資料と陰陽道」（細井浩志編『新陰陽道叢書第一巻古代』、名著出版、二〇二〇年）をあげておく。

（48）　前掲注（44）細井論文。

（49）　泉谷康夫「任用国司について」（『日本中世社会成立史の研究』、高科書店、一九九二年）。

（50）　勝山清次氏は神社の怪異に対する卜占が増えるのは数的に一一世紀前半からだとするが（勝山清次「神社の災異と軒廊御卜」『史林』九七-六、二〇一四年）、時期的な史料の質の違いによるのか、なお検討を要すると考える。

**引用史料――本文に特に表記していないもの**

『続日本紀』『万葉集』：新日本古典文学大系、『続日本後紀』『日本文徳天皇実録』『日本三代実録』『日本紀略』『扶桑略記』『本朝世紀』『百錬抄』『吾妻鏡』『弘仁式』『類聚三代格』（関晃監修・熊田亮介校注解説『狩野文庫本類聚三代格』吉川弘文館、一九八九年も参照）『令集解』『朝野群載』『法曹類林』『類聚符宣抄』：新訂増補国史大系本、『日本後紀』『延喜式』：訳注日本史料、『今昔物語集』：新編日本古典文学全集、『権記』：史料纂集、『西宮記』『江家次第』：増訂故実叢書、『宮寺縁事抄』：神道大系神社編七

**付記**　本稿は日本学術振興会科学研究費補助金（課題番号23H00021）による研究成果である。

# 静岡市山間部に伝わる二軀の大日如来坐像について

横田泰之

## はじめに

静岡県内には数多くの仏教彫刻が伝えられているが、本格的な悉皆調査が行われている地域は少ないため、詳細な伝存状況は明らかではない。そのような中で静岡県下田市の上原美術館が伊豆半島を中心とした悉皆調査を行っており、その成果が同館の展示で発表されていることは貴重である。同館では、令和三年（二〇二一）一〇月より翌年一月にかけて特別展「静岡の仏像+伊豆の仏像——薬師如来と薬師堂のみほとけ——」が開催されたが、筆者はその図録に静岡市・坂ノ上薬師堂の大日如来像とともに同堂に伝来する三体の如来像について一文を寄稿し(1)、それらが構造や作風、法量等から同じ時期の制作と考えられ、当初は五智如来として一具で制作され、さらに如来像の坐法から、冨島義幸氏(2)が論じた密教の五智如来と顕教の四方浄土変四仏が融合した五仏像にあたる可能性を考えたが、なお検討すべき課題を残していた。本論ではその中の大日如来像を再びとりあげ、また静岡市葵区有東木東雲寺に伝わる大日如来像も考察にくわえ、この二軀やこれに類する他の大日如来像が静岡市の山岳地域の仏教に持つ意味に言及したい。

## 一　各像の概要

### 坂ノ上薬師堂大日如来坐像

坂ノ上薬師堂は安倍川水系の支流藁科川の上流域、静岡市葵区坂ノ上にあり、薬師如来坐像を中心に左右に一五躯の一木彫像が、昭和四年（一九二九）に再建されたという堂宇に安置され、地元の町内会で管理されている。諸像の造立についての文献資料は残されていないが、地元の古老であった勝見惣太郎氏（故人）の話によれば、薬師堂の元になった寺は奈良時代の豪族坂上氏により行基を開山として建立され、江戸時代に高（向）陽寺境内に再建され、その後荒廃して陽明寺の末寺となった。薬師堂は安政年間（一八五五～六〇）に焼失し、高陽寺も明治の廃仏毀釈で廃寺となったという。江戸時代、文政元年（一八二〇）の『駿河記』には次の記載がある。

○曇華山向陽寺　洞家　日向陽明寺末在西
　本尊地蔵　木仏薬師大像長一大（丈カ）許
　三拾三体行基大士作

さらに文久元年（一八六一）の『駿河志料』には次の記載がある。

【向陽寺】同寺（陽明寺）末　曇華山と号す
西にあり　本尊地蔵　薬師高一丈木像
三十三体の仏像を安置す

これにより、文政元年には薬師如来坐像と古仏群が向陽寺に安置されていたと考えられる。ただし、現在薬師堂に安置されている薬師如来坐像と古仏群は、法量や作風から当初より一具のものとは考えにくい。

坂ノ上薬師堂の諸像については、まず筆者が平成七年（一九九五）より翌年にかけて調査し、平成九年にその内容を報告した(3)。最近では平成二六年（二〇一四）に岩佐光晴氏を代表として諸像の樹種に関して調査が行われ、令和四年（二〇二二）にその報告書が刊行された(4)。これらをまとめると中尊を除く一五軀は作風や造法等から、ほぼ一〇世紀後半の制作で素朴で形に崩れがあることから当地の制作と考えられる。中尊は他に比べ洗練された作風であることなどから一二世紀の制作と考えられ、また構造は、後世に補修された部材が多くあるものの体幹部は一材から彫出されている可能性が高く、この時期に一般化している寄木造りではなく一木造りであった。材はカヤとヒノキが用いられ、また樹種が違っても作風が異ならない点や、如来像一軀と大日如来像は当初より本体と脚部の樹種が異なる点などが注目され、一群の像はヒノキの利用が一般化する一一世紀以前の過渡期の様相を示している。

これらの諸像は、制作年代は薬師如来像を除いてほぼ一〇世紀後半と考えられるが、作風には若干の差異も見られ、いくつかのグループに分類できるだろう。立像の天部像を中心に神仏習合の強い影響が指摘できる一方で、大日如来像や中尊の薬師如来像のように、密教や顕教等のさまざまな信仰が当地で展開していたことがうかがえる。

大日如来坐像（他の一五軀とともに静岡県指定文化財。挿図一①②）は像高六七・三センチメートル。一木造り。体幹部はカヤ、脚部はヒノキ。素地仕上げ。宝冠をあらわし頂部の内側に髻がのぞく。天冠台を刻出し、下部に紐二条を表すが背面では省略する。天冠台の左右には釘穴があり、頭飾が打ち付けられていたと考えられる。両目は条伏し目気味に刻まれ、三道相刻出。両手は手首に太紐一条に列弁を表した腕釧を付け、智拳印を結ぶ。上半身は条帛を左肩より右脇腹へかけ下半身に裙を着ける。左脚を外に半跏趺坐し、脚部の上部には裙の折り返しと思われる布がかかる。智拳印を結ぶ両手先までをふくむ頭体幹部を一材で木取りし、内刳りは施さない。両脚部は別材を幹

挿図一①

挿図一②

挿図二①

挿図二②

部材腹部の下に組み込むように矧《は》ぐ。現状は全体に干割れが多く見られ、面相部は中央部天冠台より眉・鼻・上唇にかけて欠失。右耳、右手第二指から第四指にかけて欠損。左耳・両脚材には虫喰いの痕が見られる。

**東雲寺大日如来坐像**

東雲寺は安倍川上流の静岡市葵区有東木にある曹洞宗の寺院で、境内では毎年八月一五日・一六日に「有東木の盆踊り」（国指定重要無形文化財）が踊られる。葵区慈悲尾の増善寺の末寺で、大正三年（一九一四）に安倍郡時報社から刊行された『静岡県安倍郡誌』には、次の記載があるものの、確実な史料は残されておらず詳細はわからない。

伝云ふ延暦年中弘法大師同村（大河内村渡）東山瀧壺に修行し岩石に仏像を彫刻せしを応安年中僧文江其麓に一宇を建立せしもの也と天和二年本寺第十九世僧龍可中興して今の宗に改む

境内の大日堂に安置される金剛界の大日如来坐像（静岡市指定文化財　挿図二①②）[5]は伝来は不詳であるが（前出の『駿河記』『駿河志料』には大日堂の所在を記すのみ）、一〇世紀後半の制作と考えられる。像高は七五・五センチメートル。針葉樹の一木造り。髻を結い（後補）平帯状の天冠台をあらわし、頭髪は平彫りとする。白毫相、三道相をあらわし、条帛を懸け折り返し付きの裙をつける。両手を屈臂して胸前で智拳印を結び、左脚を外にして半跏趺坐する。頭体幹部は両手先までを含む一材で作り、両脚部の横一材を幹部材腹部の下に組み込むように矧ぐ。裳先は別材を矧ぐ（後補）。台座の墨書から慶長一〇年（一六〇五）、貞享二年（一六八五）、享保一四年（一七二九）に修理されたことがわかる。素朴な地方的な作風を指摘される一方で、坂ノ上薬師堂像に比べ端正なまとまりが見られるようにも思われる。

二像はこのように制作年代や構造、形状に共通する点が多く、特に二軀とも半跏趺坐で、しかも降魔坐と呼ばれる、左脚を外にした坐法であることが注目される。

## 静岡県中部地方の大日如来像について

この二軀の他にも静岡県中部にはいくつかの大日如来像が伝えられている。富士宮市の村山神社（旧興法寺大日堂）には三軀の大日如来像（いずれも富士宮市指定文化財）が安置されている。胎蔵界像（挿図三）は像高九七・一センチメートル。一二世紀の制作で針葉樹の寄木造り、両手屈臂し腹部正面で左を下に両手を重ねて各第一指頭をつけ、左脚を外に結跏趺坐する。両手首より先は後補。像内脚部に正嘉三年（一二五九）に仏師聖運の作った大日如来であるとする墨書があるが、別作の像の脚部が転用されたものと考えられている。[6]金剛界像（挿図四）は、像高九七・四センチメートル。針葉樹の寄木造りで、両手を屈臂して胸前で智拳印を結び、左脚を外に結跏趺坐する。

挿図三

挿図四

像内銘によって文明一〇年（一四八七）作と判明するが、像高や腹部の像内銘「奉造立金剛界大日尊形再興」の記述などから、当初胎蔵界像と一対の金剛界像が失われ、新造再興されたものと考えられる。もう一体の胎蔵界像は慶長一三年（一六〇八）の銘があり、聖護院門跡より文政八年（一八二五）に役行者像とともに大日堂に寄付されたと考えられる。像高六九・二センチメートル。針葉樹の寄木造りで玉眼嵌入。腹部正面で左手を下に両手を重ね、右脚を外に結跏趺坐する。また、裾野市大畑大日堂像[7]は像高一四三・六センチメートル。平安時代後期の制作と思われ、頭体幹部を通して一材で木取りし、左右肩から先、脚部は別材。左手を上に智拳印を結び、右脚を外に結跏趺坐するが、両肘より先と脚部は後補である。

## 二　降魔坐の大日如来像について

二軀の大日如来像について記述し、さらに駿河地方の他の大日如来像についても検討したが、本来右脚を外側にした吉祥坐と呼ばれる坐法が多い大日如来像にあって、降魔坐と呼ばれる左脚を外側にする坐法がまとまってみられることは特に注目される（村山神社の胎蔵界像の一軀の脚部は頭体幹部とは別作とみられるが、銘により大日如来像の脚部であったことは確かめられる）。密教関係の経軌では坐法はいずれも右脚上と規定しており[8]、大日如来像の場合も左脚を外側にして組む例は全国的に見ても珍しいが、主な作例は管見の限りでは次のとおりである。

金剛界の像では、岡山遍明院像[9]（重要文化財）は一二世紀後半の制作で、九一・二センチメートル、当初は弘法寺の多宝塔の本尊と伝えられる。弘法寺は現在真言宗であるが、「弘法寺文書」をみると、中世までは天台宗であった可能性が高い[10]。遍明院像で特に興味深いのは大日如来像だけでなく四方の如来像も左脚を外にする点であり、このような例は管見の限りでは他に例をみない[11]。東京国立博物館所蔵像（重要文化財）[12]は、像高九三・九センチメートルの寄木造り漆箔仕上げ。作風は抑揚の少ない繊細なもので平安後期の典型的な作風を示すが、伝来について詳細は不明である。大分県国東市国見町の胎蔵寺の金剛界像（大分県指定文化財）[13]は像高四六・五センチメートル、ヒノキの寄木造りで脚部横一材、彫眼、漆箔仕上げ、制作年代は平安時代末期から鎌倉時代とされる。伝来については不詳だが、現在浄土宗の胎蔵寺は寺伝では養老四年（七二〇）仁聞菩薩により天台宗として創建されたとされる。山口県周南市蓮宅寺像（現在は岩屋寺管理）[14]は像高五五・八センチメートル。クスの一木造りで、両腕は、肩・肘・手首で矧ぐ。制作年代は平安時代後期とされる。愛媛県宇和島市仏木寺所蔵像（愛媛県指定文化財）[15]は像高一一八・八センチメートル。ヒノキの寄木造りで、左脚を外に結跏趺坐する他にも天衣を懸ける点が特異である。像内銘により、「大仏師東大寺流行□」により建治元年（一二七五）に制作されたことが判明する。

また胎蔵界の例として、三重県伊賀市森寺の長隆寺像[16]は像高一四三・五センチメートル。構造は両手の上膊部を含めて頭体の大部分を一材で木取りし、両脚部は横木を寄せていると思われる。表面は漆箔仕上げ。宝冠や瓔珞、両手先は後補で、面部は彫直しがあると思われる。作風はがっしりとした両肩に大きめな頭部をあらわし、腹部の線も鋭く刻まれる一方で、体部の奥行きにはそれほど厚みはなく、一一世紀頃の作とされる。伝来は不詳であるが、付近の猪田神社裏山斜面の猪田経塚から「大日」銘を持つ瓦製経筒が出土しており、関連を指摘されている。滋賀県小田神社管理の大日堂の本尊像（重要文化財）[17]は、制作年代は一一世紀前半、像高九三・九センチメートル、左脚を外に結跏趺坐し、頭体幹部を両前膊の半ばまでと両脇部を含めて一材で木取りし、両手先は両脚部と共木で刻出し腹部下に及んで矧ぎ付ける。本像の伝来については不詳であるが、大日堂は天台宗で「長命寺所属」とされ、織田信長の兵火で焼亡する以前は七堂伽藍を備えていたという[18]。鎌倉国宝館所蔵像[19]は像高一〇二・〇センチメートル。木造漆箔仕上げで玉眼嵌入。腹前で右掌を上に法界定印を結び、左脚を外に結跏趺坐する。肉身部の肉取や破綻なく整理された脚部の衣文表現などから制作時期は一三世紀と思われる。

管見の限りで図像や経典などに降魔坐の大日如来の記述は見出せないが、坐法について奥健夫氏は止観における坐法を考察し[20]、智顗の『天台小止観』[21]等の著作では半跏では左脚上、全跏では右上、それに続く元暁『起信論疏』[22]、法蔵『大乗起信論議記』[23]では双方とも左脚上とされており、左脚上の坐法が六世紀後半から七世紀頃に中国で確立したとする。日本の造像では八世紀頃より左脚を外にする坐法が多く見られるようになるが、その背景には、左脚を上にする坐禅の坐法が行われたことを反映したものとする。また止観の場として智顗『天台小止観』では「閑居静処」とあり、具体的に「此有三処、可修禅定、一者深山絶人之処（後略）」[24]、元暁『起信論疏』では「必具五縁、一者閑居静処、謂住山林。若住聚落、必有喧動故」[25]、法蔵『大乗起信論議記』では「具言之有五縁、一者閒居静処。謂住山林及諸閒静等処」[26]とあり、修行の場として閑静な場所、具体的には人の住みやすい平地より山林地域が重視されていたことが窺える。長岡龍作氏は最澄がこれに基づき止観の場として比叡山に入ったと想定し[27]、また岡野浩二氏はこれが平安時代の天台僧による山林修行者の行動の教理的規範とする[28]。これまで取り上げた作例には真言宗寺院もあり、また津田徹英氏が茨城県五大力堂の五大力菩薩の論考で指摘しているように[29]、天台系の造像とは即断することは検討する余地がある。しかし経典等に見出せない大日如来を中心とした顕密五仏が、日本で密教が受容される中で在来の信仰を統合する中で形成されたとするように[30]、降魔坐の大日如来像が出現した背景には、純粋な密教以外の要素、特に『天台小止観』などの天台宗の影響があった可能性を考えることはできないだろうか。坂ノ上薬師堂像、東雲寺像は他の作例が主に畿内より西に位置し、制作年代も平安時代後期以降であるのに対し、一〇世紀後半という古い時期の制作で所在も畿内より東である。また坐法は『天台小止観』で説かれる半跏趺坐である点も興味深い。東日本、特に東北地方から北関東地方は義真、円澄、円仁などの天台座主を輩出するなど八世紀頃には天台宗との関係も深く[31]、二軀の大日如来坐像の制作された一〇世紀後半には駿河地方にもその影響が及んでいた可能性がある。

挿図五

挿図六

挿図七

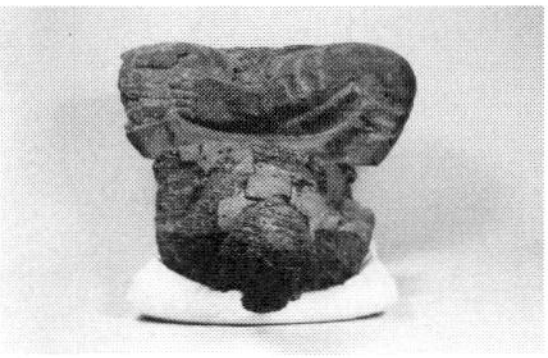
挿図八

　なお坂ノ上薬師堂に伝わった、大日如来像と同時期の制作と思われる三軀の如来像では、腐損が著しい一軀を除いた二軀の頭部（挿図五・六）の表現を見ると、いずれも肉髻を高く表現し、地髪と肉髻との境界が不明瞭で、螺髪は表さないが髪際線をまぶかに被り、揉み上げにかけては緩やかな曲線を描く点に特徴がある。このような頭部の形式は、坐像では京都市六波羅蜜寺像や滋賀県善水寺像、立像では滋賀県充満寺像等、一〇世紀半ばから一一世紀初頭にかけての薬師如来像に多く見られ、その多くが天台宗や当初天台宗として建立された寺院に安置されている。[32]また坐法も左脚を外にする像が半跏趺坐（挿図七）、右脚を外とする像が結跏趺坐（挿図八）である点も『天台小止観』の記述と一致している。

## 三　駿河地方の山岳寺院について

坂ノ上薬師堂、東雲寺（いずれも静岡市葵区）、興法寺大日堂（富士宮市）の二軀、以上四軀の大日如来坐像について、特に「降魔坐」の坐法を中心に考察したが、この四例はいずれも平野部から離れた山間地に存在している点が共通している。

静岡県内の山岳地域の寺院については山本義孝氏による論考がある。[33]氏は湖西市の大知波廃寺や岩室寺、光明寺に代表される遠江地方の山岳地帯の古代寺院跡に注目して、さらに遠江国分寺等の平地にある有力寺院を拠点とした山岳信仰のネットワークを想定している。さらに松井一明氏はこれまでの調査結果をもとに静岡県内の遠江から駿河地方までの山岳寺院の様相についてまとめている。[34]この中で遠江から大井川周辺の駿河地方西部に智満寺のような山岳寺院が存在する一方で、静岡市を中心とする地域では、建穂寺（葵区建穂）、久能寺（現鉄舟寺　清水区村松）、法明寺（葵区足久保）などの駿河七観音[35]を中心としたネットワークを想定するが、この地域の調査が行われていないこともあり、安倍川水系流域の山間部の山岳寺院には触れていない。

しかしこの地域においても昭和六年（一九三一）より一六年にかけての『静岡県史』で井川観音堂、坂ノ上薬師堂、松野阿弥陀堂等に平安時代の古仏の存在が指摘されており、[36]また井川観音堂と安倍川上流部の東雲寺に尾根を越えてつながる経路を想定する意見もある。[37] さらに坂ノ上薬師堂には密教以外の多彩な古仏が見られ、十二世紀の作と考えられる薬師如来坐像は当時の中央作に通じる作風を示していることから、この地域にも駿河地方西部や遠江と同様に、建穂寺や法明寺のような有力寺院を拠点とした多様な山岳信仰の広がりがあった可能性が考えられる。[38]

この中で阿弥陀堂のある松野について、康平七年（一〇六四）に天台沙門平快が「駿河国松野」にて『蘇悉地経』の上巻、中巻を点じていることが、『青蓮院門跡吉水蔵聖教目録』で知ることができる。[39]「天台沙門」とあるように平快は天台宗の僧であると思われ、坂ノ上薬師堂像、東雲寺像の坐法を天台宗の影響と考えるならば、一〇世紀後半にはこの地域においても天台僧の活動が行われていたと考えられる。平快が活動したと思われる松野には阿弥陀堂があり、[40] 平安時代後期の丈六の阿弥陀如来像のほかに丈六であったと思われる如来面部、菩薩面部、五軀の立像（いずれも静岡市指定文化財）が安置される。『美和郷土誌』（一九八五年）によればこの堂は当初は薬師堂として現在地より西方の黒山にあり文禄二年（一五九三）までは現在地にあったと伝えられるが、丈六の像が伝えられていることから古くは本格的な寺院が存在した可能性がある。また下巻については「於駿州福士郡点了」とある。平快が『蘇悉地経』を点じた康平七年は『金剛頂経』三巻が「駿州福士郡」で、『大毘盧舎那経』第二巻を除く六巻が「浅間宮」（一、三、四、五巻）、「福士郡」（六、七巻）で点じられている。[41] ここに見える「福士郡」は駿州にはなく、「福士」の地名は静岡県と隣接する山梨県南部の旧富沢町（現在は南部町）にあり、福士地区にある最恩寺（臨済宗妙心寺派）は天台宗として建立されたと伝えられている。[42]「浅間宮」は現在富士宮市の浅間大社と考えられる。

この各本の末尾には「三部経同本内」とあり、これらが一具のものとして「書写加点」されたものであり、[43] 一〇世紀後半には坂ノ上薬師堂、東雲寺のある安倍川水系から興法寺大日堂にかけての地域に天台僧による活動が展開していた可能性を示すものと考えることもできるだろう。駿河地方中部では遠江地方のような大規模な山岳寺院の存在は確認されていないが、これまで遠江を中心に駿河西部まで想定されていた山岳信仰のネットワークが、駿河地域の安倍川水系から富士山西部周辺にも存在し、特にこの地域では古くは天台宗が強く影響している可能性が高いと思われる。さらに伊豆国加藤氏の出身で一三世紀に活躍した源延は、伊豆走湯山来迎院にて駿州智満寺堯豪に「円珍からの法」を授けたことが『忍空授釼阿状』にあり[44]、遠江、駿河西部だけでなく、広く伊豆方面までも山岳仏教のネットワークが繋がっていたことと思われる。

## おわりに

全国的にもあまり例を見ない「降魔坐」の像が富士山西部の駿河地方の山間部にまとまって伝わっている点に注目し、静岡県西部地域の考古学等による調査・研究成果を参考としてこの地域の山岳仏教に持つ意味を考えてみた。本論は静岡県に限定したものであり、今後は他の地域の作例とも比較していく必要があるだろう。また本論では主に大日如来を取り上げ天台宗の影響について考察したが、この地域を含む静岡県の山間部には坂ノ上薬師堂諸像にみられるような多様な信仰が展開していたことが窺え、美術工芸をはじめ各分野による調査が行われることが望まれる。

地方史の研究では各自治体史の項目等にみられるように、文献資料や考古資料を中心に構成されることが多く、仏像等の美術資料は積極的には取り上げられてはいない傾向がある。しかし美術資料も各地方の歴史の中で生まれてきたものであり、歴史資料として積極的に取り上げる必要があるだろう。今後、各地方の悉皆調査が行われ、その成果が広く共有されるなかで関連する資料が見出されることを期待したい。

**注**

(1) 横田泰之「坂ノ上薬師堂の古像について——大日如来と三体の如来像を中心に——」(『静岡の仏像+伊豆の仏像』所収、上原美術館、二〇二一年)。
(2) 冨島義幸「顕密融合の両界曼荼羅五仏について」(『ミュージアム』六一五、二〇〇八年)。
(3) 横田泰之「坂ノ上薬師堂諸像について」(『地方史静岡』二五、一九九七年)。
(4) 『東アジアにおける木彫像の樹種と用材観に関する調査研究』(研究代表者岩佐光晴　平成三〇年度科学研究費補助金基礎研究B研究成果報告書、二〇二二年)。
(5) 東雲寺大日如来像の詳細については山本勉氏のご教示による。
(6) 山本勉・花澤明優美他「富士山興法寺大日堂の諸像」(『富士山巡礼路調査報告書　大宮・村山口登山道』第六章第一節、静岡県富士山世界遺産センター、二〇二一年)、『富士山——信仰と芸術——』(同展実行委員会、二〇一五年)。
(7) 『裾野の仏像　裾野市内仏像悉皆調査報告書』(裾野市教育委員会、二〇〇一年)。
(8) 津田徹英「室生寺金堂本尊私見」註103(『平安密教彫刻論』所収、中央公論美術出版　二〇一六年)。
(9) 『牛窓町史』資料編Ⅰ(牛窓町、一九九六年)。
(10) 例えば『牛窓町史』資料編Ⅱ家わけ文書Ⅰ(牛窓町、一九九七年)の弘法寺文書五-三「弘法寺本堂供養請定」に比叡山東塔の名がみえる。
(11) 注(1)の論考では遍明院の四仏について、右脚を上に結跏趺坐と述べたがこれは誤りであり訂正したい。
(12) 国立文化財機構所蔵品検索システムC-311。
(13) 『宇佐国東の寺院と文化財』(大分県立宇佐風土記の丘歴史民俗資料館報告書第八集、一九九〇年)。

(14)『徳山市の社寺文化財調査報告書』（徳山市教育委員会、一九九一年）。
(15)『日本彫刻史基礎資料集成　鎌倉時代　造像銘記篇』一三（中央公論美術出版、二〇一六年）。
(16)『三重県史』別編美術工芸解説編（三重県、二〇一四年）。
(17) 津田徹英「上代から平安末期の仏像・神像」（『近江八幡の歴史第九巻　地域文化財』第三章一、近江八幡市、二〇二一年）。稀少な降魔坐大日如来像であることは、この解説中でも指摘されている。
(18)『日本社寺大観　寺院編』（名著刊行会、一九七〇年）
(19)『鎌倉×密教』（鎌倉国宝館、二〇一一年）。
(20) 奥健夫「東寺伝聖僧文殊像をめぐって」（『美術史』一三四、一九九三年。同『仏教彫像の制作と受容——平安時代を中心に——』所収、中央公論美術出版、二〇一九年）。
(21)『天台小止観』「第四章調和」七二頁（関口真大訳註、岩波文庫、一九七四年）。
(22) 大正新脩大蔵経四四・二二二c。
(23) 大正新脩大蔵経四六・四八九c。
(24)『天台小止観』「第一章具縁」三八頁（関口真大訳註、岩波文庫、一九七四年）。
(25) 大正新脩大蔵経四四・二二二c。
(26) 大正新脩大蔵経四六・四八九c。
(27) 長岡龍作「山寺と仏像」（『日本の古代山寺』所収、高志書院、二〇一六年）。
(28) 岡野浩二「平安時代の山岳修行者」（『中世地方寺院の交流と表象』第五章、塙書房、二〇一九年）。
(29) 津田徹英「茨城・五大力堂五大力菩薩像（治承二年銘）」（注（8）前掲書所収）。
(30) 注（3）冨島義幸論文。
(31) 本田諭「古代東国の仏教文化——最澄・円仁と道忠教団——」（『慈覚大師円仁とその名宝』所収、同展企画委員・NHKプロモーション、二〇〇七年）。

（32）清水善三「長源寺の薬師像について」（『仏教芸術』一〇一、一九七五年。同『平安彫刻史の研究』所収、中央公論美術出版、一九九六年）、同「延暦寺における天台美術の展開」（『日本古寺美術全集』一〇、集英社、一九八〇年。『仏教美術史の研究』所収、中央公論美術出版、一九九七年）。

（33）山本義孝「遠江における山岳修験の成立（上）（下）」（『静岡県博物館協会研究紀要』二〇・二一、一九九七・一九九八年）、同「遠江国光明寺の構成とその背景」（『静岡県考古学研究』二六、一九九四年）。

（34）松井一明「遠江・駿河山林寺院（静岡県）」（『仏教芸術』三一五、二〇一一年）。

（35）駿河七観音とは、行基が自刻したと伝えられる七体の千手観音を祀る寺院で、この他に増善寺（葵区慈悲尾）、徳願寺（駿河区向敷地）、平沢寺（駿河区平沢）、霊山寺（清水区大内）がある。

（36）『静岡県史　第三巻』（静岡県、一九三六年）。

（37）大塚幹也「静岡市・中野観音堂の仏像と懸仏群について」（『史迹と美術』七七六、二〇〇七年）。

（38）坂ノ上より上流の日向福田寺で旧暦七草に行われる「七草祭」の鳥追いに「あれは誰が鳥追ひよ　建穂寺殿のあすら万町の御正体の鳥追ひよ」とあり建穂寺との関係がうかがえる（『静岡県史』資料編二四民俗二、一九九三年）。

（39）『静岡県史』資料編四古代一三七九蘇悉地経（一九八九年）、岡野浩二「聖教奥書からみた僧侶の往来」（注（28）前掲書所収、塙書房、二〇一九年）、『青蓮院門跡吉水蔵聖教目録』（汲古書院、一九九九年）。

（40）この堂は石田茂作氏の調査結果を受け、昭和三九年（一九六四）の静岡市の文化財指定に伴い阿弥陀堂と改称されたが、田島整氏は薬師堂であるとされている（「如来面部（松野阿弥陀堂）」、注（1）前掲書所収）、なお同堂の仏像については『静岡市指定文化財松野阿弥陀堂仏像群　木造阿弥陀如来坐像保存修理報告書』（松野町内会、二〇〇二年）がある。

（41）第一巻は慶應義塾図書館、第二巻は不明。築島裕『平安時代訓点本論考　研究編』第二部第二章第四節「第一群点」（汲古書院、一九九六年）、築島裕「吉水蔵の古訓点本について」七平安時代中期（三）十一世紀後半・天喜から応徳まで［第一群点］（『青蓮院門跡吉水蔵聖教目録』所収、汲古書院、一九九九年）、注（39）前掲岡野論文。

（42）『角川日本地名大辞典一九　山梨県』（角川書店、一九八四年）。境内の旧富沢町作成の案内板によると創建は長久年間（一〇四〇〜四四）とされる。

（43）築島裕「青蓮院門跡吉水蔵聖教目録　解説」（『青蓮院門跡吉水蔵聖教目録』所収、汲古書院、一九九九年）。

（44）注（39）前掲岡野論文。

**付記**　本稿で使用した図版は、斎藤望氏（坂ノ上薬師堂）、山本勉氏（東雲寺像）、静岡県富士山世界遺産センター（村山浅間神社像）からご提供いただきました。また山本勉氏をはじめ、ご助言をいただきました皆様に深く感謝申しあげます。

# 院政期貴族社会における聖俗の交流について

杉本　理

## はじめに

本稿は、院政期貴族社会における聖俗の交流を可能とした社会的基盤について検討することを目的とする。本稿では、院政期の貴族藤原宗忠（一〇六二～一一四二）を取り上げ、彼の日記『中右記』を主な分析対象としつつ、彼が院政期の貴族社会にめぐらしたネットワーク（人格的紐帯）の実態を明らかにした上で、そのネットワークの基盤の下で、いかなる聖との交流が展開していったのかを検証していきたい。

院政期貴族社会における聖俗の交流をめぐっては、衣川仁氏が、密教聖教の請書を取り上げ、修法に関する「所見」が聖俗の日常的交流により共有されていたとの指摘は重要であろう。(1)又、松薗斉氏は、仁和寺守覚法親王の日記を取り上げ、寺家の日記の実態について明らかにした上で、俗家の日記との関係について検討されている。(2)こうした日記をめぐる聖俗の交流の内容は、今後とも深められなければならない研究課題と言える。

本稿では、院政期貴族社会における聖俗の交流について、藤原宗忠を分析事例として取り上げ、その交流の実態を検証したいと思う。

次節では、藤原宗忠の聖俗交流の基盤となる彼の人的ネットワークの内容について確認しておきたい。

## 一

本節では、藤原宗忠の人的ネットワークの内容について、彼の日記『中右記』を中心に検討したい。そこで注目したいのが、日記に多数散見される訪《とぶらひ》と同車である。以前、別稿で藤原宗忠と他の貴族間の交流に焦点をあてて、宗忠の人的ネットワークに言及したことがある(3)。本稿ではそこで得られた成果を踏まえつつ、『中右記』に散見する訪《とぶらひ》と同車の記事から、藤原宗忠のネットワークの内容を検討したい。

訪《とぶらひ》とは、火災や病気などに対する御見舞、あるいはその行為の中に含まれる贈与の事で、当該期の貴族社会の社会的慣習である。この行為が「貴族生活の中で重要な位置を占めていた」という京樂真帆子氏の指摘は重要であろう(4)。

同車とは、貴族が牛車に同乗するという行為の事である。京樂氏は、藤原実資の『小右記』の同車の事例について詳細に検証されている。同車する関係とは「普段からの人間関係が凝縮したもの」と述べ、以下検討する藤原宗忠の同車事例を検証する上で、非常に貴重な研究成果である(5)。

では、藤原宗忠の訪・同車の記事からは、いかなる宗忠の社会的ネットワークの内容がみえてくるのであろうか。以下、その記事内容について検討していきたい。

最初に取り上げるのは、村上源氏源顕房一門に対する訪・同車の事例である。

源顕房一門は、白河院政の下で堀河天皇の外戚として、貴族社会の中で重要な位置を占めた。源顕房自身は右大臣に、息男の雅実・雅俊・国信・雅兼は公卿として枢要な地位を占めている。

藤原宗忠の源顕房一門に対する訪・同車記事の初見は、嘉保元年（一〇九四）八月二三日に、「早旦参右大将亭訪申瘧病」とある大納言右大将源雅実の見舞記事である。この時宗忠は、源雅実より三歳下の三三歳、官職は右中弁である。

次に掲げる記事は、承徳元年（一〇九七）藤原宗忠の訪に関するものである。

訪右兵衛督幷頭中将、〈母喪也〉、又訪右大将、〈寵愛女房卒去也〉(6)

この記事は、一一月三日に卒去した源雅実室の訪に参った時のものである。この記事によれば、右兵衛督＝源雅俊・頭中将＝源国信に対して、藤原宗忠が彼らの母の死去にあたり訪い、次いで、室の死去に際し源雅実を訪いに参っていることがわかる。(7)

さらに、藤原宗忠と源顕房一門との人的ネットワークの内容を検証してみたい。

源顕房一門の中でも、藤原宗忠の訪・同車は、源雅俊・源国信との間におけるものが多く散見される。

次に示す史料は藤原宗忠と源雅俊との間の交流を示すものである。

入夜詣源大納言亭、申昨日光臨給恐悦之由、近代祭使之所、大納言不被来也、仍以申件旨、数刻会談(8)

これによれば、源雅俊が昨日宗忠邸を訪問したことに対する謝意と「祭使」の際に雅俊が参じていない事を申している。その上で、宗忠と雅俊が会談していることがわかる。

このように、源雅俊との間に構築された藤原宗忠のネットワークは、雅俊の息子憲俊を娘婿にむかえるまでに展開している。

晩頭参院、退出之次詣源大納言許、訪大夫之小児所悩、言談之後深更帰家(9)

右に掲げた記事は、藤原宗忠が源雅俊（源大納言）邸を訪問し、同居する娘婿憲俊（大夫）の息子（小児、宗忠の外孫、後の憲能）の所悩の見舞に訪れたものである。見舞った後、深夜まで源雅俊・憲俊と「言談」した事実は興味深い。

続いて、藤原宗忠と源国信との間の交流に関して検証してみたい。

藤原宗忠と源国信の同車の初見は、

今夕先参内、次与源中将同車、参入法勝寺幷法成寺両寺、人々多不被参(10)

とあるように、嘉保元年（一〇九四）正月の記事である。この時点で、源国信は二六歳正四位下左中将、藤原宗忠は三三歳正四位下左中弁であった。ちなみに、国信はこの年六月に頭中将に昇進している(11)。宗忠と国信は、嘉保元年には参内の際に同車し、殿上人として宿仕を共にしている(12)。この参内・宿仕に関しては、同年二月に「今夜宿仕、与源中将終夜清談(13)」とあり、宗忠と国信は殿上人として宿仕を共にする中で交流を深めたと考えられるのである。

藤原宗忠と源国信との人的ネットワーク構築にあたっては、堀河天皇の治世下を共に実務官僚として過ごしたということがネットワーク構築の契機となっているとみてよい。堀河天皇の崩御にあたり、宗忠は「今夜留旧主御所人々」として自分の他に国信の名前を記載している(14)。さらに、堀河天皇の死後、「今朝源中納言〈国〉被密語云、此暁夢中奉見先帝(15)」と、宗忠に対して、国信が堀河天皇夢見のことを語っている。

藤原宗忠と源国信との間に構築された人的ネットワークは、国信の息子顕国を娘婿にむかえるまでに展開している(16)。源国信の息子顕国と宗忠の娘との婚姻が、国信が死去する天永二年（一一一一）より前なのか後なのかは不分明ではあるが、源顕国と宗忠の娘との間には、元永元年（一一一八）男子（宗忠の外孫、後の東大寺恵珍）が誕生している(17)。この間、宗忠は源顕国と同車して尊勝寺灌頂に赴いている(18)。

以上、ここまでの『中右記』の訪・同車記事の検証からは、藤原宗忠が村上源氏顕房一門との間で人的ネットワークを構築していたことが分かるのである。

白河院政下、当該期の貴族社会において、源顕房一門は、外戚として重要な位置を占めていた。藤原宗忠が、こうした一門とネットワークを構築していた事実を重要視したい。

以前別稿で明らかにした通り、藤原宗忠が深い交流を持っていた源俊明・藤原宗通・藤原通俊は、白河上皇ときわめて近い政治的立場にあった院司公卿である(19)。

本節では、こうした一連の事実を踏まえつつ、さらに藤原宗忠と他の貴族との間の人的ネットワークについて検証していきたい。

藤原宗忠の室は、美濃守などを歴任した藤原行房の女、いわゆる受領層出身である。宗忠の義弟にあたる行実・邦宗の兄弟がいる(20)。では、宗忠と義弟との間のネットワークの内容を検証したい。

藤原行実に関しては、

行向甲州前司行実朝臣六条堂、伴人修千同講。今日結願也、奉造立丈六釈迦仏供養(21)、

とあり、藤原宗忠が行実が六条の私堂で勤修した千日講の結願に列席していることがわかる。行実は、白河上皇の院庁において院判官代を勤めている(22)。このため行実は鳥羽殿に宿所をもっていた(23)。さらに注目すべきは、宗忠と行実の交流が、「晩頭甲斐前司行実朝臣告送云。法王御風令発御云々(24)」というように、白河上皇の健康情報や近況が宗忠に情報として伝達された可能性がある点であろう。

藤原邦宗に関しては、「行向鳥羽、訪大舎人頭邦宗二禁(25)」とあり、藤原宗忠が鳥羽にいる邦宗を見舞っていることがわかる、邦宗が卒去した際、宗忠は「年来之習如父子(26)」と記していることから、両者の交流の深さを理解する

ことができよう。注目すべきは、この邦宗も鳥羽殿に宿所を有していた事実である(27)。

藤原行実は甲斐守、藤原邦宗は上野守を勤めている。この両者が、院近臣受領として鳥羽殿に常住していたことに注視したい。藤原宗忠が構築した人的ネットワークは、外戚の村上源氏源顕房一門、源俊明・藤原宗通・藤原通俊の院司公卿、それに加えて藤原行実・藤原邦宗の院近臣受領にまで及んでいたことが理解できるのである。

訪や同車という行為は、貴族社会の中で同一の政治グループに帰属することを意味する。

藤原宗忠は、白河院政下の貴族社会の中で一定の政治的地位を占めることを企図し、人的ネットワークの構築に尽力したと考えられる。

次節では、藤原宗忠が、こうして構築したネットワークの下で、どのような聖との交流を展開していったのかについて検証していきたい。

## 二

本節では、院政期貴族社会の聖俗の交流について、藤原宗忠を事例として取り上げ、その交流の実態の検討を試みたい。

藤原宗忠の聖俗交流をめぐり、まず取り上げるのは、東大寺僧の覚樹との交流である。

『中右記』における覚樹の初見記事は、承徳二年一〇月十二日条である。

承徳二年（一〇九九）十月、藤原宗忠は興福寺維摩会に勅使として赴き、竪義論義に列した宗忠は竪者を勤めた覚樹について次のように記載している。

竪者名覚樹〈年二十、東大寺〉故六条右府息、（中略）論義骨法尤得其道、誠是仏日之光華（中略）定為一宗之棟梁(28)

とあるように、竪者覚樹の論義の内容を絶賛し、その将来性への期待を「一宗之棟梁」との表現で記している。覚樹はこの時二〇才、前節で言及した村上源氏源顕房の息男、藤原宗忠のネットワークで検証した源雅俊、源国信の実弟である。勅使を勤めた宗忠は、この時三七才、正四位下蔵人頭右大弁であった。康和五年（一一〇三）一二月法成寺法華八講の南京竪義の竪者を覚樹が勤めた際、「一家人々済々訪之(29)」と宗忠は記している。

藤原宗忠と東大寺覚樹との交流をめぐっては、次に掲げる記事がある。

入夜東大寺覚樹君来、共申出先帝御事、言談之間及涕泣、母堂昨日出家之由所談也(30)、

この記事によれば、夜半に藤原宗忠の許を訪れた覚樹との間において、嘉承二年（一一〇七）七月に崩御した堀河天皇のことが話題の中心になったことが理解できる。宗忠と覚樹はこの「言談」の際、追慕のあまり「涕泣」していたのである。右に掲げたこの記事は、宗忠と覚樹の深い交流を示すものと理解できよう。又、この記載によれば、覚樹は母の信濃守藤原伊綱女が出家した事実も宗忠に告げている。この事実も宗忠と覚樹の交流の深まりを示していているといえよう。

さらに、藤原宗忠と東大寺覚樹との交流の実態について検討していきたい。

次に掲げる史料は、前節でも言及した源顕国の息男で、藤原宗忠の外孫である恵珍に関する記事である。

今朝東南院覚樹僧都送書云、昨日恵珍小僧大寺法華会竪義業遂了、所作神妙、万人感歎、聞此事落涙難留、年纔十五、予外孫也、故顕国朝臣息男（中略）成覚樹僧都弟子也、（下略）(31)

この記事は、東大寺覚樹が宗忠に送った書状の内容と、書状を読んだ際の宗忠の感懐で構成されている。前者で

は、覚樹が東大寺法華会の竪義業を終えた恵珍に対する周囲の反応＝「万人感歎」が記載されている。後者では、宗忠の外孫恵珍が無事に済ませたことに対する安堵感が記されている。大治四年（一一二九）恵珍は一二歳で出家し、東大寺覚樹の弟子となっている[32]。

この恵珍をめぐる記事では、東大寺覚樹がわざわざ法華会竪義の事実を藤原宗忠に書状で知らせている事実に注目すべきであろう。恵珍（宗忠外孫）が、覚樹の弟子である事実と考え併せるならば、宗忠と覚樹との交流の深まりが理解できるのである。

藤原宗忠と覚樹の交流の深まりを示す史料を次に掲げたい。

早旦以車輿行向光明山、訪覚樹律師所悩、従去年九月重悩、為外孫師小僧師所訪也[33]、

この記事によれば、藤原宗忠は、覚樹の「所悩」を見舞うため、わざわざ東大寺の別所の光明山を訪れていることが分かる。この宗忠の訪という行為は、宗忠と覚樹との交流が外孫恵珍を結節点として、さらに展開をみせていることを示しているものと重要視したい。

こうした藤原宗忠と東大寺覚樹との間の交流は、宗忠が構築した村上源氏源顕房一門との人的ネットワークの基盤の上に成立・展開したものと考えられるのである。

さらに、藤原宗忠における聖俗の交流の実態について検討を試みたい。

藤原宗忠の聖俗の交流の実態について、次に取り上げるのが仁和寺僧の寛智との交流である。

仁和寺僧の寛智は、甲斐守藤原道政の息、仁和寺済延僧都入室の弟子である[34]。『中右記』における寛智の初見記事は、寛治六年（一〇九二）七月一日条である。寛智は、藤原宗忠からの依頼で如意輪供を勤修している。この時寛智は四七歳、宗忠は三一歳。ちなみに、寛智が僧綱の権律師に補任されたのは、長治元年（一一〇四）である。

藤原宗忠が、仁和寺華蔵院の寛智の房舎に赴き「尋習真言」という記事が散見する。[35] さらに注目すべきは、宗忠と寛智が両者の邸宅や坊舎を訪れて会談している事実である。事例を二点あげると、宗忠が寛智の坊舎を訪れた際、寛智が仁和寺で結縁灌頂が再興され、「灌頂作法落涙難抑」などと語っている事例[36]や、次に掲げる記事のように、寛智が宗忠の邸宅を訪れている事例がある。

今朝仁和寺寛智律師来談云、去一八日仁和寺宮入滅以前、読経巻念真言、既如睡人、身無苦痛、及深更後遂以入滅、[37]

この記事は、一九日に入滅した仁和寺覚行法親王の入滅時の様子を寛智が宗忠に語っているものである。こうした記事からは、宗忠と寛智の深い交流があったことを物語っているといえよう。

さらに、藤原宗忠は、「相具宗成、行向仁和寺甲斐律師房、訪所悩[38]」とあるように、宗忠は息子の宗成を伴い、寛智の所悩の訪《とぶらい》に赴いている。宗忠がその前月に寛智の所悩の訪に赴いた際には、寛智を「件人年来祈師也[39]」と記している。

では、藤原宗忠と仁和寺寛智との聖俗の交流は、どのような契機から始まったのであろうか。

是大宮右大臣殿、被仰付華蔵院最縁僧都着座時令記念給也、是寛智律師本師也、(中略)思家余風尤足欣感、[40]

この記事に見える最縁は、済延のことと思われる。この記述から、大宮右大臣＝祖父藤原俊家と済延との間の聖俗交流が、孫の藤原宗忠と済延の弟子寛智の聖俗の交流へと継承された可能性を推測できよう。

藤原宗忠と「年来祈師」寛智との交流は、宗忠個人が構築したネットワークというよりむしろ、家代々のネットワークを基盤に成立・展開したものと言えるのであろう。

ここまで、院政期貴族社会における聖俗の交流をめぐり、藤原宗忠の聖俗の交流に焦点をあて、その実態を検証してきた。次に、こうした聖俗の交流が成立・展開する際の結節点について検討を試みたい。

次に掲げる記事は、祖父藤原俊家の日記の書写に関する記載である。

晩頭大宮右大臣殿暦記書写了、合三十巻、従去年十月五日書始、以本書為用経紙也、是依有故大納言殿御遺言也、[41]

これによれば、藤原宗忠は、父宗俊の遺言に基づき、祖父俊家（大宮右大臣殿）を天永元年（一一一〇）より書写を始め、天永二年に完了したこと、書写本は経紙に使用する目的である事実を記載している。

貴族の日記を料紙として聖教が書かれた事例としては、藤原資房の日記『春記』（旧東寺本、大谷大学博物館・京都国立博物館・宮内庁書陵部所蔵）がある。[42] この宗忠の記事は、経紙として使用する目的の経緯が記されている史料として注目すべきと言えよう。

次に記す記事は、藤原宗忠による経紙とするための日記の書写が、父宗俊の日記に及ぶことに関するものである。

故大納言殿御記清書始（中略）且可成経紙之故也、但依為各大巻、忽不可急、漸々可書出也、[43]

この記事によれば、故大納言殿（藤原宗俊）の日記について、藤原宗忠が書写を始めたことが理解できるのである。ここまで掲げた日記の書写に関する史料は、いずれも父宗俊の遺言により、書写した日記を経紙とするためであった事実を示しているのである。このことは、日記を経紙の料紙とするために書かれたことが偶然ではないことを物語っている。

次に掲げる記事は、藤原宗俊の日記書写が始まった翌年、宗俊の遠忌法要に関する記載である。

今日依遠忌、於一条殿供養経一部、以長誉已講為導師、題名僧五人、此中三部ハ以故殿之御暦記成紙摺経也、[44]

これによれば、天永三年五月五日の藤原宗俊の遠忌法要が、長誉を導師として一条殿で勤修されたことがわかる。

ここで注目したい内容が、この追善法要の「供養経」において藤原宗忠が前年に書写開始した父宗俊の日記（御暦記）を経紙として使用した事実である。

院政期の貴族社会において、各貴族が、貴族個人の信仰にとどまらず、自らが社会的位置を占めるため構築した人的ネットワークを社会的基盤として、聖俗の交流が成立・展開したことは、ここまで検証してきた通りである。そして、こうした貴族社会の聖俗交流の結節点の一つとして、貴族の日記を料紙として転用した経紙が存在していたと考えることができるであろう。日記と紙背聖教をめぐる課題についても、こうした視座から考える必要性を提起しておきたい。

## おわりに

本稿では、院政期貴族社会における製造の交流の実態と、交流を可能とした人的ネットワークについて考察した次第である。おわりにあたり、検討成果を整理しておきたい。

第一節では、当該期の貴族社会の社会的慣習である訪と同車という行為に注目し、藤原宗忠を事例として取り上げ、彼が構築した人的ネットワークの内容を検討した。この内容によれば、白河上皇の外戚源顕房一門、源俊明・藤原宗通・藤原通俊の白河上皇の側近公卿、藤原行実・藤原邦宗の白河上皇の近臣受領というように、宗忠の人的ネットワークが、白河上皇の周辺にめぐらされていたという特色を持っていたことが理解できるのである。

第二節では、藤原宗忠が構築したネットワークを基盤に成立・展開した聖俗の交流の内容を検証した。東大寺覚樹との交流においては、藤原宗忠が構築した源顕房一門とのネットワークの基盤の上に成立・展開したことを明らかにした。又、仁和寺寛智との交流においては、覚樹の事例とは異なり、家代々の過程で構築されたネットワークの中で成立・展開した可能性を指摘した。さらには、こうした院政期貴族社会の聖俗交流の結節点として、日記を料紙として転用した経紙の存在に注目する必要性を提起したのである。

今後、さらに院政期貴族社会の他の貴族の聖俗交流を検討することを課題として擱筆したい。

## 注

（1）衣川仁「院政期の密教修法と法験」（『中世寺院勢力論』、吉川弘文館、二〇〇七年）。
（2）松薗斉「守覚法親王と日記――中世前期の寺家の日記の理解のために――」（『守覚法親王と仁和寺御流の文献学的研究』、勉誠社、一九九八年）。
（3）杉本理「院政期貴族社会のネットワークについて」（『古代文化』五一－一、一九九〇年）、「院政期平安貴族の教育における社会的基盤」（『大阪電気通信大学人間科学研究』一〇、二〇〇八年）。
（4）京樂真帆子『平安京都市社会史の研究』第二章平安京における都市の転成（塙書房、二〇〇八年）。
（5）京樂真帆子『平安京都市社会史の研究』第七章平安京の「かたち」（塙書房、二〇〇八年）。
（6）『中右記』承徳元年一一月二四日条。
（7）源雅俊の極官は正二位権大納言、源国信の極官は正二位権中納言。
（8）『中右記』永久二年一一月一日条。
（9）『中右記』元永二年八月六日条。
（10）『中右記』嘉保元年一月一〇日条。
（11）『蔵人補任』。
（12）『中右記』嘉保元年三月十二日条。

(13)『中右記』嘉保元年二月二十三日条。
(14)『中右記』嘉承二年七月十九日条。
(15)『中右記』嘉承二年九月一日条。
(16)『中右記』天永二年一月一一日条では、源国信危篤の際、藤原宗忠が訪の使者を派遣していることがわかる。
(17)『中右記』元永元年六月十五日条。
(18)『中右記』保安元年三月二四日条、源顕国と同車の事例は、元永元年閏九月二一日条など。
(19)前掲注(3)杉本論文。
(20)『尊卑分脈』二。
(21)『中右記』康和五年五月二九日条。
(22)『中右記』嘉保元年六月二日条。
(23)『中右記』康和四年三月二五日条、一一月一〇日条。
(24)『中右記』康和四年八月二日条。
(25)『中右記』元永元年八月二二日条。
(26)『中右記』元永元年九月二五日条。
(27)『中右記』嘉承二年三月五日条、元永元年五月一九日条。
(28)『中右記』承徳二年一〇月一二日条。
(29)『中右記』康和五年一二月一日条。
(30)『中右記』嘉承二年九月二三日条。
(31)『中右記』長承元年一一月一四日条。
(32)『中右記』大治四年三月二三日条。
(33)『中右記』大治四年一二月一一日条。

(34)『血脈類聚記』四（『真言宗全書』三九）、「伝灯広録」上（『続真言宗全書』三三）。
(35)『中右記』天仁元年一一月二四日条。
(36)『中右記』承徳二年二月十八日条。
(37)『中右記』長治二年十一月二十四日条。
(38)『中右記』天永二年十二月十二日条。
(39)『中右記』天永二年十一月十五日条。
(40)『中右記』嘉承二年二月六日条。
(41)『中右記』天永二年二月六日条。
(42)杉本理「京都国立博物館所蔵『春記』紙背聖教と醍醐寺勝賢」（『年報中世史研究』三四、二〇〇九年）。
(43)『中右記』天永二年五月一日条。
(44)『中右記』天永三年五月五日条。

# 法隆寺一切経『開元釈教録』巻第十九について

宮﨑健司

## はじめに

奈良時代に多くの一切経や個別写経が書写されたことは正倉院文書や現存古写経の奥書より知られる。このうち一切経は主に『開元釈教録』の入蔵録（巻第十九・二十）を基準としたものであった。その点で当該期に書写された『開元釈教録』がどのような性格のテキストであったのかを確かめることは重要なことといえよう。ところが残念ながら管見のかぎり現存する奈良時代に書写された『開元釈教録』は巻第十八（文化庁蔵）(1)のみで、入蔵録の伝存は知られない。一方、平安時代後期に盛んに書写された一切経には『開元釈教録』の入蔵録がいくつか伝存している。そのうちに十二世紀後半に法隆寺一切経の一具として書写された巻第十九（大谷大学博物館蔵）があり、特異な書き込みがみられるなど注目される。本品についてはすでに簡単に紹介したところであるが(2)、その全文を示すまでにはいたっておらず、留意すべき点のみを紹介した。その後、本文を精査し、気付いた点がいくつかあるため、全文を翻刻し、提示するとともに、再度、その重要性を喚起したいと思う。

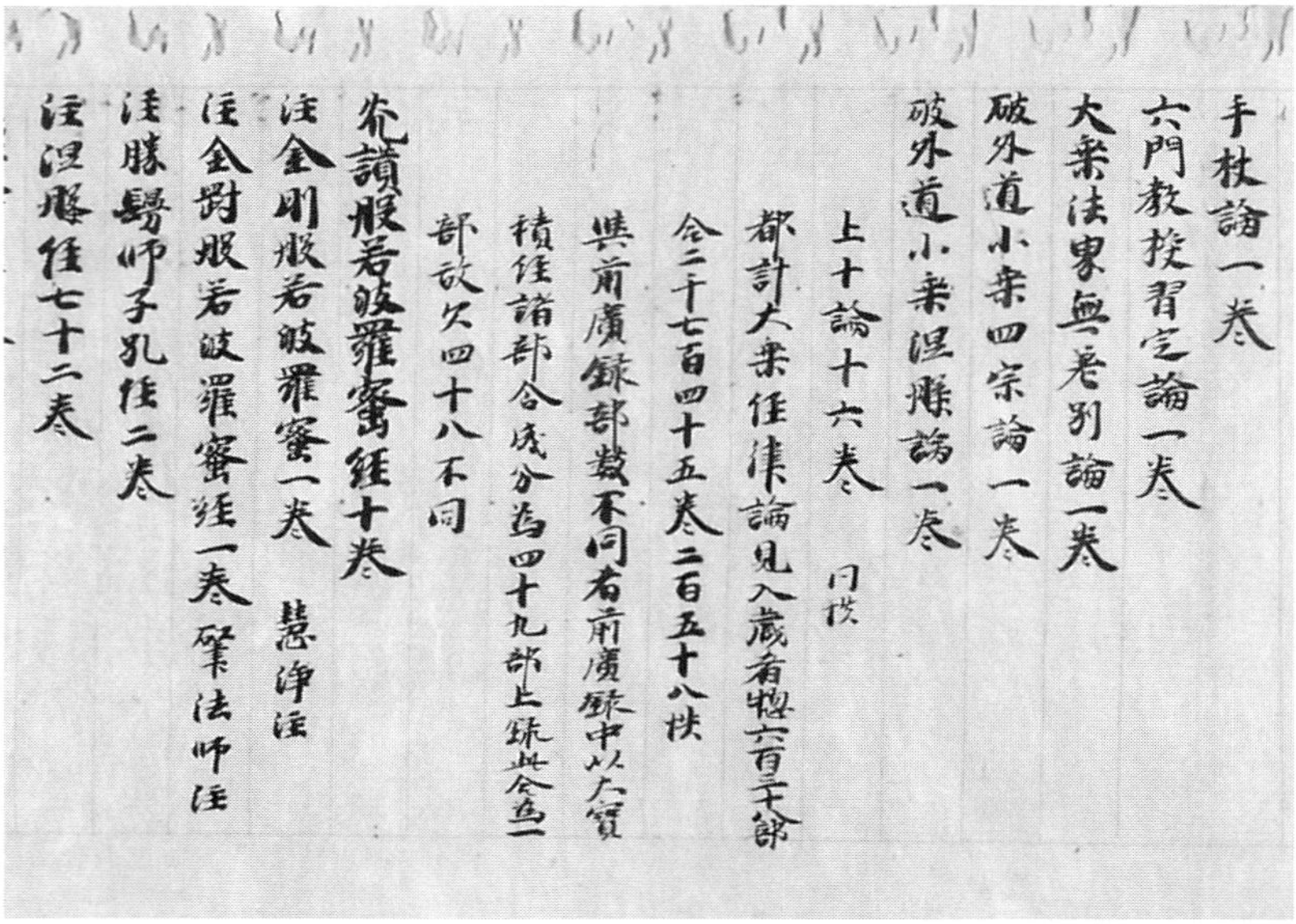
手杖論一巻
六門教授習定論一巻
大乗法界無差別論一巻
破外道小乗四宗論一巻
破外道小乗涅槃論一巻
上十論十六巻　同帙
都計大乗経律論見入蔵者總六百三十部
合二千七百四十五巻二百五十八帙
與前廣録部数不同者前廣録中以大寳
積経諸部合成分為四十九部上録并合為一
部故欠四十八不同
光讃般若波羅蜜経十巻
注金剛般若波羅蜜経一巻　慧浄注
注金剛般若波羅蜜経一巻　肇法師注
注勝鬘師子吼経二巻
注涅槃経七十二巻

**法隆寺一切経『開元釈教録』巻第19・巻末（大谷大学博物館蔵）**

## 一　本品の概要

法隆寺一切経は、平安時代後期の代表的な一切経で、約七一〇〇巻を目標としたとされ、三時期約三〇年に及ぶ大事業であった。その背景には法隆寺における聖霊院の新建と御影像の安置という聖徳太子信仰の高揚があったとされる。現在、法隆寺に国の重要文化財を含めて約一〇〇〇巻が伝えられているが、巷間にも四〇〇巻以上が分蔵され、そのうち大谷大学博物館には約一〇〇巻が所蔵されている。(3) 本稿でとりあげる『開元釈教録』巻第十九、入蔵録巻上もそのなかの一つである。

本品は、山田文昭（一八七七～一九三三）(4) の旧蔵書で、四十九cm前後の楮紙に墨界をほどこしたものを料紙とし、一紙約二十四行で書写されている。法量は縦二四・七cm×全長一六七九・〇cmで総紙数三十四紙となっている。巻末には次の書写と校正に関する奥書が

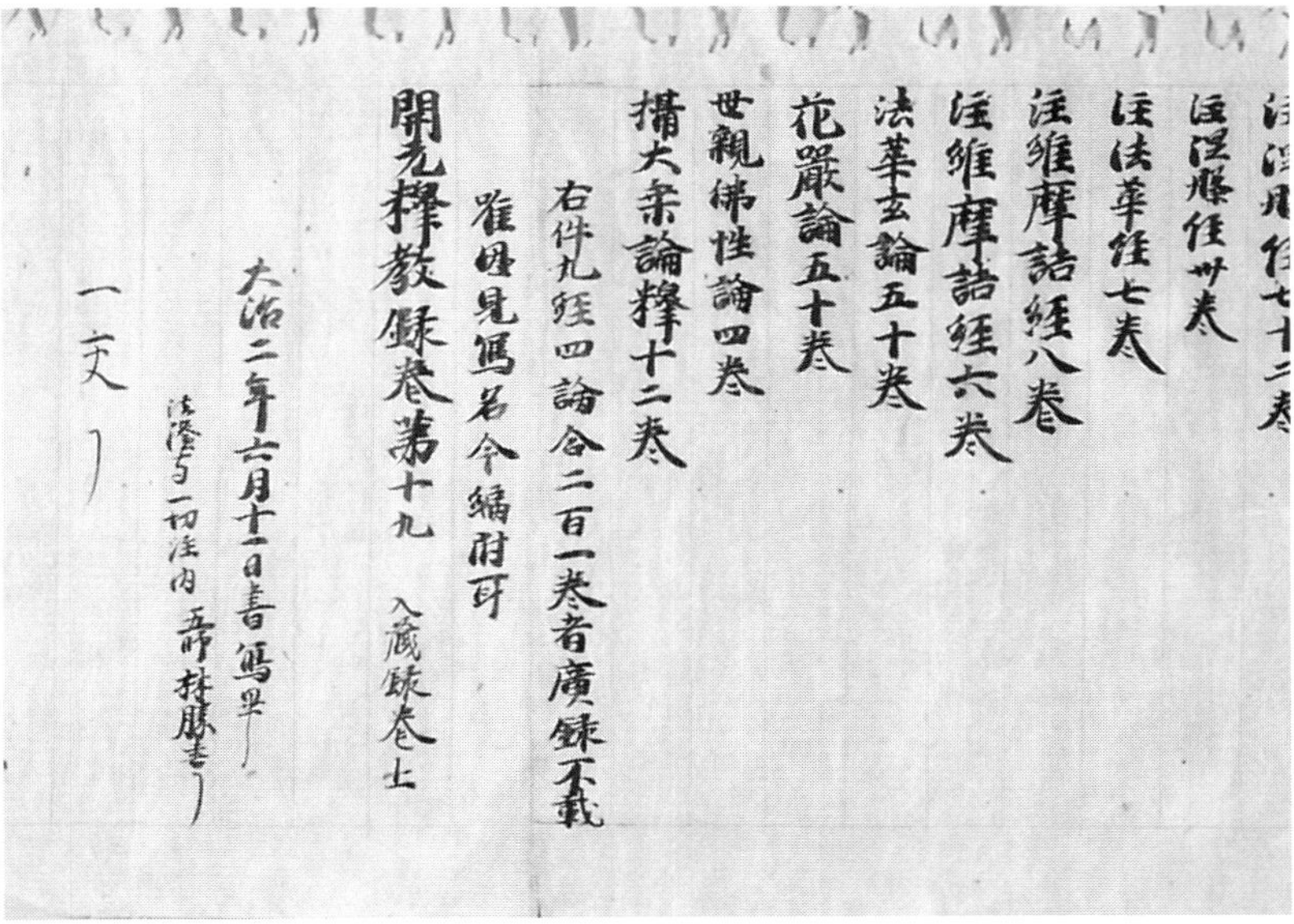

ある。(5)

大治二年六月十一日書寫畢

法隆寺一切經内　五師林勝書了

一交了

本品は『開元釈教録』巻第十九を書写したものであるが、本来あるべき仏典が欠如していたり、逆に本来記載されていない仏典が記入されるなど、テキストとして忠実に書写したものとしては奇異な点がみられる。また各仏典の書写紙数を記すのが普通なのであるが、本品には紙数がすべてみえない。

経録の紙数については、唐における料紙の法量に基づくものであろうから、当該期のわが国の料紙の法量とは異なるものと思われ、不用ということで省略された可能性もあるであろう。しかしながら、写経としては、本経のまま写すのが本来であり、その用途に応じて意図的に削除された可能性がある。つまり本品は『開元釈教録』巻第十九の単なる写本ではないように感じられ、いかなる性格のものであったのか検討を要するものと思われる。また後述のように現行本と比較すると、仏典排列をはじめいくつかの異同がみられる。以下、それらの点をあげていくことにしたい。

## 二　現行本との異同

本品の記載状況を現行本[6]によって対校すると、いくつかの異同がみられるので、その状況を示すことにしたい。なお、本品には誤字や重複と思われるものが散見され、その意味では、本品は善本とはいいがたいかも知れない。

### 1　仏典の挿入

まず現行本にはみえない仏典がいくつか挿入されている。それらの仏典は、巻末識語に「右件九經四論合二百一巻者廣録不載／唯因見寫名今編附耳」として追記された仏典（㉝11〜23）[7]とほぼ一致しており、以下の十五部になる。

a 光讃般若波羅蜜經十巻　①23・㉝11
b 注金剛般若波羅蜜一巻　慧浄注　②12・㉝12
c 注金剛般若波羅蜜經一巻　肇法師注　②14・㉝13
d 注勝鬘獅子孔經二巻　④14・㉝14
e 注涅槃經七十二巻　⑧9・㉝15（七十巻）
f 注涅槃經卅巻　⑧11・㉝16

g注法華經七巻 ⑨4・㉝17（十巻）
h注維摩詰經八巻 ⑨6・㉝18
i注維摩詰經六巻 ⑨8・㉝19
j大佛頂尊勝陁羅尼經一巻 ⑱18
k法華玄論五十巻 ㉘25・㉝20
l花嚴論五十巻 ㉙1・㉝21
m攝大乘論釋十二巻 ㉚15・㉝23
n攝大乘論釋十巻 ㉚20
o世親佛性論四巻 ㉚22・㉝22

一方で巻末にみえないものもあり、j「大佛頂尊勝陁羅尼經一巻」とn「攝大乘論釋十巻」がそれにあたる。また挿入部分と追記部分で巻数が異なっているものにe「注涅槃經」とg「注法華經」があるが、両者は同じ仏典を指すと思われるので、いづれかの誤写と考えてよいであろう。さらにa「光讃般若波羅蜜經十巻」は、直前に巻数が異なる同名のものがみえ、「光讃般若波羅蜜經五巻亦云光讃摩訶般若經或十巻」（①22）と記されている。西晋の竺法護訳『光讃般若波羅蜜経』全十五巻が一般的なものであるので、巻数を五巻とするのが不審といわざるをえない。しかし註記にもあるように十巻本もあったらしく、「五巻」とあるのは「十五巻」の誤写と考えられよう。またaの十巻本を挿入していることから、十五巻本と十巻本の両方が存在していたことを示しているのではないだろうか。そう考えると、本品は単なる『開元釈教録』の写本というよりは、『開元釈教録』の入蔵録をもとにした蔵書目録の可能性が考えられる。先に本来あるべき各仏典の紙数が欠如していることを述べたが、蔵書目録と想定すると紙数がみえないのはそのためであったと考えられる。なお挿入された仏典の一部には「録外」とその性格が註記されている。これらのあり方は奈良時代の一切経が目録外や録外をも含む特異なものであったことを念頭におくと、その影響を示すものではないかと考えられる(8)。

## 2　仏典の欠失

次に本来列記されるべき仏典で欠失しているものがいくつかあり、以下の七部が見いだされる。

ア須摩提菩薩經一巻　③18–19(9)
イ弥勒下生成佛經一巻　⑬5–6
ウ諸法勇王經一巻　⑬6–7
エ申日經一巻　⑭2–3
オ孔雀王呪經二巻　大孔雀呪王經三巻　⑰23–24?
カ金剛場陀羅尼経一巻　⑲12–13
キ虚空藏菩薩能滿諸願最勝心陀羅尼求聞持法一巻　㉕12–13

このオ「大孔雀王咒經三巻」については少し複雑な状況がある。排列を現行本と対比して示すと次のとおりである。

| 〔法隆寺一切経本〕 | 〔現行本〕 |
| --- | --- |
| 佛説大金色孔雀王咒經一巻 | 佛説大金色孔雀王咒經一巻 |
| 孔雀王咒經三巻　亦云孔雀王陁羅尼經 | 孔雀王呪經二巻　亦云孔雀王陁羅尼經 |

大孔雀呪王經三巻

両者を比較すると、現行本にみえる「大孔雀呪王經三巻」が欠失しているかのように思われるが、記された巻数に信をおくと、こちらが「大孔雀呪王經」に該当するものと思われる。さらに註記の「亦云孔雀王陁羅尼經」に着目するとやはり「孔雀王呪經二巻」と考えられ、前者ならば「孔雀王呪王經二巻」が、後者ならば「大孔雀呪王經三巻」が欠失しているということになる。

なぜこのような欠失が生じるのであろうか。『開元釈教録』の写本であるならば、単なる本経の見落としといえるが、前節の挿入仏典の検討から想定したように本品を蔵書目録と想定すると、この欠失は、現に具備された蔵書を前提に記され、この蔵書では欠本になっていたことを示すものといえよう。

## 3 排列の異同

最後に排列の異同を紹介したい。現行本に対して大きな排列の異同がみられる。現行本との対比を考慮して本品を区分けすると以下の五つの部分にわけられる。

A「開元釋教録巻第十九」(①1)　〜「顯無邊佛土功德經一巻」(⑥23)

B「佛乘般涅槃畧説教誡經一巻」(⑥24)〜「不增不減經一巻」(⑦24)

C「造塔功德經一巻」(⑧1)

D「如來興顯經四巻」(⑧2)　〜「佛地經一巻」(㉕14)

E「右繞佛造塔功德經一巻」(㉕15)　〜「一交了」(㉞5)

現行本に則して排列するとA→D→B→C→Eと大幅な異同がみられるのである。このような状況が生じてしまった理由として、まず考えられるのが、書写時には現行本と同様な排列であったのが、糊離れなどによってのちにバラバラになり、それを継ぎ直すにあたって誤謬が生じたというものである。あるいは本品書写に利用した本経が上述の状況にあり、内容を検証せず書写したため生じた状況であったとも考えられる。しかしながら、上述の解釈ではC部分が一行分（仏典一部分）のみ孤立してしまったことの理由を説明できないであろう。つまり本品はいわば独自な排列をもったものであったとすることができるのではないだろうか。

この大きな異同以外に現行本との部分的な異同が二箇所ある。一つは「不空羂索神呪心經」（⑰6）で、現行本では「不空羂索陁羅尼自在王咒經」（⑰5）の前に来るべきところ、前後が逆転している。本品と現行本を対比すれば左記のとおりである。

〔法隆寺一切経本〕
不空羂索陁羅尼自在王咒經三巻 亦名不空羂索心咒王經
不空羂索神咒心經一巻

〔現行本〕
不空羂索神咒心經一巻 〔685b6〕
不空羂索陁羅尼自在王咒經三巻 亦名不空羂索心咒王經 〔685b7〕

もう一つは「唯識二千論」（㉛15）である。ここで「二千」とするのは「二十」の誤写と考えられるほか、現行本との対応関係は左記のようになっている。

〔法隆寺一切経本〕
唯識論一巻　初云修道不共他
唯識二千論一巻
唯識寶生論五巻　一名二千唯識順釋論
唯識三十論一巻

〔現行本〕
唯識論一巻 初云修道不共他 〔690b17〕
唯識寶生論五巻 一名二千唯識順釋論 〔690b18〕
唯識三十論一巻 〔690b19〕
唯識二十論一巻 〔690b20〕

「唯識二千（十）論」は、本来「唯識三十論一巻」（㉛17）の後にあるべきところ、二つ前の「唯識寶生論五巻」の前に位置している。なお「二十」を「二千」と誤るのは、現行本の排列にある「唯識寶生論五巻」の註記に「一名二千唯識順釋論」に引きずられた誤写ではないかと思われる。

なお「華大方等陁羅尼經四巻」（㉒10）の仏典名にも異同があり、現行本に「大方等陀羅尼經四巻一名方等檀特陀羅尼經或無大字」（687a13）として冒頭の「華」がないが、これも単なる誤写とすべきであろう。

## おわりに

法隆寺一切経として伝存した平安時代後期書写の『開元釈教録』巻第十九の翻刻を示し、現行本との異同を中心に留意すべき点を指摘してきた。異同の意味については十分に明らかにできなかったが、本品が単なる写本ではなく、ある所蔵仏典の所蔵目録であった可能性を指摘した。さらに所蔵目録には入蔵録にみえない仏典が含まれることから、奈良時代の一切経の特異な状況を反映していたとも考えられよう。今後は法隆寺一切経と同時期の一切経で『開元釈教録』の入蔵録が確認できる諸本との比較検討のなかで、指摘した諸点を明確にしていきたいと思う。

### 注

（1）小林真由美「文化庁所蔵『開元釈教録』巻第十八残巻について」（『成城国文学』三六、二〇二〇年）参照。

（2）宮﨑健司「奈良時代の一切経の行方」（宮﨑健司『日本古代の写経と社会』、塙書房、二〇〇六年）。

（3）宮﨑健司「法隆寺一切経と『貞元新定釈教目録』」（注（2）前掲書）。

（4）　山田文昭は、愛知県生まれの仏教史学者であり、真宗大谷派の僧で、真宗大学（現大谷大学）の教授、図書館長などを歴任、真宗大谷派宗史編修所長や京都帝国大学講師なども務め、史料に基づく日本仏教史、特に真宗史の究明に尽力したほか、それらの史料収集に精力を傾けた。

（5）　翻刻にあたって、漢字の新旧について統一することはせず、原文にできるだけ忠実に記すことにする。

（6）　現行本は『大正新脩大蔵経』第五十五巻、目録部、No.2154による。なお『大正新脩大蔵経』は、一般に善本とされる最初の印刷大蔵経である開宝蔵の系譜を引く高麗版大蔵経の再雕本を底本とし、諸本によって対校されたものである。ただし開宝蔵自体が必ずしも善本とはいえず、隋唐の宮廷写経の系譜を引くものは現存の数少ない契丹大蔵経であるとの指摘があり（竺沙雅章『漢譯大藏經の歴史――寫經から刊經へ――』〈大谷大学、一九九三年〉、のち同氏『宋元佛教文化史研究』、汲古書院、二〇〇〇年所収）、現行本との対校には注意を要するものといえる。

（7）　本品の該当箇所を具体的に示すために当該紙と当該行を前者は丸数字で、後者はアラビア数字で示した。「㉝11～23」は第三十三紙の十一行目から二十三行目を示している。

（8）　宮﨑前掲注（3）論文。

（9）　「③18－19」は第三紙十八行目と十九行目の間に本来あるべき排列を示している。

# 法隆寺一切経『開元釈教録』巻第十九　翻刻

①開元釋教録巻第十九　〔680a25〕

若夫開元釋教録入蔵録上　庚午歳西崇福寺沙門
智昇撰集金曽婆攬經藏撿閲是非竊見諸家
目録舛雜不同其中或以非經爲經或論認經目有
是一經或異名或異譯便随名別題分爲別部或經
中畧抄或人口私記即施設名字書之集録此濫多矣
不可具言可謂有相似法能滅正法也阿難親羕之人離聖
阿尓見誦法勾者猶有水鸖之偽况時踰千載哉是以
考而審之挍而比之有異同可雜有是非可定聊記一
家豈月必庶憂法之士共存揩正耳

合大小乗經律論及聖賢集傳見入藏者
惣一千七十六部合五千四十八卷　四百八十帙
大乘經入藏録（大乘經律論惣六百三十八部二千七百四十五卷二百五十八帙此直列經名及標紙數餘如廣録）
大乘經五百一十五部　二千一百七十三卷　二百三帙
大乘經律二十六部　五十四卷　五帙
大乘論九十七部　五百一十八卷　五十帙
大乘經重單合譯三百八十四部一千八百八十卷（一百九十九帙）

大般若波羅蜜多經六百卷　十六會説　六十帙
放光般若波羅蜜經三十卷（亦云放光摩訶般若經　亦云摩訶般若放光經三帙或二十卷）
摩訶般若波羅蜜經四十卷（亦名大品般若經僧祐録云雜大品經四帙或二十四或二七或三十卷）
光讃般若波羅蜜經五卷（亦云光讃摩訶般若經或十卷）
光讃般若波羅蜜經十卷　十帙

---

②摩訶般若波羅蜜鈔經五卷（或无鈔字亦名長安品經一名須菩提品經或十卷）〔680b20〕
上二經二十卷　二帙
道行般若波羅蜜經十卷（一帙題云摩訶般若波羅蜜道行經或八卷）
小品般若波羅蜜經十卷（一帙　題云摩訶般若波羅蜜經无小品字僧佑録云雜小品經或七卷）
大明度無極經四卷（亦直名大明度經或六卷）
勝天王般若波羅蜜經七卷
上二經十一卷　同帙
文殊師利所説摩訶般若波羅蜜《ママ》二卷（亦真云文殊般若波羅蜜經或一卷）
文殊師利所説般若波羅蜜經一卷
濡首菩薩無上清浄分衛經二卷（一名決了諸法如幻化三昧）
金剛般若波羅蜜《ママ》一卷　舍衛國

注金剛般若波羅蜜經一巻　慧淨注
金剛般若波羅蜜經一巻　婆伽波
注金剛般若波羅蜜經一巻　肇法師注
金剛般若波羅蜜經一巻　祇林樹
能斷金剛般若波羅蜜多經一巻　室羅筏
能斷金剛般若波羅蜜多經一巻　名稱城
實相般若波羅蜜經一巻
仁王護國般若波羅蜜經二巻　亦云仁王般若注或云一巻
摩訶般若波羅蜜大明咒經一巻　亦云摩訶大明咒經
般若波羅蜜多心經一巻　亦云般若心經
上十二經十五巻　同帙
大寶積經一百二十巻　四十九會説合成一部十二帙
③大方廣三戒經三巻　〔680c22〕
無量清淨平等覺經二巻　亦直云无量清淨經
阿彌陁經二巻　上巻題云仏説諸仏阿弥陁三邪三仏薩樓仏檀過度人道經亦名无量壽經
無量壽經二巻
上四經九巻　同帙
阿閦佛國經二巻　一名阿閦仏刹諸菩薩學成品經或一巻

大乘十法經一巻　佛住王舍城者
普門品經一巻　亦云普門經
胞胎經一巻　一名胞胎受身經
文殊師利佛土嚴淨經二巻　或直云嚴淨仏土經亦直云仏土嚴淨經
法鏡經二巻　或一巻
上六經九巻　同帙
郁迦羅越門菩薩行經一巻　或云郁迦長者問居家菩薩行經或二巻
幻士仁賢經一巻　或云仁賢幻士經
决定毘尼經一巻　一名破壞一切心識
發覺淨心經二巻
優塡王經一巻
須摩提經一巻　有加菩薩守亦云須摩經
阿闍貰王女阿術達菩薩經一巻　亦名阿闍貰女經亦直名阿述達經
離垢施女經一巻
上九經十巻　同帙
得無垢女經一巻　一名論議辨才法門或云无垢女經
文殊師利所説不思議佛境界經二巻　或一巻又有一本乃是僞經仏海藏題爲文殊所説應當觀

④如幻三昧經二巻　或三巻或四巻　〔681a24〕
聖善住意天子所問經三巻　或四巻
太子刷護經一巻
大子和休經一巻　或云和休
上六經十巻　同帙
慧上菩薩問大善權經二巻　或一巻或直云大善權經或云慧上并経或云菩薩方便經或云便所□无極經
大乘顯識經二巻
大乘方等要慧經一巻
彌勒菩薩所問本願經一巻　或无所問字亦云弥勒本一名弥勒難經
佛遺日摩尼寶一巻　一名古品日遺日説般若經一名大寶積經一名摩訶衍寶嚴經
摩訶衍寶嚴經一巻　一名大迦葉品
勝鬘師子吼一乘大方便方廣經一巻　亦直名勝鬘經或二巻
注勝鬘獅子吼經二巻
毘邪娑問經二巻
上八經十一巻
大方等大集經三十巻　三帙或二十九巻或三十一巻或三十二巻或四十巻
大方等大集日藏經十巻　一帙題云大乘大方等日藏分經或十二巻或十五巻
大集月藏經十巻　一帙題云大集經月藏分第十二或十二巻或十五巻

大乘大集地藏十輪經十巻　一帙本
大方廣十輪經八巻
大集須弥藏經二巻　内題云大乘大集經須弥藏分第十五
上二　同帙
虚空藏菩薩經一巻　一名虚空藏經
⑤虚空藏菩薩神咒經一巻　〔681b28〕
虚空孕菩薩經二巻
觀虚空藏菩薩經一巻　亦名虚空藏觀經或无觀字
菩薩念佛三昧經六巻　或无菩薩字或五巻
上五經十一巻　同帙
大方等大集菩薩念佛三昧經十巻　題云大方等大集經菩薩念仏三昧分帙
般舟三昧經三巻　一名十方現在仏悉在前立定經或云大般舟三昧經或二巻
拔陂菩薩經一巻　亦云拔波安録云颰披陁菩薩經
大方等大集賢護經五巻　或六巻題云大方等大集經賢護分亦賢護菩薩經亦真云賢護經
上三經九巻　同帙
阿差末經七巻　晋曰无盡意或四巻或五巻或云何阿差末菩薩經
無盡意菩薩經六巻　初題云大集經中无盡意所説不可□義品第三十二云何《ママ》差末經或真云无盡意經

上二經十三卷　同帙
大集譬喩王經二卷　或无大集字
大哀經八卷　或云如來大哀經或六卷或七卷
上二經十卷　同帙
寶女所問經三卷　或直云寶女經亦云寶女問慧經亦寶女三昧經或四卷
無言童子經二卷　或云无言菩薩經或一卷
自在王菩薩經二卷　或无菩薩字
奪迅王問經二卷
上四經九卷　同帙
寶星陁羅尼經十卷　或八卷一帙
大方廣佛華嚴經六十卷　八會説舊譯六帙或五十卷

⑥大方廣佛花嚴經八十卷　九會説新譯八帙　〔682a02〕
信力入印法門經五卷
度諸佛境界智光嚴經一卷　或二卷
佛華嚴入如來徳智不思議境界經二卷
大方廣入如來智徳不思議經一卷
大方廣佛華嚴經不思議佛境界分一卷　或二卷
大方廣如來不思議境界經一卷

大乘金剛髻珠菩薩修行分一卷　亦名金剛鬘菩薩加行品
大方廣佛花嚴經修慈分一卷
上八經十三卷　同帙
大方廣普賢菩薩所説經一卷　別有一本向三十紙非是本經應須簡擇
莊嚴菩提心經一卷
大方廣菩薩十地經一卷
兜沙經一卷
菩薩本業經一卷　亦直名本業經亦名淨行品經
諸菩薩求佛本業經一卷或无諸字
菩薩十住行道品一卷　亦直云菩薩十住
菩薩十住經一卷
漸備一切智徳經五卷　或十卷一名十住又名大慧光三昧
上九經十三卷　同帙
十住四卷　或五卷
等目菩薩所問三昧經二卷　或三卷一名普賢菩薩空意或直云等目菩薩經
顯無邊佛土功徳經一卷　〔681b02〕
佛乘般涅槃畧説教誡經一卷　亦云仏臨般一名遺教經　〔688a27〕

⑦出生菩提心經一卷　〔688qa9〕

佛印三昧經一卷
文殊師利般涅槃經一卷
異出菩薩本起經一卷　或无起字
千佛囙縁經一卷
賢首經一卷　一名賢首夫人經
月明菩薩經一卷　或加三昧字或云月明童子經亦云月明童界經
心明經一卷　一名心明女梵志婦飯汁施經
滅十方冥經一卷　或云十方滅冥經
鹿母經一卷　別有鹿子經一卷興此令門
魔逆經一卷
上二十六經二十六卷　同帙
徳光太子經一卷　一名頼宅和羅所問光徳太子經
大意經一卷
堅固女經一卷　一名牢固女經
商主天子所問經一卷　或无所問字
諸法最上王經
師子莊嚴王菩薩請問經一卷　一名八曼荼羅經
離垢慧菩薩所問礼佛法經一卷

受持七佛名号所生功徳經一卷
佛臨涅槃記法住經一卷　或加般字
寂照神變三摩地經一卷
差摩婆帝受記經一卷　或云二卷者設
不増不減經一卷

⑧造塔功徳經一卷　（688b24）
如來興顯經四卷　一名興顯如幻經　（682b03）
上四經十一卷　同帙
度世品經六卷　或五卷或无品字
羅摩伽經三卷
大方廣佛華嚴經續入法界品一卷或無續字
上三經十卷　同帙
大般涅槃經四十卷　或三十六卷　四帙
注涅槃經七十卷　七帙
大般涅槃經後譯荼毘分二卷　亦云闍維分亦云後分
注涅般經卅卷　三帙
大般涅泥洹經六卷　記云方等大般泥洹經或十卷
上三經八卷　同帙

方等般泥洹經二卷　亦名大般泥洹經或三卷
四童子三昧經三卷　或无三昧字
大悲經五卷
上三經十卷　同帙
方廣大莊嚴經十二卷　一名神通遊戲或云大方廣
普曜經八卷　一名方等本起
上二經二十卷　二帙
法華三昧經一卷
無量義經一卷
薩曇分陀利經一卷　舊録云薩言芬陀利經亦直云分陀利經
妙法蓮華經八卷　或七卷二十八品僧祐録云新法華經
⑨　上四經十一卷　〔682b26〕
正法華經十卷　或云方等正法華或七卷一帙
添品妙法蓮花經七卷　二十七品寶塔天授連之爲一或八卷
注法華經十卷　一帙
維摩詰所説經三卷　或名不可思議解脱或直云維摩詰經僧祐録云新維摩詰經
注維摩詰經八卷　一帙
上二經十一卷　同帙

注維摩詰經六卷　一帙
維摩詰經二卷　維摩詰説不思議法門之稱一名仏法普入道門三昧經或三卷
説無垢稱經六卷
大方等頂王經一卷　一名維摩詰子問經亦名善思童子經亦直云頂王經
大乘頂王經一卷　亦云維摩兒經
上四經十卷　同帙
善思童子經二卷
大悲分陁利經八卷　亦云大乘悲分陁利經
上二經十卷　同帙
悲華經十卷　一帙
金光明最勝王經十卷　一帙
合部金光明經八卷　二十四品
伅眞陁羅所問經二卷　初云伅眞陁羅所門寶如來三昧經或云伅眞陁羅尼三卷或二卷
上三經十卷　同帙
大樹緊那羅王所問經四卷　亦名説不可思議品或直云大樹賢緊那羅經
佛昇忉利天爲母説法經二卷　亦云仏昇忉利天品經或三卷
道神足無極變化經四卷　一名合道神足經或二卷或三卷
⑩　上三經十卷　同帙　〔682c27〕

寶雨經十卷　一帙
寶雲經七卷
阿惟越致遮經三卷　或无遮字或四卷
上二經十卷　同帙
不退轉法輪經四卷　一名不退轉經
廣博嚴淨不退轉法輪經四卷　或云六卷或直云廣博嚴淨經亦直云不退轉法輪經
不必定入定入印經一卷
入定不定印經一卷
上四經十卷　同帙
等集衆徳三昧經三卷　或二卷或无三昧字或直云等集經
集一切福徳三昧經三卷
持心梵天經四卷　亦云持心梵天所門經一名荘嚴仏法經又名等御諸法經九十七品或六卷
上三經十卷　同帙
思益梵天所問經四卷　或直云思益僧祐録云思益義經
勝思惟梵天所問經六卷
上二經十卷　同帙
持人菩薩經四卷　初六持人菩薩所問陰種諸入以了道慧經或三卷
持世經四卷　一名法印《ママ》經或三卷

濟諸方等學經一卷　天竺薩和勒日僧迦或无學字
大乘方廣總持經一卷　或无乘字
上四經十卷　同帙
文殊師利現寶藏經三卷　或二卷或无現字或直云寶藏經
大方廣寶篋經三卷　或二卷

〔683a28〕
⑪大乘同帙《ママ》經二卷　亦名一切仏行入智毘盧遮那藏説經一名仏十地經或四卷
證契大乘經二卷　亦名入一切仏境智陪盧遮那藏
上四經十卷　同帙
深密解脱經五卷
解深密經五卷
上二經十卷　同帙
解節經一卷
相續解脱地波羅蜜了義經一卷　或二卷亦名解脱了義經亦直云相續解脱經
縁生初勝分法本經二卷　亦直云縁生經
分別縁起初勝法門經二卷　亦直云分別縁起經
楞伽阿跋多羅寶經四卷
上五經十卷　同帙
入楞伽經十卷　一帙

大乘入楞伽經七卷
菩薩行方便境界神通變化經三卷
上二經十卷　同帙
大薩遮尼乾子所説經十卷　一帙或加受記无所説字或七卷或八卷一名菩薩境界奮迅法門經
大方等大雲經六卷　一名大方等无相大雲經一名大雲无相經一名大雲密藏經或四卷五或五卷
大雲請雨經一卷　内題云大雲經請雨品第六十四
大雲輪請雨經二卷
大方等大雲請雨經一卷　内題云大方等大雲經〻請雨品第六十四
上四經十卷　同帙
諸法無行經二卷　或一卷
諸法本無經三卷

⑫無極寶三昧經一卷　或无三昧字　〔683c01〕
寶如來三昧經二卷　或无極寶三昧經或一卷
慧印三昧經一卷　一名寶田慧印三昧經亦直云慧印經
如來智印經一卷　一名請佛法身
上六經十卷　同帙
大灌頂經十二卷　一帙或无大字録云九卷未譯
藥師如來本願經一卷　隋笈多譯

藥師瑠璃光如來本願功徳經一卷
藥師琉璃光七佛本願功徳經二卷
阿闍世王經二卷
普超三昧經三卷　或四卷或上加文殊師利字亦直云普超經一名阿闍世王品安公録云更出阿闍世王經
放鉢經一卷
上七經廿二卷　同帙
月燈三昧經十一卷　或十卷一帙
月燈三昧經一卷　一名文殊師利菩薩十事行經一名逮恵三昧經
無所希望經一卷　一名象歩經
象腋經一卷
大淨法門經一卷　題云大淨法門品上金光首女所門傳首童眞所開化經
大莊嚴法門經二卷　亦名文殊師利神通力經亦名勝金色光明徳女經
如來莊嚴智慧光明入一切佛境界經二卷　亦名如來入一切仏境界經
度一切諸佛境界智嚴經一卷
後出阿弥陁佛偈經一卷　或无經字
觀無量壽佛經一卷　亦云无量壽觀經
阿弥陁經一卷　亦名无量壽經

⑬稱讃淨土佛攝受經一卷　亦直云稱讃淨土經　〔684a02〕

上十二經廿四卷　同帙

觀弥勒菩薩上生兜率天經一卷　亦云弥勒上生經

弥勒成佛經一卷

弥勒來時經一卷

弥勒來時經一卷　一名弥勒受決經亦云弥勒仏經亦云當下成仏亦云下生成仏

弥勒下生成佛經一卷　初云大智舍利弗義浄三藏新譯

一切法高王經一卷　一名一切法義王經

第一義法勝經一卷

大威燈光仙人門疑經

順權方便經二卷　一名轉女身菩薩經亦云惟權方便經或云順權女經亦云隨權女經或一卷

樂瓔珞莊嚴品經一卷　亦云轉女身菩薩問答經

上十一經十二卷　同帙

六度集經八卷　亦名六度无極經亦云度无極集亦云雜无極或九卷

太子須大拏經一卷　或云須達拏

菩薩睒子經一卷　亦云孝子睒經亦直云睒經

睒子經一卷　一名孝子睒經一名菩薩睒經一名仏説睒經一名睒本經一名孝子隱經

太子慕魄經一卷

太子沐魄經一卷　或作慕魄

九色鹿經一卷

上七經十四卷　同帙

無守寶篋經一卷

大乘離文字普光明藏經一卷

大乘遍照光明藏無字法門經一卷　亦直云大乘遍照光明藏經

⑭老女人經一卷　亦云老母經或老女經　〔684b05〕

老母經一卷

老母女六英經一卷　亦云老母經

月光童子經一卷　一名月明童子經或名申〔日〕經

申日兒本經一卷　亦云申兒本經録作兜本誤

徳護長者經二卷　一名尸利崛多長者經

文殊師利問菩薩〔ママ〕一卷　一名伽耶山頂經一名菩提无行經亦眞云菩提經

伽邪山頂經一卷　亦云伽邪頂經

象頭類〔ママ〕精舍經一卷

大乘伽邪山頂經一卷

長者子制經一卷　一直名制經亦云誓童子經

菩薩逝經一卷　或直云名逝經

逝童子經一卷　亦名長者制經亦直云制經亦名菩薩逝逝經亦直云逝經

犢子經一巻
乳光佛經一巻　亦云乳光經
無垢賢女經一巻　或名胎藏經
腹中女聽經一巻　一名荘族女經
轉女身經一巻
　上二十一經二十二巻　同帙
無上依經二巻
未曾有經一巻
甚希有經一巻
決定物經一巻　或云決定物持經 亦云決物持經
謗佛經一巻
⑮寶積三昧文殊問法身經一巻　一名遺日寶積三昧文殊師利菩薩問法身經　〔684c04〕
入法界體性經一巻　或云入法界經
如來師子吼經一巻
大方廣師子吼經一巻
大乘百福相經一巻
大乘百福莊嚴相經一巻
大乘四法經一巻　與單本中寶又難陁譯者二名雖同多少全異

菩薩脩行四法經一巻
希有希有挍量功德《ママ》一巻　或直云希有挍量功德經
最無比經一巻
前世三轉經一巻
銀色女經一巻
阿闍世王受決經一巻
採蓮違王上仏授決号妙華經一巻　亦直云採蓮違王經
正恭敬經一巻　一名威德陁羅尼中説經 或云正恭敬經
善敬經一巻　亦名善恭敬經 一名善恭敬師經
稱讃大乘功德經一巻
説妙法決定業鄣經一巻
　上二十三經二十四巻　同帙
諫王經一巻　亦云大小諫王經
如來示教勝軍王經一巻　亦直云勝軍王經
佛爲勝光天子説王法經一巻　亦直云勝光天子經
大方等修多羅王經一巻　或无王字
轉有經一巻
⑯文殊師利巡行經一巻　〔685a02〕

文殊尸利行經一卷
貝樹下思惟十二回縁經一卷 亦云聞城十二回縁經
經《ママ》起聖道經一卷
稻等《ママ》經一卷
了本生死經一卷
自誓三昧經一卷 題下注云獨證品第四出比丘淨行中
如來獨證自誓三昧經一卷 亦云獨證自誓三昧經亦云如來自誓三昧經
灌洗佛形像經一卷 亦云四月八日灌經亦直云灌經
摩訶刹頭經一卷 亦名灌佛形像經
造立形像福報經一卷
作佛形像經一卷 亦云優填王作仏形像經一名作像回縁經
龍施女經一卷 或無女字
龍施菩薩本起經一卷 或云龍施女經或云龍施本經
八吉祥神咒經一卷 或無神字
八陽神咒經一卷 亦直云八陽經別有一本亦云八陽神咒可半紙許初有七仏名号者非
八吉祥經一卷 亦云八方八世界八仏名号經
八佛名号經一卷
盂蘭盆經一卷 亦云盂蘭經

報恩奉盆經一卷
浴像功徳經一卷 三藏寶思惟譯
浴像功徳經一卷 三藏義淨譯
挍量數珠功徳經一卷

⑰ 〔685b01〕

數珠功徳經一卷 内云殊室利咒藏挍量數殊功徳法
上二十九經三十九卷 三帙
不空羂索神變眞言經三十卷 三帙
不空羂索咒經一卷 亦云不空羅羂索觀世音心咒經
不空羂索陁羅尼自在王咒經三卷 亦名不空羂索心咒王經
不空羂索神咒心經一卷
不空羂索陁羅尼經一卷 一名普門
千眼千臂觀世音菩薩陁羅尼神咒經二卷 或一卷
千手千眼觀世音菩薩姥陁羅尼身經一卷 或云千臂千眼
千手千眼觀世音菩薩廣大圓滿無礙大悲心陁羅尼經一卷
觀世音菩薩祕密藏神咒經一卷
觀世音菩薩如意摩尼陁羅尼經一卷
上十九經卌二卷 同帙
觀自在菩薩如意心陁羅尼咒經一卷

如意輪陀羅尼經一卷　此經出大蓮花金剛三昧耶加持夜《ママ》蜜无障礙經
文殊師利根本一字陀羅尼經一卷　題云大方廣菩薩藏中文殊師利根本一字陀羅尼法亦名字咒王經
曼殊室利菩薩咒藏中一字王經一卷
十二佛名神咒經一卷　題云十二仏名神咒挍量功徳除障滅罪經
稱讃如來功徳神咒經一卷
孔雀王咒經一卷　亦名大金色孔雀王經並結界場法具
大金色孔雀王咒一卷
佛説大金色孔雀王咒經一卷
孔雀王咒經三卷　亦云孔雀王陀羅尼經

⑱
〔685c04〕

上十一經十四卷　同帙
陀羅尼集經十二卷
十一面觀世音神咒經一卷
十一面神咒心經一卷
摩利支天經一卷　或上加小字
咒五首經一卷　或无經字
千囀陀羅尼觀世音菩薩咒經一卷　或无經字
六字神咒經一卷　或云六字咒法題云文殊師利菩薩六字咒功徳能法

七倶胝佛大心准提陀羅尼經一卷　亦直云七倶胝佛母心經
七倶胝佛母准泥大明陀羅尼經一卷
上九經二十卷　上帙七卷　下帙十三卷
觀自在菩薩隨心咒經一卷　亦名多利心經
種種雜咒經一卷　或無經字
佛頂勝《ママ》陀羅尼經一卷　杜行顗奉制譯
佛頂最勝陀羅尼經一卷　日照三藏譯
佛頂尊勝陀羅尼經一卷　佛陀波利譯
最勝佛頂陀羅尼淨除業障經一卷　日照三藏再譯
大佛頂尊勝陀羅尼經一卷
佛頂尊勝陀羅尼一卷　義淨三藏譯成加咒字
無量門微密持經一卷　一名成道降魔得一切智經
出生無量門持經一卷　或云新微密持經
阿難陀目佉尼哥離陀經一卷或云出无量門持經

⑲
〔686a02〕

無量門破摩陀羅尼經一卷　或直云破魔陀羅尼經
阿難陀目佉尼訶離陀隣尼經一卷
舍利弗陀羅尼經一卷
一向出生菩薩經一卷

出生無邊門陁羅尼經一卷
勝幢臂印陁羅尼經一卷　三藏法師主《ママ》奘
妙臂印幢陁羅尼經一卷　別有一本十六七紙非是本經不可流布
上十八經十八卷　同帙
無崖際持法門經一卷　一名无際經
尊勝菩薩所問一切法入無量門陁羅尼經一卷　或直云尊勝菩薩所問亦直云入无量門陁羅尼經
金剛上味陁羅尼經一卷
師子奮迅菩薩所問經一卷
華聚陁羅尼咒經一卷
華積陁羅尼神咒經一卷
六字咒王經一卷
六字神咒王經二卷
虚空藏菩薩問佛經一卷　亦云虚空藏問七佛陁羅尼經亦云七仏神咒經
如來方便善巧咒經一卷
持句神咒經一卷　亦云陁羅尼向《ママ》
陁鄰尼鉢經一卷　亦云陁鄰鉢咒

東方最勝燈王如來經一卷　題云東方最勝燈王如來遣二井送咒奉釈迦如來助護持世間經

⑳善法方便陁羅尼咒經一卷　〔686 a28〕
金剛祕密善門陁羅尼經一卷
護命法門神咒經一卷
無垢淨光大陁羅尼經一卷
請觀世音菩薩消伏毒害陁羅尼咒經一卷　亦直云請觀世音經
上十九經十九卷　同帙
内藏百寶經一卷
温室洗浴衆僧經一卷　亦直云温室經
須頼經一卷
私訶昧經一卷　或云私阿末經一名菩薩道樹經亦名道樹三昧經
菩薩生地經一卷　一名差摩竭經
四不可得經一卷
梵女首意經一卷　一名首意女經
成具光明定意經一卷　或云成具光明三昧經或直云成具光明經
寶網經一卷　亦云寶網童子經

菩薩行五十縁身經一巻　亦云菩薩縁身五十事經亦云五十縁身行經
菩薩修行經一巻　亦云威施長者問觀身行經亦云長者修行經
諸徳福田經一巻　或直云福田經或云諸福經
大方等如來藏經一巻　或直云如來藏經
佛語經一巻
金色王經一巻
演道俗業經一巻

〔686b25〕

㉑百佛名經一巻
上十七經十七巻　同帙
稱揚諸佛功徳經三巻　亦名集諸仏華經一名集華經一名現在仏名經
須眞天子經三巻　亦云須眞天子所問經亦云門四事經或二巻
摩訶摩耶經一巻　一名仏昇忉利天爲母説法亦直云摩耶經或二巻
除恐灾患經一巻
孛經一巻
觀世音菩薩受説《ママ》經一巻　一名觀世音受決經
上六經十巻　同帙
海龍王經四巻　或三巻
首楞嚴三昧經三巻　或二巻亦直云首楞嚴經僧祐録云新首楞嚴經

觀普賢菩薩行法經一巻　云出深功徳經中或无行法字亦云普賢觀經或无觀字
觀藥王藥上二菩薩經一巻
不思議光菩薩所問經一巻　亦云不思光菩薩所説經亦云无思光縁童菩薩經
上五經十巻　同帙
十住斷結經十巻　最勝門菩薩十住除垢斷結經一名十千日光三昧定亦云十地斷結經或十一巻或十四巻
諸佛要集經二巻　亦直云要集經天竺曰仏陁僧祇提
未曾有囙縁經二巻　或无囙縁字度羅睺羅沙弥序
上二經十四巻　二帙
菩薩瓔珞經十二巻　一名現在報或十四巻或十六巻或十三巻
超日明三昧經二巻　或直云超日明經或三巻
上二經十四巻　二帙
賢劫經十三巻　題云颰陁劫三昧晋曰賢劫定意經舊録云賢劫三昧經或十巻或七巻一帙
大乘經單譯一百三十一部二百九十三巻二十四帙

〔686b25〕

㉒大法炬陁羅尼經二十巻　二帙
大威徳陁羅尼經二十巻　二帙
佛名經十二巻　或云十三巻或分爲二十巻
三劫三千佛名經三巻　荘嚴劫上賢劫中星宿劫下
上二經十五巻　二帙　上帙七巻下帙八巻

五千五百佛名經八卷
不思議功徳諸佛所護念經二卷 或直云不思議功徳經或四卷
上二經十卷　同帙
華手經十三卷 一名攝諸善根經亦名攝諸徳經或十一卷或十五卷或十二卷或十卷一帙
華大方等陁羅尼經四卷 一名方等檀持陁羅尼經或无大字
僧伽吒經四卷
力莊嚴三昧經三卷
大方廣圓覺脩多羅了義經一卷
上五經廿五卷
觀佛三昧海經十卷　或觀佛三昧經或八卷一帙
大方便佛報恩經七卷
菩薩本行經三卷
上三經廿卷　同帙
法集經六卷　或七卷或八卷
觀察諸法行經四卷
上二經十卷　同帙
菩薩處胎經五卷　初云菩薩從兜術天降神母胎説廣普經亦直云胎經或八卷或四卷
如《ママ》道廣顯三昧經四卷 一名阿耨達龍王所問決諸狐疑清淨品亦名入金剛問定意經九十二品或二卷

施燈功徳經一卷　一名燈々經

㉓ 上三經十卷　同帙 〔687b04〕

央崛魔羅經四卷
無所有菩薩經四卷
明度五十挍計經二卷　或无明度字或无十字
上三經十卷　同帙
中陰經二卷
大法鼓二卷
文殊師利問經二卷　亦直云文殊問經
月上女經二卷
大方廣如來祕密藏經二卷
上五經十卷　同帙
大乘密嚴經三卷
占察善惡業報經二卷 亦名大乘實義經出六根聚經亦直云占察經亦名地藏菩薩經
蓮華面經二卷
文殊師利問菩薩署經一卷　亦云文殊門署經
大乘造像功徳經二卷　或一卷
上五經十卷　同帙

廣大寶樓閣善住祕密陁羅尼經三卷
一字佛頂輪王經五卷　亦云五仏頂經或四卷
大陁羅尼末法中一字心咒經一卷
上三經九卷　同帙
大佛頂如來密因脩證了義諸菩薩萬行一帙首楞嚴經十卷
大毗盧遮那成佛神變加持經七卷　亦云大毗盧遮那仏成經
蘇婆呼童子經三卷　亦云蘇婆呼請問經或云蘇婆呼律或云蘇磨呼或二卷

㉔
上二經十卷　同帙　〔687c06〕
蘇悉地羯羅經三卷
牟梨曼陁羅咒經一卷　或无經字
金剛頂瑜伽中畧出念誦法四卷　亦云經
上三經八卷　同帙
七佛所説神咒經四卷　初巻云七佛十一菩薩説大陁羅尼神咒經
大吉義神咒經二卷　或四卷
文殊師利寶藏陁羅尼經一卷
金剛光焔陁羅尼經一卷
阿吒婆拘鬼神大將上佛陁羅尼經一卷　亦直云阿吒婆拘咒經
阿弥陁鼓音聲王陁羅尼經一卷

大普賢陁羅尼經一卷
大七寶陁羅尼經一卷
六字大陁羅尼經一卷
安宅神咒經一卷　亦云安宅咒經
摩尼羅亶經一卷　亦云摩尼羅亶神咒經
玄師颰陁所説神咒經一卷　録云幻師无所説字或作跋字亦云波陁古録云幻王跋陁經
護諸童子陁羅尼咒經一卷　亦云護諸童子請求男女陁羅尼經
諸佛心陁羅尼經一卷
拔濟苦難陁羅尼經一卷
八名普密陁陁羅尼經一卷
持世陁羅尼經一卷
六門陁羅尼經一卷
清淨觀世音普賢陁羅尼經一卷　此經有一録《ママ》本應須審之

㉕
上十九經二十三卷　同帙　〔688a08〕
智炬陁羅尼經一卷
諸佛集會陁羅尼經一卷
隨求即得大自在陁羅尼神咒經一卷　亦云隨求所得

百千印陁羅尼經一巻
救面燃餓鬼陁羅尼神咒經一巻 亦云施餓鬼食咒經施餓有施水咒後兼
莊嚴王陁羅尼經一巻
香王菩薩陁羅尼咒經一巻
一切功徳莊嚴王經一巻
拔除罪鄣咒王經一巻
善夜經一巻 最勝心陁羅尼亦云虚空藏菩薩求聞法經求聞法一巻
金剛頂經曼殊室利菩薩五字心陁羅尼品一巻
觀自在如意輪菩薩瑜伽法要一巻
佛地經一巻
右繞佛塔功徳經一巻　亦云繞塔功徳經
大乘四法經一巻
有徳女所問大乘經一巻 時有一本可八九紙文錯不堪
大乘流轉諸有經一巻
妙色王因縁經一巻
佛爲海龍王説法印經一巻 或海龍応説法印經
師子素駄娑王斷肉經一巻
般泥洹後灌臘經一巻 一名般泥洹後四輩灌臘經亦直云灌臘經

八部佛名經一巻　亦云八仏經
上二十二經二十二巻　同
㉖菩薩内習六波羅蜜經一巻 或云内六波羅蜜經安公云出方等部 〔688c07〕
菩薩投身餓虎起塔因縁經一巻 僧祐録云以身施餓虎經
金剛三昧本性清淨不壞不滅經一巻 亦名金剛清淨經
師子月佛本生經一巻
長者法志妻經一巻
薩羅國經一巻　或云薩羅国王經
十吉祥經一巻
者長女菴提遮師子吼了義經一巻
一切智光明仙人慈心因縁不食肉經一巻
金剛三昧經二巻　或一巻
法滅盡經一巻
甚深大迴向經一巻
天王太子辟羅經一巻 亦云太子譬羅經或无天王字
優婆夷淨行法門經二巻 亦直云淨行經或无經字
八大人覺經一巻
三品弟子經一巻　亦云弟子覺有三輩經

四輩經一卷　或云四輩弟子經或云四輩學經
當來變經一卷　或云當來變識經
過去佛分衛經一卷　或云過世
十二頭陀經一卷　一名沙門頭陀經
樹提伽經一卷
長壽王經一卷
法常住經一卷
　上二十三經二十五卷　同帙

---

㉗　大乘律二十六部　五十四卷　五帙　〔689a07〕
菩薩地持經十卷　或无經字亦云論亦名菩薩戒經又名菩薩地經或八卷一帙
菩薩善戒經九卷　一名菩薩地或十卷
淨業鄣經一卷
　上二經十卷　同帙
優婆塞戒經七卷　或五卷或六卷或十卷是在家菩薩戒
梵網經二卷
受十善戒經一卷
　上三經十卷　同帙
菩薩瓔珞本業經二卷　或直云瓔珞本業經一名巽擇諸法經
佛藏經四卷　一名巽擇諸法經或三卷或二卷
菩薩戒本一卷　曇无讖譯
菩薩戒本一卷　三藏玄奘譯
菩薩戒羯磨文一卷　弥勒菩薩攝沙門玄奘訳
菩薩善戒經一卷　優婆離問菩薩受戒法
　上六經十卷　同帙
菩薩内戒經一卷
優婆塞五戒威儀經一卷　或无威儀字
文殊師利淨律經一卷　或直名淨律經
清淨毘尼方廣經一卷
寂調音所問經一卷　一名如來所説清淨調伏經
大乘三聚懺悔經一卷　亦名菩薩五法懺悔經
菩薩藏經一卷
三曼陀颰陀羅菩薩經一卷

---

㉘　菩薩受齋經一卷　〔689b06〕
文殊悔過經一卷　一名文殊五體悔過經
舍利弗悔過經一卷　亦直名悔過經
法律三昧經一卷　亦直云法律經

十善業道經一巻　同

上十四經十四巻　同

大乘論九十七部五百一十八巻 二十一部一百五十巻釋經論七十六部三百六十三巻集義論五十帙

大智度論一百巻 或云大智度經論亦云摩訶般若論或一百一《ママ》千巻或七十巻 十帙

十地經論十二巻 或十五巻一帙

弥勒菩薩所問經論五巻 或六巻或七巻或十巻

大乘寶積經論四巻

寶髻菩薩四法經論一巻 題云寶髻經四法優婆提舎

上三論十一巻　同帙

佛地經論七巻

金剛般若論二巻　无著菩薩造

能斷金剛般若波羅蜜多經論頌一巻 亦云能斷金剛論頌

上三論十巻　同帙

金剛般若波羅蜜經論三巻 天親菩薩造

能斷金剛般若波羅蜜多經論釋三巻 亦云能金剛論釋

金剛般若波羅蜜經破取著不壞假名論二巻 亦名功德施論

文殊師利菩薩問菩提經論二巻 亦云文殊問菩薩經論一名伽耶山頂經論

妙法蓮華經論一巻　題云伽妙法蓮華經優婆提舎

上五論十一巻　同帙

法華玄論十巻

---

㉙華嚴論五十巻　幷録外　〔689c09〕

法華經論二巻 初有歸敬頌者是或一巻題亦云妙法蓮華經優婆提舎

勝思惟梵天所問經論四巻　或三巻

涅槃論一巻　或云大般涅槃經論

涅槃經本有今無偈論一巻 亦直云本有今无論

遺教經論一巻

無量壽經論一巻 題云无量壽經優波提舎願生偈

三具足經論一巻　題云三具足經優婆提舎

轉法輪經論一巻　題云轉法輪經優波提舎

上八論十二巻 已上釋經論已下集義論

瑜伽師地論一百巻　十帙

顯揚聖教論二十巻　二帙

瑜伽師地釋一巻

顯揚聖教論頌一巻

王法正理論一巻

大乘阿毗達磨集論七巻

上四論十卷　同帙
大乘阿毗達磨雜集論十六卷
中論四卷　亦云中觀論或八卷
上二論二十卷　二帙
般若燈論釋十五卷
十二門論一卷
十八空論一卷
百論二卷
㉚廣百論本一卷　〔690a07〕
上五論二十卷　二帙
大乘廣百論釋論十卷　一帙
十住毗婆娑論十四卷　或无論字或十二卷或十五卷
菩提資根論六卷　或十五卷
上二論二十卷　二帙
大乘莊嚴經論十三卷　或十五卷　一帙大莊嚴論經十五卷　或无經字或十卷羅什師
順中論二卷　題云畂《ママ》中論義入大般若波羅蜜經初品法門
攝大乘論三卷　眞諦三藏譯

上三論二十卷　二帙
攝大乘論二卷　佛陁扇多譯
攝大乘論本三卷　三藏玄奘譯
攝大乘論釋十五卷　世親釋眞諦譯或十二卷亦云釋論
又攝大乘論釋十二卷
上三論二十卷　二帙
攝大乘論釋論十卷　一帙
攝大乘論釋十卷
攝大乘論釋十卷　无性釋玄奘譯一帙
攝大乘論釋十卷
佛性論四卷　或三卷題云乘仏性權實論
世親佛性論四卷　録外
決定藏論三卷
辯中邊論頌一卷
㉛中邊分別論二卷　或三卷　〔690b03〕
上四論十卷　同帙
辨中邊論三卷
究竟一乘實性論四卷　亦云實性分別七乘增上論或三卷或五卷

業成就論一卷
大乘成業論一卷
因明正理門論本一卷　三藏玄奘譯
　上五論十卷　同帙
因明正理門論一卷
因明入正理論一卷
顯識論一卷　題云顯識品從无相論出
轉識論一卷
唯識論一卷　一名破色心初云唯識无境界或云唯識无境界論
唯識論一卷　初云修道不共他
唯識二千論一卷
唯識寳生論五卷　一名二千唯識順釋論
唯識三十論一卷
　上九論十三卷　同帙
成唯識論十卷　一帙
大丈夫論二卷
入大乘論二卷
大乘掌珍論二卷

大乘五蘊論一卷　世親造玄奘譯
大乘廣五蘊論一卷　與前論異本或无廣字安安慧造日照譯
㉜寶行王正論《ママ》 〔690b28〕
大乘起信論一卷　眞諦三藏譯始无大乘字馬鳴菩薩造
　上七論十卷　同帙
大乘起信論二卷　實叉難陁譯
發菩提心論二卷　或云發放菩提心經亦云經論
三無性論二卷　題云三无性論品出无相論或一卷
方便心論卷《ママ》　或二卷凡四品
如實論一卷　題云如實論反質難品
無相思塵論一卷　或直云思塵論
觀所縁縁論一卷
觀所縁論釋一卷
　上八論十一卷　同帙
迴諍論一卷
縁生論一卷
十二因縁論一卷
壹轉盧迦論一卷　或云壹書

大乘百法明門論一卷　題云大乘百法明門論本事分中畧録名數
百字論一卷
觧捲論一卷
掌中論一卷
取因假設論一卷
觀物相論頌一卷
正觀門論頌一卷
手杖論一卷
㉝六門教授習定論一卷　〔290c24〕
大乘法界無差別論一卷
破外道小乘四宗論一卷
破外道小乘涅槃論一卷
上十論十六卷　同帙
都計大乘經律論見入藏者惣六百三十八部
合二千七百四十五卷二百五十八帙
與前廣録部數不同者前廣録中以大寶
積經諸部合成分爲四十九部上録此合爲一
部故欠四十八不同

光讃般若波羅密經十卷
注金剛般若波羅蜜一卷　慧浄注
注金剛般若波羅蜜經一卷 肇法師注
注勝鬘獅子孔經二卷
注涅槃經七十二卷
注涅槃經卅卷
注法華經七卷
注維摩詰經八卷
注維摩詰經六卷
法華玄論五十卷
花嚴論五十卷
世親佛性論四卷
攝大乘論釋十二卷
右件九經四論合二百一卷者廣録不載
㉞　唯因見寫名今編附耳
開元釋教録卷第十九　入藏録卷上　〔691a07〕

大治二年六月十一日書寫畢

法隆寺一切經内　五師林勝書了

一交了

※冒頭の丸数字は紙数を示している。
※各紙一行目下端の〔680 a25〕は『新脩大正大蔵経』第五十五巻所収『開元釈教録』の該当箇所を示しており、具体的には六八〇頁上段二五行目を意味する。以下、同じ。

**付記**　拙稿校了後、法隆寺一切経『開元釈教録』巻第十九の巻末記載と金剛寺本が一致するとの情報を得た。そうであるならば、法隆寺本の性格を考える上で、金剛寺本との対校が必須であるといえよう。この点については今後の課題としたい。

# 親鸞における社会と仏教——観音・太子両信仰との応答を中心に——

東舘紹見

## はじめに

親鸞の生きた日本中世は、社会全体が強い宗教性を帯び、文化的思想的な側面にとどまらず、政治や経済等、社会のあらゆる側面に宗教的・仏教的な世界観や価値体系が多大な影響力を行使した時代であった。そうした時代にあって親鸞は、すべての存在が共に仏となる道を歩むことができると説く大乗、一乗という仏教を、まさにその字義通りの内容を持つものとして提示し実践することを生涯の課題とした(1)。また、親鸞においてそうした仏教は、阿弥陀仏の名を称える専修念仏の教えにおいて実現するものとして表現された(2)。

右のような課題を有していたため、親鸞はまた、あらゆる存在と共にという態度を表面上において装ったり、あるいはそれを願っていることを自認したりしながらも、実際にはこれと正反対なあり方に陥っていくような宗教、さらには社会や人間のあり方に対しても強い関心を寄せ続けた。万人の救済、平等な位置づけを説きつつ、その実、自他を分別した上で、他者と措定した存在をどこまでも自身の支配的・差別的な関心の下に置いていこうとするような自他の我執的関心のあり方を凝視し悲歎し続けた(3)。親鸞は、人間のそうした自己関心は根本的に制止することが難しく、その事実に無自覚なままに宗教的な行為、あるいは善行と称されることを行っても、その真の達成・成就は不可能であるとする。そして、真の意味で自他が共に歩むことが可能な宗教的実践とは、どこまでもこうした人間や社会の自己関心を前提とするような状況の問題性を抉出し、これと、真に平等な救済を志向するようなあり方との相違を明確にすることを通して可能になるものとしたのである。

こうした宗教的なあり方は、親鸞においては、他者と共にありつつ、そこにおいて自己関心に終始するような人間の問題性を照らし出すはたらきとしての阿弥陀仏の光明に出遇い内省・自覚がなさしめられることにより達成されるとされた。(4) 親鸞は、こうしたあり方こそが、現実における罪業・善業の有無などのあらゆる差異を超えて人々と共に達成することができる宗教的な実践と見ていたのである。そしてまたこのような親鸞の宗教への関心・視点は、それがどこまでも現実における宗教的実践の達成という点に関心を有するものであるので、自らの内に内省・自覚を促すものであると同時に、他者と共にある具体的な場としての現実社会と自らの関係を常に確かめようとする方向性をも持つものでもあった。人間の自己関心が衝突し互いに傷つけ合う現実社会の中で、如何にすれば人々と共に実践が可能な仏教が現前するのか、これが当該期の社会において親鸞が向き合い続けた課題であった。

こうした親鸞における、あくまでも社会の現実の中に身を置きつつ、同時にこれを超越していこうとするような仏教および社会への関心および姿勢は、どのようにして形成されていったのだろうか。またそれを促した時代状況とはどのようなものだったのだろうか。

これまでの多くの理解においては、上述のような親鸞の仏教理解は、彼が二十九歳時、法然の専修念仏の教えに帰入して以降に形成されたと見られてきた。(5) もちろん、親鸞の思想的・信仰的な立場が確立される画期となった出来事が法然との出遇いとこれを通した教示であることは、彼自身が記した「建仁辛酉暦棄雑行兮帰本願」(6) という言葉によっても明らかである。また、当時の顕密仏教および世俗社会一般における仏教理解と専修念仏におけるそれとの間に、その根本的な点において大きな相違があることも疑いを容れない。しかし、親鸞がそうした仏教理解の相違に着目し課題を持った時期を、専ら二十九歳の時の専修念仏への帰入時とそれ以降に求め、それ以前の自らの歩みを捨て去り顧みなかったとするような見方は、それまでの仏教や時代社会において醸成され顕在化してきた諸課題やこれと向き合った親鸞の関心を看過することにつながりかねないのではないかと思われる。親鸞における思想形成史上の重要な時期として、法然門下に入った時のみを重視することには再考の余地があるのではなかろうか。

本稿においては、親鸞が専修念仏に帰入する前後において強い関心を向けたことが知られる、観音菩薩およびこれと密接に関わって崇敬を受けた聖徳太子に対する信仰の展開の諸相に注目し、親鸞がこれらの存在に何故関心を寄せ、如何なる影響を蒙りつつ、専修念仏に帰していったのか、という点について確認を行ってみたい。なお、これに関しては、既に別稿(7)において考察した部分もあり論点が重複するところもあるが、今般は、右にも述べたように、これ以前の観音信仰と太子信仰に窺われる特徴と親鸞のそれへの関心とが、どのような関係にあるかということに主眼を置いた確認を行うこととする。

## 一　観音信仰・太子信仰の展開

日本における観音信仰は、仏教伝来以後まもない飛鳥時代より確認することができ、これ以降、平安時代初期頃までは、一部に追善を期した事例もあるが、その多くが現世利益、災難消除を祈る目的のものであった(8)。しかし、これが十世紀以降になると、右の性格に加えて、観音に対し現世・来世における苦難からの救済を願う信仰としての性格が強まるとされる。(9) これは、『法華経』(『妙法蓮華経』)の所説に基づくもので、同経の観世音菩薩普門品(10)に、「若有無量百千萬億衆生受諸苦悩。聞是観世音菩薩。一心称名。観世音菩薩即時観其音声皆得解脱」あるいは「衆生被困厄　無量苦逼身　観音妙智力　能救世間苦」と説かれる、あらゆる衆生の苦悩に寄り添い救済する観音の救済的な側面が注目されるに至った結果といえる。同品には、世間、即ち現実の社会において衆生が受ける苦悩が、七難(火難・水難・羅刹難・刀杖難・鬼難・枷鎖難・怨賊難)などの語で表現される。こうした観音の災難消除の功能に対しては、無論これ以前より現世利益的な側面から関心が寄せられていたが、特に十世紀以降になると、具体的に人々の現実の苦悩に寄り添いこれを抜除する存在としての観音への関心が、仏教界と世俗社会の双方から高まりを見せるようになる。この時期においては、まさに右の七難として表現されるような状況が、平安京をはじめとする各地域で階層を問わず多くの人々のもとに生じるに至っていた。社会全体に私的土地所有の動向とその集積、その基盤としての家の形成等が進むにつれ、私有財産を媒介とした相互関係の構築、貧富の差の増大等が急激に進行したことが、かかる傾向を濃厚なものにしたと推察される。こうした社会状況の中、天台宗を中心とする仏教界は、人々の様々な状況に対応し得る存在として、観音に関する信仰を、その救済的な側面を強調しつつ説いていくようになる。(11)

一方、観音信仰と密接な関わりを有しつつ展開した信仰として、聖徳太子に関する信仰、いわゆる太子信仰がある。(12) 国家や社会の状況の変化に伴いそこにおける仏教の具体的な展開、実践のあり方が問われる時、聖徳太子は常にその先蹤として想起され、その時々の状況に応じて改めて顧みられ顕彰がなされ続ける存在であった。

聖徳太子に関しては、その死後早い時期から、律令国家あるいは各宗・各寺院において、卓越した施政を行うとともに、仏教の内容に初めて本格的に注目しその興隆を図った存在として顕彰されていく。また天平宝字五年(七六一）に成立した法隆寺の資材帳[13]には、「上宮王等身観世音菩薩木像　壱軀」と、同寺の等身救世観音菩薩像と聖徳太子を強く結びつける記載が見られる。早くより寺院・仏教界の側から、すぐれた為政者であり在俗の仏教者である聖徳太子を、観音菩薩すなわち大乗の仏道の体現者と関連づけようとする動きが窺える。そして、平安時代の最初期に成立した鑑真の弟子思託の撰「上宮皇太子菩薩伝[14]」は、これ以前からの、菩薩行に挺身した中国天台の祖南嶽慧思の行いに准え聖徳太子をその後身とする見方を受け、太子の行業を菩薩の行として讃仰する。これらの動きは、律令国家による仏教への規制が強い時代において、その枠内において自らの社会的な活動の有為性を主張していこうとする仏教側の意図を示しているといえよう。

こうした動きに続き、十世紀初め頃までには『上宮聖徳太子伝補闕記[15]』が成立する。本書は、以後の太子伝において大きく展開する神秘的、奇異な太子の行業を多く盛り込むものであるが、ここには太子が誕生に際して託胎しようとした時、母に夢告した語として「吾有救世願、願暫宿后腹」という文言が記される。常に現実の社会において活動しつつ仏教の興隆をはかった聖徳太子のあり方を、「救世の願」すなわち世を救おうとする願いによるものとして、より一歩踏み込んだ形で讃仰しようとする動きの現われである。ここには、当該期において、先に見た観音信仰の場合と同様に、大きく変化しようとする社会状況のもとで、社会および自身の現実のあり方に寄り添う存在としての仏教を求める人々の願望と、これに応答しようとする仏教側の意図とを見ることができる。

かかる動向を経て次に登場するのが、永観二年（九八四）以前に原型が成立した、現在にまで遺る太子に関する様々な奇瑞・伝承等が網羅的に収載される『聖徳太子伝暦[16]』である。ここにおいては、先の『上宮聖徳太子伝補闕記』における表現が一層顕著な展開をみせる。すなわち、母への託胎に際し、「吾救世菩薩。家在西方」と、太子を救世観音菩薩が現われた存在と明記し、さらにこれを阿弥陀仏の西方浄土よりの来生とするのである。またこれに少しく遅れる寛弘八年（一〇〇七）に四天王寺の金堂から発見されたという『四天王寺縁起』[17]にも、「宝塔金堂、相当極楽土東門中心」、「金堂内安置金堂救世観音像」と、救世菩薩像が安置される同寺は西方浄土の東門に当たるとする表現が現われる。こうした、観音信仰と結びついた太子信仰を更に西方阿弥陀浄土への往生を願う信仰と関わらせて捉えていこうとする動きは、いうまでもなく、十世紀半ば以後、特に高揚してくる阿弥陀信仰との関係において捉えるべきものである。

阿弥陀信仰は、あらゆる衆生を救おうとする阿弥陀仏の誓願を信じ観仏・念仏を修することにより、西方極楽浄土に往生しようとする信仰である。十世紀の半ばに空也が平安京や諸国で念仏を弘める活動を行って以降、源信による『往生要集』、慶滋保胤による『日本往生極楽記』の述作や、勧学会や二十五三昧会、迎講等の創始など広汎な展開が見られるようになる。それはもちろん、観音信仰の展開の場合と同様に、激変する社会状況の中での人々の不安感への応答といえる動きであるが、特にこの阿弥陀信仰の展開は、当時の成長し自立化しようとする仏教諸勢力による、現世のみならず来世に至る二世にわたっての救済観の、社会や人々に対するより積極的な提示といえるものでもあったといえよう[18]。観音信仰と太子信仰は、新たにこの阿弥陀信仰と結びつくことで、現世の救済・安穏のみならず来世までの二世にわたる救済をも人々に説くものとなっていくのである。

このような形で観音信仰・太子信仰と阿弥陀信仰との結合が可能となったのは、いうまでもなく阿弥陀信仰を人々に勧める浄土経典において、観音菩薩が阿弥陀仏の脇士として説かれていることによる。すなわちそこでは、阿弥陀仏の光明のはたらきによって衆生の無明の黒闇をはらう存在として、また阿弥陀仏を念じる人の臨終時に阿弥陀仏とともに来迎し浄土に往生せしめる存在として観音が説かれているのである[19]。ここにおいて、観音信仰およびこれと関わって展開した太子信仰は、従来からの『法華経』の観世音菩薩普門品を典拠とする、現実において人々を苦しみから救う存在としての功能に加えて、阿弥陀仏の浄土への往生を勧める存在としても人々から関心を寄せられるようになったといえる。

こうして、観音信仰およびこれと結びついた太子信仰は、主として仏教側から、現世のみならず来世も含む現当二世において人々を救済しようとする存在として、仏教と社会とをつなぐ存在として注目されていくが、十一世紀の初頭に至ると、この信仰には、寺院や為政者が行う仏教興隆を期した動向や施策と強く結び付き、これらを讃えるために用いられる傾向が強く見られるようになってくる。先に言及した『四天王寺縁起』にはまた、観音が世に現われた存在としての太子は、その入滅後も「国王后妃」等となって再び現世に生じ、寺塔の建立や仏菩薩像の造顕、経論の書写や財物の施入等によって人々を導き、また「比丘比丘尼長者卑賤」等あらゆる姿となって教えを弘め人々を救うことが説かれている。[20] 観音＝太子による現世における救済活動ということが、阿弥陀仏の浄土への往生という生命観・世界観の提示を受けて、現実の施政、あるいは人々の社会における多様な活動と関わらせつつより強力に説かれていることがわかる。

かかる動向に為政者として初めて明確に関与したことが知られるのは、「御堂関白」の名で知られる藤原道長である。道長は、中世社会草創期において政治・社会の諸関係の構築につとめた事績で知られるが、仏教的な面においても、大規模な造像起塔や種々の法会・講会の開催を通じ、当時成長を遂げつつあった寺社勢力の統制をはかる[21]のみならず、彼らの主張であった仏教的な国家・社会観に自らの施政との関連の中で注目していった。[22] かかる事績を遺した道長は、太子に深く関心を寄せ、出家後の治安三年（一〇二三）十月には、半月をかけて、高野山や南都七大寺への参詣とともに、太子勝鬘経講讃の地として知られる大和国の橘寺や、法隆寺、四天王寺等、太子関係の寺院を巡礼している。[23] こうした道長の事績を、『栄花物語』は、先掲の『四天王寺縁起』の内容を受ける形で讃えている。[24]

この後においても、平安末期には、兄藤原忠通と執政の座を争った藤原頼長が、康治二年（一一四三）以後の七年間に合計六度、父忠実や鳥羽法皇に扈従する形で四天王寺に参詣し、聖霊院への参拝や絵殿での太子伝絵絵解きの聴聞、宝物披覧、仏事催行等に従っている。[25]殊にその初度に当たる康治二年十月度の参詣では、聖霊院で太子像に拝礼の作法を行い、「若接（マヽ）録天下之時願任十七条憲法行之」と祈請しており、これが自らの施政への関心の中での参詣であることが知られる。道長の事績以降、太子信仰が、為政者による自らの施政との関連の中で注目する信仰ともなってきている様相が窺われる。こうした為政者による、太子の事績讃仰を通じた現実の施策と仏教的な価値観・世界観との接合をはかるような動きは、単に彼らの施政の正当化、荘厳化といった意図に止まらず、社会全体の趨勢・要求として、仏教的価値観・世界観に基づく救済、位置づけといったことが求められていたことの反映ともいえるものであろう。しかして、また同時にこうした動きが、為政者や仏教界による現実社会における支配のあり方に正当性を与えるものとして機能した側面があることも[26]否定し得ない事実といえよう。

こうした状況の中で、寺院組織の整備と社会との関係の緊密化を成し遂げていった仏教の側からも、施政との関係の中での仏教思想への着目という潮流に沿って改めて自らの言説を主張する傾向が強まる。すなわち、早くは当時既に天台宗系であった四天王寺の影響を受けていた河内国磯長の太子廟において、天喜二年（一〇五四）、「太子御記文」という石文が発見されており、そこには「吾入滅以後及于四百卅余歳、此記文出現哉、爾時国王大臣発起寺給、願求仏法耳」[27]と、太子の仏教的事績への為政者の関心の高揚という動向を受け、これと自らに関わる造寺起塔や仏教興隆策を関連づけ表現しようとする意図がみえる。この記文が発見された年は、現実の社会における仏教と施政との密接な関係性と仏教の有為性とを強調するいわゆる「仏法王法相依論」が明示される、著名な「美濃国茜部荘司住人等解」[28]が記された翌年にあたるが、為政者との密接な関係の構築という仏教側の意図はこの記文からも明確にうかがうことができよう。

このような施政と太子の事績とを結びつけて捉えていく傾向がより強く見えてくるのが、保安二年（一一二一）の聖徳太子五百回忌に際しての動向である。この時には、南都や天台等の各大寺院等で讃仰の法要が行われたが、これに際し造顕・供養された太子像には、当時の仏教界・世俗社会双方において求められていた太子信仰のあり方が顕著に示される。この時の造像として殊に著名なものに、保安元年造顕の太秦・広隆寺における着衣立像[29]と、翌年の法隆寺における勝鬘経講讃坐像[30]があるが、前者に関しては、右手に笏を持す摂政像として制作されつつ、同時に左手に、従来は袈裟を着した孝養像の持物であった柄香炉を把する姿をとる。また、後者の像も、講讃像通有の冕冠を戴きつつ、同時に摂政像の特徴である袍を着し両手で把笏する姿で表わされている。そのいずれにおいても、為政者としての太子の形像と仏教者としてのそれとが意図的に併せ表現され、これが一体のものとして崇敬の対象とされていることは明らかである。[31]当時の為政者と仏教界が挙げてこうした太子の姿を称揚し、これが社会に受容されている様相をみることができる。

このような社会と仏教との関係の密接化に伴い双方から重視されてきた、両者をつなぐ役割を果たす存在としての太子への信仰の高揚という動向の中で、既に「太子御記文」が発見されていた磯長の太子廟において、平安後期頃には、[32]「廟崛偈」と呼ばれる以下のような偈文が、廟内部の石面に太子自らが記した文として流布されるに至る。以下はこの廟崛偈を、十三世紀前半から半ばにかけて法隆寺において太子信仰の興隆に尽くした顕真が、その撰になる『聖徳太子伝古今目録抄』（『聖徳太子伝私記』とも）に、現在は逸書となっている「松子伝」からの引用として記しているものである（傍線・記号は引用者が付したものである）。

大慈大悲本誓願　愍念衆生如一子　是故方便従西方　誕生片洲興正法
我身救世観世音◎　定恵契女大勢至◎　生育我身大悲母◎　西方教主弥陀尊◎
（真如真実本一躰　一躰現三同一身　片域化縁又已尽　還帰西方我浄土）
為度末世諸衆生◎　父母所生血肉身◎　遺留勝地此廟崛◎　三骨一廟三尊位◎
過去七仏法輪所※　大乗相応功徳地※　一度参詣離悪趣※　決定往生極楽界※(33)

本地である救世観音菩薩は、大慈大悲の本誓願によって衆生をひとり子のようにあわれみ、西方浄土からこの片州である日本に誕生して正法を興す。我が妃は大勢至菩薩であり、私を生み育てた大悲の母は西方の教主阿弥陀如来である。真如真実は本来一体であり、そこからこの三身を現わした。片域（日本）での化導の縁が尽きたので西方の浄土へ還帰するが、末世の衆生済度のため父母から受けた血肉の身をこの廟崛に遺し留める。三骨一廟のこの形式は阿弥陀の三尊を表わす。この地は過去七仏の法輪を転じた所であり、また大乗相応の功徳の地である。一度参詣すれば悪趣を離れ、西方極楽浄土への往生が決定する。意味としてはおよそ以上のようなものとなろう。この内容は、当時の磯長の太子廟が、太子の母である用明天皇皇后の穴穂部間人皇女と、妃である膳菩岐々美郎女と共に合葬されている、いわゆる「三骨一廟」という陵墓の特性を強調しつつ広めていた、母は阿弥陀如来、太子は観音菩薩、妃は勢至菩薩という阿弥陀三尊の現われた存在であるとする信仰に基づき述べられたものである。ここには、右の破線部の「愍念衆生如一子」「誕生片洲興正法」といった表現に見られるように、現実社会において為政者として人々の救済を期した太子のあり方を示そうとする意図が窺えるが、また一方で右の二重傍線部のように、太子の本地救世観音による衆生救済の誓願が阿弥陀仏の西方浄土への信仰と強く結びつき、これに包含される形で位置づけられている点が特に注意される。先述の「太子御記文」の発見時に、既に現実社会における施政と仏法弘通の連関性を強調しようとしていた太子廟において、そうした営為全体を、阿弥陀三尊による現世と当来世の両面にわたる救済活動として位置づけようとする意図が明確に窺われるのである。ここに、平安初期以来、社会状況の変化に応じ、これに寄り添いつつ人々の救済に努める姿を徐々に明確化してきていた観音とその具体的姿である太子に対する信仰の、ひとつの到達した形を見ることができよう。

以上のように、平安時代末期までの観音信仰、およびこれと密接に関わって展開した太子信仰は、時代状況の変化と人々の活動の活発化に伴い種々の社会不安・苦悩が顕在化する中で、かかる状況からの救済を誓う観音への信仰が高まりを見せ、また社会的活動を活発化させていた仏教界や為政者も、こうした観音による救済を自らの動きの中に表現していこうと努めていった所産といえるものであった。そうした動きの中で、早い時期から、まさに現実社会において為政者として仏教を重視した施政をめざした存在としてもその活動が救世観音に准えられ、仏教界と為政者双方から顕彰されていくのが聖徳太子という存在であった。そしてまたこうした動きは、やがて人々を阿弥陀仏の浄土へと導く信仰とも結びつき、人々の現当二世の安楽への希求全体に関わる信仰として当該期の社会に深く根差していくのである。

観音信仰およびこれと密接に関わる太子信仰は、十世紀以降平安末期までの時期に、現実における社会や施政のあり方の変化とも関わりつつ、その救済的側面への関心が高まりをみせる状況に即応して展開した。そこには、現実の社会の状況に則した救済が社会の各層から求められる傾向が強まったこと、そしてまたそうした状況を踏まえつつ、仏教界・為政者が自らの活動の仏教的な意味での位置づけを観音・太子に関する信仰と関わらせて積極的に試みている様相を窺うことができるのである。こうした動きは、苦悩する人々の切実な救済への願望に応答しようとしたものに他ならないが、同時にそれはまた、仏教において苦悩の根本にあるとされる人間の我執的な関心が十分に問われないままになされた時、苦悩の抜去を名目としながら、仏教の名のもとに新たな束縛・従属を人々に強いていく危険性をも胚胎したものとなるであろうことも、十分に留意すべき点と思われる。現実を生きる人々の救済への切実な願いと、これに応答しようとする動き、そしてまたそれがもたらす我執的関心に基づく仏教利用の傾向の顕在化、こうした動きが同時に進行し相乗的に大きな高まりを見せていたのが、中世社会形成期というべき平安中後期における社会と仏教のあり方であった。そして、かかる状況を象徴する存在が、観音信仰およびこれと強く結びついた太子信仰であったといえよう。こうしたいわば現実社会の状況と深く関わる形で展開した信仰に、次節において確認するように比叡山を出山しようとしていた親鸞が強い関心を抱いている事実は、その関心が、単に個人的、内面的な懊悩の解決に止まるものではなく、そのような自身のあり方をも含めた、当該期の社会と仏教の持つ問題性と、それを通してこそ明確になる本来の仏教、救いへのあり方への希求といった、この時期の彼の仏教観・社会観を踏まえたものであったことを示していると思われる。

ところで、かかる動きの中で、特に観音信仰・太子信仰と阿弥陀信仰との融合ということが可能となったのは、先にも述べた通り、『仏説無量寿経』『仏説観無量寿経』といった浄土経典に、観音菩薩が、阿弥陀仏のいわゆる脇士として仏のはたらきを伝える役割を果たすと説かれていることによる。浄土経典には、かかる観音のはたらきとして、先述のように衆生の無明の黒闇を払う阿弥陀仏の光のはたらきを伝えるという役割と、阿弥陀仏を念じる者のもとに仏とともに来迎し浄土に導くという役割とが示されている。しかしながら、以上に見た観音・太子信仰と阿弥陀信仰とが結びついた状況からは、右の二つの役割のうち、主として後者、すなわち阿弥陀仏の西方浄土へと人々を導く側面のみが窺われ、前者にあたる人々の無明の黒闇を払う光のはたらきを伝えるという側面は明確に見ることができないのである。阿弥陀仏とともに来迎する観音については、平安時代中期以降に制作・創始されていく来迎図や迎講等にも登場しており、四天王寺や磯長・太子廟における阿弥陀信仰との融合もこうした流れに沿うものといえよう。すなわち、この時期までの観音信仰、およびこれと関わって展開した太子信仰においては、阿弥陀信仰との関わりが徐々に強調されながらも、そこで説かれる観音の功能は、浄土経典に説かれる功能のうちの来世往生を遂げさせる役割であり、これと、それ以前から見られる、『法華経』に説かれる現世における人々の苦を抜き救済する役割が結合した、いわば人々の現当二世の安楽・救済を願う願望に応えるものであったことが察せられるのである。

以上、本節では、親鸞在世時代以前までの観音信仰と太子信仰との展開の内容について確認した。次節ではかかる状況の中で、親鸞がどのような形で観音や太子に対する信仰を受容し展開していったかについて、引き続き確認をしてみたい。

## 二　親鸞の六角堂参籠と「六角夢想」について

親鸞の生涯において、観音や太子に関する信仰への接近が初めて確実に読み取れるのは、周知のごとく二十九歳時の六角堂への参籠とそこでの示現という出来事においてである。この出来事は、法然の専修念仏への帰入に親鸞を導いた直接的な体験として重要である。また、聖徳太子の本地とされていた六角堂の救世観音菩薩からの、「行者宿報設女犯　我成玉女身被犯　一生之間能荘厳　臨終引導生極楽」(34)という、いわゆる「六角夢想の偈」と称される夢告も、従来これと深く関わる動向として重視されてきた。

しかしながら、親鸞の六角堂参籠と聖徳太子の示現という出来事については、未だ検討すべき点がいくつか残されているように思われる。特に、これと関連して、現在までの研究においては、二十九歳時の専修念仏への帰入に先立って「六角夢想の偈」の感得があったとする見解、すなわち親鸞の伴侶である恵信尼がその消息の中で、「しけんにあつからせ給て候けれは」「九十五日のあか月の御しけんのもん」[35]と記す、親鸞二十九歳時の六角堂参籠における聖徳太子の示現の文は六角夢想の偈であるとする見解が主流を占めているのであるが[36]、これについては改めて検討がなされるべきであると思われる。本節では、こうした点をも逐次確認しつつ、親鸞における専修念仏への帰入と観音信仰、太子信仰との関係について考察を試みたい。

親鸞の専修念仏の教えへの帰入は、その著である『教行信証』に、自ら「建仁辛酉暦棄雑行兮帰本願[37]」と記していることによっても、建仁元年（一二〇一）、二十九歳時であることは疑う余地がない。また、その時の経緯については、『恵信尼消息』が、親鸞の比叡出山以後、六角堂への参籠を経て専修念仏の教えに帰するまでの経緯を述べている。すなわち、比叡山を出て、「後世をいのる」ために六角堂に百日の参籠を志し、九十五日目の暁に聖徳太子の文を誦し（あるいは、結び文をして捧げ）て示現にあずかったので、直ちに六角堂を出て法然のもとを訪ねた。以後、六角堂への参籠と同様に百日の間参り聴聞した。その結果、あらゆる人々がともに歩む道としての専修念仏の教えに帰して生きる身と定まったとする。そして、右に述べた通り、現在主流となっている理解では、この時、六角堂において本尊救世観音から示現にあずかった文は、右に掲げた六角夢想の偈とされているのである。

しかし、親鸞の生涯に関する伝記のうち、最も早くに成立し広く用いられてきた、親鸞の曽孫覚如が著した『親鸞伝絵』[38]においては、これまた周知のごとく、右のものとは異なる理解が示されているのである。すなわち、その最古態の内容を残すとされる西本願寺蔵の「琳阿本」では、親鸞が専修念仏の教えへの帰入を建仁元年、二十九歳の時のこととした上で、六角夢想の偈の感得はその二年後の建仁三年のこととする。また、この「琳阿本」の原本の成立直後に記された専修寺蔵の「高田本」、およびそれより約半世紀の後に覚如が改めて制作した東本願寺蔵の「康永本」では、専修念仏への帰入とこれに続く六角夢想の偈の感得をともに建仁三年のこととしつつ、前者には「聖人二十九歳」、後者には「辛酉」と、それぞれに本来建仁元年のこととすべき記載がわざわざ付されているのである。『親鸞伝絵』におけるこうした記載内容の矛盾、およびこれと右に確認した主流的見解との齟齬については、従来、撰者である覚如による、親鸞の専修念仏への帰入と六角夢想の年次・順序の誤認に基づく「小手先細工の改訂」の結果と評価されてきた。(39) しかしながら、覚如は生涯にわたり『親鸞伝絵』の内容をより適確なものとすべく修正を続けているのであって、かかる姿勢に鑑みれば、制作の初期段階での年次記載の錯誤を覚如が後年までそのまま放置し続けるということは考えにくいように思われる。

これに関し、先行研究を確認すると、日下無倫、宮地廓慧、藤島達朗の各氏が、『親鸞伝絵』が記す六角夢想の偈の感得は、恵信尼が記す六角堂での夢告・示現とは別の出来事と見るべきとする見解を提示していることが留意される。(40) これらの研究によれば、六角堂の救世観音菩薩（およびそれが世に現われた存在としての聖徳太子）からの夢告は二度あったもので、六角夢想の偈の感得はこのうち二度目のものとされる。そしてこの二度目の夢告は六角堂の救世観音からのものであることは疑いないが、これが感得された場所は六角堂とは別の地であるとされるのである。また、右の宮地氏は、建仁元年六角堂参籠時の太子示現の文を、前節に掲出した磯長太子廟が流布した「廟崛偈」の文とするが、この建仁元年参籠時の示現の文を廟崛偈であるとする見解に関しては、更に早く鷲尾教導氏や山田文昭氏らによっても提示され、その後の研究でも相当に有力な説であった。(41) しかし、赤松俊秀氏や古田武彦氏、平松令三氏らによって、廟崛偈の内容が、親鸞に専修念仏への帰入という重大な転機を促すものとしては相応しくないとされ、(42) 現在では六角堂の救世観音菩薩・聖徳太子からの夢告は建仁元年時一度のみで、その内容は六角夢想の偈であったとされることが殆どになっている。

しかしながら、廟崛偈の内容を確認すると、その内容は親鸞に出山と専修念仏への帰入を促す文章として、従来評価されてきたほどには相応しくないものとは言い切れないようにも思われる。特に、前節に提示した廟崛偈に傍線によって示した、阿弥陀・観音・勢至の三尊が、末世（末法）における片洲であるこの地に誕生し、大慈大悲をもって衆生を一人子のように愍念するという表現や、そのように現実社会で仏教に出遇うことの意味が、父母に准えられるようなはたらきとの関わりにおいて述べられるといった表現は、親鸞が後々に至るまで重視し続ける表現内容である。また、この偈文は、親鸞が八十三歳時に筆写し門弟覚信が所持した『皇太子聖徳奉讃』（七十五首和讃）の覚信本の末尾、[43]また、その二年後に著わされた『上宮太子御記』[44]の末尾部分にも記される。こうした親鸞の廟崛偈に対する姿勢からは、親鸞が、前節で確信したような、太子および観音の救済行を阿弥陀仏による救済と結び付けつつ捉えようとするこの偈文の内容を、むしろ生涯にわたり重視している様子を見ることができると思われる。このような点を勘案すれば、親鸞が専修念仏に帰入する際に示現を受けた際に誦していた（あるいは捧げた）偈文は廟崛偈と考えても何ら不自然ではなく、「六角夢想の偈」の感得は、建仁元年の六角堂参籠時とはまた別の時のこととすべきであるように思われる。私見では、それは専修念仏への帰入の二年後、建仁三年のことであったかと考えられる。[45]

それでは、親鸞を法然のもとに向かわせた文言が廟崛偈である可能性が高いとするならば、親鸞はその文言の如何なる部分にその示唆を感じたのであろうか。

当時の社会においては、先述した通り、社会状況の変化に伴い、社会各層において、人々と共に歩み救済する仏教のあり方を希求する動きが活発化していた。また、かかる状況の下、仏教界においても、世俗社会との関係が強まる中で仏教界を含めた権力による人々への支配を正当化し人々を従わせる言説としても教えが説示されるような状況にあった[46]。また、仏教界と世俗社会との緊密化が進む中で、これまでのような戒律や修行法を厳格に守るようなあり方と、一般の人々、さらには世俗化する寺院社会において生活する宗教者における具体的なあり方との間に生じる齟齬や矛盾を如何に考えるべきかという問題やこれに対する種々の応答も顕在化しつつあった[47]。そしてまた、そうした動向によって、却って人々の中に真の救いとは何か、仏教のあるべき姿とはどのようなあり方かといった関心も高まりを見せている状態にあったといえよう。六角堂の本尊如意輪観音は、右のような状況の中で、まさにあらゆる人々のあらゆる願いをかなえる存在として崇敬され[48]、「世を救う」存在である救世菩薩と同体とされていた[49]。そしてまたそうした観音による救済は、太子の姿をとって現実に現われるものとして人々に受け止められてもいたのである。当時の六角堂は、平安京における天台宗による観音信仰、太子信仰鼓吹の拠点であったが、人々がこの地に参詣し祈りを捧げたのは、その地が観音の霊場であっただけでなく、そのはたらきが具体的に世に現われ人々と共に歩んだ存在としての太子崇敬の地でもあったからであろう。

かかる社会の状況及びそこでの宗教的関心の所在を踏まえつつ、今一度廟崛偈の文を確認すると、そこには、末法に生きる人々を一子の如く育もうとする誓願により、救世観音であるこの身が、阿弥陀仏と勢至菩薩とともに、具体的に「片洲」たる日本の地に生まれ、母子・夫婦としての生活を営みつつ、西方浄土への往生に導く、それがこの地が大乗相応功徳の地である所以である、ということが述べられている。また、殊に「誕生片洲興正法」という文言からは、現実社会と深く関わる中で仏教を重視した太子のあり方が強調されていることも窺われる。このように時代状況に即応し現実と関わる形での救済を説こうとしている太子＝観音のあり方が、そのまま末法におけるあらゆる存在の救済を誓う阿弥陀仏への信仰に包含される形で説かれている点に、親鸞は強い関心を抱いたのではなかろうか。

親鸞が二十九歳で六角堂への参籠を志した時は、既に法然が比叡山を出て吉水に住してより二十年以上が経過し、そのもとには多くの人々が集い、『選択本願念仏集』の撰述も既にこの三年前には終えられていた。一方、参籠以前の親鸞においては、右に見た廟崛偈の内容や参籠した当時の六角堂の状況から考えても、現実社会と仏教との関係が相当に密接なものとなった状況の下で、本来の意味での大乗の仏教のあり方、救済の成就とは如何なるものかという関心が高まっていたであろうことが察せられる。そうした親鸞にとって、末法における時機相応の教えとして専修念仏を説く法然の存在は、既に強く意識される存在であっただろう。かかる状況の下で、法然のもとに親鸞を向かわしめる道筋を明らかに示す存在として、この廟崛偈はむしろ相応しい内容を持つとさえいえるものではなかろうか。

以上の点を踏まえ、法然のもとで専修念仏の教えに帰した親鸞が、現実の社会の中で他者と共に歩もうとした際、具体的には結婚をして仏道を歩もうとした際に、これもまた彼の生涯を通じて重大な影響を与えることになる「六角夢想の偈」を感得したことの意味について確認したい。この六角夢想の偈文は、親鸞の主要な門弟である真仏による書写本が伝わる、親鸞が重視していたと思われる経釈の要文を収載する『経釈文聞書』に詳細に記されているので、こちらを掲出する。

親鸞夢記云

六角堂《ノ》救世《クセ》大菩薩示《シ》二現《ケンシテ》顔容《ケンヨウ》

端政《タンシヤウ》之《ノ》僧形《ソウギヤウヲ》一令《シメテ》三服《フク》二著《チヤクセ》白納《シロキノウノ》御

袈裟《ケサヲ》一端《タン》二座《サシテ》廣大《ノ》白蓮華《ニ》一告《シテ》二命

善信《ニ》言《ク》
行者《キヤウシヤ》宿報《シウホウニテ》《シウホウ》設《セチ》女《ニヨホム》犯《オカス》
我成《ワレナリテ》《カシヤウ》二玉女《キヨクニヨノ》《キヨクニヨ》身《ミト》《シン》一被《ラレム》《ヒ》二犯《ホムセ》《ホム》一
一生《シヤウ》之《ノ》《シ》間《アヒタ》《ケン》能《ヨク》《ノウ》荘厳《シヤウコムシテ》《シヤウコム》
臨終《リムシユニ》《リムシユ》引導《インタウシテ》《インタウ》生《セシメム》《シヤウ》二極楽《ニ》一　文
救世《クセ》菩薩誦《シユシテ》二此《コノ》文《ヲ》一言《ク》此《コノ》文《ハ》吾誓《ワカセイ》
願ナリ　一切群《クン》生《ニ》可《ヘシ》二説聞《トトキキカス》一告命《カウミヤウシタマヘリ》
因《ヨテ》二斯告命《コノカウミヤウニ》一数千萬《カスセンマンノ》有情《ウシヤウニ》
令《シム》三聞《トキカ》二之《コレヲ》一覚《オホエテ》夢悟《ユメサメ》了《ヌ》[50]

この偈文については、これと類似した内容を持つ聖教として、以前より真言密教の教理書である『覚禅鈔』の「如意輪末車去車」に載せられる文が知られている。[51] この文の内容と六角夢想の偈の内容との類似点と相違点についても、既に別稿に論じているのでここでの詳述は避けるが、[52]『覚禅鈔』の文が、人間の欲望の発露によって他者を傷つけるようなあり方を、それを受け止める観音が許諾し正当化しているようにさえ読み取れる内容を持つのに対して、この六角夢想の偈文は、そうした他者を傷つけずには生きられないような罪業性を、正当化するのではなく、人間の普遍的な罪、すなわち宿業の問題として捉えている点に大きな相違がある。[53] そしてさらに言えば、「我成玉女身被犯」という表現が明示するように、そうした罪業性が、共にある仏菩薩のはたらきを通して知らしめられるということを明示している点も、この偈文の大きな特徴と思われる。すなわち、人間である限り避けることができない普遍的な罪業を、単に慰撫したり正当化したりする存在としてではなく、共に歩む存在としての自らが傷つけられること（「被犯」）をもって知らしめるという形を取って、観音が登場しているのである(54)。

こうした、共にありつつその者の罪障性を照射するようなはたらきこそ、前節で見た浄土経典において示されるところの阿弥陀仏の光としての観音のはたらきに他ならない。親鸞は、廟崛偈の導きにより、末法である現実社会において、人々と共に歩み共に救済されることを説いていた法然の専修念仏の教えに帰していったと考えられるが、そこにおいて、他者と真の意味で共に歩むことを可能にするはたらきとしての観音に、自身と共にあり、自身における無明の黒闇をはらう阿弥陀仏の光のはたらきを見出し、出遇ったということができよう。またそのことを最も具体的に示す出来事が、伴侶である恵信尼との結婚ということであったといえよう。このように親鸞における観音および聖徳太子に対する理解は、法然の説く専修念仏の教えに帰することによって初めてその意味が明確になったといえるが、逆に言えば、親鸞がそうした理解をなし得たのは、専修念仏への帰入以前に、真の大乗、一乗とは何か、あるいは、現実と仏教とのあるべき関わり方とは如何なるものかといった当時の時代社会が抱えていた課題に、彼が向き合い続けた営みがあったからに他ならない。そうした意味において、当然のことではあるが、親鸞において、専修念仏の教えに帰するまでの歩みも、また非常に重要な意味を有していたということができると思われる。

## おわりに

以上に見てきたように、親鸞の専修念仏の教えに帰するに至る歩みにおいては、常に、人々と共に歩みつつ救済しようとする観音のはたらきが意識されていた。これは、あらゆる存在が平等に仏となることができるという一乗成仏の教えとこれを説く『法華経』の内容、および、そこでの具体的な菩薩行のあり方を示す存在としての観音のはたらきが、親鸞が修行した比叡山延暦寺を中心とする当時の天台宗をはじめとする仏教界によって説かれていたが故のことであったであろう。殊に、親鸞の在世時までには、この現実社会において人々と共にあり救済しようとする仏道のあり方を象徴する存在として、観音菩薩、およびその現実に現われた姿としての聖徳太子に対する関心と崇敬が高まりを見せていた。また、こうした観音や太子が、浄土経典に説かれる阿弥陀仏への信仰と結び付けられて説かれるということも始められていた。親鸞は、かかる仏教のあり方、およびそれらの仏教が対峙した社会のあり方に正面から向き合い続けたが故に、その真の意味での現実社会における展開のあり方を、浄土経典に説かれる観音の本体としての阿弥陀仏のはたらきに見出していくことができたと考えられる。また、以上に見てきたような太子信仰において常に人々から意識されていた、現実の社会、時に施政のあり方とも密接に関わる仏教のあり方という点についても、親鸞は生涯を通じて強い関心を抱き続けていることが著述等から窺われるが、かかる関心が生じるに至るのもまた、親鸞における、あるべき施政のあり方について模索し表現することを家業とする文人貴族という出自が影響していることが察せられる。

このように、親鸞の生涯において、二十九歳時の法然を通じた専修念仏への帰入という出来事は最も重大なものであったが、そこに至るまでの、日野流藤原氏という出自・世系や比叡山延暦寺での修学・出山といった、それぞれの局面における社会の現実とそこでの仏教のあり方、および、その中での人々の真の意味で共に歩もうとする願望の深化・純化等の動きに対する関心の深まりが、その最も重大な出来事を生ぜしめたということができる。そうした意味で、冒頭に述べたような親鸞の思想が形成される前提としての、当該期における社会と仏教の実態を適確に認識することの重要性が思われる。就中、現実社会の只中において仏教に基づく社会のあり方を模索した先蹤としての聖徳太子の存在が、本稿で確認した専修念仏への帰入に際しての示唆を嚆矢として、親鸞の生涯にわたり多大な影響を及ぼしていることは、親鸞の仏教観、社会観を考察しようとする際、改めて銘記すべきことといえよう。

今後も、現実の社会における真の大乗の仏道として模索され開顕された親鸞の思想と、これを生み出し育んでいった、聖徳太子に象徴的に看取されるような時代社会や仏教のあり方との関係について、更に考察を進めていきたいと思う。

**注**

（1）『顕浄土真実教行証文類』（以下、『教行信証』と表記する）顕浄土真実行文類二（行巻）における「一乗海」に関する言及（『定本親鸞聖人全集』第一巻）等。

（2）『教行信証』行巻における『選択本願念仏集』「三選の文」の引用（『同右』第一巻）、『末燈鈔』第一通、建長三年（一二五一）閏九月二十日付書簡の「浄土真宗は大乗のなかの至極なり」の文言（『同右』第三巻）等。

（3）『教行信証』顕浄土真実信文類三（信巻）における以下の文（『同右』第一巻）等に端的に示される。

一切凡小一切時中貪愛之心常能汚善心瞋憎之心常能焼法財急作急修如炙頭燃衆名雑毒雑修之善亦名虚仮諂偽之行不名真実業也以此虚仮雑毒之善欲生無量光明土此必不可也

（4）『同右』行巻の、

爾者乗大悲願船浮光明広海至徳風静衆禍波転即破無明闇速到無量光明土証大般涅槃

という表現（同右）や、同書顕浄土真実証文類四（証巻）の

然煩悩成就凡夫生死罪濁群萠獲往相回向心行即時入大乗正定聚之数住正定聚故必至滅度

という表現（同右）等に示されている。

（5）たとえば、親鸞の生涯を理解する上での基本的な文献として現在も重視されている赤松俊秀『親鸞』（人物叢書、

吉川弘文館、一九六一年）や、平松令三『親鸞』（歴史文化ライブラリー、吉川弘文館、一九九八年）においては、二十九歳時の六角堂参籠と法然の専修念仏への帰入に至る以前の親鸞の関心・課題が、「当時の親鸞の悩みは性欲を中心とするもの」（赤松）と、専修念仏への帰入以後の視点・課題に比して著しく限局的なものと捉えられたり、「強烈な挫折感から比叡山を下りる決断をした」（平松）等と、専修念仏への帰入以後とは断絶的なものと捉えられたりされてきた。また、真宗学の分野における見解においても、やはり、二十九歳時の専修念仏への帰入以後の親鸞とそれ以前の比叡山での修学修行の彼との間に、主として自力聖道的な仏道のあり方と、本願他力の念仏を奉じるそれとの質的な違いに由来する断絶面を強調するものが多く見られる。

(6) 『教行信証』顕浄土方便化身土文類六（化身土・末巻）（同右）。

(7) 拙著『『親鸞聖人伝絵』考察』（東本願寺出版、二〇二二年）。

(8) 速水侑『観音信仰』（塙選書、塙書房、一九七〇年初版、一九八三年第二版）。

(9) 速水注（8）前掲著書。

(10) 『妙法蓮華経』巻第七、観世音菩薩普門品第二十五（『大正新脩大蔵経』第九巻）。なお、観音菩薩による現世的側面での救済を説く経典は『法華経』の他にも多く存するが、その殆どにおいて、現世にあって人々に寄り添いつつ抜苦与楽する功能が強調されている。

(11) 速水注（8）前掲著書、および拙稿「平安中期平安京における講会開催とその意義――応和三年の二つの経供養会を中心に――」（『佛教史学研究』第四三巻第二号、二〇〇一年）、同「天暦造像と応和の大般若経供養会――社会・国家の変化と、交流・呼応の場としての講会の創始――」（伊藤唯信編『浄土の聖者　空也』〈日本の名僧　第五巻〉吉川弘文館、二〇〇五年）。

(12) 林幹彌『太子信仰――その発生と発展――』（評論社、一九七二年）、藤井由紀子『聖徳太子の伝承――イメージの再生と信仰――』（吉川弘文館、一九九九年）、榊原史子『聖徳太子信仰とは何か』（勉誠出版、二〇二一年）。

(13) 『法隆寺東院縁起資材帳』（松田和晃編著『索引対照　古代資財帳集成――奈良期――』、すずさわ書店、二〇〇一年）。

（14）「上宮皇太子菩薩伝」（もと思託『延暦僧録』〈逸文〉所収。宗性『日本高僧伝要文抄』所引）（藤原猶雪編『聖徳太子全集』、龍吟社、一九四四年、複製版『聖徳太子伝』として発行、上巻、臨川書店、一九七七年）。

（15）『上宮聖徳太子伝補闕記』（同右）。

（16）『聖徳太子伝暦』（同右）。

（17）『四天王寺縁起』（榊原史子『『四天王寺縁起』の研究――聖徳太子の縁起とその周辺――』、勉誠出版、二〇一三年）。

（18）平雅行『日本中世の社会と仏教』（塙書房、一九九二年）。

（19）『仏説無量寿経』巻下（『大正新脩大蔵経』第十二巻）には、観音菩薩が娑婆界で菩薩の行を修して浄土に生じ、阿弥陀仏の光明を伝える存在となっていることが説かれる。また、『仏説観無量寿経』（『仏説観無量寿仏経』）（『同右』）には、苦悩する凡夫である韋提希の前に阿弥陀仏・勢至菩薩とともに現じており、また浄土の荘厳の観察が説かれる中、第七華座観、第八像観、第十観音観において、『仏説無量寿経』と同様に人々に阿弥陀仏の光明を伝え、諸禍に遇わせず浄土に導く存在として、更には、第十三の定善観において、念仏を修する人の臨終時に阿弥陀仏や他の菩薩・眷属とともに来迎し浄土に生ぜしめる存在として説かれている。

（20）注（17）に同じ。該当部分の記載は以下の通りである。

吾入滅之後、或生国王后妃、造建数大寺塔於国国所、造置数大仏菩薩像、書写数多経論疏義、施入数多資材宝物田園等、或生比丘比丘尼長者卑賤身、弘興教法、救済有情、是非他身、吾身是耳

（21）上島享『日本中世社会の形成と王権』（名古屋大学出版会、二〇一〇年）。

（22）こうした藤原道長の姿勢を示す史料は枚挙にいとまがないが、例えば道長が主催し行われた作文会の詩序において、当時の代表的な文人貴族らは、道長が執政をつとめていた時期の治政と仏教との関係について、「夫釈尊之出レ世焉為二一仏乗一也。相府之仕レ朝亦為二一仏乗一也。」（大江匡衡「七言。夏夜陪二左相府池亭一守二庚申一同賦三池清知二

雨晴㆒応㆑教一首。幷序」『江吏部集』『群書類従』第九輯）、「常憶内外之学、其跡雖㆑異、国家之用、其治惟同。真云俗云、不㆑可㆑闕㆑一」（大江以言「夏日侍㆓左相府池亭㆒諸道講論後同賦㆓松声当㆑夏寒㆒応㆑教」『本朝文粋』巻第十『新日本古典文学大系』二七）等と述べている。これらは単なる修辞上の麗句的表現たるに止まらず、道長の施政において仏教的な理念が重視されていたことの反映と見てよいものと思う。

(23)『扶桑略記』治安三年十月十七日～二十八日条（『新訂増補国史大系』）。林注（12）前掲著書。

(24)『栄花物語』巻第十五、うたがひ（『日本古典文学大系』七五）。

(25)『台記』康治二年十月二十日～二十二日、久安二年九月十一日～十六日、同三年九月九日～十六日、同四年五月八日、十日～十九日、同年九月九日～二十九日、同六年九月九日～二十六日の各条（内閣文庫所蔵写本　国立公文書館デジタルアーカイブ）。

(26) 平注（18）前掲著書、同氏『親鸞とその時代』（法藏館、二〇〇一年）。

(27)『古事談』巻第五　二五（『新日本古典文学大系』四一）。小野一之「聖徳太子墓の展開と叡福寺の成立」（『日本史研究』第三四二号、一九九一年）。

(28)「美濃国茜部荘司住人等解」東大寺文書四ノ十三（『平安遺文』古文書編第三巻、第七〇二号）。仏法王法相依論については、佐藤弘夫「仏法王法相依論の成立と展開」（『佛教史学研究』第二八巻第一号、一九八五年、後、同氏『神・仏・王権の中世』、法藏館、一九九八年）および平注（18）前掲著書等参照。

(29) 伊東史朗編『広隆寺上宮王院聖徳太子像　調査報告』（京都大学学術出版会、一九九七年）。

(30)「聖徳太子および侍者像」解説（山口隆之執筆）（奈良国立博物館・東京国立博物館他編『特別展　聖徳太子と法隆寺』図録、読売新聞社・NHK・NHKプロモーション、二〇二一年）。

(31) また、これらの像には、広隆寺の像に『法華経』普門品と『勝鬘経』、由緒の寺院から齎された太子有縁の品、および救世観音・勝鬘夫人・南嶽慧思を刻した心月輪が、法隆寺の像に『法華経』『維摩経』『勝鬘経』の三経と亀背に載った蓬萊山形、および銅造観音像がそれぞれ納入されており、いずれの造像においても、本地が観音である太子によって仏説に基づく施政がなされたことが表現されている。
(32) 林幹彌氏は、注(12)前掲著書において、廟崛偈の登場は、先述した十一世紀半ばの「太子御記文」の発見から「おそらくあまりときを経ないころ」であっただろうとしている。
(33) 『聖徳太子伝古今目録抄』(『聖徳太子伝私記』)(荻野三七彦『聖徳太子伝古今目録抄の基礎的研究』、法隆寺、一九三七年)。引用に際して、傍線、記号等を付した。
(34) 「六角夢想の偈」は、親鸞在世時に門弟の真仏が書写した『経釈文聞書』、および親鸞の曽孫覚如が著した『親鸞伝絵』等に所掲されており、親鸞の思想・行状の特徴を端的に示す文言の一つとして早くから重視されてきた。
(35) 『恵信尼消息』第三通(『大系真宗史料』文書記録編1)。
(36) 赤松俊秀氏が注(5)前掲著書において、親鸞二十九歳時の六角堂参籠における聖徳太子の示現の文は六角夢想の偈であるとして以来、多くの論者がこの説に従っている。
(37) 注(6)に同じ。
(38) 『親鸞伝絵』の諸本のうち、本稿では、最も古い成立に属する、永仁三年(一二九五)十月、覚如が二十六歳の時に初めて著した伝絵の覚如自身による写しとされる『善信聖人絵』(「琳阿本」、西本願寺蔵)、同年の十二月に著わした『善信聖人〈親鸞〉伝絵』(「高田本」、専修寺蔵)の二本と、現在も最も広く依用され、覚如における伝絵の決定版的な位置を占める、康永二年(一三四三)、覚如七十四歳時に成立した『本願寺聖人伝絵』(「康永本」、東本願寺蔵)(以上、『真宗重宝聚英』第五巻、親鸞聖人伝絵、および、『大系真宗史料』[特別巻]絵巻と絵詞　所収)の計三本を主として参照した。
(39) 赤松注(5)前掲著書。赤松氏の本著作の内容は、現在通説的位置を占めている親鸞伝に関する見解の大部分を形成しているといっても過言ではないと思われるが、この『親鸞伝絵』の当該部分の記載内容を覚如の誤謬に端を発する糊塗的な改訂と見る見解も、現在に至るまで大方の支持を得ている状況にあるとみなされる。
(40) 日下無倫『総説親鸞伝絵』(史籍刊行会、一九五八年、原著『本願寺聖人伝絵講要』〈昭和十四年真宗大谷派安居

講本〉、安居事務所、一九三九年）、宮地廓慧「六角夢想の年時」（『人文論叢』第六号、一九六二年、後、同氏『親鸞伝の研究』、百華苑、一九六八年）、『定本親鸞聖人全集』（法藏館、一九六九年）第四巻、言行篇⑵解説（藤島達朗執筆）。但し、宮地氏は、六角堂での夢告・示現と「六角夢想の偈」の感得を別々の時のこととしつつも、いずれも建仁元年に起こったこととしている。

（41）鷲尾教導『恵信尼文書の研究』（中外出版、一九二三年）、山田文昭著・山田文昭遺稿刊行会編輯『真宗史稿』（破塵閣書房、一九三四年、法藏館、一九六八年復刊）など、早い時期の真宗研究者による説をはじめ、佐々木円梁『親鸞聖人の生涯と信仰』上巻（三省堂、一九三八年）、日下注（40）前掲著書（原著上梓一九三九年）、宮崎圓遵「親鸞聖人伝素描」（『大乗』第六巻第一号、一九五五年、後、『宮崎圓遵著作集』第一巻、親鸞の研究（上）、永田文昌堂、一九八六年）、梅原真隆『恵信尼文書の考究』（専長寺文書伝道部道発行所、一九五七年、永田文昌堂、一九六〇年）、宮地注（40）前掲論文。なお、この建仁元年、六角堂での「示現の文」については、『恵信尼消息』の文面の解釈をめぐって、①参籠の際、親鸞が口誦した（あるいは結び文を捧げた）聖徳太子の文であり、その結果、太子の示現が得られたとする見方（山田、佐々木、宮地の各氏）と、②参籠の際、聖徳太子が親鸞に対して口誦した（あるいは結び文を授けた）文とみる見方（鷲尾、日下、宮崎、梅原の各氏）の二つが存在する。私見では、この廟崛偈の文が当時既に太子作と信じられ、親鸞もよくその内容を知るところであった点を踏まえて、上記二説のうち①、すなわち、参籠の際、親鸞が廟窟偈を口誦し（あるいは結び文を捧げ）、示現を受けたと見るべきではなかろうかと考える。いずれの見方を取るかについてはなお慎重な判断が必要と思われるが、両説ともに、六角堂に参籠した二十九歳の親鸞に対し、廟崛偈が重要な示唆を与えたとする視点は一致している。

（42）赤松氏は、注（5）前掲著書において「吉水に行くべき示唆が感じられない」とし、古田武彦氏は、その著『親鸞思想――その史料批判――』（冨山房、一九七五年）で、「〝レディーメード〟の偈文だ、という点（中略）六角堂でひとり親鸞に「示現」された文たるにふさわしくない」とし、平松令三氏は注（5）前掲著書で、「磯長へ参詣者を集めようとする露骨なコマーシャル・メッセージに過ぎない」としている。

(43)親鸞真蹟の『皇太子聖徳奉讃』(七十五首和讃)の覚信本は、近世に解綴分断され現在は諸所に分蔵されているが、解綴前の形態を伝えるものとして、大谷大学図書館蔵の恵空による写本がある。その末尾部分に廟崛偈が記されているが、本稿第一節に掲出した内容と比較すると一部に相違(本稿第一節に掲出した偈文中、(　)で括った部分がない)のある文面となっている。この和讃の末尾に記された廟崛偈の一部を記したもの(同じく掲出した偈文中の◎印を付した部分に当たるもの)の真蹟が金沢市専光寺に、またこれに続く内容(同じく掲出した偈文中の※印を付した部分)の真蹟が愛知県安城市の本證寺に、同一内容の真蹟の影写本が福井県越前町の浄勝寺に、それぞれ所蔵される(『親鸞聖人真蹟集成』第九巻。小山正文「親鸞見写の廟崛偈」、『真宗研究』三四、一九九〇年、後、同氏『親鸞と真宗絵伝』、法藏館、二〇〇〇年、同朋大学仏教文化研究所編『親鸞・初期真宗門流の研究』、法藏館、二〇二三年、口絵1「親鸞真筆『廟崛偈文』(愛知県安城市本證寺蔵)」、小山正文「親鸞真蹟をめぐる一考察」右論集所収　参照)。

(44)『上宮太子御記』(『定本親鸞聖人全集』第五巻)。なお、本史料については、堅田修『上宮太子御記序説』(真宗大谷派宗務所出版部、一九九〇年)参照。

(45)この点に関しては既に別の機会に論じている(注(7)前掲拙著)ので詳述を避けるが、覚如が『親鸞伝絵』「高田本」「康永本」において、六角堂への参籠・示現と専修念仏への帰入(同史料第二段)、および六角夢想の偈の感得(同第三段)のいずれに関しても、その時期を建仁元年とも同三年とも受け取れる記し方をしているのは、この二つの出来事について、右の二つの年次のいずれの時のことであったか、また両者が同一の時期の出来事であったか別の時のことであったかについての伝承や理解が、『伝絵』の編纂が始められた当初の時点で既にいずれかに確定できないものとなっており、結果、覚如はその両説に配慮した記し方をせざるを得なかったものと推察した。私見では、六角夢想の偈の感得は、覚如が『伝絵』の諸本に「建仁三季」「四月五日夜寅時」と記しているように、建仁三年、親鸞三十一歳時のことであると思われる。それは、六角夢想の偈に関する『伝絵』「高田本」の絵相部分の詞書が、「夢中に六角堂をみたまふところ也」という、この偈文の感得が六角堂以外の場所でなされたかに読めるような記し方をしている点（藤島注（40）前掲解説に言及がある）や、親鸞の結婚と関係が深い内容を持つ本偈文を感得することは、吉水において恵信尼と出遇った後のことと考えるのが自然であろうと考えられる点等によっても首肯できるのではなかろうか。なお親鸞と恵信尼との出遇いの場所をめぐっては、今井雅晴氏が『恵信尼――親鸞とともに歩んだ六十年――』（法藏館、二〇一三年）他の著作において、『恵信尼消息』における助動詞の用いられ方から吉水である可能性の高いことを指摘しているが、この点もまた六角夢想の偈が吉水の法然のもとで恵信尼に出遇って以後に感得されたものであることを示していると思われる。

（46）平注（18）前掲著書参照。

（47）袴谷憲昭『本覚思想批判』（大蔵出版、一九八九年）他において指摘される、当該期に非常に活発に展開した天台本覚思想において、仏教の教説と現実における仏教のあり方との間の齟齬や隔絶、矛盾を正当化し得るような思想が展開した事実も、こうした状況への対応の一環と捉えることができよう。

（48）『阿娑縛抄』第九二、如意輪（『大正新脩大蔵経』図像四、『大日本仏教全書』第三八冊）。

（49）『同右』第二〇〇、諸寺略記上、六角堂（『同右』図像九、『同右』第四一冊）、『拾芥抄』下、諸寺部第九、三十三所観音（『改訂増補故実叢書』二二）。

（50）『経釈文聞書』（真宗高田派教学院編『影印高田古典』第一巻、真佛上人集、真宗高田派宗務院、一九九六年）。

（51）覚禅鈔研究会編『勧修寺善本影印集成　六　覚禅鈔　六』（親王院堯榮文庫、二〇〇二年）。当該部分の原文は以下の通りである。

又云発邪見心《ヲ》婬欲熾盛可堕落於世如意輪我○成王玉女為其人《ノ》親《キ》妻妾《ト》共生愛《ヲ》一期《ノ》生間荘厳以福貴令造無辺善事

西方極楽浄土令成仏道莫生疑《ヲ》云々

この『覚禅鈔』の文と「六角夢想の偈」との類似性については、名畑崇「親鸞聖人の六角夢想の偈について」（『真宗研究』八、一九六三年）において初めて指摘がなされた。

なお、「玉女」の語に関しては、親鸞の出家以後、その比叡山での歩みにも深く関わったと推察される慈円の夢想の記録に、王とその妻后それぞれが、三種神器のうちの宝剣と神璽に、また金輪聖王の一字金輪と仏眼仏母＝玉女に相当するという記載があり、両者の「交会」は、仏法王法の成就による理国利民、王統の正統の正統化を齎すことであり、「罪無き」こととされている（『慈鎮和尚夢想記』『続天台宗全書』密教三）。かかる言説なども、当該期の仏教と社会・為政者等をめぐる諸状況反映の一齣といえよう。本夢想記に関しては、水上文義『台密思想形成の研究』（春秋社、二〇〇八年）、阿部泰郎『中世日本の王権神話』（名古屋大学出版会、二〇二〇年）において分析がなされている。

(52)　注（7）前掲拙著。

(53)　平雅行『歴史のなかに見る親鸞』（法藏館、二〇一一年）。

(54)　このような観音の姿は、阿弥陀仏の光としてのはたらきを示すものといえようが、こうした衆生の罪業性を照射するという阿弥陀仏の光のはたらきにこの時期の親鸞が注目していたことは、彼が戒律というものの意味、およびそのことと関わって阿弥陀仏への信仰の意味を確かめようとしていたという点においても重要なことと思われる。後に親鸞は、『教行信証』化身土巻において、最澄作とされていた『末法燈明記』を引用しつつ、末法における時機相応の教えとして念仏を勧めているが、そこには、末法が近づくにつれて戒律をたもつものがいなくなり、僧尼が嫁娶し子息を儲け、仏弟子はみな猟師のごとくなると記されている。また、同じ箇所では、かかる時機には袈裟が変じて白くなるとも記されている。『経釈文聞書』所載「親鸞夢記」が、六角堂の救世菩薩示現の姿として白衲の袈裟を着することを記すのは、既にこの夢告を感得した時期の親鸞において、右の『末法燈明記』に記される無戒の状況が強く意識されていたことを示すといえよう。世俗社会と仏教界との関係の緊密化等に伴い、出家者においても戒律をたもつことが困難になり、また戒律をたもつことがはじめから不可能な多くの在俗者においても仏教への関心が広汎に高まっていた当該期にあって、親鸞は、戒律の根本にあると考えられる、他者をできるだけ傷つけずにありたいという精神が、阿弥陀仏の光のはたらきに照射されることによってこそ知らしめられることを示そうとしたのではなかろうか。そのように考えるならば、偈文の中の「女犯」「被犯」等の語に用いられる「犯」の語も、如上の親鸞の関心による、戒律を犯す・破ることを示す語である「犯戒」という語に根拠するものとみてよいのではないかと考える。

# 千葉氏妙見信仰と比叡山

岡野浩二

## はじめに

千葉氏の当主は代々妙見菩薩に守られてきた。それは千葉氏の始祖の平良文（平将門の叔父）からで、平忠常（?～一〇三一）のときに千葉の地（千葉県千葉市）に金剛授寺（妙見宮）が建てられた。そのような話が、建武四年（一三三七）以前成立の『源平闘諍録』や、十六世紀後半成立の『千学集抜粋』に記されている。その千葉氏妙見信仰について筆者は、平安時代の記事が史実でないと論じた。また千葉氏妙見信仰には、一族の結集を図る機能、千葉氏が活動拠点を肥前国小城（佐賀県小城市）や下総国佐倉（千葉県酒々井町・佐倉市）に移したのを正当化する機能、良文流桓武平氏のなかで千葉氏がその嫡系であると主張する機能があったことを指摘した。[1]

千葉氏妙見信仰の形成・展開については、いつ、どこから、誰が、どのように、妙見信仰を下総国の千葉氏に伝えたかなど、考えるべき課題が多い。それを担った僧侶についていえば、丸井敬司は『源平闘諍録』が妙見菩薩の本地仏を千手観音、『千学集抜粋』が薬師如来を本地仏とすることに着目して、妙見信仰の担い手が、天台僧から真言僧に転じたと推測した。[2] また野口実は、千葉氏出身の日胤（千葉常胤の子、園城寺僧）のほか、了行（園城寺僧で九条家出身の慶政と交流、千葉寺に住み宋版一切経を摺写）に注目している。[3] さらに源健一郎は、十三・十四世紀に千葉寺・龍角寺で仏典を書写した延暦寺僧の心慶（龍角寺・千葉寺閻魔堂）・朗鑁（龍角寺）、園城寺僧の源山（千葉寺）に着目し、十四世紀前半に天台宗檀那流と寺門派の僧の影響下で、妙見菩薩の本体・本地説が展開したと主張している。[4]

本稿では、源健一郎が提示した天台僧の関東地方での活動という観点に立って、考察を深めることにしたい。同氏が指摘するように『千学集抜粋』（八〇頁下段～八一頁上段）に、[5]

日本王子、比叡山に升（昇）て御即位也、その例に倣ハせられ、葛原親王・高見親王・高望親王、いつれも山にて御即位なされし也、高望王の御子良文、比叡山にて御元服あらせらる、後陸奥守となりて陸奥へ下りて、又関東へ移り給ふとき、若君をして上野国息災寺妙見大菩薩御宮前にて御元服なさしめ給ふ、即上野次郎忠頼と申す也、此例に随ひ、代々妙見の御前にて御元服あらせらる、

と記されている。①桓武天皇（七三七～八〇六）は比叡山において即位した、②葛原親王・高見王・高望王は、比叡山（「山」）で即位した、③平良文は、比叡山で元服した、④平忠頼（良文の子）は、上野国息災寺妙見大菩薩御宮前で元服したという内容である。桓武天皇からの系譜を強調するとともに、比叡山延暦寺・上野国息災寺を宗教的権威として登場させているのである。これに関していえば、比叡山における妙見信仰や、上野国の妙見寺についての事実関係の提示が、これまで十分になされていない。

また、天台僧什覚が常陸国で康暦二年（一三八〇）に記した『檀那門跡相承資』に天台僧の東国での活動や、下総国の地名・寺院名が多くみられる。また、それと同時期に下総国などで活動した天台僧の厳吽（玄吽）が記した『玄旨重大事口決』には、七星・九曜・七仏薬師など『源平闘諍録』『千学集抜粋』に載る妙見信仰と関連する記事

がみられる。それらの意味を考える必要がある。

そこで第一節で比叡山延暦寺とその周辺の妙見信仰、第二節で上野国妙見寺を取り上げて検討する。第三節では、十四世紀に下総国とその周辺で活動した天台僧やその著作から妙見信仰の東国への伝播を考える。

## 一　比叡山とその周辺の妙見菩薩

### 最澄と妙見菩薩

『檀那門跡相承資』は、茨城県稲敷市の逢善寺の所蔵で、什覚が康暦二年（一三八〇）に記した記録、弘尊が宝徳四年（一四五二）に記した記録、祐晴・定珍の記録からなり、天正十八年（一五九〇）までの記事が知られる。そのうち什覚よる記録に（二七三頁上段）(6)、

又三塔ハ、台蔵ノ心也、九院ハ金界ノ心也、東塔ヲ為二シテ本院一ト、伝教（最澄）建立ノ地、桓武ノ叡慮也、東塔ニ有二リ東西南北ノ四谷一、東塔北谷ニハ、八部・虚空蔵ノ両尾アル也、八部ノ尾ト者、伝教大師奉レ立二妙見一ヲ成スニ供養一ヲ、天龍八部下ルニ故ニ名二ク八部ノ尾一ト、

と記されている。つまり、比叡山東塔北谷の八部の尾根に最澄（七六七〜八二二）が妙見菩薩像を造立したというものである。この話は、他の史料にもみられる。十巻本『伊呂波字類抄』は、十二世紀後半の成立の語彙字書である。その「八部院」に次の記事がある(7)。

八部院、在二法華三昧空（堂）西尾上一、方三間室、安二置妙見菩薩像一体一、居高一尺五寸、梵天・帝尺・四天王像一体、
並高一尺五寸、八部尊像、

また『阿娑縛抄諸寺略記』は、文永十二年（一二七五）ごろに成立した諸寺院の縁起集で、比叡山延暦寺の八部院に次の記事がある（『大日本仏教全書　第四一冊　阿娑縛抄第七』三八七頁）。

八部院、在二法華三昧堂西尾根上一

葺檜皮方三間堂一宇、

安二置妙見菩薩像一体一、居高一尺五寸、

梵天・帝釈・四天王立像各々一軀、並高一尺五寸、

右院、伝教大師（最澄）所二草創一也、承和年中、藤原太政大臣（藤原良房）改二葺板本堂一、更造二葺檜皮雑堂一、別安二置梵王・帝釈・四天王像一、大師本願八部尊像、同安二置此堂一、

さらに永和五年（一三七九）以前成立の『叡岳要記』（上）にも同様の記事がみえる（『新校群書類従　第十九巻』二〇九頁）。そして近世の『東塔五谷堂舎並各坊世譜』にも、妙見堂の天正二十年（一五九二）の再建、寛永十四年（一六三七）の修造記事がみえるのである（『天台宗全書　二四巻』七六頁上段）。

妙見菩薩像については、『叡山大師伝』など九世紀の史料で確認することはできないが、八部院については、光定（七七九～八五八）の伝記『延暦寺故内供奉和上行状』[8]にみえる。光定が没した天安二年（八五八）以前に建てられた堂舎であることは確かである。

## 比叡山周辺の妙見菩薩

『阿娑縛抄』（巻一四四）に次の記事がある（大正図像九・四六二・中、句読点・訓点、「　」は筆者が付した[9]）。

一院住（伝カ）云、鳥羽、御目御祈、依二入道殿下（藤原忠実）住（伝カ）云、宇治入道云々教一、於二平等院僧房一、被レ修二妙見供一、阿闍梨聖昭契中親見之記之於二法定院北

廊一、御木加持作法了、次退出之剋殿下重々御問答又仰云、「山上妙見霊地有レ之乎、又他処何処有レ之」、御返事云、「東塔北谷妙見堂、鎌倉、生源寺、此等根本大師（最澄）安置所也」、又仰云、「伝教大師（最澄）山上安置妙見、其数也、仍以二山僧一令レ加二持御衣木一、又以二貴房一令レ修レ供思食、可レ献二支度一、但院御気色、妙見尊星也、三井人可レ令レ修之由思食可二計申一」御返事云、「自二大師在世一山僧持二念之一、但院御気色、以二三井僧一可レ修之由候者、不レ及二左右一事候歟、又山僧雖レ奉二加持一、以二三井僧一被レ修レ供何妨哉、然而依レ仰支度献レ之、於二平等院僧房一被レ供レ之、所用作法如二可記（ママ）レ之、修中御平復、霊場掲焉之由院宣有レ之、仍自二殿下一不レ堪二御感悦一預二纏頭御衣一領一也」、云々、

すなわち、平等院の僧房で妙見供を勤修するにあたって、鳥羽上皇（一一〇三～五六）と藤原忠実（一〇七八～一一六二）[10]が対話した記事である。妙見＝尊星王を主尊とした尊星王法は、専ら三井寺（園城寺）の僧が勤修するものとされているが、比叡山僧も勤修していたという結論に至った。その前提として、最澄が妙見菩薩を安置した場所として「比叡山東塔北谷妙見堂」「鎌倉」「生源寺」があると藤原忠実が述べたのである。

このうち「鎌倉」「生源寺」について、福島金治は「鎌倉生源寺」と理解して神奈川県鎌倉市雪ノ下の松源寺（廃寺）とみる説を提示した。[11]また福島金治は、『阿娑縛抄』がその後に掲載している仁平三年（一一五三）の妙見菩供の注進状も合わせて、相模国鎌倉において妙見信仰の天台寺院が存在したと述べている。しかし、「生源寺」は比叡山麓の坂本（滋賀県大津市）に現存し、最澄の生地といわれる寺である。[12]「鎌倉」（鎌蔵とも）については、澤田久雄『日本地名大辞典』（一九三八年）が『日本紀略』『扶桑略記』永延二年（九八八）十月二十七日条、『公任集』の記事を挙げて、近江国比叡山横川谷の地に比定しており、[13]現在も比叡山の北に「鎌倉山」が所在する。従って「鎌倉」「生源寺」は別の場所と考えるべきである。[14]

以上から、仁平三年（一一五三）ごろには、①「比叡山東塔北谷妙見堂」（比叡山東塔八部院）、②「鎌倉」（比叡山横川もしくは比叡山に近接した地）、③「生源寺」（比叡山麓の坂本）の三箇所で妙見菩薩が信仰されていたことが判明した。

## 二　上野国の妙見寺

### 『源平闘諍録』『千学集抜粋』における上野国

『源平闘諍録』『千学集抜粋』では、平将門（?～九四〇）を助けた児童が、上野国に祀られる妙見菩薩であると告げている。『源平闘諍録』が「上野の花園と云ふ寺に在り」とするのに対して、『千学集抜粋』には「群馬ノ郡府中花園郗七星山息災寺[15]」と記されており、少しの相違はあるが、上野国という点で共通している。これらは、上野国の妙見寺が多くの人に知られた存在であったことを示している。

また、さきに指摘したように『千学集抜粋』には、平良文は比叡山で元服した、平忠頼（良文の子）は上野国息災寺妙見大菩薩御宮前で元服した、平忠常は千葉の地に妙見菩薩を祀り、その子を「御神前」（北斗山金剛授寺尊光院）で元服させた、という記事がある。いずれも史実といえないが、上野国息災寺が比叡山に次ぐ重要な霊場と認識されていたことを示している。

### 上野国妙見寺の創建

日本における妙見信仰は、『日本霊異記』（上巻三四、下巻五・三二）に紀伊・河内を舞台とする話が載っており、熊本県宇城市の浄水寺跡に残る延暦九年（七九〇）二月の南大門碑銘に「妙見菩薩及一千七百善神」を祀る文言がみえる（『平安遺文　金石編』二号）。また『類聚国史』（巻十・雑祭）延暦十五年（七九六）三月庚戌（十九日）条に、京畿の百姓が春秋に職を棄て業を忘れ男女が混殺しているという理由で、北辰を祭ることを禁じた記事がある。さらに『年中行事抄』（三月）には、三月三日に北山に所在する霊巌寺の妙見に天皇が灯明を献ずる「御灯」の儀が立項されており、それは桓武天皇の平安京遷都のときに始まったという。(16)

上野国妙見寺の成立について考えよう。『続日本紀』宝亀八年（七七七）八月癸巳（十五日）条（『新訂増補国史大系　続日本紀』四三六頁）に、

上野国群馬郡戸五十烟、美作国勝田郡五十烟、捨二妙見寺一、

とあり、また『新抄格勅符抄』寺封部（『新訂増補国史大系　新抄格勅符抄』一一頁）に、

妙見寺二百卅戸（中略）常陸五十戸、近江卅戸、讃岐五十戸、上野五十戸、美作五十戸、

とみえ、「妙見寺」の封戸が上野国群馬郡、美作国勝田郡などに設定されたことがわかる。封戸が設定されたのはおよそ畿内の寺院であり、この妙見寺は『日本霊異記』（下巻五）に登場した河内国安宿郡信天原の山寺のことかもしれない。そして、その封戸に指定された上野国群馬郡の地に、妙見寺が建てられたと考えられる。

**上野国妙見寺の花・餅・油**

『僧妙達蘇生注記』は、出羽国の妙達が冥界にいる僧俗を見て蘇生するという説話集である。時代設定は十世紀で、天治二年（一一二五）の書写奥書を伴う。五〇弱の短い説話で、場所の大半は東国で、話の主人公は僧侶・俗人で、天台別院の別当などが数人含まれている。その中に次の記事がある。(17)

同国《（上野国）》妙見寺花・餅・油等、貪取女人食罪、地獄无量苦悩受、

つまり、上野国妙見寺の花・餅・油などを奪って食した女が、その罪で地獄の苦しみを受けたという記事である。この「花・餅・油」は、妙見信仰と密接に関係する。

妙見菩薩を説明した仏典のうち、『七仏八菩薩所説大陀羅尼神呪経』には、「我北辰菩薩、名曰二妙見一、今欲レ説二神呪一、擁二護国土一、所レ作甚奇特、故名二妙見一、処於二閻浮提一、衆星中最勝、神仙中之仙、菩薩之大将、光目諸菩薩、曠済二諸群生一、有二大神呪一、名故奈波、擁二護国土一、佐二諸国王一、消レ災却レ敵、莫レ不レ由レ之」（大正二一・五四六下～五四七上）とあり、北辰菩薩と妙見は同じもので、国土を擁護し、諸国王を助け、災いや敵を消却すると記されている。「北辰」は、中国の道教にもとづく北斗七星に対する信仰で、妙見菩薩もそれと同体であった[18]。日本で十一世紀に長宴が記した『四十帖決』にも「北辰、妙見也、紫宮中心星下当有レ之、此妙見者尊星王也」（大正七五・八八〇・上～中）とあり、十三世紀の頼瑜が記した『秘鈔問答』にも、妙見＝北辰＝尊星王と説明されている（大正七九・四九五・中～下）。

唐の金剛智訳『北斗七星念誦儀軌』に「以二香華・飲食一供養」（大正二一・四二四・上）とあり、『太上玄霊北斗本命延生真経注』に「毎月初三・二十七日庚申・甲子、吾下遊世間当、以二新熟果・餅・名華・香薬・細酒・棗湯一供養」という記事がある[19]。

『僧妙達蘇生注記』にみえる上野国妙見寺の「花・餅・油」は、妙見菩薩への供物であったのである。また『僧妙達蘇生注記』には天台宗の別院が多く登場しており、上野国妙見寺も、天台教団の影響下にあったと考えられる。

## 三　天台僧の往来と妙見信仰・北斗信仰

### 『源平闘諍録』『千学集抜粋』の「七」「九曜」「七仏薬師」と修正会

『源平闘諍録』『千学集抜粋』には、「七」の文字が頻出する。『源平闘諍録』では、千葉成胤の挙兵について「七騎」（下巻四〇頁）と記されている。『千学集抜粋』では、平良文の「七騎」や「七日七夜」（六九頁下段）、「七星山息災寺」「木像七体」「七番」（七〇頁上段）、「七百劫」（七一頁上段）、「阿部貞任退治の時高兵七人」（七一頁下段）、千葉成胤の「七騎」（七三頁下段、七四頁上段）、「七世の座主」（七五頁上段）、「阿弥陀七体」（七五頁下段）、永正二年（一五〇五）千葉昌胤元服の「七献」（八三頁下段）、「惣代七社」（八六頁下段・九三頁下段）、「七世常重」（八八頁下段）、「妙見七体と申奉るハ、七星七仏薬師」（九九頁上段）などである。それらは、始祖の事績や、宗教・儀礼に関する場に登場している。

また『源平闘諍録』では「将門の笠験には千九曜の旗今の世に月星と号するなりを差すべし」（下巻五三頁）、『千学集抜粋』「九曜を家紋とせられける」「海上の紋はむかしは九曜にて」（六九頁下段・九五頁上段）と、九曜の家紋のことがみえる。

また『千学集抜粋』に、次の記事がある（七六頁上下段）。

> 千学集と申は、御家代々引付と妙見御相伝の正月三日の夜と修正とハ、千《チ》文字・葉文字□□（ゆふカ）二文字を題として、よろつことの葉を続けて、年中の事を顕ハし給ひて、妙見の御前にて慙愧懺悔をし、年中の悪念を払ひ祭ることの御鈴なり、是御一門及国内繁昌の御祈念也、神代よりとり伝へたる鈴の音を聞て千とせのはるにあふかな、

鈴の音にあしきをあつめふりすて丶よしそとおもふ新玉の春、
此の千学集は三巻にて、千文字一巻、葉文字一巻、上下にて二巻なり、是は委しく御家事を注《シル》し申おくなり、

つまり、年始の修正会において、妙見菩薩の前で、悔過（懺悔）を行い、一門・国内の繁盛を祈願するという内容である。

「七」や「九曜」は、妙見を北辰菩薩と同体として、北斗七星や北極星と関連付けて説明した仏典の記事をもとに展開した言説であろう。また正月の修正会も、中央の主要寺院の例を模しているとみられる。

## 厳吽『玄旨重大事口決』にみえる「七星」「九曜」「七仏薬師」と修正会

叡山文庫が所蔵する『天台灌頂玄旨口伝』の内題に「天台灌頂玄旨口伝 付石塔安置 厳吽」と記され、それと合冊本の『玄旨重大事口決』の内題に「檀那流」とあり[20]、両書ともに厳吽の相伝法文とみられる。その『玄旨重大事口決』に、次のような記事がみえる。

「天台」の二字を解説し、「天ハ一台事也」とし、また「事ト者三台星也」といい、「サテ七星ヲ三台星ト云事ハ」（二四四～二四五頁）として、北斗七星に関する記事を登場させている。そしてそれに続く記事に、北斗七星が散見する。

また「依レ之入壇本尊ニハ摩多羅神ヲ可レ用云事者一心三観ノ本尊ナル故也」（二四七頁）から始まり「摩多羅神」の記事が続く。摩多羅神は「一心三観」の本尊であるという。

その後に次の記事が続く（二四八頁。（a）（b）（c）は筆者が付けた）。

（a）左而此宗守護神山王七社ト顕玉フ事亦七星体相ノヲ顕玉フ、上七社ハ上台星、中七社ハ中台星等也、本山ノ修正ニ

正月八日七草ヲ取テ七仏薬師ノ供養法ヲ行シテ七草粥ヲ煮テ薬師ニ供シ天子ヲ始開白ル也、已下備玉フ天地和合ノ祭事也、此則天地長久ノ円宗開白治国利民ノ祭事ナル故ニ世挙テ正月七日用レ之、円機純一ノ州ナル故ニ一大事因縁ノカイシキ也、

（b）又三台星ヲ六星ト云釈有レ之、是ハ一心六即ノ仏意也、其ノ星ノ図有レ之、天文博士カ星合ヲ見テ人ノ吉凶ヲ祭ル事モ此宗ノ天子本命道場ナルヨリ起、七曜九曜二十八宿倶ニ本体ハ七星也、七曜九曜ハ開合ノ不同也、故四七二十八宿也、只星ノ大事ト云ルハ人皆聊爾ナル様ニ思フ条山王大師冥慮ニ不レ可レ叶也、

（c）長南什覚・江戸貞覚ノ仰ニハ詮二ルニ此大事一ヲ、過事ナレトモ経祐・静覚ナントハ聊爾ニナシ申サレケル歟、名匠ニテ御坐有リケレトモ依レ之乱僧ニ御成リ有テ御繁昌モ無カリケル歟、サレハ弥々此大事深可レ被レ秘レ仰ケリト行覚物語也、此口決恵吽ヨリ有二リテ御伝受一行覚口決伝受畢、

そしてさらに、北斗七星の図（二四九頁）や、「南斗ハ一心三観、北斗ハ一念三千也」の文言を含む「円壇大事円生口決」（二五〇頁）が続いている。なお、「一念三千」は智顗（五三八～五九七）に由来する天台宗の正当な教義、「一心三観」は天台本覚思想の教義である。

（a）（b）（c）の記事内容を確認しよう。（a）は、山王七社は七星が現れたもので、比叡山の正月修正会では七草をもって七仏薬師を供養し、七草粥を天子に供する、という内容である[21]。比叡山の山王七社が北斗七星であるという記事については、応長元年から貞和四年（一三一一～四八）の間に天台僧の光宗（一二七六～一三五〇）が記した『渓嵐拾葉集』（巻一〇八）にも「秘決云、山王七社者、北斗七星是也」とみえる（大正七六・八六五・上）。比叡山の七仏薬師についても『渓嵐拾葉集』（巻一〇七）に「問、以二根本中堂一為二本命道場一方如何、答、凡根本中堂本尊本仏隆レ座、又七仏薬師、刻安置、東方、七仏坐、此七仏閻浮顕移、此則七星顕」（大正七六・八五九・上）

とある。

（b）は、星合を見て人の吉凶を祭ることも、この天台宗が「天子本命道場」であることに起因しており、七曜・九曜・二十八宿ともに本体は七星である、という記事である。「天子本命道場」は、円仁（七九四～八六四）が嘉祥三年（八五〇）に文徳天皇のために熾盛光法を勤修する「皇帝本命道場」として総持院を建てたことを指している。(22) 星合を見て人の吉凶を祭るというのは、生年の干支を北斗七星に結びつけた、本命星（属星）に対する信仰で、天皇が元日に行う四方拝にも属星への拝礼が含まれていた。(23)『渓嵐拾葉集』（巻一〇七）にも、「付二総持院一本命、元神習方如何、仰云、本命者七星也、仏眼曼荼羅三層八葉在之、其中七曜安、此則本命星也」（大正七六・八五八・下）と記されている。

（c）の記事は、長南（上総国）の什覚、江戸（武蔵国）の貞覚らが誤った解釈をしており、それは什覚の師の経祐・静覚らの解釈に原因がある、というものである。同書には「付二テ摩多羅一ニ成二入壇灌頂ノ本尊一ト事、為二長南房主（什覚）一ト加玉フレ難ヲ」（二六一頁）という記事もあり、厳吽が摩多羅神を灌頂の本尊としていたのを「長南」の什覚が批判したと記されている。

要するに、『源平闘諍録』『千学集抜粋』に登場する「七」「九曜」は、厳吽の『玄旨重大事口決』に記される「七星」「七曜・九曜・二十八宿」と共通の考えによるものである。また千葉氏が妙見を本尊とした修正会と、比叡山で七仏薬師を本尊として行われた修正会との類似点が指摘できるのである。

## 天台宗檀那流の什覚と厳吽（玄吽）

『玄旨重大事口決』には、厳吽が摩多羅神を灌頂の本尊としていたのを「長南」の什覚が批判したと記されていた。それに関して、什覚が記した『檀那門跡相承資』に登場する「経祐」「什覚」および「玄吽」（厳吽）について補足説明する必要がある。『檀那門跡相承資』は、冒頭に檀那流の門跡相承の系譜を次のように記している（二六五頁下段）。

（伝）□教―（円仁）慈覚―慈睿惟尚承誓―理仙―（良源）慈恵―覚運―遍救―清朝―澄豪―（永弁）□□―円輔―弁長―
―禅雲―定仙―経祐―祐然―静什―什覚

経祐は、『日本大師先徳明匠記』（『大日本仏教全書　第一一一冊　伝記叢書』二八五頁）によると、比叡山東塔北谷の八部尾に住み、その後に相模国大山寺（神奈川県伊勢原市）の学頭となった僧である。『檀那門跡相承資』には、経祐が浅草（東京都台東区）に住み、多くの弟子から一人だけを正統と指定したことが記されている（二六五頁下段）。生没年は記されていないが、十三世紀後半から十四世紀に入るころの僧と考えられる。

什覚は、『檀那門跡相承資』の前半部の筆者で、同書によると経祐の系譜に連なる僧で、先師の静什に同行して八年間、比叡山において西松井房の聖教を取り出して虫払いし、別紙に書き写して伝えた。また「長南」（長福寺。千葉県長生郡長南町の長福寺）(24)の祐範の所で相承していた聖教を校合して、書き誤ることなく伝えている（二七二頁上段）(25)。

玄吽は、『檀那門跡相承資』によると、経祐の三人の弟子の一人といわれるが、その師弟関係は疑わしく、「東海道ノ関下」（滋賀県米原市柏原の成菩提院）の者であるという（二六七頁下段）。覚叡（常陸国逢善寺の開山）などが玄吽の弟子になり、また印西（千葉県印西市）の笠上又太良禅門など有徳の者（財力のある者）へも仏法を伝授した

（二六八頁下段）。「石塔安置ノ玄旨」を見聞したとも記されており（二六七頁上段）、覚叡の受法について「予門徒覚《（什覚）》叡ハ、玄吽ノ僻事ヲ受テ」（二六八頁下段）とあるように、『檀那門跡相承資』を記した什覚とは対立する存在であった。これらのことから、『玄旨重大事口決』を記した厳吽は、『檀那門跡相承資』が記す玄吽と同一人物とみることができる。

　以上のことから、経祐やその系譜を引く什覚・厳吽（玄吽）が、十四世紀に下総国とその周辺に天台宗檀那流の教線を拡大していたことが判明した。什覚が『檀那門跡相承資』において、比叡山東塔北谷の八部の尾根に最澄が妙見菩薩を安置したと記したことについていえば、什覚の三代前の師匠で浅草にいた経祐は、それ以前に妙見菩薩を祀る比叡山八部尾に住んでいた。また什覚も、比叡山に登って聖教を書写しているが、その西松井房も東塔北谷に所在した[26]。従って、経祐や什覚が比叡山の妙見信仰を下総国に伝えたとみることができる。また厳吽（玄吽）が記した『玄旨重大事口決』には、妙見菩薩と同体とみなされた北辰菩薩に関する「七星」「九曜」の文言や、比叡山の七仏薬師や修正会のことが記されていた。それらが、千葉氏の妙見信仰に影響を与えたのである。

## おわりに

　千葉氏妙見信仰の形成・展開は、複数の観点から論じるべきであるが、本稿においては、十四世紀に什覚が記した『檀那門跡相承資』、厳吽の『玄旨重大事口決』の記事に着目し、天台宗檀那流の僧によって、比叡山の妙見・七星・七仏薬師の信仰が下総国やその周辺に伝えられたと考えた。

　妙見菩薩の本地仏をめぐる議論について、補足しておく。『源平闘諍録』に「吾は是れ十一面観音の垂迹にして、五星の中には北辰三光天子の後身なり」（下巻五三頁）、『千学集抜粋』に、「一、妙見七体と申奉るハ、七星七薬師にておハします也」（九九頁上段）とある。その記事をもとに丸井敬司は、妙見菩薩の本地仏が千手観音から薬師如来に転じたと理解し、妙見信仰の担い手が天台僧から真言僧に転じたと推測した。しかし、丸井は別の論文において、その変化を真言系から天台系に転じたとも述べており、源健一郎が丸井説の矛盾を指摘した。(27)

本地仏が何であるかをもとに、妙見信仰を担った僧の宗派が変化したという立論については、筆者も賛同できない。それよりも、妙見菩薩・観音菩薩・薬師如来の三者が揃って造像された事実が重要と考える。

天平勝宝四年（七五二）ごろの「仏像彩色料注文」（正倉院文書）に、「薬師像壹軀・千手千眼菩薩一軀・妙見菩薩一軀」の彩色に必要な塗料・器物・画師が書き上げられている（『大日本古文書　十二巻』二五六～二五七頁）。また円仁の『入唐求法巡礼行記』開成三年（承和五年、八三八）七月二日条に、遣唐船のなかで遣唐大使藤原常嗣（七九六～八四〇）が口に観音・妙見を唱えた記事、開成四年三月一日条に、藤原常嗣が開元寺において妙見菩薩・四天王を画かせた記事、開成四年三月三日条に同人が妙見菩薩・四天王を供養した記事がある。そして最後の記事によると、漂没しそうになった遣唐船が陸に着いたときに、妙見一〇軀、薬師仏一軀、観世音菩薩一軀を画くことを発願したという。

比叡山についていえば、最澄が薬師如来像・釈迦如来像を造って安置したと『伝述一心戒文』（巻中・年分二度者不寄義真円澄両大徳寄中堂薬師仏幷比叡大神文）、『日本三代実録』仁和二年（八八六）七月五日条に記されている。また『伝教大師消息』に十一面儀軌・千手菩薩儀軌の借用を申請した消息があり、渡海以前に造像したが、いまだ供養をしていないと記されており（『伝教大師全集　巻五』四五一～四五二頁）、さらに弘仁二年（八一一）の最澄授安証受灌頂書に「比叡山寺十一面殿中」の記事がある（『園城寺文書　一』二二四頁）。つまり、最澄が薬師・十一面観音の像を造ったことが知られるのである。最澄が妙見菩薩像を安置したという『伊呂波字類抄』などの記事と合わせれば、やはり妙見菩薩・千手観音・薬師如来の三者が比叡山でも揃っていたと考えられる。

八・九世紀には、妙見菩薩・観音菩薩・薬師如来が揃って造像されていた。それに遅れて本地仏・垂迹神という中世的な思惟が発達し(28)、妙見の本地は何であるかが考えられるようになり、諸説が登場した。妙見菩薩と密接な関係にあった観音菩薩や薬師如来がその本地仏とみなされても、不自然ではないのである。

## 注

（1）拙稿「千葉氏妙見信仰の政治史的考察」（『古代文化』七三－二、二〇二一年）。

（2）丸井敬司「『千学集』をめぐる考察」（『妙見信仰調査報告書（二）』、千葉市立郷土博物館、一九九三年）。

（3）野口実「千葉氏の嫡宗権と妙見信仰」（同編『千葉氏の研究』、名著出版、二〇〇〇年、初出一九九八年）、同「東国出身僧の在京活動と入宋・渡元」（『鎌倉遺文研究』二五、二〇一〇年）。

（4）源健一郎「千葉妙見の本体・本地説」（『巡礼記研究』三、二〇〇六年）。

（5）『妙見信仰調査報告書（二）』（前掲注（2））八〇頁下段～八一頁上段。『千学集抜粋』は同書により、頁数・上下段を本文中に記す。

（6）『千葉県史料　中世篇　県外文書』（千葉県、一九六六年）二七三頁上段。以下『檀那門跡相承資』の記事は、同書の頁数・上下段を本文中に示す。

（7）正宗敦夫編『伊呂波字類抄』（風間書房、一九八八年）による。藤田経世編『校刊美術史料　寺院篇　上巻』（中央公論美術出版、一九七二年）一八八頁も同様。

（8）『続群書類従　八輯下』六八三頁。『別当和尚行状』（『園城寺文書　一』三六四頁）も同様。

（9）『大正新脩大蔵経　図像九』四六二頁中段。以下『大正新脩大蔵経』は「大正」と略し、巻数・頁数・段数を示す。

(10)『台記別記』久安三年(一一四七)三月二十八日条に、藤原忠実が黒月の七日に北斗七星を拝していたと記されており、妙見信仰との関係が窺える。

(11)福島金治「鶴岡八幡宮の成立と鎌倉生源寺・江ノ島」(地方史研究協議会編『都市・近郊の信仰と遊山・観光』、雄山閣、一九九九年)。

(12)武覚超『比叡山諸堂史の研究』(法藏館、二〇〇八年)二七四頁。

(13)澤田久雄『日本地名大辞典　第二巻』(日本書房、一九三八年)一六八七頁。『新日本古典文学大系　平安私家集』(岩波書店、一九九四年)三六六頁、竹鼻績『公任集注釈』(貴重本刊行会、二〇〇四年)五五八頁も同様で、後者は『小右記』長元元年九月一日条も挙げて「比叡山の横川の山谷の一つ」としている。なお、『神奈川県史資料編1　古代・中世(1)』二六七頁掲載の『灌頂私記奥書』『胎蔵灌記奥書』にみえる応保三年(一一六三)の「鎌倉」も、比叡山の北に位置する鎌倉であろう。

(14)なお、天明六年(一七八六)刊行の『北辰妙見菩薩霊応編』(早川純三郎編『信仰叢書』国書刊行会、一九一二年、四三九頁上段)に「又七十八代二条院永万元年、鶴岡八幡宮の御告に、北辰妙見を鎌倉に勧請あり」とあり、永万元年(一一六五)に鎌倉の鶴岡八幡宮に妙見菩薩が勧請されたというが、史実とはみなし難い。

(15)福田豊彦ほか編『源平闘諍録(下)』(講談社学術文庫、二〇〇〇年)五三頁、『妙見信仰調査報告書(二)』(前掲注(1))七〇頁上段。以下『源平闘諍録』は、同上書によって頁数を示す。

(16)日本古代の妙見信仰については、西本昌弘「八・九世紀の妙見信仰と御燈」(関西大学『文学論集』五一-四、二〇〇二年)、増尾伸一郎「〈天罡〉呪符と北辰・北斗信仰」(『道教と中国撰述仏典』、汲古書院、二〇一七年、初出一九八四年)を参照。

(17)『続々群書類従　第十六』三〇六頁。『僧妙達蘇生注記』については、拙著『中世地方寺院の交流と表象』(塙書房、二〇一九年)五四~六二頁、八一~八四頁を参照されたい。

(18) 山下克明「密教修法と陰陽道」(『平安時代陰陽道史研究』、思文閣出版、二〇一五年、初出二〇一二年)。
(19) 『道蔵　第十七冊』(文物出版社、一九八八年)十七―十八。
(20) 『興風叢書17 恵檀両流秘決　他』(興風談所、二〇一三年)二二九・二四四頁。以下、『玄旨重大事口決』は同書により頁数を本文中に記す。なお『玄旨重大事口決』の異本が、早川純三郎編『信仰叢書』(前掲注(14))に「玄旨壇秘鈔」として集録されている。
(21) 牧野和夫「摩多羅神と東国」(『日本中世の説話・書物のネットワーク』、和泉書院、二〇〇九年、初出一九九〇年)も、この史料に着目し、摩多羅神を本尊とした灌頂の記事と合わせて、修正会の本尊を摩多羅神と理解している。しかし、修正会において薬師仏を供養するという記事の重要性を無視することはできない。
(22) 『慈覚大師伝』。なお、速水侑『平安貴族社会と仏教』(吉川弘文館、一九七五年)二二一~二四頁、五三~六一頁を参照。
(23) 速水侑『平安貴族社会と仏教』(前掲注(22)五三~六一頁)、増尾伸一郎「〈天罡〉呪符と北辰・北斗信仰」(『道教と中国撰述仏典』前掲注(16)初出一九八四年、一〇二~一〇三頁)。
(24) この記事は、長福寿寺の延徳二年(一四九〇)慈恵大師像銘文に「当山開山以来住持」として、義憲・祐範・什覚から行海までの九名の記事が挙がっているのと符合する(『千葉県史料　金石篇二』一六二頁)。長福寿寺については拙稿「長福寿寺の住持と寺格」(『千葉県の文書館』一六、二〇一一年)を参照されたい。長福寿寺は、中世史料では、およそ「長福寺」と記されている。
(25) 『千葉県史料　中世篇　県外文書』(前掲注(6))二七二頁上段は、「予」を「弘尊」に比定しているが、大黒喜道「「檀那門跡相承資幷恵心流相承次第」の什覚記録について」(『興風』一七、二〇〇五年)が指摘するように、この箇所は什覚の記録で、「予」は什覚のことである。
(26) 武覚超『比叡山諸堂史の研究』(前掲注(12))二二八~二三〇頁。なお、同書二三〇頁には、根本中堂の薬師如来像を、北谷の天竜八部が守護していたと記す『比叡山堂舎僧坊記』の記事が紹介されている。

(27) 丸井敬司「『千学集』をめぐる考察」(前掲注(1))、同「『源平闘諍録』と千葉氏嫡宗権の成立について」(『千葉県史研究』八、二〇〇〇年)、源健一郎「千葉妙見の本体・本地説」(前掲注(1))。なお丸井敬司『千葉氏と妙見信仰』(岩田書院、二〇一三年)においても、この点についての説明がなされていない。

(28) 村山修一『本地垂迹』(吉川弘文館、一九七四年、一七三頁)によると、本地仏と垂迹神の対応関係の明記は、『長秋記』長承三年(一一三四)二月一日条などが早い例で、当初の本地仏は阿弥陀・観音が多く、薬師・地蔵がそれに次ぐという。

# 龍安寺蔵「義天玄承料九条袈裟」を纏う頂相群について

大平敏之

## はじめに

龍安寺は、宝徳二年（一四五〇）に時の管領細川勝元が妙心寺八世である義天玄承（玄詔とも）を招いて創建した、臨済宗妙心寺派の寺院である。石庭と称される枯山水の方丈庭園が殊に有名であるが、三度にわたる大きな火災に遭いながらも、今なお多くの文化財、特に中世に描かれた頂相を数多く所蔵していることはあまり知られていない。そしてその頂相の多くには、同じく龍安寺が所蔵する「義天玄承料九条袈裟」（以下『大雲山誌稿』[1]に倣い「卍字伝衣」とする）を纏った姿で描かれているという、特異な共通点がある。

禅宗において袈裟、特に伝法の証として師より受け継ぐ伝法衣は特別な意味を有しているため、頂相に描かれる例がある。南浦紹明像（興徳寺蔵）と九条袈裟（妙興寺蔵）、夢窓疎石像（鹿王院蔵）と九条袈裟（天龍寺蔵）などは、頂相に描かれた袈裟と現存する伝法衣が一致している。[2]また、実際に伝法衣が引き継がれていったためか、無極志玄―空谷明応[3]や高峰顕日―太平妙準[4]といった師弟の頂相においては、ともに同じ袈裟を纏った姿で描かれている。これらは「伝法の視覚化[5]」という意図のもと、頂相において袈裟が注意深く描かれた結果である。ただし、このような事例は全体から見ればごく少数で、同じ袈裟が描き継がれている例も師弟間の二世代を限りとしている。それは制作年代や作者、発注者の違いにより、頂相に求められるものも変化するためと考えられる。

そのような状況にあって、龍安寺の伝法衣と評価される卍字伝衣を描く頂相は、その龍安寺だけでなく、本山である妙心寺の塔頭にも多数蔵されており、近年指摘されている分だけでも、四世代一二名、計一五幅にのぼっている。[6][7] しかし、龍安寺と直接関係のない僧の頂相に描かれている例もあり、像主の基準は明確になっていない。また、妙心寺派が早くより進出した東海地方の寺院には今なお多くの頂相が所蔵されているが、[8] 描かれた袈裟についてはあまり注目されてこなかった。

そこで今回改めて調査したところ、後世の写しや白黒図版でしか確認できなかったものも含めると、二六名、計四二幅の頂相において卍字伝衣が描かれていることが確認できた。[9] これらは応仁元年（一四六七）着賛の雪江宗深像を嚆矢として元治元年（一八六二）着賛の中巌玄彰像に至るまでの約四〇〇年間、一〇数世代にわたり同じ袈裟が描き続けられてきた、他に類例のない規模の一大頂相群といえよう。

この四二幅の約半数にあたる二二幅は龍安寺の所蔵であり、八幅ある妙心寺塔頭分も合わせると、全体の約七割は本山周辺に伝来してきたものである。残りの一二幅は、東海地方を中心に所在している。

像主は計二六名。中世の僧が一六名二九幅、近世の僧が一〇名一三幅確認できるが、この一三幅は全て龍安寺所蔵である。そのため、近世においては、龍安寺内部でのみ描かれてきたものといえる。しかし、中世の僧の頂相は、龍安寺より他寺院に多く現存しており、龍安寺との接点があまりない像主が描かれている例も多い。

そこで本稿では、中世の僧が描かれた五世代一六名、計二九幅の頂相を対象に、描かれている人物（像主面）と、その描かれ方（図像面）の両面から、頂相群の創出とその変遷を探ることを目標とする。

## 一　妙心寺派の歴史と卍字伝衣の由来

頂相群に言及する前に、妙心寺派（関山派）の歴史と卍字伝衣について触れておく。(10)

### 中世妙心寺派のあゆみ

妙心寺は暦応五年（一三四二）、大徳寺を開いた宗峰妙超の法嗣である関山慧玄に対し、花園法皇が花園御所跡を寄進したことを始まりとする。宗峰の師は南浦紹明（大応国師）であり、妙心寺は大応派寺院として、南浦―宗峰―関山と続く法脈を継承している。その後、徐々に塔頭や末寺を増やしていくが、応永の乱を引き起こした大内義弘と六世拙堂宗朴の関係を足利義満に咎められた結果、応永六年（一三九九）に寺地は没収され、妙心寺は一時中絶する。

永享四年（一四三二）にこの地を得たのは、関山の法脈に連なる南禅寺の根外宗利であった。彼によって日峰宗舜が迎えられ、妙心寺は旧地に再興することとなる。七世となった日峰は細川持之、その子勝元の帰依を受け、妙心寺再興に尽力した。そして、関山の兄弟子である徹翁義亨の法系が代々住持を務めていた大徳寺に、妙心寺派僧として初めて出世するに至った。そのあとを継いだ義天玄承は、勝元を檀那として宝徳二年（一四五〇）に龍安寺を創建。また勝元の支援を受け、大応派僧として初めて紫衣勅許を得ての大徳寺出世を果たした。

応仁の乱により妙心寺、龍安寺ともに焼失するが、義天唯一の法嗣である雪江宗深は復興を主導し、雪江の四人の弟子（景川宗隆・悟渓宗頓・特芳禅傑・東陽英朝）は勢力拡大の基礎を築いていった。そして永正六年（一五〇九）には、細川高国の威光を背景に、本寺である大徳寺を経ずに紫衣を許される紫衣出世の勅許を得、大徳寺と並ぶ独

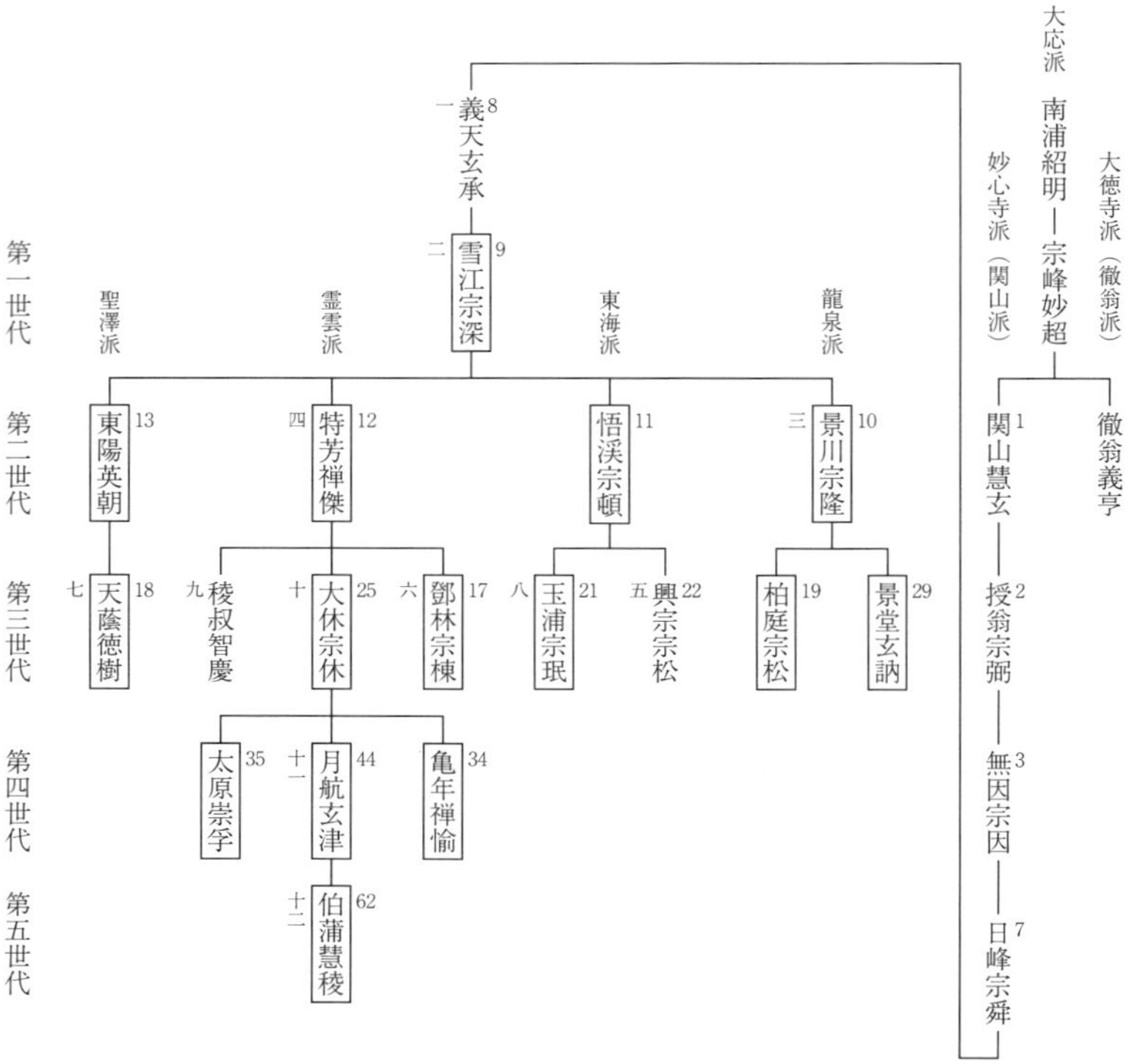


※ 卍字伝衣の頂相が確認できた僧名は枠で囲っている
僧名右肩の算用数字は妙心寺の世代数
僧名左肩の漢数字は龍安寺の世代数

立した本山となった。このような寺格上昇と前後して、衰退の途にあった五山派寺院を取り込みながら、甲信・東海地方を中心に勢力を拡大し[11]、林下の一大教団となっていった。

中絶からの再興以降、妙心寺派は次第に寺格を上昇させていくのだが、それは紫衣勅許を画期としており、その勅許獲得には常に細川京兆家の後ろ盾が存在していた。そして卍字伝衣も、その二点と密接に関係するものとして伝来している。

## 卍字伝衣とその由来

卍字伝衣は義天が纏ったとされる九条袈裟で、龍安寺では「法宝之第一」と位置付けられている。田相部は赤地に毘沙門亀甲文様、行部は縹地に卍を収めた二重菱の上に花唐草文様、環は八稜形の鼈甲に金で覆輪が施されている（図1）。布地は明から船載された銀襴[12]で、鼈甲や金を使用している環ともども、細川勝元寄進との寺伝にそぐわぬ豪奢な袈裟である。袈裟を納めた木箱には「傳衣　大雲山龍安寺」と墨書されており、龍安寺の伝法衣として伝来してきたことがわかる。

この袈裟が頂相に描かれ続けるのだが、袈裟の存在が文字資料で明確に確認できるのは、延宝九年（一六八一）に龍安寺二一世天寧宗五が記した『龍安寺誌』が最初である。

龍安有義天伝衣、古来妙心入院新命入門時必披之、毎毎假之龍安而龍安行者捧此衣而到従入寺長老、此謂大聴叫也、却納時献米五斗於義天和尚以為謝、大聴叫亦給五斗、龍安与謝米合為壱斛、並賜其行者、然近来省仮袈裟之式、但有大聴叫之職而已、抑四派開祖尊像所披袈裟染章織紋一皆取于義天伝衣模様、今皆現存、蓋依此意、

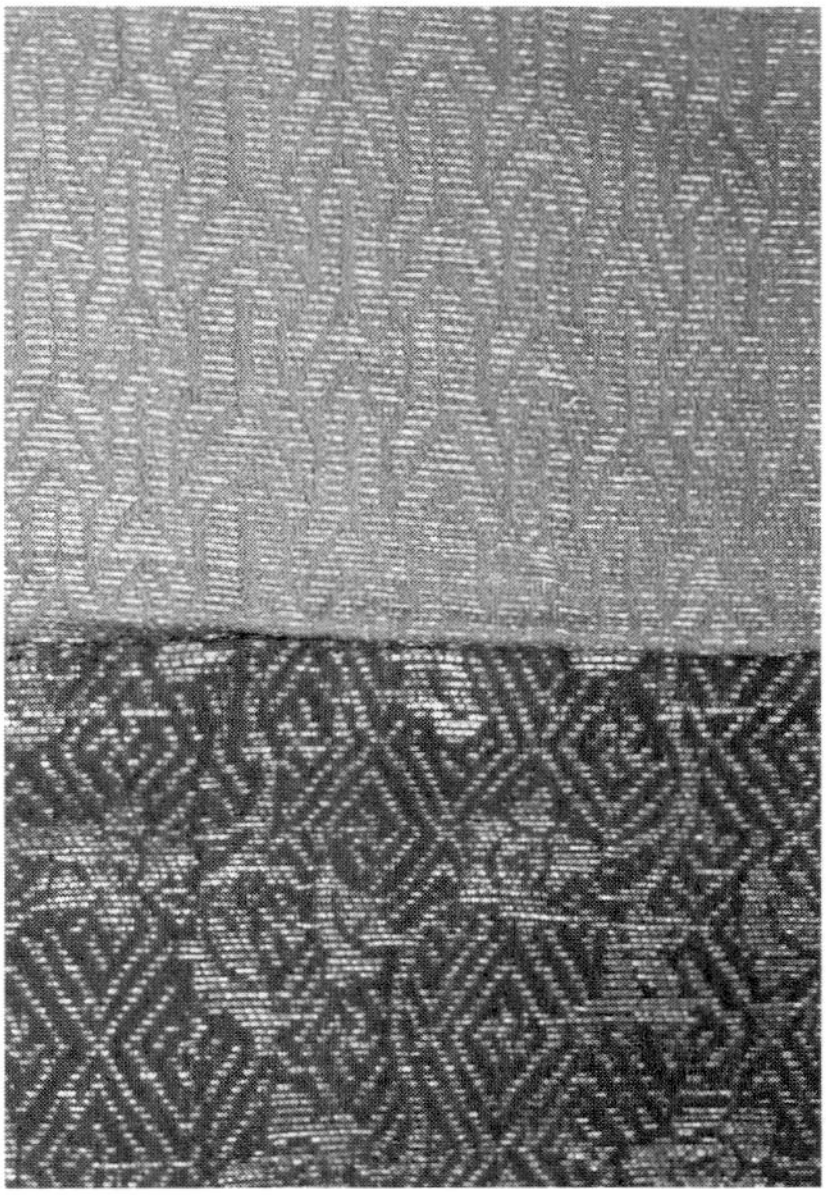

図1　義天玄承料九条袈裟（龍安寺蔵）部分

これによると、龍安寺には義天の伝衣があり、古来より妙心寺に新命住持が出世する際には、必ずこの袈裟を纏っていた。儀式の際は龍安寺より借し出された袈裟を、龍安寺の行者が新命住持に捧げるのだが、その役を「大聴叫」と言い、合わせて「壱斛」が与えられた。しかし、近年この伝統は失われ、「大聴叫」という職だけが残ってい

る。「四派開祖」、即ち雪江の四人の弟子の頂相に描かれた袈裟の文様が、義天の伝衣の文様と同じなのはこのためであろう、としている。

ここからは、一七世紀後半には卍字伝衣が龍安寺に所蔵されていたことが確認できる。そして、妙心寺出世という派の一大儀式において、その主役が卍字伝衣を纏っていたことを伝えている。しかし、卍字伝衣の着用については同時代史料からは確認できず、一七世紀後半段階でも疑問の目が向けられていた。

この天寧『龍安寺誌』は龍安寺にも原本は現存せず、妙心寺三一四世である無著道忠が天和三年（一六八三）に編纂した同名の書『龍安寺誌』[13]に引用された逸文が今に伝わっている。先の引用部分もここから引いたものである。そこに書かれた無著の跋文には、これは「天寧和尚所録」の要約に「寧和尚話及其徒之談」を書き加えたものであり、「敢不以胸臆他説鼠入焉、後之校閲者幸勿疑訝矣」とある。あえて自分の意見などを交えずに記しているので、この説を無著の説と誤解しないよう、後世に対する弁明とも読める一文が記されている。当代随一の学僧であった無著にとって、この話を史実としてそのまま受け入れることは難しかったのではないか。

無著『龍安寺誌』が引用する天寧『龍安寺誌』はこの部分だけではないため、直接に卍字伝衣の話への評価とはできないが、同じく無著が記した妙心寺の寺史『正法山誌』には、天寧『龍安寺誌』に触れている箇所はあるものの、この卍字伝衣着用に関する話は記載されていない。妙心寺入寺式に関わる部分であるため、もし無著がこの説を受け入れていたならば、ここに記さないという選択肢はないだろう。なお、この妙心寺入寺式と卍字伝衣の関係は他の資料でも触れられているが[14]、確定し難い部分も多くあるため、本稿では一旦保留とする。

このように、卍字伝衣の明確な位置づけや使用法については未詳である。同じく所用者に関しても、中世の文字資料では確認できないが、袈裟が室町期の作であること、義天が晩年の十数年間を過ごした龍安寺に伝わること、なにより義天の法脈に連なる僧の頂相にのみ描かれていることから、義天所用と見てよいだろう。そして義天にこのような豪華な袈裟を寄贈できる人物は、細川勝元をおいて他にいない。

『誌稿』は、長禄年間（一四五七～六〇）に義天が勝元の執奏により紫衣勅許を得、大徳寺に入寺する際、勝元より贈られたのがこの卍字伝衣であるとする。そして、義天は入寺の儀式でこの袈裟を纏い、「爾来宗脈自義天之下者皆以此衣為伝法之信也」と宣言したため、雪江以下の頂相に描かれるようになった、と記している。義天の大徳寺入寺は享徳元年（一四五二）のことであるが、義天の大徳寺紫衣入院は勝元の後ろ盾によるもので、それ以降は大徳寺入寺にともなう紫衣勅許が定例化している。単なる開山の伝法衣ではなく、紫衣勅許という妙心寺派として画期となる出来事に付随する袈裟であるからこそ、数百年にわたり頂相に描かれ続けたのではなかろうか。天寧『龍安寺誌』でも、義天が大応派僧として初めて紫衣勅許を得たという事績が重ねて述べられている。後世の資料からではあるが、卍字伝衣はそのような象徴性を持っていたと考えることができる。

以上、前置きが長くなったが、頂相群に話を戻したい。『誌稿』には、一五幅の頂相と五軀の木像が卍字伝衣を纏った姿であることを著者である中巌玄彰が実見した、と記されている。そのうち、頂相一一幅と木像二軀は今回確認ができた[15]。次節ではこれらを含め、どのような像主の頂相に卍字伝衣が描かれたかを見ていく。

## 二　卍字伝衣を纏う僧と龍安寺

### 世代別にみる像主の変遷

今回確認できた卍字伝衣が描かれた頂相群のうち、本稿の対象とする二九幅の頂相を【表1】として列記してい

**表1　卍字伝衣頂相一覧**

| 番号 | 世代 | 像主 | 所蔵先 | 讃 | 着讃年 | 被授与者 |
|---|---|---|---|---|---|---|
| ① | 1 | 雪江宗深 | 岐阜・瑞龍寺 | 自讃 | 応仁元（1467） | 悟渓宗頓 |
| ② | 1 | 雪江宗深 | 京都・龍潭寺 | 自讃 | 文明5（1473） | 特芳禅傑 |
| ③ | 1 | 雪江宗深 | 京都・衡梅院 | 自讃 | 文明16（1484） | 小子等 |
| ④ | 1 | 雪江宗深 | 京都・龍安寺 | 自讃（代筆） | 文明17（1485） | 小子等 |
| ⑤ | 龍泉派 2 | 景川宗隆 | 京都・龍泉庵 | 自讃 | 明応9（1500） | 諸子等 |
| ⑥ | 2 | 景川宗隆 | 三重・瑞応寺 | 自讃 | 明応9（1500） | 諸子等 |
| ⑦ | 3 | 景堂玄訥 | 京都・大心院 | 自讃 | 天文10（1541） | 宗晏首座 |
| ⑧ | 3 | 柏庭宗松 | 京都・龍泉庵 | 原本：自讃<br>写本：此山玄淵 | 原本・永正14（1517）<br>写本・宝暦9（1759） | 宗毓首座 |
| ⑨ | 東海派 2 | 悟渓宗頓 | 岐阜・大智寺 | 自讃 | 文明18（1486） | 玉浦宗珉 |
| ⑩ | 3 | 玉浦宗珉 | 岐阜・大智寺 | 自讃 | 永正6（1509） | 文叔瑞郁 |
| ⑪ | 3 | 玉浦宗珉 | 京都・慈雲院 | 自讃 | 永正12（1515） | 宗庸首座 |
| ⑫ | 霊雲派 2 | 特芳禅傑 | 京都・龍潭寺 | 自讃 | 延徳2年（1490） | × |
| ⑬ | 2 | 特芳禅傑 | 京都・龍安寺 | 自讃 | 文亀3（1503） | 稜叔智慶 |
| ⑭ | 2 | 特芳禅傑 | 京都・霊雲院 | 自讃 | 永正元年（1504） | 大休宗休 |
| ⑮ | 2 | 特芳禅傑 | 京都・龍安寺 | 自讃 | × | × |
| ⑯ | 3 | 稜叔智慶 | 京都・龍安寺 | 原本：自讃 | 原本：大永2（1522） | 原本：<br>細川尹賢 |
| ⑰ | 3 | 大休宗休 | 京都・龍安寺 | 自讃 | 天文8（1539） | 月航玄津 |
| ⑱ | 3 | 大休宗休 | 京都・龍安寺 | 原本：自讃 | 原本：天文8（1539） | 原本：<br>月航玄津 |
| ⑲ | 3 | 大休宗休 | 愛知・太平寺 | 自讃 | 天文14（1545） | 東庵宗暾 |
| ⑳ | 3 | 大休宗休 | 京都・霊雲院 | 自讃 | 天文15（1546） | 天菴祖台 |
| ㉑ | 3 | 鄧林宗棟 | 京都・龍安寺 | 自讃 | 永正18（1521） | 小師等 |
| ㉒ | 4 | 太原崇孚 | 静岡・臨済寺 | 原本：亀年禅愉<br>写本：千巌宗呂 | × | 原本：<br>東谷宗杲 |
| ㉓ | 4 | 太原崇孚 | 静岡・清見寺 | 勅書の写し | 弘治3（1557） | × |
| ㉔ | 4 | 月航玄津 | 京都・龍安寺 | 自讃（別紙） | 天正12（1584） | 一宗元猷 |
| ㉕ | 4 | 亀年禅愉 | 静岡・宝泰寺 | 自讃 | 弘治3（1557） | 雪峰禅曽 |
| ㉖ | 5 | 伯蒲慧稜 | 京都・龍安寺 | 自讃 | 元和4（1618） | 仁渓守信 |
| ㉗ | 5 | 伯蒲慧稜 | 大阪・慶瑞寺 | 自讃（別紙） | 元和4（1618） | 龍溪宗潜ヵ |
| ㉘ | 聖澤派 2 | 東陽英朝 | 岐阜・大仙寺 | 自讃 | 明応10（1501） | 斎藤利安 |
| ㉙ | 3 | 天蔭徳樹 | 京都・聖澤院 | 原本：自讃<br>写本：洞天恵水 | 大永5（1525） | 原本：<br>禅昭首座<br>写本：<br>果山座元 |

る。なお、卍字伝衣かどうかの判断は、経年による退色や変色、また白黒図版でしか確認できていないものも多くあるため、袈裟の文様のみで行っている。また、田相部の毘沙門亀甲が大きく表現されているのが共通の特徴であるが、行部の卍と二重菱が省略され、花唐草のみになっている例や、行部の文様部分が剥落し不明瞭な例もまま見られる。本稿ではこれらの頂相も数に含んでいることを、ご了承願いたい。

図２　龍安寺本④雪江宗深像

図3　龍安寺本④雪江宗深像 部分

以下、伝法の世代ごとに確認できた事例を紹介していくが、最初に卍字伝衣の所用者である義天玄承の頂相について確認しておく。義天の頂相は年季不明の龍安寺所蔵の一幅のみ確認できるが、卍字伝衣の姿ではない。ただし、この頂相の賛者「兀兀叟」なる人物については未詳であり、賛の内容からも頂相の像主が義天であると確定できない点は留意する必要がある。

【第一世代（一名四幅）】

義天唯一の法嗣で、龍安寺二世である雪江宗深の頂相は計四幅確認できる。これらは全て自賛で、雪江の存命中に描かれた寿像である。着賛年代が最も早い瑞龍寺本①から最晩年の龍安寺本④まで十八年の開きがあるが、四幅全て卍字伝衣を纏った姿で描かれている。

【第二世代（四名八幅、木像二軀）】

雪江は景川宗隆・悟渓宗頓・特芳禅傑・東陽英朝の四人の法嗣を出した。四人全員が妙心寺の住持を務めているが、龍安寺住持は景川と特芳のみである。

景川には三幅の自賛頂相が残されているが、どれも明応九年（一五〇〇）に着賛されており、賛もほぼ同文である。なお、同年は景川示寂の年である。このうち、龍泉庵本⑤と瑞応寺本⑥は卍字伝衣を纏った姿で描かれているが、後世の写しと思われる龍泉院本は異なる袈裟が描かれている。[16]

五幅の自賛頂相が残る特芳だが、うち⑫⑬⑭⑮の四幅は卍字伝衣を纏った姿で描かれており、明暦元年（一六五五）に造られた木像（龍安寺蔵）も同様である。ただし龍潭寺が蔵する年季不明の頂相については、経年の劣化により袈裟の文様は判然としない。

東陽には自賛頂相が一幅のみ確認でき、こちらも卍字伝衣を纏った姿である。また、東陽の示寂二十年後に創建された聖澤院にて祀られている東陽の木像[17]が身に着けている袈裟も、卍字伝衣と同じ文様である。

悟渓は、自賛頂相三幅（瑞龍寺本・大智寺本・大龍寺本）と遺像二幅（東海庵本・臥龍寺本）の合わせて五幅が確認できるが、卍字伝衣を纏っているのは大智寺本⑨のみである。ほかの四幅はそれぞれ異なる文様の袈裟をまとっており[18]、前述の三師より卍字伝衣の割合が低いことは注意が必要である。

【第三世代（六名一一幅）】

雪江の四人の弟子たちは、『延宝伝燈録』に立伝されているだけでも、計二四名に及ぶ法嗣を出している。これは関山や義天が一人の法嗣しか出さなかったことを考えると爆発的な増加である。この法嗣たちが地方に展開し、妙心寺派は教線を拡大していった。それにともない、法系を軸に、龍泉派（景川）・東海派（悟渓）・霊雲派（特芳）・聖澤派（東陽）の四派が形成され、その結集の場として妙心寺山内に四本庵（龍泉庵・東海庵・霊雲院・聖澤院）が建立された。この四派は協力して妙心寺運営にあたりながらも、それぞれの派が一定の独立性を有している。

そのため、ここからは各派ごとに状況を確認する。

龍泉派では、景堂玄訥と柏庭宗松の頂相に卍字伝衣が描かれている。景堂は細川政元の帰依をうけ、大心院を創建している。頂相⑦も、その大心院に伝わっている。柏庭は、永正六年（一五〇九）大徳寺住持を経ずに妙心寺へ紫衣入院した最初の人物である。宝暦九年（一七五九）に写された龍泉庵本⑧が伝わるが、原本である永正一四年（一五一七）自賛頂相は不明である。

東海派では玉浦宗珉の自賛頂相の二幅（⑩⑪）にのみ、卍字伝衣が描かれている。玉浦は龍安寺八世を務め、龍安寺塔頭である真珠院を再興している。慈雲院本⑪はその真珠院の旧蔵品である。なお、美濃道樹寺にも玉浦の自賛頂相が所蔵されているが、こちらは卍字伝衣とは異なる袈裟が描かれている。

霊雲派で卍字伝衣が見えるのは、鄧林宗棟と大休宗休の頂相である。龍安寺六世である鄧林は、細川勝元の猶子で俗名を勝之とする。元服してから出家した入道僧であったが、勝元の実子である政元の後援により、寺内の反対をおさえて大徳寺へ出世した人物である[19]。伝わる頂相は㉑一幅のみで、賛より狩野元信が描いたことがわかる[20]。現在は龍安寺所蔵だが、丹波龍興寺の旧蔵である。

大休は龍安寺一〇世で、霊雲派の本庵である霊雲院を創建した。また、今川義元に招かれ駿河臨済寺の住持となっている。大休には計五幅の自賛頂相と一幅の写しが残されているが、自賛三幅（⑰⑲⑳）と写し一幅（⑱）は卍字伝衣を纏っている。そのうちの太平寺本⑲は、田相部のみ伝衣と同じで、行部の彩色は伝衣と同じであるが、文様は確認できない。なお、卍字伝衣ではない頂相が二幅あるが、そのうちの一幅である臨済寺本は、田相部・行部ともに卍字伝衣と同じ彩色である。文様も確認できないため、文様部分の顔料が剝落した可能性も検討する必要がある[21]。もう一幅の霊雲院本は、緋色の袈裟に緑色の法衣を纏っている。柱杖を横にして持ち、法被のない曲彔に座すなど、他とは大きく形態の異なる頂相である。『誌稿』には、霊雲院には後奈良天皇から大休が賜った「緋地金襴九条伝衣」が所蔵されているとあり、その袈裟を描いたものかもしれない。

なお、龍安寺九世である稜叔智慶にも卍字伝衣の頂相⑯が現存するが、近世中後期に写されたもので、書写の際に袈裟を卍字伝衣に描き替えているため、ここでは数えない。この点については後述する。

聖澤派では龍安寺七世で、聖澤派の本庵である聖澤院を創建した天蔭徳樹の頂相㉙に卍字伝衣が見える。賛は大永五年（一五二五）の自賛を妙心寺二八三世洞水恵水が写したものであり、像も「後の補修によるもの[22]」と考えられるため、当初のままの姿であるかは確認できない。

【第四世代（三名四幅）】

この世代以降、特芳を祖とする霊雲派の頂相でのみ卍字伝衣が確認でき、他の三派の頂相からはその姿を消している。

亀年禅愉は後奈良天皇の帰依厚く、存命中に国師号を贈られるなど、時の妙心寺派を代表する僧であった。自賛頂相は二幅あり、宝泰寺本㉕は卍字伝衣を纏っている。もう一幅の退蔵院本は年次不明で、法被の掛かっていない曲彔に座し、文様のない袈裟を纏った姿で描かれている。

太原崇孚は今川氏の譜代家臣の出身で、今川義元の補佐役として名が知られている。彼によって駿河に霊雲派の教線が拡大したのだが、その頂相も駿河の寺院に二幅伝わっている。臨済寺本㉒は、法嗣である東谷宗杲に授けられた原本が焼失したため、臨済寺五世である千岩宗呂が補作させたもので、卍字伝衣を纏っている。清見寺本㉓は太原示寂後三年目の弘治三年（一五五七）、宝珠護国禅師の諡号を追贈された際に制作された遺像で、田相部は伝衣と同じ毘沙門亀甲、行部は伝衣と同じ彩色だが文様は確認できない。

月航玄津（宗津とも）は龍安寺一一世で、関東や奥羽の寺院に住し、龍安寺山内に霊光院を開創している。彼の自賛頂相は現存せず、示寂後に描かれた遺像一幅と写し二幅の計三幅が龍安寺に伝わる。その写しのうちの一幅㉔に卍字伝衣が描かれている。これは天明年間（一七八一～八九）に「駿河州府中松源院」が蔵していた頂相を臨写したもので、賛は某寺にあった月航自筆の頂相賛の稿本を貼り付けたものである、と『誌稿』は伝えている。原本は不明であるため、もとからこの姿であったかは判然としない。なお、あとの二幅は、床に座した姿を描いた天正一二年（一五八四）自賛頂相の写しと、上半身のみ描いた享保九年（一七二四）着賛の遺像である。

【第五世代（一名二幅）】

この世代では月航の法嗣で、龍安寺一二世である伯浦慧稜の頂相でのみ卍字伝衣が確認できる。伯蒲は豪商角倉家の出身で角倉了以の従兄弟にあたる。また、徳川家康より妙心寺の運営を任されるなど、幕府とも強い繋がりを有していた。その伯蒲には三幅の頂相があり、うち二幅が卍字伝衣である。一幅は龍安寺所蔵の自賛頂相㉖で、もう一幅は慶瑞寺所蔵本㉗である。慶瑞寺は、伯浦の法嗣でありながら、のちに妙心寺派を離れ隠元隆琦の法嗣となった龍溪宗潜（性潜とも）が再興した黄檗宗寺院である。そのため、この頂相は龍溪が所持していたものと思われる。ただし、それぞれ別紙であった賛と絵像が貼り合わせられている。もう一幅の自賛頂相は龍安寺が所蔵しているが、法被の掛けられていない曲彔に座す姿が描かれている。

【第六世代以降（十名一三幅）】

この世代以降では、一〇名、計一三幅の頂相に卍字伝衣が描かれていることが確認できる。しかし、これらは全て伯蒲の法系に連なる龍安寺に属する僧の頂相であり、その所蔵先も全て龍安寺である。そのため伯蒲以降は龍安寺のみで描き継がれていったといえる。

煩雑な説明となったため、世代ごとの像主面の変遷をまとめておく。第一世代である雪江は現存する四幅全ての自賛頂相で、第二世代では四人全員の多くの自賛頂相で、卍字伝衣を纏った姿が描かれている。しかし第三世代になると、四派ともに着用者はいるものの、その割合は一気に減少する。そして第四世代では霊雲派の三名のみ、第五世代では伯蒲のみ、それ以降は伯蒲下の龍安寺僧のみとなっていく。ここからは、雪江を出発点に四派共通で描かれてきたものが、霊雲派、そして伯蒲下へと、徐々にその描かれる範囲を狭めていく過程が明確に浮かび上がってくる。そして、このような変遷は龍安寺の立場のそれと概ね合致している。

## 像主と龍安寺・妙心寺

龍安寺は、創建当初より細川京兆家の菩提寺であるとともに、本山である妙心寺に準ずる寺院であった。それは長禄三年（一四五九）に妙心寺開山である関山慧玄の百回忌が、妙心寺ではなく、龍安寺で行われていることからも明らかである。

住持に関しても、龍安寺は雪江より特芳（霊雲派）に付された寺院とされるが[23]、永正年間（一五〇四～一二一）ごろまでは霊雲派の僧に限られていなかった。それは「本寺之住持、古者皆依檀越之請」と、檀那である細川京兆家の意向が住持任命にも強く反映されていたためである。また、東海派である玉浦は「山門一衆請」で八世住持になるなど、龍安寺内部でも霊雲派に限定するような認識は希薄であった。塔頭も、興宗宗松が明応二年（一四九三）に大珠院を創建、玉浦が真珠院を中興し、それぞれ東海派によって管理されるなど、妙心寺派全体で寺を護持してきた様子がうかがえる。

しかし、永正末頃に稜叔が九世住持になって以降[24]、霊雲派の僧のみが住持を務めるようになる。これは大永年間

（一五二一～二八）に妙心寺山内に四本庵が出揃い、各派の独立性が強まっていったことが背景にあろう。同時に、檀那である細川京兆家に往時のような力がなくなり、地方進出により新たな檀那を得ていった他派から、龍安寺が重視されなくなっていった結果とも言えよう。それは、これまで東海派が管理していた真珠院が常住するものもないまま放置され、一六世紀中ごろには止む無く霊雲派で管理されるようになることからも分かる[25]。

その後は一一世月航の代に織田家という新たな檀那を獲得し、一二世伯蒲は妙心寺山内に石田三成一族の菩提所である寿聖院を開くなど、本山にも確かな足場を築いていった。しかし、伯蒲が紫衣事件で幕府と融和的な立場をとったことから、彼やその弟子たちは妙心寺派のなかで孤立してしまう[26]。そのためか、伯蒲示寂後の龍安寺住持は「伯蒲門下在山之耆宿」の「胥議」によって選ばれる一期一年の輪番制となり、龍安寺は伯蒲下の寺院となっていった。

このように、龍安寺は本山に準ずる寺院として妙心寺派全体で住持や塔頭が担われてきたが、大永年間ごろより霊雲派のみで、伯蒲以降は彼の弟子のみで構成される寺院となっていった。これは卍字伝衣の頂相像主の変遷と合致している。つまり、第二世代の悟渓や東陽、第三世代の景堂や柏庭の事績からは、彼らと龍安寺に直接的な関係は見つけられない。しかし、その時代においては、龍安寺は妙心寺派全体で護るべき寺院と認識されており、そこに蔵される義天の卍字伝衣は妙心寺派全体の伝法衣でもあった。同じく、第四世代の亀年や太原にとって、龍安寺は霊雲派の拠点寺院であったため、卍字伝衣は霊雲派に伝わる伝法衣と見られていたのだろう。世代によって描かれる僧が変遷していくのは、時代によって龍安寺の位置付けが変化し、卍字伝衣もそれに付随したためである。

以上のように、像主の基準は時代によって変化するのだが、逆に終始一貫している基準もある。それは、卍字伝衣の像主は一六名全員、妙心寺住持の経験をもつ紫衣の僧という点である。

龍安寺九世である稜叔には大永二年（一五二二）の自賛頂相[27]が存在する。稜叔は「大徳之請」がありながらも大徳寺に出世せず、妙心寺の世代にも入っていない。そのため、僧としての位は低く、黒衣に黒袈裟を纏った姿で描かれている。自賛当時、彼は現役の龍安寺住持であったが、紫衣勅許を得ていないため、卍字伝衣の姿では描けなかったのであろう。[28]卍字伝衣は龍安寺の伝法衣であるが、龍安寺住持の伝法衣ではない点は注意が必要である。

前節において卍字伝衣と紫衣の関係について触れたが、像主の特徴からも、この二点が不可分の関係にあったことがうかがえる。[29]卍字伝衣の頂相は、伝法の証としてだけでなく、僧としての位の継承も表しているのである。

## 三　描かれた卍字伝衣

### 妙心寺派頂相の定型

頂相において、袈裟の文様が注意深く描かれていることは先に述べた。では、袈裟以外の部分についてはどうであろうか。大徳寺に伝わる南浦紹明頂相は、同じく大徳寺蔵の虚堂智愚頂相と、袈裟のみならず、曲彔や沓床、法被に至るまで、まったく同じに描かれており、法の継承を強烈に主張している。[30]また頂相ではないが、明応五年（一四九六）に亡くなった日野富子の追善像が制作される際には、絵師である狩野正信に対し、発注者側である三条西実隆が「御装束事、色目等事、几帳等之事」[31]まで細かく指示している。また、正信になかなか要望が伝わらないため、参考として例示している肖像画の閲覧を指示し、その一時的な貸出も検討されている。[32]

これらの例からは、面相部や着衣だけでなく、その他の小道具や背景となる部分までもが、絵師による選択ではなく、発注者側によって明確な意図をもって取り決められていたことがわかる。そのため頂相を検討する際は、袈裟の文様を含めた全体を対象とする必要があるのだが、妙心寺派の頂相は凡そ以下の形式で描かれている。法被の掛かった唐草文が施された堆朱の曲彔に座し、足元には同じく堆朱の沓床とその上に沓が置かれている。斜めを向き、右手に黒い竹篦（まれに払子）を持ち、無地の法衣の上に袈裟を纏っている。

この形式の頂相は標準的なもので、五山派の頂相などでもよく見られる。しかし半身図や、背もたれの高い椅子に座すものなど、様々な形式の頂相がある他派に比べると、妙心寺派のものは定型化が著しいのが大きな特徴である。とはいえ、違う形式で描かれたものも現存しており、時代が下るにつれ、その割合は増してゆく。しかし卍字伝衣の頂相は、曲彔や沓床の文様までも含め、例外なく、この定型で描かれている。

袈裟だけでなく全体の形式までもが同一の頂相は、共通の紙型や制作工房の存在を想起させるが、伝法をなによりも重視する禅僧による、祖師の定型を墨守する姿勢の現れとも評価できる。次項でふれるが、妙心寺派の祖である関山の頂相も同じ定型で描かれている。理由は明らかでないが、この定型が最も正統な形式と見なされており、それが引き継がれていったのであろう。それは第三世代以降、同じ像主で卍字伝衣の頂相とそれ以外の袈裟の頂相がある場合に限ればだが、卍字伝衣以外の頂相は定型から外れた形式で描かれていることからも分かる。意図的な描き分けが必要なほど、この定型には特別な意味が込められていたのである。

また妙心寺派の自賛頂相の末尾には、弟子が私（師）の肖像を持参し賛を乞うてきたので着賛した、という意味の一文が記されているものが多い(33)。弟子側による一方的な頂相制作は考え難いため、賛者の謙遜を含めた定型化した文言といえる。伝法の証として被授与者を明確にする意図もあろうが、賛文に至るまで先例を踏襲しているとともとれ、定型化の著しさを一層際立たせている。

このような定型も含め、卍字伝衣の頂相を最初に生み出したのが雪江宗深である。

## 雪江による妙心寺復興と頂相制作事業

雪江宗深は幼い頃に建仁寺にて出家し、のちに尾張瑞泉寺にいた日峰宗舜に師事した。日峰の示寂後は義天玄承のもとで修業をかさね、寛正三年（一四六二）にその法を継ぎ、同年に龍安寺、妙心寺の住持を兼帯し、大徳寺四一世ともなっている。応仁の乱により龍安寺、妙心寺ともに焼失した際は丹波龍興寺へ逃れるも、勝元の邸宅内に仮に再興された龍安寺に迎えられ、妙心寺の復興を主導した。

文明九年（一四七七）には後土御門天皇より妙心寺再興の綸旨を得、伽藍再興が本格化する。また、妙心寺住持を一期三年の輪番制とし、帳簿として「米銭納下帳」を制度化することにより寺院経済の安定を図るなど、雪江によって妙心寺教団の基礎が固められた。実務面のみならず、関山の伝記である『開山行実記』と『妙心寺記』を撰述し、授翁・無因・日峰・義天の伝記編纂にも取り組んでいる[34]。妙心寺派の法脈を重視する姿勢は灯史編纂にとどまらず、頂相の制作にも向かっている。

文明二年（一四七〇）、雪江はこれまで存在しなかった関山の頂相を新たに制作している。出来上がった妙心寺本関山慧玄像の賛には[35]、この頂相を最初に企画したのは日峰である旨、記されている。その際「画師」に、姿は「大方尊宿之体裁」で描くよう命じ、面相部は「甚厳為最」とした、とある。しかし、日峰の段階では頂相の制作には至らなかったようで、文明二年になって雪江がその事業を引継ぎ、完成させたのである[36]。

「大方尊宿之体裁」の具体的な内容は不明だが、当時妙心寺周辺に所蔵されていた頂相が参考にされたと考えるのが妥当であろう。その中でも、養源院本日峰宗舜像と妙心寺本宗峰妙超像が、その候補として挙げられている。濱田隆氏は、日峰像と関山像が「相好は近似」している点などから、日峰像が参考にされたと指摘している[37]。山川曉氏は、関山像が纏っている袈裟の文様は、色こそ異なるものの、関山の師である宗峰像と同じ向鶴丸文様であり、これは大徳寺に伝わる南浦紹明の伝法衣と同じ文様であることを指摘している。そして、この文様の継承は、南浦―宗峰―関山という「法系の視覚化」を明確に意図したものと位置づけている。[38]雪江は大徳寺四一世であり、この南浦の伝法衣の存在を知っていたとしてもおかしくはない。義天の卍字伝衣を自らの頂相に描くという行為自体、この関山頂相と同じ目的を持って生み出されたものである。

また、関山頂相に雪江が着賛した文明二年、雪江の求めにより、妙心寺が所持していた花園天皇の肖像画に後花園天皇が賛を施している。同年に行われた妙心寺の開山と檀那の肖像への着賛は、妙心寺再興へむけた象徴的な行為であり、意図的に足並みをそろえたものであろう。ここからみても、雪江が頂相や肖像画がもつ視覚的な力を重視していた事は明らかである。

もう一度、雪江の頂相の話に戻りたい。現存する四幅の自賛頂相は全て卍字伝衣を纏っている。頂相では、同一人物を描いたものであっても、袈裟の文様が異なっている場合がほとんどで、複数の頂相で同一の袈裟が描かれている例は、高峰顕日[39]や清拙正澄[40]などが指摘されているが、圧倒的に少数である。雪江の頂相が、いかに異例であるかがよくわかる。

衡梅院本③と龍安寺本④は着賛が一年違いで、衣文線なども同一であることから、同じ紙型を使用したことが想定される。しかし、その他の頂相は顔の描写も異なっており、別の絵師によるものである。授与者も異なることから、袈裟の文様は像主である雪江の意向が反映された結果と考えるのが妥当であろう。

また、自賛部分には「慚愧金襴以纏陋質」[41]など、四幅全てに、煌びやかな袈裟を纏っている姿への謙遜の言葉が見える。この袈裟がただの袈裟ではないことを、雪江自身が強く自覚していた結果だろう。

これほどまでに雪江が卍字伝衣にこだわった理由はどこにあるのだろうか。その一つには、師である日峰が伝法の証明に苦心したことが挙げられる。加藤正俊氏は、関山から授翁、そして無因から日峰の伝法において、それを証明する印可状は本来存在せず、関山のものは妙心寺中絶期の「精神的なシンボルとして」、無因のものは日峰の大徳寺出世に際し、妙心寺派の法系相承を証明するために、「日峰によって作られたもの」であるとしている(42)。中絶期より日峰に師事していた雪江は、このような事情を承知していたのかもしれない。

また、文明年間（一四六九～八七）前後に編纂された『徹翁派関山派旁正記録』には、徹翁派が妙心寺派の伝法を疑問視する様子を伝えている(43)。同時期に大徳寺住持であった雪江は、まさにこの問題の渦中の人物であった。このような背景からは、妙心寺派の伝法が確固たるものであると顕示するため、義天が纏った卍字伝衣を自らの頂相に描いたのであろう。同じく、雪江による灯史編纂や関山の頂相制作などの営為も、妙心寺復興への象徴的行為としてだけでなく、外部へ向けて伝法を強調する意図があったと言えよう。

頂相は年忌法要などの場で掛けられるため(44)、多くの人の目に触れることを想定されて制作されている。義天からの伝法が疑いの余地のないものと示すため、視覚的に分かりやすく伝法を証明することができる卍字伝衣の頂相が生み出されたのである。

## おわりに

ここまで卍字伝衣を纏った頂相群の創出や、その変遷について述べてきたが、明らかになった点をまとめておく。この一連の頂相群は、応仁の乱からの妙心寺復興を主導した雪江によって創始された。雪江は、義天が纏った卍字伝衣を意図的に自らの頂相に描くことにより、義天からの法と位の継承を一目で分かる形で主張したのである。

頂相に卍字伝衣を描く行為は弟子たちにも引き継がれ、第三世代までは妙心寺派全体で描かれたが、それ以降は霊雲派、そして伯蒲下のみへと、次第にその範囲を狭めてゆく。この変遷は龍安寺が妙心寺派全体で護られていたものが、次第に霊雲派の、近世には伯蒲下の寺院となっていったことと符合している。龍安寺の立場の変遷に、卍字伝衣の位置付けが付随した結果である。しかし、これらの頂相はすべて同じ形式で描かれており、像主は紫衣の僧に限られるなど、一貫して厳しい制約の下で制作されてきた。

以上、言及が多岐にわたってしまったため説明不足の部分の点も多いが、全体的な把握を優先したためである。詳細な分析については今後の課題としたい。

最後に、伯蒲以降に描かれた近世の頂相群について触れ、稿を閉じることとする。

一七世紀後半までは四名、計七幅の頂相に卍字伝衣が描かれている。これらは伯蒲以前と同様、像主は妙心寺の住持経験者であるが、これまで守られていた定型が崩れ、背もたれの高い椅子に座した姿で描かれた頂相もでてくる。その後、約半世紀にわたり一時的に作例が確認できなくなるが、一八世紀中頃から再び姿を現すと、妙心寺住持のみならず、龍安寺の住持も務めていない僧の頂相にも卍字伝衣が描かれるようになる。像主も、塔頭である西源院の法脈に連なる僧が大半を占めるようになり、卍字伝衣の描かれる範囲はより一層狭くなっていった。

なお、合計数には加えていないが、昭和期に描かれた龍安寺住持の頂相にも、卍字伝衣が描かれている。現代においても、卍字伝衣は「伝法之信」として龍安寺に受け継がれているのである。

## 注

（1）『大雲山誌稿』（以下、『誌稿』とする）は、龍安寺四八世中巌玄彰によって、一九世紀初頭に編纂された龍安寺の寺史。全三七巻。原本（龍安寺蔵）は焼損により一部判読不能となっているため、東京大学史料編纂所謄写本による。なお、本文中で注記のない「　」は『誌稿』からの引用とする。
（2）山川曉「概論　ころもが秘めるふたつの歴史」（京都国立博物館編『高僧と袈裟展』図録、二〇一〇年）。
（3）沢田むつ代「京都五山禅宗高僧の袈裟」（東京国立博物館ほか編『京都五山　禅の文化展』図録、二〇〇七年）。
（4）宮島新一「高峰顕日の頂相について」（『金沢文庫研究』二八一、一九八八年）。
（5）山川曉「禅と伝法衣――事実と作為と――」（同『中近世染織品の基礎的研究』、中央公論美術出版、二〇一五年、初出二〇〇九年）。
（6）山川曉「九条袈裟　義天玄詔料」解説部分（前掲注（2）図録）。
（7）近年では、浅見氏は妙心寺大観編集委員会編『妙心寺大観』（妙心寺派宗務本所、一九七二年）所載頂相のうち一四幅が、志水氏は大仙寺本東陽英朝像一幅が、それぞれ卍字伝衣を纏っていることを指摘している。
浅見龍介「中世僧侶肖像の研究――袈裟に関する問題を中心に――」（『東京国立博物館紀要』四一、二〇〇五年）、志水一行「東陽英朝像」解説部分（花園大学博物館編『大仙寺展』図録、二〇一三年）。
（8）濱田隆「濃尾地方における禅宗の興隆と妙心寺派頂相――中世の文芸と絵画の一断面（三）――」（『佛教藝術』二六三、二〇〇二年）。
（9）頂相の調査にあたっては、所蔵先の寺院、ならびに関係諸機関の方々のご高配を賜りました。紙数の都合上、お名前を記すことは叶いませんが、あらためて御礼申し上げます。
（10）妙心寺派の歴史に関しては以下を参照した。
川上孤山著、荻須純道補述『増補妙心寺史』（思文閣出版、一九七五年）、荻須純道編著『妙心寺』（東洋文化社、一九七七年）、加藤正俊『関山慧玄と初期妙心寺』（思文閣出版、二〇〇六年）、竹貫元勝「概論　妙心寺」（東京国立博物館ほか編『妙心寺展』図録、二〇〇九年）。
（11）岩永紘和「戦国期東海・甲信地方における臨済宗妙心寺派の地方展開」（『信濃』七二‐八、二〇二〇年）。

(12) 前掲注(6)山川解説。
(13) 四天王寺大学図書館恩頼堂文庫所蔵。なお『誌稿』にも天寧『龍安寺誌』の引用部分がある。
(14) 永禄一一年(一五六八)の年季をもつ『正法山妙心寺大雲山龍安寺両寺之縁起』(龍安寺・禅文化研究所所蔵)には、義天が大徳寺に紫衣入院した先例に則り、鄧林宗棟が妙心寺への紫衣入院する際に卍字伝衣を用い、それがその後定例化したとある。しかし、この縁起は不正確な記述が多いため、全面的に信頼することは難しい。『龍安一件別記』(妙心寺蔵、京都市立歴史資料館蔵写真版による)からは、寛政元年(一七八九)に龍安寺が妙心寺入寺式での卍字伝衣使用を復活させるよう、妙心寺に訴え出ていたことがわかる。その際、龍安寺は上記縁起や天寧『龍安寺誌』を含めた複数の資料を提示し、過去に伝衣が使用されていたことを主張する。しかし妙心寺は、それらの資料を「胡乱之品」として否定し、そのような史実はないと、龍安寺の主張を却下している。
(15) 前掲注(10)『増補妙心寺史』では、龍安寺四世特芳禅傑によって、妙心寺と龍安寺の関係が亡失しないよう、伝衣使用の例が生み出され、寛文年間(一六六一~七三)に途絶えたとあるが、その出典は明らかでない。一覧表番号④⑪⑫⑬⑭⑮⑰⑳㉑㉔㉙。なお、以下の七点は『誌稿』に記載はあるが、現存も含め確認がとれていない。景川宗隆木像(龍泉庵)・特芳禅傑像(養源院蔵)・特芳禅傑木像(龍潭寺蔵・霊雲院蔵)・亀年禅愉像(退蔵院蔵・東林院蔵)・直指宗諤像(東林院蔵)。
(16) 横山住雄『瑞泉寺史』(思文閣出版、二〇〇九年)は、龍泉院本は龍泉庵本の写しとしている。賛は同文であるが、図像は大きく異なっている。
(17) 前掲注(7)『妙心寺大観』では室町時代の作とされている。
(18) 東海庵本については、経年の影響によって袈裟の文様が判別できない。
(19) 末柄豊「妙心寺への紫衣出世勅許をめぐって――鄧林宗棟を中心に――」(『禅文化研究所紀要』二八、二〇〇六年)。
(20) 山本英男氏は、龍安寺本特芳像⑬や龍安寺本大休像⑰、慈雲院本玉浦像⑪も狩野派の手によるものと指摘してい

る。同『初期狩野派――正信・元信――』（至文堂、二〇〇六年）。

(21) 臨済寺本と太平寺本⑲は、ともに天文十九年五月に着讃されている。絵師は異なるが、袈裟の色合いは同じであるため、臨済寺本も元は卍字伝衣であった可能性が高い。

(22) 前掲注（7）『妙心寺大観』。

(23) 「雪江和尚以四院附與四弟子、以微笑菴附與景川、以天授院附與悟溪、以龍安寺附與特芳、以養源院附與東陽」『正法山誌』（思文閣、一九七五年、原版一九三五年）。

(24) 稜叔の龍安寺住持の就任年代は不明であるが、八世である玉浦が永正一六年（一五一九）に示寂していることから、永正年間末頃と思われる。

(25) 加藤正俊「角倉氏と竜安寺――伯蒲慧稜とその出自をめぐって――」（『禅文化研究所紀要』八、一九七六年）。

(26) 加藤正俊「伯蒲恵稜と紫衣事件」（『禅文化研究所紀要』九、一九七七年）。

(27) 龍安寺蔵。宜春院旧蔵。賛には細川尹賢が「宜春常住供養」のために用意したものとある。宜春院は大永二年に尹賢が稜叔を迎えて創建した龍安寺の塔頭。

(28) 一覧表にある稜叔の頂相⑯は自賛頂相の忠実な写しであるが、袈裟部分のみが卍字伝衣に描き替えられている。近世における卍字伝衣への意識が、中世とは異なっていたことがわかる好例である。

(29) 今回の調査では法衣の色については未確認のものが多い。しかし、確認がとれているもののほとんどは、比較的紫に近い色で着色されているように見え、頂相上でも、紫衣と卍字伝衣が揃いになっていたことがうかがえる。

(30) 前掲注（5）山川論文。

(31) 『実隆公記』明応五年（一四九六）五月二八日条。

(32) 宮島新一『肖像画』（吉川弘文館、一九九四年）。

(33) 例えば、龍安寺本特芳禅傑像⑬には「智慶首座繪余陋質需賛」とある。

(34) 『正法山六祖伝』跋文（荻須純道『正法山六祖伝訓註』、思文閣出版、一九七九年）

(35) 前掲注(10)『妙心寺展』図録。
(36) 加藤正俊「初めて画かれた関山の頂相」(前掲注(10)加藤著書)。
(37) 濱田隆「花園妙心寺中興期の文化的営為――雪江宗深と利貞尼の作善に見る――」(『佛教藝術』二七五、二〇〇四年)。
(38) 前掲注(5)山川論文。
(39) 前掲注(4)宮島論文
(40) 織田顕行「清拙正澄の頂相について」(『飯田市美術博物館研究紀要』一六、二〇〇六年)。
(41) 龍安寺本④賛。
(42) 前掲注(10)加藤著書。
(43) 加藤正俊「大燈派下の正系をめぐって――徹翁派と関山派の確執――」(『禅文化研究所紀要』六、一九七四年)。
(44) 萱場まゆみ「頂相と掛真――興国寺本法灯国師像からの考察――」(『美術史研究』三三、一九九五年)。

# 第Ⅱ部　社会と文化の諸相

# 生駒山東陵にみる古代墳墓の一考察

西村雅美

## 一　はじめに

生駒市教育委員会が二〇一一年度に実施した西畑遺跡九次・一〇次調査では、生駒市域の古代において注目する成果が報告されている(1)。九次調査では銀糸と思われる金属糸が潜り孔に残る石製銙帯が出土し、一〇次調査では土器棺墓と焼土坑から構成される墓壙を検出した。筆者はその調査に参加し、「概報」執筆の機会を得たが、その一連の遺構についての検討報告は十分できなかった。ここでは西畑遺跡一〇次調査で検出した墓壙（以下西畑古墓と称す）について、その形成から埋没に至る時間的過程の復元を試みたい。また、西畑古墓周辺には行基墓や美努岡萬墓といった古代の火葬墓の存在が知られている。生駒地域の火葬墓を通して、古代の葬地としての「生駒山東陵」である生駒山東麓地域に焦点を当て、西畑古墓を含む大和と河内との関係について検討したい。

## 二　西畑古墓について

### 調査の概要

西畑遺跡は生駒市壱分町に所在し、竜田川西岸の河岸段丘上に位置する。弥生時代〜中世までの複合遺跡で、周辺の中菜畑・一水口遺跡や一分コモリ遺跡（壱分宮ノ前遺跡）とともに、生駒谷の中心的な集落と考えられている。なかでも遺跡範囲の南半部では、規則性を持った掘立柱建物の存在が知られており、九次調査で潜り孔に金属糸が残る石帯（銙帯）が出土したことから、官衙的施設の存在が示唆されてきた。九次調査地と一〇次調査地の間には小さな開析谷が存在し、谷の北側はそこで活躍した人々の墓域にあたると思われる。以下、一〇次調査で確認した西畑古墓について概要を示すが、改めて検討と修正を行ったため、概報の記載と一部異なることを予め断っておく(2)。

西畑古墓は、土器棺とその東側の土坑（ＳＫ〇二）で構成され（図1）、東へ下がる地形の傾斜面に営まれる。両者は主軸をやや異とするが、遺構の性格や地層、遺物の出土の状況から、遺構の切りあい関係は大きな時期差があるのではなく、同一遺構の中での時間差を示すものと考える。

土器棺は土師器羽釜と甕を倒位で合わせ口にして埋納する。掘りかたは南北約〇・八メートル、東西約〇・四メートルの楕円形を呈し、検出面からの深さは約〇・一メートルを測る。埋土は褐色シルトである。土器棺の残存長は〇・六五メートルで、土圧で崩壊している。後世の整地によって上半は削平され、全体の四割程度が残存する。羽釜は口縁を丁寧に打ち欠き、甕と口を合わせる。打ち欠いた口縁部は甕の頸部に触れ、甕の口縁が羽釜の鍔に接して被さるように調整されている。羽釜の鍔の下には細い紐状の蔓のようなものが一部付着し、羽釜の胴部内では

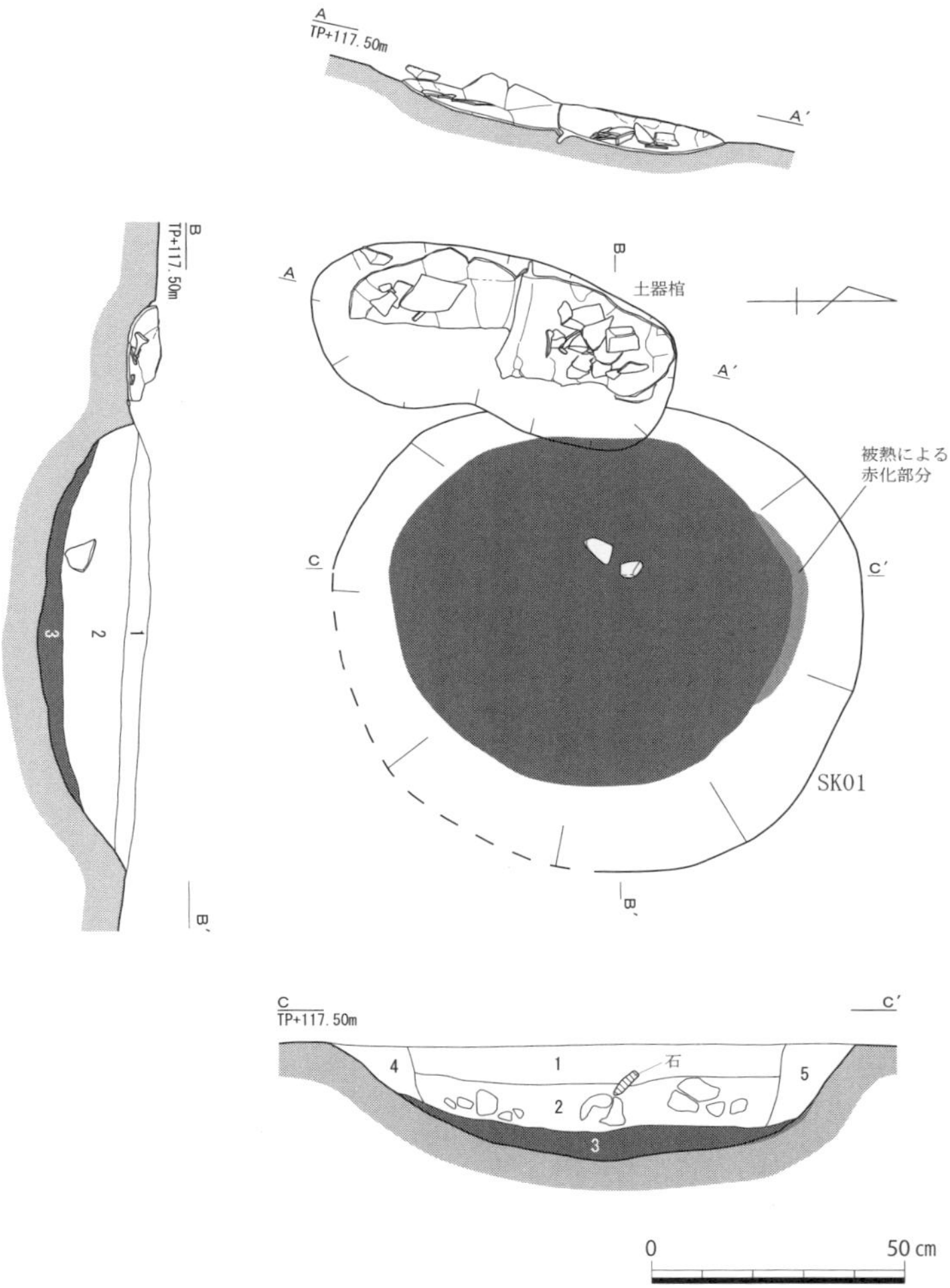


1　10YR4/4 褐色シルト
2　10YR3/4 暗褐色粘質シルトに10YR5/4 にぶい黄褐色粘土ブロックを多く含む
3　N1.5/ 黒色粘土に10YR6/4～4/4 にぶい黄褐色～褐色粘土が薄く堆積（炭層）
4　10YR5/2 灰黄褐色シルト　繊維状の炭混じる（3 層の影響化層）
5　10YR5/3 にぶい黄褐色シルト　炭・マンガンを含む（3 層の影響化層）

**図 1　SK01 平面図・断面図（S ＝1/20）**

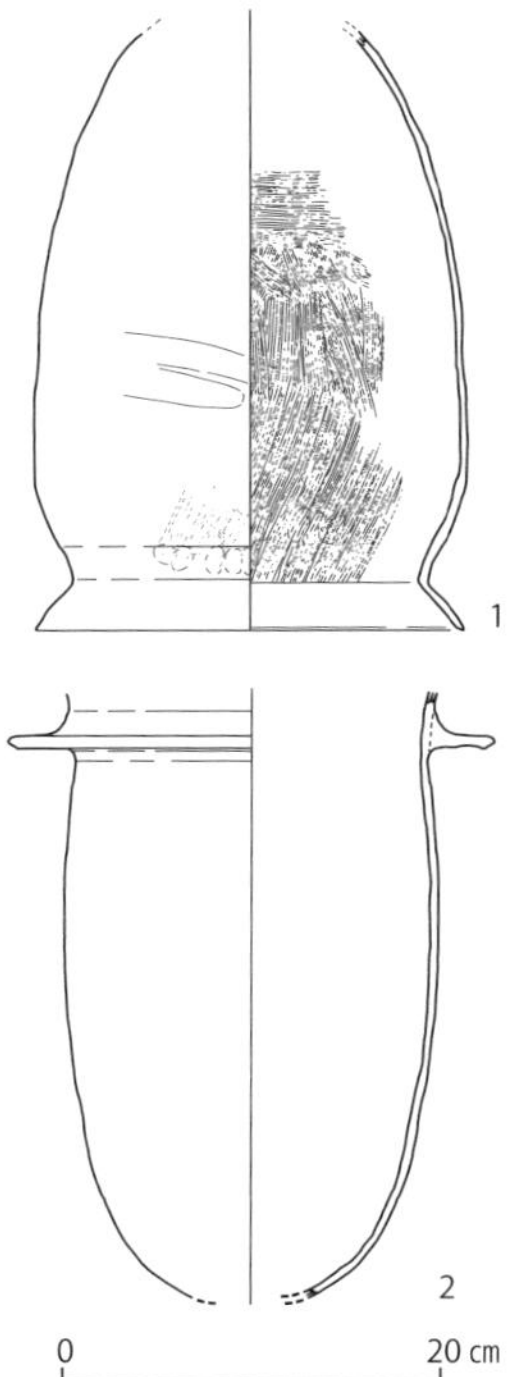


図2　SK01 出土土器棺
（S＝1/8）

打ち欠いた口縁部の破片と甕の底部の破片が出土した。土器棺からは人骨や副葬品などの遺物は確認できなかった。

ＳＫ〇一は円形の土坑で、直径約一・〇三メートル、深さ約〇・二五メートルを測る。土器棺の東側で検出した。断面は皿形で、埋土は概ね三層からなる。上層は土器棺埋土に似ており、中層は人頭大から拳大の粘土ブロックを含む。下層は細かく砕かれた木炭層が、粘土質化して底部一面に堆積していた。北側の側面は赤化しており、被熱痕がみられる。

このことから土坑（ＳＫ〇一）は火葬遺構で、炭層は火葬に伴う層と考えられる。その中心では中層の直上で拳大の砂岩質の灰白色の石が一点、炭層の直上で土器棺の甕の体部の破片が一点出土した（図1）。

出土した土器棺（図2）のうち、土師器甕（図2－1）は、口径二二・八センチ《メートル》、頸部内径一八センチ《メートル》、残存高は三二・四センチ《メートル》を測る。口縁は外反し、端部に面を持つ。形状は長胴形を呈し、外面は全体的に磨滅が著しい。頸部直下にユビオサエ痕を確認し、体部にはハケメと思われる痕跡が僅かに残る。内面は頸部以下にハケメを施す。色調は白みを帯びた淡黄～浅黄色である。土師器羽釜（図2－2）は、土壌化が著しく脆弱なため、取り上げた土ごと復元して実測図を作成した。調整は不明であるが、鍔上約二センチ《メートル》で口縁部を丁寧に打ち欠く。復元鍔径は二五・六センチ《メートル》で、鍔接合部の内面の体部径は一八・六センチ《メートル》を測り、残存高は三三・一センチ《メートル》である。色調は褐色で角閃石を含む生駒西麓産の胎土である。どちらも八世紀末～九世紀に帰属すると思われる。

### 西畑古墓の造営の復元と検討

八世紀末～九世紀の墓制は土葬も火葬も混在し、土器棺もまた土葬墓としても火葬墓としても存在する。西畑古墓の土器棺は土葬か火葬かがまず問題となるが、ＳＫ〇一との切りあい関係と炭層直上の土器棺の破片の出土状況から、同時期の一連の遺構と判断し、火葬遺構と思われる焼土坑を伴う火葬墓と理解した。ただ土坑の掘りかたが被熱して赤化した範囲は狭く、炭の総量もそう多くないように思われる。また炭層内からは釘の出土はみられない。推測に過ぎないが、火葬のタイミングによっては、死後硬直した遺体を一メートルほどの土坑内で折り曲げたり、棒で突いたり転がしたりして焼くには少々小さいようにも思う。[3]火葬墓ではあるが、改葬時に火葬した可能性[4]や被葬者が小児である可能性も含むことを指摘しておきたい。

遺構の周辺からは土器棺を構成する甕や羽釜の口縁部の破片も出土している。後世の削平時の攪乱も完全に否定はできないが、その状況は、埋葬時にこの場所で口縁を打ち欠き、棺の合わせ口を調整したのではないかと思わせる。そして遺体を荼毘に伏して拾骨し、火葬土坑内で炭灰を集めたのちに「何らかの葬送儀礼」があったと考えられる。火葬遺構がまだ埋まっていない段階で土器棺の甕の下方～底部を穿孔または破砕し、故意にその一部の破片を炭層の上に埋納したことがそれを裏付けている。埋土の状況から炭層直上の層が、大きな粘土ブロックを多く含み、最終的に、人為的に一気に埋め立てたことがうかがえる。おそらく、墓壙の形成はこのような変遷で行われ、その後埋没していったのであろう。

土器棺についていえば、畿内で棺として使われる土師器羽釜は、その大半が生駒西麓産胎土のもので、六世紀から中世にいたるまで基本的に同じ形状を保っている。土器の担い手と流通の関係による部分もあるが、形状に変化がないということは即ち、その形状に変化を求めない必要性があったと考えられる。火葬墓や土葬墓として活用される場合も仕様は同じであろう。また、火葬においては火葬後の火消しに湯や酒を沸かして火にかける所作があり、それに使ったものを骨蔵器（棺）に転用することも考えられる。しかし土器棺として出土する場合、その土器の内外面に使用痕があるものはまれである。羽釜や甕などの煮炊具には煤痕等がみられず、日常で使用したのちに二次転用したとは考えにくい。壺や甕の貯蔵具であれば、その内容物によっては残滓や使用痕が残らないこともあろう。日常雑器とした場合、土器棺仕様の生駒西麓産の土師器羽釜の体部の厚さは薄く、長期間多岐にわたる日々の使用に耐えられるものではない。また甕や壺などの器種においても同様で器壁は薄く、貯蔵具としての機能的な面では脆弱である。

土器棺で使用される土器は、すぐに壊れること、最終的に土に還ることを想定して作られているように思われる。口縁を打ち欠いたり、焼成後穿孔したりすることで本来の用途とはかけ離れた「仮器」として使用するため、基本的に再利用はしない。つまり当初より日用雑器としてではなく、祭儀用の棺として作られたのではないかと考える。そしてそれが祭具や棺としての意味合いを持つ場合、弥生時代以降のある種の伝統的な信仰や思想(5)、風習によって、土器棺に焼成後の穿孔を施す傾向がある。これは本来棺中の排水のためとされるが、その機能喪失後もその形態を継承している。実際、八〜九世紀の火葬墓の骨蔵器にはしばしば人為的な穿孔事例がみうけられ、特に九世紀段階では合わせ口の土器棺への穿孔ないしは底部破砕といった事例が多い(6)のも、その時代的な意識変化の反映と思われる。ここでは埋葬用に特化した甕や羽釜の存在を可能性として提示しておきたい。

西畑古墓の土器棺においても、甕底部に近い部分の破片が羽釜の体部中央と土坑中央の炭層直上からそれぞれ一点ずつ出土している。その破片の大きさから穿孔というよりは底部付近を破砕したとみるのが妥当であろう。褐色の羽釜体部内または黒褐色の炭上に割と大きな白色に近い破片が中央に一点ある状況は、破砕時の混入とは考えにくい。明暗のある色彩も含め、排水を目的とした機能的なものから信仰的なものへと変化したことは容易に推察できる。現代の葬送儀礼で死者の茶碗を割るような、いわゆる現世との決別を示すことにつながる通過儀礼的な「何らかの宗教的意図」があったと考える。

西畑古墓の形成とその埋没過程について、改めて時間的変遷の復元を試みるならば、以下のようなものであろう。①東に落ちる傾斜面に穴を掘って人を火葬する。その間に羽釜の口縁部を打ち欠いて土器棺の合わせ口を調整する。②火葬後、拾骨して土器棺に納骨し、火葬遺構のそばに窪みを掘って土器棺を設置する。土器棺の一部を破砕する。③火葬遺構の炭灰を集め表面をならし、中央部分に土器棺の甕の一破片を埋納し、土壙を埋め立て、灰白色の石を置く。④その後さらに盛土して、土器棺を含め全体を覆土して墓を形成する。⑤時が経ち埋没する。ただし、④については後世の土地利用に伴う削平と整地により推測の域を出ない。

以上、西畑古墓の検討を行ってきた。『続日本紀』にみえる文武天皇四年（七〇〇）の僧道昭の火葬や大宝三年（七〇四）の持統天皇の火葬の事例によって、土葬から火葬へと葬送方法は変換していったとされるが、実際、大和では七世紀段階に火葬がなかったわけではなく、奈良県高取町所在小谷遺跡で検出された墳墓一のような火葬墓もみられる。ただ、八世紀段階の国家的な火葬への転換とは違い、在地の渡来系氏族の一葬送方法ないしは火葬導入への試みの一つと考えられている(7)。

八世紀代の火葬の多くは土坑中に骨蔵器を納める。古代の火葬墓において、大和では須恵器の蓋と高台付広口壺の組み合わせや、壺、埦、甕などの須恵器と土師器甕が骨蔵器として利用されることが多い。それに対し、河内では生駒西麓産胎土の羽釜と土師器の甕や鉢・羽釜などを組み合わせたものが多く、羽釜と甕の合わせ口の土器棺が多く出土する傾向が強い(8)。西畑古墓の土器棺の組み合わせはどちらかといえば河内の様相に近い。西畑古墓から河内までは暗峠《くらがり》を通り二、三時間ほどで歩いて移動できる距離にある。遺構から墓制一つでも河内との交流がうかがえよう。

## 三　古代の生駒山と墳墓

### 生駒の墳墓を取り巻く環境

生駒は大和と河内の境界に位置する。その境界にほどなく近い西畑・有里の地は、大和からみれば河内へ抜ける生駒山手前の山麓の集落であり、河内からみれば生駒山を越えた最初の山麓の集落にあたる。古来より南生駒の中心地域の交通の要所として栄えてきた。

奈良時代の生駒は平城京と関連した遺跡が多い。平城京遷都の後、奈良時代後半に操業を開始した生駒古窯跡群は、市域中央部の生駒地域では須恵器を、菜畑地域では瓦を主体に、やや遅れて奈良時代末～長岡京期にかけては市域北方の高山地域で須恵器と瓦、炭を生産してきた。いずれも平安京遷都に至るまでの間、平城京に坏や皿、蓋、壺などの小型品を中心とした日用雑器等を供出した。特に最も多くの窯跡が集中した生駒地域にある金比羅窯では「宮」とヘラ書きされた須恵器坏蓋が出土している。

生駒古窯跡群の操業開始時期は、当時生馬仙房《いこませんぼう》（草野仙房）を中心に活動していた行基が大和・河内・和泉の三国に四十九院を建立し、治水土木事業と布施屋の設営など、積極的に社会活動していた時期と一致する。(9) 行基は百済系渡来人に連なる氏族の出身である。陶邑の燃料資源の減少に伴う生産量の低下や平城京遷都といった社会的・政治的背景に起因して、須恵器生産にかかわる知識者集団（工人）を生駒山北方の地へ率いてきたのも行基であろう。また東大寺大仏の造立に際して活躍した知識者集団は、生駒山西麓の大阪府柏原市大県周辺を本拠地とする河内鋳物師の前身となる知識者集団であり、行基との関係も深い。当時生駒を中心とする生駒山地の随所には、平城京から近いという地の利も含め、多くの知識者集団がいたと考えられる。

生駒山東側の山麓地域における古代の火葬墓としては美努《みのの》岡萬《おかまろ》墓や行基墓が著名である。これらの火葬墓は平城京の西方約九キロメートルに位置する。そこから西畑古墓も徒歩二〇分圏内という近距離にあり、平城京へ続く暗峠沿いの道（奈良街道）の北と南に連なる。

美努岡萬と行基の火葬墓や墓誌の詳細については割愛するが、二人には①奈良時代に壮年を迎え、聖武朝に没した同時期の人物であること、②河内、特に生駒山地の西麓周辺でのかかわりが強く、寺院造営に関連する知識者集団との関係性がうかがえることといった共通点が挙げられる。

以下、その関係性について整理し、平城京西方の葬地である生駒山東麓について考えてみたい。

美努岡萬は神亀五年（七二八）に六七歳で没後、墓誌記年銘の天平二年（七三〇）に造墓されている。行基は天平二一年（七四九）に八〇歳で入寂する。没年時の年齢から逆算すると、岡萬は斉明天皇九年（六六〇）生まれ、行基は天智天皇五年（六六九）生まれで、九歳差である。ほぼ同時代を生きている。

岡萬をはじめとする美努（三野）氏は、生駒山西麓の河内国若江郡三野県（八尾市御野県主神社周辺）を本拠地とする豪族である。大県周辺で活動する知識者集団とも近距離にあり、なおかつ大県の知識者集団を配下に治める鳥取連とも近しい関係にある。鳥取連と美努連は『新撰姓氏録』に「同神（角凝魂命）四世孫天湯川田奈命之後也」とあり、先祖を同じとする同系氏族である。また、美努は水沼（ミヌ・ミズ）を表し、水は暖かければ「湯」となり、「湯川浴み」をするための場所を「ゆかわたな」と呼んだのではないかとする。[10]「湯」とは溶かした金属のことでもあり、金属器の精錬には多量の水が不可欠である。つまり、玉串川近くに居する美努氏は製錬に必要な水辺（水沼）を管理する一族で、一説には井戸掘り技術を持つ集団とされ、水沼を司る美努氏と河内鋳物師とのつながりを示唆する。故に美努岡萬をはじめ美努氏は行基と連携して、知識者集団と協力関係にあったと考える。

美努岡萬の墓誌の記載をみると、縦横に刻された罫線や後半に『孝経』に基づいた文章で功績を記すなど中国的な様相がみられる。大宝元年（七〇一）に第八次遣唐使で渡唐していた経験の反映であろうか。岡萬と寺院造営との関係は不明であるが、遣唐使以前は中宮小進で、帰国後は主殿寮頭であることを加味すると、事務官として写経事業や慈善事業に関与していた可能性がある。東大寺造営にあたり、造東大寺司が設置されると、美努連・三野連の名は諸書に散見する。美努氏は岡萬以降、奈良時代、外交や文書学に精通した一族であるといえる(11)。岡萬の死後、同じく河内の若江郡を本拠地とする弓削氏、道鏡とのつながりも強かったと思われ、寺院造営等の事業に絡んでいたと思われる。

大和川北側の東高野街道沿いを北上すると、行基によって河内七墓が造営されている。これが行基と河内の知識者集団や優婆塞などとの関係をより強固にしたものと思われる。また、行基は家原寺から生馬仙房に移る数年前より各地をまわり灌漑治水工事で貢献し、東大寺大仏の造立に関与し、最終的に東大寺大僧正となった。行基の師は火葬を初めて行ったと『続日本紀』に記される道昭で、彼は晩年土木工事で各地を游行しており、行基の活動には道昭が与えた影響が大きかったことが推察される。

### 生駒山東陵の特長

『続日本紀』和銅元年（七〇八）二月一五日条に「方今、平城之地、四禽叶図、三山作鎮、亀筮並従」とあり、平城京遷都における「三山作鎮」は、平城京鎮護としての軍事的な意味合いよりも、心の拠り所としての三山、藤原京からみえる大和三山を彷彿させるような場所を選んで都としたと理解する。平城京の三山とは東の春日山、北の奈良山、西の生駒山をさすが、いずれも『養老喪葬令』皇都条に示すように葬地が京外に求められ、平城京の葬地として利用されてきた（図3）。実際、大和盆地周縁の山々は七世紀段階の都城の形成によって意識的に墳墓が形成され、それ以前においても山中に多くの群集墳が造営されていることを考慮すると、ある種の伝統的思想として、山＝葬地という認識があったといえる。記紀の記載をみていると、生駒山にはむしろ潜伏、隠遁、修行に適した辺境の地といったイメージが垣間みえる。[12] 葬地としての生駒山をどうとらえるかが、平城京西方の葬地への理解を紐解く糸口になろう。

火葬墓の分布状況（図3）から、墓域設定のまとまりに何らかの思想的配慮や要因があることは以前からいわれているが、通説の「葬送地として官位が低い者を盆地西側の葬地に埋葬」したとはいえないと考える。確かに北方の葬地には天皇等高位の者が埋葬され、平城京東方及び西方の葬地は、聖武天皇の時代に壮年を迎えた同世代の人物である。没年がわかる火葬墓の墓誌をみる限り、東方の葬地の世代は慶雲四年（七〇七）～神亀六年（七二九）（八世紀第一四半期）に没して本拠地を離れ京外に造墓埋葬された者、西方の葬地は神亀六年の長屋王の変以降（八世紀第二四半期）に造墓埋葬した者という傾向がある。つまり、年代を追って東から西へと移行しているのであり、長屋王と吉備内親王を「生馬山に葬」ったのを契機に平城京西方へ葬地が移行した可能性が高い。またこの時期は、先述した通り生駒での生産が活発化してきた時期にも相当し、平城京西方での労働力を活用し易かったと考えることもできる。

以下、西方の葬地とされる生駒山の八・九世紀の墳墓の分布状況を記しておく。生駒山東麓部分のやや北側の生

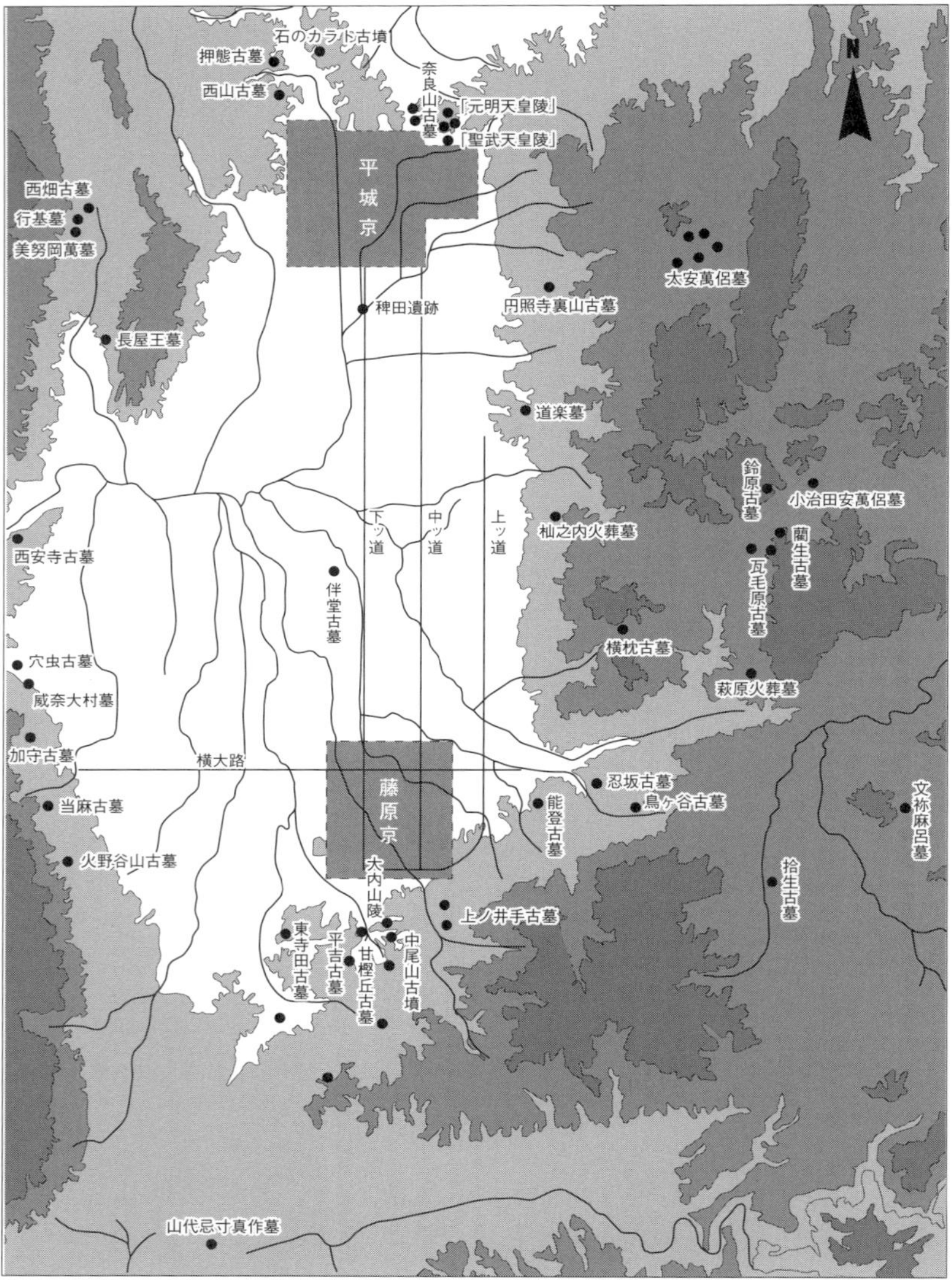


**図3　大和の葬地と主要火葬墓**

駒谷部分に西畑古墓があり、南尾根に行基墓・美努岡萬墓が造営されている。さらに四キロメートル南下した平群谷《へぐりだに》には長屋王墓・吉備内親王墓が存在する。図示できなかったが、さらに南方の生駒山地南端近くの高安山から派生した南尾根には、高安山墳墓群や久安寺モッテン墓地があり、八世紀末～九世紀にかけての多くの火葬墓・土葬墓を検出している。この地もまた河内と大和の境の大和側にあり、様々な関係性を精査する必要があるが、立地状況は美努岡萬墓や行基墓に類似しており、「一つの有力的な豪族の墓地」と推定される。その豪族の可能性の一つに鳥取氏を挙げておきたい。

生駒山東陵の墳墓は、平城京の葬地の一面に即して存在しながらも、河内に由来する渡来系氏族の関係性から河内を越えて派生した墓でもあるともいえる。また同時に平城京に住まう官人が本拠地に墓を作らず京外に作った火葬墓の一つでもあり、『喪葬令』の規定にある氏々祖墓的な墓とみなすことができるという二面性がうかがえる。ただ、生駒山東陵にある墳墓において、西畑古墓は山麓の高地ではなく、生駒谷の交通の要所にある集落内墓域にあり、流路に落ちる肩部に立地している点がほかの墳墓と大きく異なる。下位または無位の官人もしくは、官人層とは異なる被葬者像を想定する必要があろう。

## 四　おわりに

以上、西畑古墓を含め、生駒山東陵にある平城京西方の葬地の様相を記してきた。

西畑古墓の出土状況の検討を通して、焼土坑と土器棺との関係から、火葬施設の上を整地して墳墓を営んだと推測できる。そして、土器棺墓は従来、土葬における埋葬方法としてとらえられてきたが、今回の事例が示すように、土葬墓にも火葬墓にも使われたことを示している。土器棺の破片の一部が炭層直上にあったことにより、古代における葬送儀礼の一部を復元できたことは大きな成果であり、土器棺墓の在り方を考えるうえでも意義のある資料であるといえる。

律令制の導入に伴う社会システムに変化には葬制の変化も含む。『養老喪葬令』で氏族墓については三位以上条で「凡三位以上及別祖氏宗、並得営墓、以外不合、雖得営墓、若欲大蔵者聴」とあり、三位以上の者と別氏祖宗のみが墓の造墓が許可されている。一見厳しい規定にみえるが、三位以下の多くの諸氏族は「氏々祖墓」とすれば造墓は可能であり、それに伴う土地の私有を認める例外規定を活用したと思われる。とくに下位の者にとっては一族の墓域確保のために奮闘したであろうし、その土地所有権主張のためにもともと存在する古墳を再利用し、この周辺が一族の墓域と主張することは容易に考えられる。その点でもこの暗峠を越えた生駒山東陵の地は絶好の場所であったと考えられる。

河内を抜け大和、平城京に至る街道沿いにある美努岡萬墓はかつて「竜王塚」と呼ばれていた地にあることと、行基墓は竹林寺境内にある竹林寺古墳のすぐ脇にあり、遺言で埋葬地を指定したことということは注目すべき共通点である。つまり、彼らもまた皇都条の規定に則りながら、古墳を利用し公地化されない私有地を確保したのである。そこに美努岡萬墓が生駒山西麓側の本拠地の河内国三野県ではなく、生駒山東麓にあった理由が垣間見えよう。

平城宮や東大寺など平城京より西方を望むと生駒山の山頂がみえる。実見して分かったことであるが、ランドマークとしての生駒山の存在がうかがえるが、生駒山地―平城京域の間に位置する矢田丘陵は意外と高く聳え、平城京より生駒山山頂はみえても山全体・山地全体は矢田丘陵が壁となってみえない。古来より生駒山を表す場合、その山自体を指すのではなく、矢田丘陵を含めた生駒山地全体を示すように思われる(13)。生駒山を中心とする生駒山地は河内と大和を隔てる境界、「壁」である。平城京からみる生駒山東陵の地は矢田丘陵が生駒山を阻み、その間に入る生駒谷は大和でありながら河内的な側面もある。生駒山地は大きな壁として重層的に大和と河内の境界を示しているように思われる。

## 注

(1) 淺井達也・西村雅美『生駒市内遺跡発掘調査概要報告書』(生駒市教育委員会、二〇一一年)。以下本文中に示される「概報」とはこの報告書を指す。

(2) 概報作成後に行った検討の結果、脆弱な土師器羽釜の傾きと復元径を修正した。図2は修正後のもので概報掲載時のものではない。本文中の法量も修正後の数値を示している。

(3) 火葬の様相については『日本霊異記』の景戒が夢で自分の死体を火葬する話や『東大寺諷誦文稿』二五七〜二六〇行の子供の死体を突きながら焼く諷誦の描写を参考にした。また、土葬木棺墓(成人)の墓壙長は八・九世紀で三メートル弱、一〇世紀以降で二メートル程であり、伸展葬と考えられ、遺体の火葬直前の状態も同様と想定した。ただし、死後硬直の緩解は夏場で二日、冬場で四日であり、それ以降は腐敗が進行するため、緩解後の火葬であるならばその限りではない。

(4) 角田文衞「古代日本における改葬」(『古代文化』三一－七、古代学協会、一九七九年)。「改葬」は文献に残るのは皇族や高位貴族の記事であるが、下級貴族や庶民層でもしばしば行われていたようである。大化の薄葬令以降、遷都など都市計画による古墳破壊や陰陽思想・怨霊信仰などを背景に、『延喜式』斎宮式や臨時祭式、養老の『仮寧令』改葬条など、改葬に関する規定も多いことも、奈良・平安時代の改葬が珍しくなかったことを指証している。

(5) 青山博樹「底部穿孔壺の思想」(『日本考古学』一八、日本考古学協会、二〇〇四年)。東アジアの稲作地帯に分布する農耕儀礼のあり方に着目すると、種籾を貯蔵する壺や甕には穀霊が宿るという信仰がさまざまな形で広く分布しており、同様の思想が弥生時代以降の日本列島にも存在していたと考えられ、壺が穀霊信仰にもとづく農耕儀礼と密接な関係にある遺物であることを推測している。周溝墓や古墳で壺が用いられた葬送祭祀は、これを破砕もしくは穿孔することで壺に宿ると観念された穀霊を後継者へ継承することを目的とする意図があったという。

(6) 吉澤悟「穿孔骨蔵器にみる古代火葬墓の造営理念」(『日本考古学』一二、日本考古学協会、二〇〇一年)。八世紀段階の穿孔は小さく骨蔵器の排水機能に適したものであるが、九世紀前半を境に穿孔が大きく位置も多様化し、骨蔵器の「仮器」化がみられ、信仰的意味合いが強くなる。火葬墓の造営での穿孔行為は、実用的な遺骨保護の観点から、非実用的な遺骨埋納儀礼への意識変化し、通過儀礼として伝承していったとされる。

(7) 北山峰生「古代火葬墓の導入事情」(『ヒストリア』二一三、大阪歴史学会、二〇〇九年)。

(8) 海邊博史「畿内における古代墳墓の諸相」(『古代文化』五一―一一、古代学協会、一九九九年)参照。

(9) 家原寺から生馬仙房(草野仙房)に行基が移ってきたのは、『行基年譜』によれば慶雲四年(七〇七)ころ、『竹林寺略録』によれば慶雲元年(七〇四)とある。壮年の行基が生駒を拠点にし、生駒古窯跡群の操業開始時期が八世紀第二四半期であることからも知識者集団もまた行動を共にしていたと考えられる。

(10) 折口信夫「水の女」(『折口信夫全集』二、中央公論社、一九九五年)。

(11) 文献に出てくる美努氏には、岡萬と同世代の者に、慶雲三年(七〇六)に遣新羅大使として新羅渡訪、帰国後は和銅元年(七〇八)に遠江守、大学博士となり『懐風藻』にも名が残る美努連浄麻呂がいる。このほか、三野連石守は『万葉集』十七に歌を残し、石成は『正倉院文書』に請暇解(願)が残る(宝亀三年(七七二))。岡萬の死後、造東大寺司として奥麻呂や三野連船長、文章博士として智麻呂が活躍する。

(12) 櫻井満・伊藤高雄共編『生駒谷の祭りと伝承』(桜楓社、一九九一年)。桜井満によれば、イコマのイは「斎」、コマはクマ(隈・隅)の変化形で、奥まった聖地の意とされる。『日本書紀』皇極二年(六〇六)一一月一一日条で山背大兄王が膽駒山(生駒山)に隠れ難を逃れたことや、『住吉大社神代記』の「胆駒神南備山本記」で生駒山地一帯は、住吉大神に垂仁・仲哀両天皇が奉った地と伝え、斉明元年(六五五)には、青い笠をつけ唐人の形をした者が葛城嶺から竜に乗って「胆駒山」に隠れ、午の時に住吉の松嶺の上から西に飛び去ったという伝承などから、潜伏に適した辺境の地と見做されていたようである。

(13) 今木義法「山背大兄の変と膽駒山」生駒の歴史と文化入門講座(生駒ふるさとミュージアム、二〇二〇年)より。蘇我入鹿に襲撃された山背大兄王が隠れた膽駒山(生駒山)が、果たして現在の「生駒山」なのか検証する中で、斑鳩方面から生駒山方向を望むと矢田丘陵に阻まれて生駒山はみえないことを確認し、ここでいう「山中」とは、現在の生駒山ではなく、矢田丘陵をも含めた地域を指すと指摘している。実際、筆者も斑鳩方面から生駒山方向をみたが、法隆寺周辺では眼前には矢田丘陵が聳え、生駒山そのものは確認できなかった。これは斑鳩の地が矢田丘陵の南端の大和盆地上にあるためで、矢田丘陵西脇を流れる現在の竜田川まで出れば、生駒山がみえることを目視している。

## 主要参考文献


金子裕之「平城京と葬地」(『文化財学報』三、奈良大学文学部文化財学科、一九八四年)

斎藤忠『斎藤忠著作選集』四　墳墓の考古学(雄山閣、一九九六年)

石田茂作監修『新版　仏教考古学講座』七　墳墓(雄山閣、一九七五年)

大場磐雄・内藤正恒・八幡一郎監修『新版考古学講座』六　有史文化〈上〉(雄山閣、一九七〇年)

加藤秀行「『日本霊異記』と藤原氏」(『大正大学院研究論集』五、大正大学大学院、一九八一年)

黒崎直「近畿における八・九世紀の墳墓」(『奈文研・研究論集』Ⅳ、一九八〇年)

高野正昭「古代火葬墓の一形態について——天理市西山火葬墓群を中心として——」(『宗教と考古学』、勉誠社、一九九七年)

藤沢一夫「墳墓と墓誌」(『日本考古学講座』六、一九五六年)

安村俊史「河内における奈良・平安時代の火葬墓」(『堅田直先生古希記念論文集』、真陽社、一九九七年)

渡邊邦夫「律令墓制における古墳の再利用――近畿地方の八・九世紀の墳墓の動向――」(『考古学雑誌』八五－四、二〇〇〇年)
渡邊邦夫「律令墓制における土葬と火葬」(『古代学研究』一五四、二〇〇一年)
山本昭『謎の古代氏族　鳥取氏』(暁印刷、一九八七年)
勝田至編『日本葬制史』吉川弘文館、二〇一二年)
稲田奈津子「古代の都城と葬地」(『歴史と地理――日本史の研究――』二〇五、二〇〇四年)
近つ飛鳥博物館『墳墓と墓誌』(平成一五年度㈶大阪府センター・近つ飛鳥博物館共同研究発表会、二〇〇四年)
近つ飛鳥博物館『古墳から奈良時代墳墓へ　古代律令国家の墓制』(大阪府近つ飛鳥博物館、二〇〇四年)

**付記**　本文で使用した図面はそれぞれの報文のものを一部加筆修正しトレースしたものである。

末筆になりましたが、この小稿を成すにあたり、執筆の機会をくださった宮﨑健司先生をはじめ、多大なるご助言とご協力をいただきました西山昌孝氏、辻栄一氏、太細敏正氏、駒井正明氏、西村公助氏、小林義孝氏、海邊博史氏に、記して感謝の意を表します。

# 桑田玖賀媛・播磨速待伝承の成立とその背景

古市　晃

## はじめに

『日本書紀』仁徳一六年七月戊寅朔条にみえる桑田玖賀媛《くわたのくがひめ》と播磨速待《はりまのはやまち》の伝承は、玖賀媛が丹波、速待が播磨の出自とされることから、自治体史をはじめとする地域史で言及されることはあったが[1]、伝承の全体を歴史学の観点で捉えようとする試みは、管見の限りこれまでなされてこなかったように思われる。たしかに、仁徳に仕える宮人（玖賀媛）に舎人（速待）が求婚し、悲恋に終わるという筋書きは、一見したところ史実を含んでいるようには思えない。

しかしこの伝承が形成された場や時期を明らかにすることは、国家形成期における中央支配権力と地域社会の関係について重要な論点を提供することにつながるように思われる。本稿はこの点を明らかにしたうえで、さらに伝承の背景に存在する地域社会相互の交渉のあり方をめぐっても若干の考察を試みたい。

## 一　伝承の成立時期

### 1　玖賀媛の伝承

まず、伝承の概要をみておきたい。仁徳は近習舎人らに宮人、桑田玖賀媛を寵愛する気持ちがあっても、后、磐《いわ》之《の》媛《ひめ》の嫉妬によりかなわないことを述べ、玖賀媛に求婚する者を募ったところ、播磨国造の祖、速待が進み出る。仁徳は玖賀媛を速待に与えることを決めるが、玖賀媛は承諾せず、独り身で生涯を終えるつもりであることを告げる。仁徳は速待に玖賀媛を桑田まで送り届けさせるが、玖賀媛はその道中で病死する。だから今、玖賀媛の墓がある、として伝承は締めくくられる。

玖賀媛をめぐる仁徳と速待の応答は和歌の応答によって行われる。また速待の求婚が玖賀媛の拒絶と死によって悲恋に終わったこと、玖賀媛の墓がこの伝承の成立時に伝えられていることは、この伝承が『万葉集』にみえる菟《う》原処女《ないおとめ》の伝承（巻九、一八〇一～一八〇三番歌）や、『播磨国風土記』にみえる印南別嬢《いなみのわきいらつめ》の伝承（賀古郡条）などと同様に、墓の存在をともなう悲劇の美女伝承として類型化したものであることを物語る(2)。

このことは、玖賀媛の実在性とはもちろん何の関係もなく、彼女を葬ったとされる墓が、伝承の成立した段階で桑田の地に存在したことを物語っているにすぎない。桑田の地がどこにあたるのかは明示されないが、桑田を郡名とみた場合、桑田郡は丹波国にのみ存在すること、丹波国桑田村で八尺瓊《やさかに》の勾玉が得られたこと（垂仁八七年二月辛卯条）、仲哀五世の子孫とされる倭彦王が桑田郡にいたことなど（継体即位前紀武烈八年一二月壬子条）、『日本書紀』には桑田郡に関する伝承が散見する。

さらに、玖賀媛の名である「玖賀」が、『古事記』崇神段に丹波（旦波）の人で日子坐王《ひこいますのみこ》に殺害されたとされる玖賀耳之御笠《くがみみのみかさ》と共通することなどからすれば、これまでも指摘されてきたように、桑田玖賀媛が丹波国桑田郡の出自と認識されていたことは確実とみてよいだろう。玖賀媛の伝承は、最終的には他の桑田郡に関わる伝承と共にまとまって『日本書紀』に収められた可能性もあるだろう。それが仁徳紀の話とされたのは、玖賀媛が臣下の妻として与えられる契機として、磐之媛の嫉妬を強調するための要素として利用されたことによるのであり、『日本書紀』の構想の所産といえる。この伝承が本来的に仁徳の時のできごととされていたかどうかは、別に検討を要する。

ただそのこととは別に、玖賀媛については、彼女に付された宮人の呼称を手がかりに、さらにその性格を推測することが可能である。宮人の語は後宮職員令にみえ、女官の総称としても用いられるが、(3)そこには采女も含まれる。采女は、後宮職員令が宮人職員とする散事の一員である。采女は、律令制下では郡司の子女が宮廷に貢進されるが、桑田の郡名を冠して呼ばれる玖賀媛は、采女として伝承される存在であったと考えられる。

郡司による采女貢進の歴史的前提として、国造による貢進を想定し、それに基づいて玖賀媛を丹波国造を出す桑田郡の丹波直《たにはのあたい》氏の一族と推測する見解がある。(4)国造が采女を貢進していたことは、倭国造の地位にあった倭直《やまとのあたい》の祖、吾子籠《あごこ》による采女、日之媛の貢進伝承や（『日本書紀』履中即位前紀仁徳八七年正月条）、いわゆる令制国造ではあるが、因幡国の高草采女、国造浄成女《きよなりめ》らが因幡国造の姓を賜与され（『続日本紀』宝亀二年〈七七一〉二月丙申条）、阿波国の板野采女が粟国造《あわのくにのみやつこ》若子《わくご》を名乗っていることなどから確認できる（天平勝宝五年〈七五三〉五月七日付「紫微中台請留経目録」(5)）。令制下の丹波の国造が丹波直氏であったことについては、『続日本紀』延暦二年（七八三）三月庚寅条に、丹後国丹波郡の人、丹波直真養《まかい》が国造に任じられた記事がある。当面、令制前の丹波の国造もまた、丹波を冠する丹波直であった可能性は高いとみてよいだろう。この点は、櫛木謙周がすでに指摘しているところで

ある。(6)

丹波直真養は、今みたように丹後国丹波郡の人とされる。丹後国は、和銅六年（七一三）に分置される以前は丹波国の一部であった。丹波郡に拠点を有する丹波直が国造の地位にあることは、合理的に理解できる。

一方、玖賀媛は丹波郡ではなく、桑田郡の出自とされる。このことから、玖賀媛を国造の一族とみることには、ひとまず慎重である必要がある。しかし丹波直氏は丹波郡、桑田郡に限らず、与謝郡、天田郡、船井郡と、丹波の広域に分布していたことが明らかにされており、(7)さらに桑田、船井、天田の各郡では、丹波直氏は郡司の地位にあったことが指摘されている。(8)

丹波以外に目を転じても、出雲臣や尾張連のように、令制前から国造の地位にあった氏族が、一族の拠点にとどまらず、広く国内に分布していた事例が知られるのであり、(9)桑田郡の丹波直もまた、丹波直氏の有力な一族であったと考えてよい。令制前の段階で、桑田郡の丹波直氏が国造であった段階が存在した可能性は否定できない。

古墳時代にまで遡るならば、網野銚子山古墳、神明山古墳など、古墳時代前期後半の竹野郡《たかののぐん》には、日本海側最大級の前方後円墳が築造されており、(10)この段階では、丹波を代表する勢力は竹野郡の福田川、竹野川流域にあったことがうかがえる。ただ丹波郡の中心地は、同名の丹波郷の位置から（現京丹後市峰山町丹波付近に比定）、やや内陸部と考えられる。日本海に面して巨大な古墳を築造した勢力と、丹波郡の勢力が具体的にどのような関係にあったのかは、今後、検討すべき課題であるが、竹野川流域にあたる丹波郷は竹野郡域の開発にも重要な地位を占める地である。この地が丹波国造の本来的な拠点であった可能性は高いといえる。(11)これらのことを勘案するならば、四世紀後半以降、丹波を代表する勢力は、これまでにも指摘されてきたように、基本的には竹野、丹波両郡に展開していたと考える必要がある。(12)文献史料にみえる竹野君（「国造本紀」但遅麻《たじま》国造）、丹波之竹野別（『古事記』開化段）と記される存在、それに丹波直氏らが、これらの地域を代表する勢力であったのだろう。

しかしこれは、あくまで基本的なあり方にすぎないとみるべきだろう。地域社会を代表する勢力の拠点がその相互の関係、または中央支配権力との関係で変動することは、その地域における盟主的古墳の移動[13]、また文献史料が示す地域勢力の拠点の移動[14]などが示すところである。

ここで注目されるのは、それまで竹野郡域に築造されていた有力な前方後円墳が、六世紀前半に至り、桑田郡域に築造されるようになることである。亀岡市千歳車塚古墳は全長約八八メートル、この段階での丹後を含む丹波最大の前方後円墳とされる。六世紀前半は、五二七年の磐井の乱を契機として国造制が成立する段階と考えられている。千歳車塚古墳の存在は、この時期に桑田郡の勢力が丹波を代表して中央支配権力と交渉を行った可能性を示すものとして注目される。

文献史料では、『日本書紀』に、武烈逝去により断絶の危機にあった王統の後継者を捜索した際、足仲彦《たらしなかつひこ》天皇（仲哀）五世の子孫とされる倭彦王が、丹波国桑田郡にいたことが記される（継体即位前紀武烈八年一二月壬子条）。倭彦王は彼を迎えに来た一行の隊列をみて驚き、行方をくらましたため、改めて後継者の捜索が行われ、継体が見出されるに至る。この記事は、継体即位の頃に、桑田郡の地域勢力と中央支配権力の間に交渉が存在した可能性を、ひとまず示すものである。千歳車塚古墳の被葬者として倭彦王を想定する見解もある[15]。だが倭彦王の系譜が信頼できる可能性は低いし、そもそも実在した可能性が低い人物である以上、この伝承に過度の信頼を置くことはできない[16]。

しかし「国造本紀」にみえる丹波国造の系譜は、その始祖を「尾張同祖、建稲種命四世孫、大倉岐命」とし、丹波国造を尾張国造と同祖とする点が注目される。建稲種命《たけいなだねのみこと》は、『古事記』応神段に尾張連の祖としてみえる建伊那《たけいな》陀宿禰《だのすくね》と同一人物である可能性が高い。

『古事記』では、建伊那陀宿禰は尾張連の祖で、応神后妃の高木之入日売ら三人の女性の曽祖父とされる。応神は、尾張連出自の女性を后妃としていることになる。なお付言すれば、建伊那陀宿禰の子、志理都紀斗売《しりつきとめ》の夫とされる五百城入彦《いおきいりひこ》（五百木之入日子）もまた、尾張の出自とされる。『日本書紀』でも、応神の子、仁徳が五百城入彦の孫であることが特記されており（仁徳即位前紀）、尾張連との関係が重視されていたことが明らかである。

応神と同様に、尾張連出自の女性を后妃とするのが継体である。継体妃の一人、目子媛《めのこひめ》は尾張連草香《くさか》の子とされる。継体は応神五世の子孫とされる。継体と目子媛の間に生まれた勾大兄王と檜隈高田王《ひのくまのたかだ》はいずれも即位し、安閑、宣化となる。地域勢力出自の后妃の子が即位する事例は、実在の可能性が高い天皇の事例としては、この事例にあたる仁徳、及び継体の他は、允恭と近江出自の忍阪大中姫《おしさかのおおなかつひめ》の間に生まれた安康、雄略が知られるのみで、異例である。継体と尾張連氏の関係は、きわめて密接であったことがうかがえる。「国造本紀」が示す、丹波国造と尾張連の同族関係は、継体から安閑、宣化、つまり六世紀前半の頃に作られた可能性が高いと考える。

以上の検討からすれば、六世紀前半、桑田郡には尾張連氏が入り、丹波の地域勢力との間に同族関係が結ばれ、それが丹波における国造制成立の契機となったという一連の過程を考えることができるだろう。尾張連と同族関係を結んだ丹波の地域勢力とは、後の丹波直氏である可能性が高い[17]。

## 2　速待の伝承

速待は、この伝承の中で、播磨国造の祖であることが明記される人物である。播磨の国造については、「国造本紀」に、播磨の国造として針間、針間鴨、明石の三つの国造がみえる。針間国造は、稲背入彦命《いなせいりひこのみこと》の孫、伊許自《いこじ》別命《わけのみこと》を祖と記す。この二人は、『新撰姓氏録』に佐伯直の祖としてみえ、伊許自別が応神（誉田天皇）の巡行に随行した際、針間国神崎郡瓦村でこの地にいた蝦夷の後裔を見出した功績により、針間別佐伯直の姓を賜与されたとされる（右京皇別下）。これらの系譜と伝承は、針間国造に佐伯直氏があり、神崎郡がその拠点であったことを示している。

針間鴨国造について、「国造本紀」は上毛野同祖で御穂別命《みほわけのみこと》の子、市入別命《いちいりわけのみこと》を祖とする。しかし天平六年（七三四）、播磨国賀茂郡の既多寺で行われた大智度論の写経に参加した知識には、多くの針間国造氏がみえるにも関わらず、針間鴨国造氏はみえない。この知識による写経は、針間国造氏を中心とする人びとによりなされたと考えられているのだが、(18)その中には佐伯直氏、また別の史料からやはり播磨の国造であった可能性が指摘されている播磨（針間）直氏（『日本書紀』欽明一七年〈五五六〉正月条）が含まれていることが注目される。

さらに、明石国造について、「国造本紀」は大倭直同祖とする。大倭直は本来、大阪湾岸を拠点とする海人集団だが、一方で明石郡の条文とみられる『播磨国風土記』逸文には、「国堅め大神」の子、爾保都比売命《にほつひめのみこと》の神託を、国造石坂比売命《いわさかひめのみこと》が伝えたとする伝承がある。『播磨国風土記』にみえる「国堅め大神」とは、播磨における最高の神格、伊和大神《いわのおおがみ》をさし、(19)かつその分布と播磨の国造氏族の分布は基本的に一致する。(20)

したがって、播磨の国造とは、播磨一国における国造としての一体性を有する存在であり、「国造本紀」の三国造は、彼らが個々に同祖関係を結んだ氏族の相違によって区分されたにすぎないといえる。速待もまたそうした播磨の国造の祖として伝承される人物の一人ということになる。

速待の拠点については、それを示唆する要素がこの伝承に挿入された和歌にみえる。速待が玖賀媛との婚姻を望んで歌った以下の歌がそれにあたる。

みかしほ　播磨速待　岩壊《くだ》す　畏《かしこ》くとも　吾養《あれやしな》はむ
（瀰箇始報　破利摩波揶摩智　以播区娜輸　伽之古倶等望　阿例揶始儺破務）

――読み下しは日本古典文学大系による

伝承中の本文と和歌の関係については、双方がそもそも直接関連しているかどうかが明らかではなく、個別に検討を要する。ただ冒頭の「みかしほ」は、流れの速い潮流をさし、「速」にかかる枕詞とする説、または潮が張る意で播磨にかかる枕詞とする説などがあるという[21]。これを文学的修辞とのみ捉えるならば、ミカシホに実態的な意味を考えることはできないのだが、『播磨国風土記』飾磨郡伊和里条には、大汝命《おおなむちのみこと》の御子とされる火明命《ほあかりのみこと》が、波浪を引き起こして父神の船を難破させたことにより、その地を瞋塩《いかしお》とも、また苦斉《くるしみのわたり》とも呼んだという地名起源伝承がみえる。

斉は港津を表すから、これらの名称は飾磨の港津付近における潮流の激しい状態、またそれを渡航するのに困難がともなった状況を示したものと考えられる。伊和里は播磨灘に面し、三宅の地名が残ることから、『播磨国風土記』にみえる飾磨ミヤケの有力な比定地である。またその地には、飾磨津と総称される重要な港津が所在した[22]。ミカシホ、またはイカシホは、飾磨の地と密着した関係にある語といえる。このことは、速待が飾磨郡を拠点とする存在として伝承されていたことを示すと考える。

『日本書紀』仁徳四〇年二月条、是歳条には、仁徳に背いた隼別王《はやぶさわけのみこ》と雌鳥女王《めどりのひめみこ》の討伐に派遣された播磨佐伯直阿俄能胡《あがのこ》が、二人が身につけていた玉を奪ったことで断罪されるに際し、私領を献じて贖罪したため、その地を玉代《たまて》と呼んだとする伝承がみえる[23]。播磨佐伯直は、そのウヂ名から播磨国造と考えられ、玉代は近世の飾磨郡玉手村にあたる可能性が高い[24]。玉手村も播磨国造の拠点なのであり、速待は飾磨郡の播磨国造の祖として伝承される人物としてふさわしい。

以上の検討が妥当であるならば、玖賀媛・速待伝承とは、丹波国桑田郡の出自とされる丹波国造の祖と、播磨国飾磨郡の出自とされる播磨国造の祖の交渉を示す伝承として理解できることになる。

なお藤原京左京七条一坊西南坪から出土した木簡に、「但波少初位佐伯連法師〔桑田〕」と記したものがある（亀甲括弧内は割書。奈良文化財研究所『飛鳥藤原京木簡』二―一五〇四号）。『新撰姓氏録』には丹波真太玉の後裔とされる佐伯連氏がみえ（左京神別中）、『倭名類聚抄』には佐伯郷もみえることから、桑田郡に佐伯連氏が居住していたことは確実である。ただ播磨の佐伯氏は直姓であり、連ではない。播磨の佐伯直氏と丹波の佐伯連氏の間には、直接の関係はなかったと考える。

## 3　伝承形成の場

玖賀媛・速待伝承が形成された場を考える場合、仁徳朝という舞台設定は、先にみたようにこの伝承を磐之媛の嫉妬に関わる一要素とした『日本書紀』編者の構想によるものであり、信頼できない。ここでは、地域勢力同士が接触する可能性が高い場として、倭王宮をはじめとする王宮を想定できることを検討してみたい。

地域勢力の首長が王宮に奉仕したことについては、地域に設定された名代・子代をその証左とする見解が存在したが[25]、埼玉県稲荷山古墳や熊本県江田船山古墳から出土した刀剣銘文により、地域勢力出自の人物が雄略の王宮に奉仕していたことが確実になったと考える。稲荷山古墳出土の鉄剣にみえる杖刀人ヲワケ（乎獲居）や、江田船山古墳出土の大刀にみえる典曹人ムリテ（无利弖）らは、ワカタケル（獲加多支鹵）大王の王宮に仕えた地域勢力とみるのが妥当であろう。『日本書紀』には、同じ雄略の時の伝承として、雄略の下に「侍宿」していた信濃と武蔵の直丁が、雄略が菟田《うだ》の人を鳥養部《とりかいべ》とした処断を批判したことで、同じく鳥養部とされたとする伝承がみえる（雄略一一年一〇月条）。これは大和や信濃、武蔵の鳥養部の起源譚としての性格を有する伝承だが、王や王宮に奉仕するため、地域勢力が名代・子代として、あるいは鳥養部のような負名氏として王宮に参集し、奉仕した様相を彷彿とさせる伝承でもあるだろう。もちろん、これが正確に雄略朝のできごとである保証はない。しかし地域勢力が君主の王宮に参集する形態は、列島規模の支配権力が成立して以来存在した可能性もある。

ただし玖賀媛・速待伝承については、伝承が成立した場と年代をさらに具体的に特定できる可能性が高い。二人が、それぞれ国造の祖とされる存在である点が手がかりとなる。

国造、またはその祖とされる存在が王宮に参集したことを示す事例として、『日本書紀』の筑紫君磐井の著名な記事がある。継体の使者として筑紫に派遣され、新羅への兵の動員を命じた近江毛野に対して、磐井が「今こそ使者たれ、昔は吾が伴として肩摩り肘触りつつ、共器にして同食いき。いづくにぞ率爾《にわか》に使となりて、余《われ》をして儞《い》が前に自伏《したが》わしめん」（継体二一年六月甲午条「今為㆓使者㆒、昔為㆓吾伴㆒、摩㆑肩触㆑肘共器同食。安得㆕率爾為㆑使、俾㆔余自㆓伏儞前㆒」）と応じて拒絶し、抗戦したとするものである。

磐井が実際にこのように述べたことを裏づけることはできないが、磐井が継体の王宮に参集し、そこで毛野と邂逅した可能性は十分にあり得たものと考える。毛野は継体に重用されるが、近江氏は毛野以前にはみえず、毛野以後は重臣として遇せられた形跡がない。継体以前の近江氏は事実上の地域勢力であり[26]、磐井が毛野を「吾伴」、つまり対等の存在として認識していた可能性は高い。

『日本書紀』は、この記事に続けて磐井が敗死し、子の葛子が糟屋屯倉を献じて贖罪したことを記す（同二二年一二月条）。これらの一連の記事を重視して国造制、ミヤケ制が磐井の乱を契機として成立するとする有力な見解がある。[27] 筑紫君の氏姓も、磐井自身が称したものではなく、その子孫に賜与されたものと思われる。このようにみると、磐井が毛野を批判した記事と、玖賀媛・速待伝承の間には共通する要素がある。玖賀媛と速待もまた、国造の祖とされる存在である。二人がいずれもウヂ名を伝えられない存在であることからすれば、その伝承の成立時期をウヂ成立以前、つまり継体朝以前に求めることも可能であろう。

以上の検討により、玖賀媛・速待伝承が成立した場と時期として、六世紀初頭を下限とする、継体の王宮を想定することが可能と考える。つまりこの伝承は、継体の王宮に参集し奉仕していた丹波国造と播磨国造の祖の交渉を伝えたものといえる。

## 二 伝承成立の背景

### 1 尾張の勢力との関係

ここまで、玖賀媛・速待伝承に関する基本的な事柄を明らかにしてきた。ただ王宮に参集して王族に奉仕した地域勢力は、丹波と播磨に限らない。この二つの地域勢力がことさらに結びつけられるに至った事情がどこにあったのか、その原因についても検討する必要がある。

「国造本紀」にみえる丹波国造と尾張国造の同祖関係などから、継体朝の頃、丹波に尾張の勢力が進出していたことを先にみた。六世紀前半、尾張の勢力が淀川水系から瀬戸内地域に勢力を拡大したことについては、尾張氏および同氏と同族関係にある石作氏の分布、また両氏の祖神である火明命を祖神とする氏族分布などから、中林隆之が明らかにしている。[28] 筆者もその驥尾に付し、『播磨国風土記』の火明命の伝承、息長帯比売《おきながたらしひめ》（神功皇后）の伝承などから、尾張の勢力が播磨に進出していたことを述べたことがある[29]。

ここであらためて強調しておきたいのは、播磨国造の拠点の一つ、飾磨郡に尾張の勢力の伝承が集中していることである。同郡伊和里にある一四の丘の起源については、仁徳朝（大雀天皇御世）に、大汝命の御子とされる火明命が父の乗った船を転覆させ、その船や漂流した資財などが丘となったことが記される。同じ伊和里の船丘の北辺に所在した馬墓の池については、雄略朝（「大長谷天皇御世」）に、尾張連らの上祖、長日子とその婢、馬の墓があることで馬墓の地名がつけられたとする地名起源伝承が記される（貽和里《いわのさと》条）。さらに、同郡安相里《あさこのさと》には、播磨国賀毛（賀茂）郡長畝村から到来した人とこの地の石作連氏との間に対立が生じ、長畝村の人を殺害して川に投じたことから長畝川の名が生まれたとする起源伝承が記される（安相里条）。

安相里の比定地は明確ではないものの[30]、伊和里は、先にみた火明命の伝承に港津を示す斉の記載があることから、域内に飾磨津を擁する播磨灘沿岸部に比定できる。伊和里はまた、域内に三宅の遺称地があることから（現姫路市飾磨区三宅）、飾磨御宅の有力な比定地でもある。これらの事例から、尾張の勢力が飾磨の要衝に進出していたことが判明する。それを仁徳や雄略のできごととする『播磨国風土記』の記述は信頼できるものではなく、やはり継体朝の頃とみるべきであろう[31]。六世紀前半、継体朝を画期として、継体の支持勢力である尾張の勢力の進出をみた点で、播磨の飾磨郡と丹波の桑田郡とは共通するといえる。玖賀媛・速待伝承成立の背景には、以上にみた尾張の勢力による両地域勢力の結節があったことを想定したい。

## 2　紀伊の勢力との関係

尾張の勢力の西日本への進出とは、王権を構成する中央支配権力による地域統合の一端と考えられる。こうした理解に立つならば、飾磨郡と桑田郡の双方に、尾張の勢力の他にも、共通する勢力が進出していた可能性を見出すことができる。

具体的には、紀伊の勢力である。桑田郡に紀伊の勢力の影響がみられることは、紀ノ川流域に特徴的な石棚付の横穴式石室が桑田郡にもみられ、その分布の度合が紀伊に次ぐことから指摘されているところである(32)。

文献史料でも、桑田郡に式内伊達《いだて》神社がみえることが注目される。紀伊の名草郡にも式内伊達神社が所在するからである。紀伊の伊達社の特徴を示すものとして、『住吉大社神代記』の部類神の項の記述がある。住吉大神の部類神に船玉神があり、それが志麻、静火、伊達の三神で、紀国の紀氏が祀る神とされる（「船玉神　今謂、斎㆓祀紀国紀氏神。志麻神、静火神、伊達神本社㆒」）。

志麻神、静火神は伊達神と同様、名草郡の式内社である。これを住吉大神の部類神とするのは、住吉大神を上位に置く『住吉大社神代記』編纂者の認識であり、その当否は別に検討を要する。しかしここに船玉の神を祀るのが紀伊の紀氏とする点は、紀氏が名草郡を本居とした点からも、自然であり、認めてよいものと思われる。伊達社を含む名草郡の三社は、紀氏が奉斎する航海神として位置づけられていたことになる。

この紀氏を中央貴族化する紀臣とみるか、地域勢力にとどまる紀直とみるかはさておき、紀伊の勢力が古くから外洋航海の能力を持ち、朝鮮半島諸国と交渉を行って先進の資財を列島に導入してきたことは、多くの指摘がある(33)。紀伊の勢力による対外交渉は、朝鮮半島産とみられる馬冑が出土した大谷古墳や、交易の拠点的機能を果たしたとみられる総柱建物群が出土した鳴滝遺跡、また初期須恵器や韓式系土器が出土し、渡来人の集落とみられる楠見遺跡の存在などから、五世紀以来、活発であったことは確実である。

文献史料でも、名草郡に三間名干岐《みまなのかんき》の氏姓を持つ渡来系氏族が存在する（『日本霊異記』下、沙門積功作仏像臨命終時示異表縁第三〇)。『日本書紀』雄略紀には、新羅に派兵される紀小弓宿禰《きのおゆみのすくね》、小鹿火宿禰《おかひのすくね》、生磐宿禰《おいわのすくね》らの伝承がみえるが、小弓の事実上の妻となるのは吉備上道采女大海であり、大海は小弓の死後、その墓を田身輪邑《たむのわのむら》（現大阪府岬町淡輪）に築いたことが記される（雄略九年三月条）。上道氏をはじめとする吉備の勢力は雄略の頃に一斉に弾圧される伝承がみえることから、[34]小弓らの伝承が示す実態は五世紀後半を下限とすると思われる。いずれにしても、紀伊の勢力と対外交渉の関係は五世紀に遡る。

このようにみるならば、外洋航海と関わる紀伊の船玉の神の存在も、五世紀に遡る可能性が高い。『延喜式』では、三社はいずれも名神大社に列せられるが、その歴史的前提として、紀伊の勢力が対外交渉に果たした役割の重要性を考えることができる。紀伊の勢力は六世紀以降も対外交渉に関わるが、紀氏の同族とされる坂本臣の祖、根使主《ねのおみ》が雄略に弾圧される伝承があることからすれば（雄略一四年四月甲午朔条）、中央支配権力の一端を担いつつ他地域に進出することができたのは、やはり五世紀後半を下限とすると思われる。[35]桑田郡に伊達社が置かれるに至った歴史的背景も、五世紀後半以前に遡ると考えるのが妥当であろう。

伊達社に関わって、『播磨国風土記』に因達里がみえ、山口県出土の奈良時代の石製品に飾磨郡因達郷と刻書されていることなどから、[36]奈良時代の飾磨郡に因達郷があったことが注目される。『播磨国風土記』は因達神山の存在を記し（同郡伊和里条）、式内射楯兵主《いたてひょうず》神社があることから、飾磨郡の因達郷にはイダテを冠する神社があったことが推定できる。それが紀伊の伊達社と関わることは認めてよいだろう。飾磨郡だけでなく、揖保郡にも式内中臣印達神社がある。飾磨郡以外にも、明石郡には紀伊で祀られる丹生都比売《にうつひめ》神を祀った伝承があるなど（「播磨国風土記」逸文、『住吉大社神代記』「明石郡魚次浜一処」）、播磨には紀伊の勢力が広範に浸透していたことをみてとれる。

以上、桑田郡と飾磨郡には、尾張の勢力が入ってくる以前、五世紀の段階で紀伊の勢力が進出していたことが想定できる。

問題となるのは、紀伊の勢力が桑田や播磨に到来するに至った契機である。これまでにみてきたように、播磨では、紀伊の勢力は造船や港津に関わる活動に従事していたと考えるのが妥当であろう。紀伊から瀬戸内海を経由して朝鮮半島をめざす場合、播磨灘の要港である飾磨津を掌握することは、紀伊の勢力にとって重要な意味を持ったはずである。一方、桑田郡は播磨のように瀬戸内海に接しておらず、港津も存在しない。丹波で紀氏が着目したのは、船舶の造営に不可欠な山林資源だったのではなかろうか。丹波の山林は、奈良時代における造東大寺司の丹波山作所、平安時代における修理職の山国杣、大江杣、船坂杣などの存在が示すように、都城や寺院の造営に多く用いられたことが知られる。桑田郡に関しては、郡内を流れる大堰川流域で伐採された木材を葛野井津（葛野大堰付近の津か）に流し下したことを示す文書がある（日付欠「調足万呂解」）[37]。

飛鳥時代以前に遡って丹波の山林がどのように用いられたのか、具体的な様相は明らかではない。しかし外洋航海に用いる船舶の造営に良材が希求されたことは確実であろう。『古事記』『日本書紀』や『住吉大社神代記』に散見する造船伝承は、良材の確保に高い関心が払われていたことを示す。桑田郡に船玉の神であるイダテの神が分布することからすれば、紀伊の勢力が造船のための良材確保を目的として桑田郡に入り、勢力を扶植した可能性は高いと考える。

## おわりに

小稿では、仁徳紀の玖賀媛・速待伝承が、丹波・桑田郡の丹波国造と、播磨・飾磨郡の播磨国造の祖に仮託された地域勢力相互の交渉を反映した伝承であることを論じた。伝承が形成された直接の場として、列島各地の地域勢力が倭王に対する服属・奉仕を行うために参集した王宮を想定し、なかでも六世紀初頭から前半にかけての継体の王宮である可能性が高いことを述べた。さらに、各地の地域勢力の中から特に桑田郡と飾磨郡の交渉が記された背景として、継体の勢力拡大と即位にともない、その有力な支持勢力である尾張の勢力が、西日本の広域に進出し、両地域を結節した可能性を考えた。この歴史的前提として、五世紀代と考えられる紀伊の勢力の播磨、丹波への進出があり、そのことは、飾磨津を擁する飾磨郡が海上交通の要衝であったこと、桑田郡が造船に適した良質の木材の産地であったことが、当該期の対外交渉を主導した紀伊の勢力によって重視されたことによって生じた可能性についても論じた。

両地域のこうした特性が六世紀に大きく変化したとは考え難い。尾張の勢力がこれらの地に進出した背景としても、同様の事情を想定できるのではなかろうか。つまり、造船のための良材の産地としての桑田郡、外洋航海を前提とした海上交通の要衝としての飾磨郡の重要性が王権によって重視されたことが、尾張の勢力進出の契機となったと考えるのである。

六世紀の倭と朝鮮半島諸国の関係が緊張の度合を増し、加耶における権益の喪失を危惧した倭が朝鮮半島への派兵を目的として国力増強を図ったことは、これまでの研究が明らかにしてきたところである。継体の王宮の一つである弟国宮の奉仕集団である弟国部、また継体に続く安閑天皇（勾大兄王）の奉仕集団、勾部が、やはり良質の木材の産地である飛驒や阿波に分布していることが確認できる。また弟国部が木工に任じられた事例が散見することなどから、六世紀前半に、対外関係の緊張にともなって造船体制が強化されたとする評価があること[38]も参考になるだろう。

そのままでは事実とはみなしがたい伝承的記事の中から、国家形成期の中央支配権力と地域勢力の関係、また地域勢力相互の関係を見出そうとする試みの一つである。諸賢の批判を請う次第である。

**注**

(1) 直木孝次郎「大和政権の進出」(『兵庫県史』一、一九七四年)、和田萃「丹波と倭王権」(『新修亀岡市史』本文編一、一九九五年)。
(2) 女性を主人公とする悲劇の伝承の歴史学的意味については、坂江渉「古代女性の婚姻規範――美女伝承と歌垣――」(同『日本古代国家の農民規範と地域社会』、思文閣出版、二〇一六年、初出二〇〇五年)を参照。
(3) 『令義解』は、養老後宮職員令3宮人職員条に「宮人。謂、婦人仕官者之惣号也」と記す(条文番号は『日本思想大系　律令』による)。
(4) 磯野浩光「古代丹波・丹後の居住氏族について」(『京都府埋蔵文化財論集』一、一九八七年)。
(5) 『大日本古文書』編年一二―四四八。
(6) 櫛木謙周「氏族と木簡からみた古代の丹後と丹波」(上田純一編『丹後地域史へのいざない』、思文閣出版、二〇〇七年)。
(7) 磯野浩光前掲「古代丹波・丹後の居住氏族について」、同「古代丹波の居住氏族再考」(紫郊史学会『史想』二三、二〇〇八年)。
(8) 櫛木謙周前掲「氏族と木簡からみた古代の丹後と丹波」。
(9) この点についても櫛木謙周が指摘している(前掲「氏族と木簡からみた古代の丹後と丹波」)。
(10) 丹波・丹後地域における前方後円墳については、京都府立丹後郷土資料館『大丹波展――豪族たちの栄華――』(二〇一〇年)を参照した。

(11) 磯野浩光前掲「古代丹波・丹後の居住氏族について」。和田萃は丹波郡の丹波（京丹後市峰山町丹波）の重要性を同様に位置づけたうえで、そこが丹波県主の拠点であったとする（前掲「丹波と倭王権」）。
(12) 門脇禎二「丹後王国論序説」（同『日本海域の古代史』、東京大学出版会、一九八六年、初出一九八三年）、小林敏男「旦波大県主をめぐる歴史的世界」（同『古代王権と県・県主制の研究』、吉川弘文館、一九九四年、初出一九七九年）、和田萃前掲「丹波と倭王権」など。
(13) 都出比呂志「古墳時代首長系譜の継続と断絶」（同『前方後円墳と社会』、塙書房、二〇〇五年、初出一九八八年）など。
(14) 拙稿「『出雲国風土記』の神統譜と古代出雲の地域統合」（『出雲古代史研究』三〇、二〇二〇年）。
(15) 平良泰久「丹波の倭彦王」（中山修一先生喜寿記念事業会編『長岡京古文化論叢』Ⅱ、三星出版、一九九二年）。
(16) 和田萃は、『古事記』に仲哀と息長帯比売の間に生まれたとされる品夜和気命（『日本書紀』では仲哀と弟媛の子）が、丹波に居住した可能性のある間人宿禰と蘇宜部首の祖とされることから（『新撰姓氏録』左京皇別上、河内国皇別）、品夜和気後裔を名乗る王族が桑田郡にいたことは事実とし、その伝承が失われたことで、玖賀媛と千歳車塚古墳を結びつける伝承が成立したとする（前掲「丹波と倭王権」）。しかし間人宿禰や蘇宜部首は丹波以外にも分布するので、『新撰姓氏録』の系譜が丹波との関係でのみ記された保証はない。むしろ、桑田郡との関係が直接示された玖賀媛の伝承の方がより本質的と考える。
(17) 籠神社蔵「海部氏系図」では、丹後国与謝郡の海部直氏が火明命を祖とし（『神道大系　古典編一三』）、『新撰姓氏録』では但馬海直も火明命を祖とする（左京神別下）。これらのことは、尾張連氏の進出が丹波・但馬の広域にわたるものであった可能性を示すが、後考を俟ちたい。
(18) 既多寺大智度論からみた播磨国造については、佐藤信、栄原永遠男、今津勝紀、磐下徹各氏の研究が蓄積されている（佐藤「石山寺所蔵の奈良朝写経――播磨国既多寺知識経「大智度論」をめぐって――」同『古代の遺跡と文字資料』、名著刊行会、一九九九年、初出一九九二年、栄原「郡的世界の内実――播磨国賀茂郡の場合――」、大阪

市立大学文学部『人文研究』五一巻第二分冊、一九九九年、今津「既多寺大智度論と針間国造」、栄原永遠男他編『律令国家史論集』、塙書房、二〇一〇年、磐下『郡司と天皇――地方豪族と古代国家――』、吉川弘文館、二〇二二年)。

(19) 拙稿「ニホツヒメ・住吉大神伝承と紀伊・播磨」(白石太一郎先生傘寿記念論文集編集委員会編『古墳と国家形成期の諸問題』、山川出版社、二〇一九年)。

(20) 拙稿「古代播磨の地域社会構造――播磨国風土記を中心に――」(拙著『国家形成期の王宮と地域社会――記紀・風土記の再解釈――』、塙書房、二〇一九年、初出二〇一四年)。

(21) 『時代別国語大辞典　上代編』「みかしほ」の項を参照。

(22) 『万葉集』巻七、一一七八番歌(作者不詳、羈旅作)に飾磨江がみえる。

(23) この伝承については、拙稿「王名サザキについて」(拙著前掲『国家形成期の王宮と地域社会』、初出二〇一〇年)で検討した。

(24) 『播陽万宝智恵袋』一八所収の「近村めぐり一歩記」(天正三年(一五七五))に、「玉手は、古へ英賀津新領地の玉代也」とあり、その表記は元々玉代であったことが窺われる(『日本歴史地名大系　兵庫県の地名』「玉手村」の項を参照)。

(25) 狩野久「部民制」(同『日本古代の国家と都城』、東京大学出版会、一九九〇年、初出一九七〇年)。

(26) 大橋信弥「近江における和邇系氏族の研究――小野臣・角山君・近淡海国造――」(同『日本古代の王権と氏族』、吉川弘文館、一九九六年、初出一九九二年)。

(27) 吉田晶「古代国家の形成」(『岩波講座日本歴史二　古代二』、岩波書店、一九七五年)、舘野和己「屯倉制の成立」(『日本史研究』一九〇、一九七八年)。

(28) 中林隆之「石作氏の配置とその前提」(『日本歴史』七五一、二〇一〇年)。

(29) 拙稿前掲「古代播磨の地域社会構造」。

(30) 安相里は『倭名類従抄』にはみえないが、『四天王寺御手印縁起』(荒陵寺御手印縁起)には、四天王寺の墾田の所在地として朝来郷がみえる。
(31) 拙稿前掲「古代播磨の地域社会構造」。
(32) 安藤信策「群集墳の展開」(前掲『新修亀岡市史』本文編一)、竹村亮仁「亀岡・鹿谷古墳群に関する一考察」(京都府埋蔵文化財調査研究センター『京都府埋蔵文化財論集』七、二〇一六年)。
(33) 当面、薗田香融『日本古代の貴族と地方豪族』(塙書房、一九九一年)、栄原永遠男『紀伊古代史研究』思文閣出版、二〇〇四年)所収の諸論考を挙げるにとどめる。
(34) 吉田晶「吉備地方における国造制の成立」(同『日本古代国家成立史論』、東京大学出版会、一九七三年、同『吉備古代史の展開』塙書房、一九九五年、初出一九七二年)。
(35) 拙稿前掲「ニホツヒメ・住吉大神伝承と紀伊・播磨」。
(36) 拙稿「山口県山口市出土の古代石文――いわゆる秦益人刻書石について――」(『LINK――地域・大学・文化――神戸大学大学院人文学研究科地域連携センター年報』二、二〇一〇年)。
(37) 『大日本古文書』編年二五‐三〇二。この文書については、鷺森浩幸「凡そ事の参差に多く詐事あり――奈良時代の材木運漕に関わる小事件について――」(『日本文化史研究』四七、二〇一六年)を参照。
(38) 櫛木謙周「弟国宮と弟国部」(『乙訓文化遺産』二三、二〇一九年)、同「弟国部補遺」(『乙訓文化遺産』二四、二〇二〇年)。阿波については拙稿「国家形成期における淡路と阿波」(『鳴門の渦潮』調査研究プロジェクト実行委員会編『鳴門の渦潮』と淡路島の文化遺産』、二〇二三年)も参照されたい。

# 牛頸窯跡出土ヘラ書須恵器に関する一考察

門井慶介

## はじめに

日本古代の史料には、編戸によって編成された「里（郷）」のほかに、「村」と表記されるものがある。「里（郷）」は、奈良時代の律令制によって行われた徴税・徴兵のための組織であり、古代社会の重要な構成組織である。対して「村」は律令に規定がない。しかしながら様々な史料に「村」が現れることから、その位置づけについて議論されてきた(1)。古代社会の構成に関わる重要な論点であることから、多様な視点から議論が行われてきたが、近年では、編戸と「村」について注目され論じられることが多い(2)。また奈良文化財研究所で行われている古代官衙・集落研究会では「古代集落の構造と変遷」をテーマに議論が行われ、集落遺跡と村落論の関係性も議論されている(3)。本稿でもこうした研究の傾向に即し、古代の「村」の姿について検討していくことにしたい。律令制施行以前からの集落と稼働している須恵器窯の関係のなかに「村」の姿を見出すことができるのではないかという試みである。

取り上げるのは、須恵器を焼成した際に出る灰原から見つかったヘラ書須恵器であり、文字史料の少ないこの地域において、在地社会の様相を知る上で重要な内容をもつ史料である。多くを考古学の成果に学びながら検討することになるが、編戸との関係や集落遺跡と「村」の関係について重要なことを示している事例ではないかと考える。まずは、ヘラ書須恵器の出土した環境と史料について先行研究を中心にたどり、編戸や「村」の関係について考えていくことにしたい。すでに多くの研究でも触れられているが、先述の問題意識のもと、この地域における「村」の姿としてとらえられないか試みたい。

## 一　牛頸窯跡群の周辺環境

牛頸窯跡群《うしくびかまあと》は、現在の福岡県大野城市を中心に周辺の春日市・太宰府市・那珂川町の一部に点在する須恵器窯跡の総称で、大野城市上大利から牛頸にかけては国指定史跡「牛頸須恵器窯跡」に指定されている。現在まで確認されている窯跡だけでも三〇〇基を超えており、九州最大規模の窯跡群として知られている。なお、国内で最も有名な窯跡群は、大阪府の陶邑窯跡群で、確認されている窯跡は一〇〇〇基以上、また愛知県の猿投山《さなげやま》の窯跡群では五〇〇基以上の窯跡が確認されている。これらと比べてみても牛頸窯跡群は、日本有数の窯跡群であるといえる。

この窯跡群は、牛頸山周辺の山々の斜面に造営されており、六世紀の古墳時代から九世紀の平安時代まで須恵器生産の場であった。まずは、この遺跡の総括を行った報告書によれば、窯の形などから三つの時期に分けられており、その消長が検討されている(4)。大まかにその変遷をたどっておくことにしたい。

須恵器は朝鮮半島などからの渡来系の人々によってもたらされた技術である。須恵器は土師器に比べ土の粒子が細かく焼くと硬質になることから、液体などを入れて保存することなどに長けている。その大きさや使用方法は出土しているものだけでも多岐にわたり、当時の生活に欠かせない必需品であったことがうかがえる。

牛頸窯跡群の始まりは、古墳時代の六世紀中頃である。すでに北部九州地域では、ほかの場所で須恵器が焼成されていた窯跡が数か所確認されているが、わずかな期間で廃窯となっている。牛頸窯跡群の場合、他の地域と比べ集中的に窯が作られていることに大きな特徴がある。このころの窯は、一〇メートルを超える大きなもので、複数作られることは少なく、須恵器の焼成等に窯が一定期間使用されるか、天井面が崩壊すると放棄されるということが七世紀の中頃まで行われていたようである。

七世紀の中頃は、白村江の戦いの後、大宰府の整備と併せて水城・大野城のほか基肄城などの防御施設が整備されるという大きな社会の変化が生じた時期であり、その後鴻臚館までの官道も整備されていく。このころは窯の作り方などにも変化が生じ、その大きさや煙道など窯自体の構造が変化する。複数の窯が作られるようになり、生産効率が上がったことで、牛頸窯跡群として最も活発な須恵器生産が行われたと考えられている。

八世紀以降は、窯の小型化が進み、一か所に複数の窯が作られるようになっていく。複数の窯は生産効率を上げるものではなく、焼成する器種によって、窯を使い分けていたと考えられている。こうして長らく須恵器を焼成する窯として機能していた牛頸窯跡群は、九世紀初めには、須恵器の生産を終了しその歴史に幕を閉じたと考えられている。

こうして牛頸窯跡群は、約三〇〇年の間、須恵器生産の場として機能していた。この間の北部九州を取り巻く環境は、政治的にも土地開発的にも大きな変化の中にあったといえるが、その変化にこたえる形で、須恵器を焼成するための重要な場として重要視されていたことが、窯跡群の消長からうかがえる。

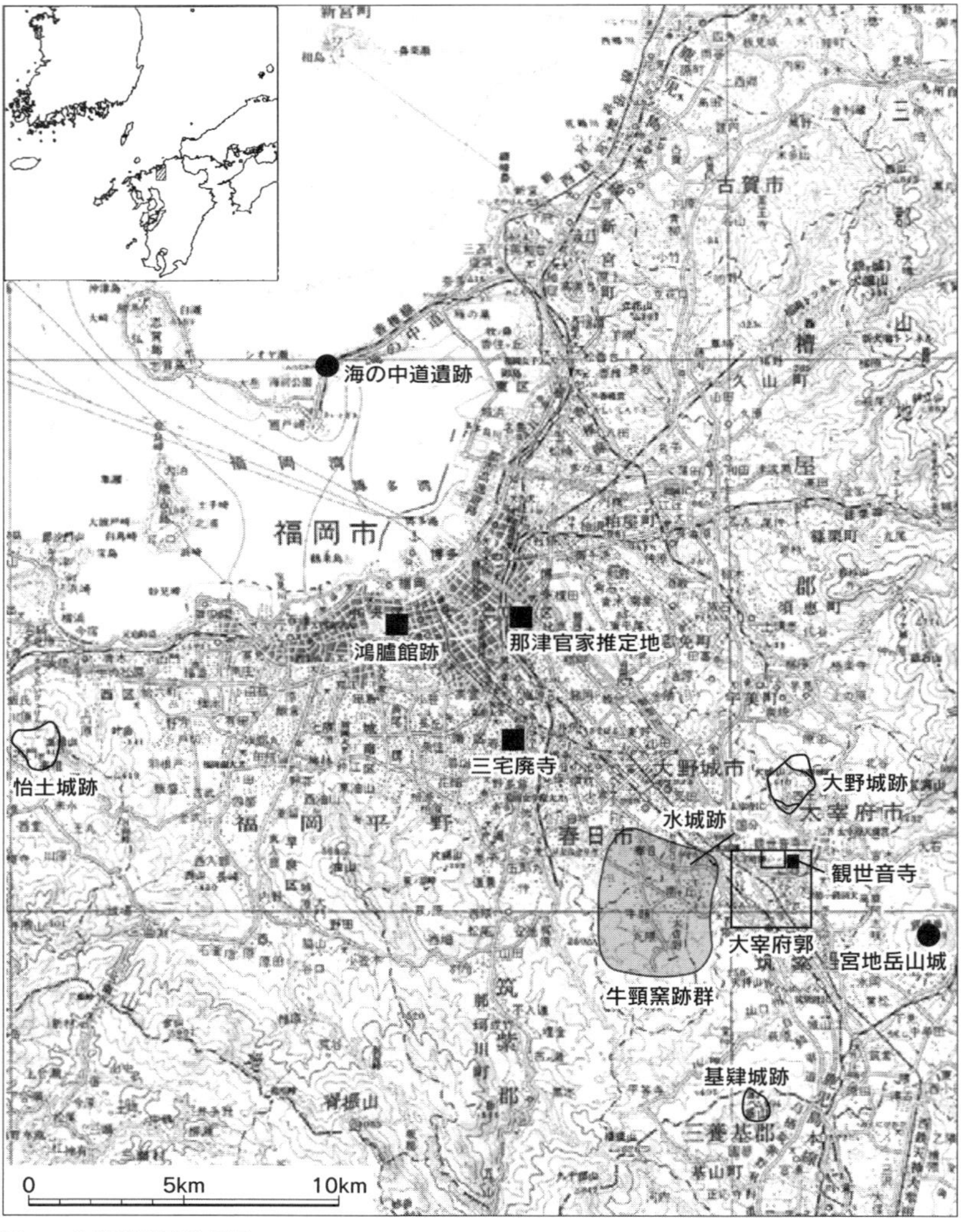


**図1　牛頸窯跡群位置図**

（大野城市教育委員会『牛頸窯跡群―総括報告書Ⅰ―』〈大野城市文化財調査報告書第77集〉2008年より転載）

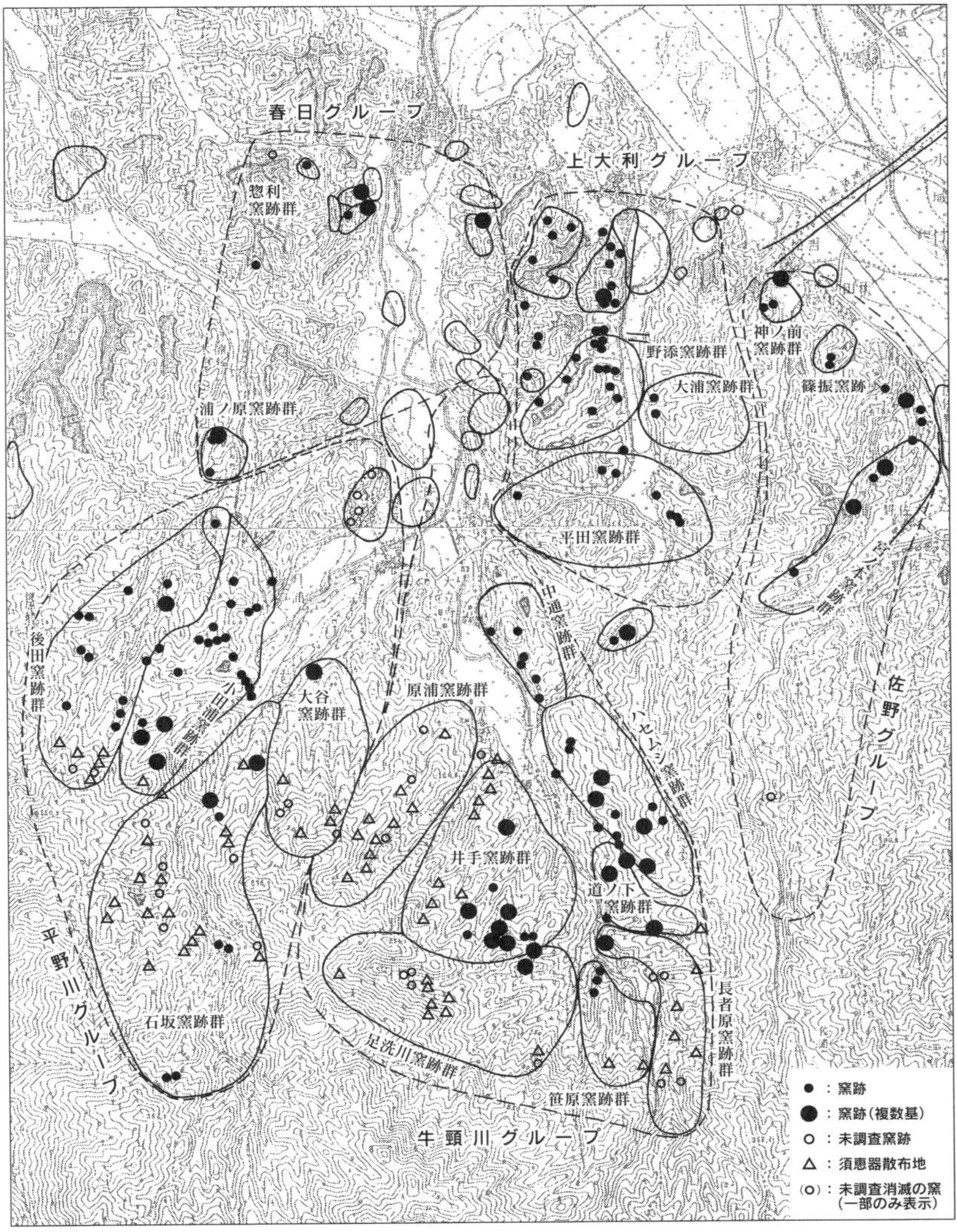


**図2　牛頸窯跡群分布図**

（大野城市教育委員会『牛頸窯跡群―総括報告書Ⅰ―』〈大野城市文化財調査報告書第77集〉2008年より転載）

## 二　牛頸窯跡群出土ヘラ書須恵器について

さて、「里（郷）」と「村」の関係を考える上で、注目したいのは、牛頸窯跡群から出土したヘラ書須恵器である。ヘラ書須恵器は、牛頸窯跡群全体から四四点ほど見つかっている(5)。須恵器甕の頸部に横書きで「大神部見乃官」と刻まれたものや縦書きで描かれたものなど様々である。そのなかでも牛頸川の上流に位置するハセムシ窯跡群で見つかった須恵器片に刻まれた情報に注目したい。

ハセムシ窯跡群は、七世紀後半から八世紀にかけての窯跡で、一〇基が確認されている。須恵器の器種によって大型と小型の窯を使い分けられていた頃で、それら窯跡の下方に広がる灰原からヘラ書で文字が刻まれた須恵器の甕片が出土した。甕の大きさは五〇センチを超える大甕であろうと推定され、甕の口縁部に縦書きで次の文字が刻まれている。

【史料一】ハセムシ窯跡群出土須恵器

筑紫前国奈珂郡
手東里大神マ得身
□
□
廾三人

調大瓺一隻和銅六□(年)

右の史料は、筑前国奈珂郡手東里の大神部得身ほか三人が調として大瓺一隻を和銅六年(七一三)に納めたことを示す典型的な史料として知られている。ヘラ書は、土器の成形後乾くまでの間に刻まれるもので、里名や人名を刻んだものは全国的にも珍しいものであり、調として納めることを前提に甕がいくつか作られていたようで、同様の内容が刻まれた破片が数点出土している。焼成時の失敗などのために灰原に甕が不要なものとして廃棄されていたものであろう。こうした破片には「大神君□江」「大神マ麻呂」「内椋人麻呂」の三人の名前が刻まれたものや「(和銅)七年」と刻まれたものなど、人名や内容がそれぞれ異なったものもあるが、いずれも製作の目的は調として納めるためであろう。報告書などで指摘されているのは、調として納められたものであること、納めた「大神部」をはじめとする三人の人物のこと、「筑前国」と「筑紫前国」や「那珂郡手東里」などの表記に関することについてである。

須恵器を調として納めたことについては、『延喜式』主計上に筑前国の調として「大甕九口、小甕百九十五口、瓫一百九十五口」が記載され、大甕や小甕、瓫などが挙げられている。右の史料はそうした記述と一致するものである。調として須恵器が納められることについては、古尾谷氏によって検討が行われている。須恵器と土師器、また都城とそれ以外の土器の流通について検討し、律令制下における須恵器は調として徴発されるとともに市などで購入することも可能であったこと、都城では天皇などの家政機関において焼成されることもあったことなどを指摘したうえで、本史料の場合、ヘラ書の刻まれた場所や人名が異なる点から複数人で製作にあたり、三人分を「合成」していたことが『延喜式』の記載通りであることを確認している。(6)

製作者である「大神部」「大神君」などについては、同じ筑前国内の大宝二年（七〇二）「筑前国嶋郡川辺里戸籍」[7]に「大神部」の戸籍が掲載されているほか、福岡県内で出土した木簡のうち、福岡市西区の元岡・桑原遺跡群の「久米□〔郷ヵ〕大神部得」[8]や、大宰府史跡出土の「・夜須郡苫壱張／・調長「大神部道祖」」[9]などがある。筑前国の各所に「大神」を称する人々が居住していたことを指摘することができる。

「奈珂郡手東里」については、少し詳細にみていくことにしたい。

まずは、『和名抄』に記載される御笠・那珂両郡の郷名とその比定地について確認しておく。[10]御笠郡には六郷あり、「御笠郷」は、江戸時代に作成された『筑前国続風土記』に「太宰府のあたりなり」と記載されていることから現在の太宰府市。「長岡郷」は、地名の残る筑紫野市の長岡。「次田郷」は、筑紫野市二日市・武蔵付近。「大野郷」は、『筑前国続風土記』が「大野」とする大野城が設置された四王寺山麓から太宰府市国分にかけての地域。「蘆城野郷」「飽田郷」については未詳である。

那珂郡は一〇郷あり、「田来郷」は未詳。「曰佐郷」は、福岡市南区曰佐付近、「那珂郷」は、福岡市と那珂川市のどちらかに遺称地があるとされるが未詳。「良人郷」は那珂川市、「海部郷」は福岡市、「中嶋郷」は福岡市中央区の福岡城周辺。「三宅郷」は、福岡市南区、「山口郷」は、那珂川市、「板曳郷」は、福岡市博多区の板付、「伊知郷」は、福岡市内に比定される。

残念ながら、地名等に関連した文字史料が極めて少ない地域であり、未詳の郷も少なくない。また那珂郡には「手東郷」の記載はなく、『和名抄』の成立した頃にはすでに消滅した里名であることが分かる。「手東里」については、遺称地は不明であるが、「しゅ（て）とおり」と呼んで現在の大野城市下大利や上大利にあてる解釈、那珂郡「田来里」に比定する説もある。なお、牛頸窯跡群周辺には郷の比定地はなく、「手東里」の所在をめぐり、出土地周辺が御笠郡か那珂郡であるかについて、報告書では検討が行われている。この点については、古尾谷氏の「本貫の記載である里は人の所属を示すもので、領域の所属を示すものではない」(11)との指摘がある。律令制下の人身把握の基本的な性格を端的に示したものであるが、当該地域においては重要な指摘である。

報告書等で、御笠・那珂のどちらに属していたのかが議論の対象となっているのは、近世段階の牛頸窯跡群には御笠郡に属する「牛頸村」があり、明治時代の二〇万分の一地形図では御笠・那珂両郡の境に「牛頸」がみえ、「手東里」のヘラ書須恵器が出土した大野城市が基本的に御笠郡に属しているからである。出土文字史料に地名が記載される場合、出土した状況等も考慮してその地が地名と関係する場所か検討されるが、郡や国にかかわらず出土地と異なる表記の史料も出土している。

【史料二】井上薬師堂遺跡出土木簡（『木簡研究』第二二号）

・丙家搗米宅津十丙部里人大津夜津評人

・丙里人家□□□□□

【史料三】井上薬師堂遺跡出土木簡（『木簡研究』第二二号）

／三石／米一石／白米半⫽〇／加太里白米二石半／幷十五石／反俵廿一石半⫽

右の木簡は、筑後国御原郡内に所在する現在の小郡市にある井上薬師堂遺跡出土木簡である。

【史料二】にみえる「夜津評」は筑前国夜須郡と考えられ、「丙部里」または「丙里」は夜須郡に所在していたのであろう。出土した御原郡とどのような関係あるのかは不明であるが記載内容からその点に言及することは難しい。【史料三】の「加太里」は御原郡内に比定される遺称地はなく、三井郡加駄郷に比定される。いずれも木簡の記載は、書かれた内容が郡どころか国をまたいだ内容であり、出土地からは離れた場所を示した事例として取り上げた。これらのことから、表記された場所と出土地は必ずしもイコールというわけではないことを確認しておきたい。

こうした事例も考えてみると、「手東里」というヘラ書の情報は窯の所属を示したものと考えにくいのではないだろうか。長い窯の歴史から考えるなら、そもそも須恵器を焼成する窯自体、土地柄に左右されるものであり、郡域などを気にして作られるものではないだろう。また調として納める須恵器も国単位で課せられたものであり、郡までは規定されていない。須恵器に郡里と人名が刻まれたのは、あくまで作成し納めた人物の所属を示すためだけであると考える。しかし、『和名抄』の「手東里」不記載と合わせて、窯として機能していたのが六世紀から九世紀にかけてであり、『和名抄』成立時には窯そのものがなくなってしまったことによるものと考えることもできる。こうした「手東里」と窯の関係からは、律令制下における「村」の姿をうかがうことができないだろうか。節を改めて検討していくことにしたい。

## 三　「手東里」と牛頸窯跡群の関係について

「手東里」と刻まれた須恵器と窯の関係がどうして律令制下の「村」の姿をうかがうことにつながるのか。律令制下における両者は、編戸による人為的な組織と生活などを基盤とする組織として理解することができる。牛頸窯跡群の場合、律令制以前の六世紀から律令制下の九世紀ころまで存続していた集落遺跡が確認されている。(12) 生産工場としての遺構が見つかってはいないが、半工半農としてとらえられる窯の工人たちの集落であることは確実であり、長期にわたる集落を利用して編戸が行われたことと考えられる。この集落は「村」の姿を一部現しているものといえるのではないだろうか。残念ながらこの集落遺跡からは御笠・那珂両郡のほか「手東里」などの文字史料は出土していない。

しかしながら、律令制下、特に奈良時代において、編戸された所属と居住地が錯綜することは、そこまで珍しいことではない。例えば、村内に複数の郷の所属者が居住する事例として、筆者がかつて検討したことがある。(13) 山背国宇治郡賀美郷堤田については、東大寺東南院文書に天平一二年（七四〇）から仁寿二年（八五二）までの計一六通の「堤田村」で行われた家地の売買にかかわる史料群が伝来している。宇治華厳院の造営に関わる史料群としてまとめられていた文書には、売買に関わる人々の所属として「岡屋郷」「賀美郷」「大国郷」などが見え、対象の土地は「賀美郷堤田村」と記載されている。これらの関係を吉田孝氏の検討(14)をふまえながら、堤田村には、賀美郷のほかに同郡の岡屋郷など周辺の郷の所属者が居住していたと考えた。同様の事例として次の木簡がある。

【史料四】延命寺遺跡出土二十一号木簡(15)

（表）・「物部郷□□里戸主物部多理丸□〔口ヵ〕物部鳥丸野田村奈良田三段又中家田六 ×□〔有ヵ〕人伊神郷人酒君大嶋田直米二石一斗」

（裏）・「　田沽人多理丸戸人物部比呂　天平七年三月廿一日相知田領神田君万□〔呂ヵ〕」

新潟県の延命寺遺跡から出土した天平七年（七三五）の「野田村」で行われた土地売買に関する木簡である。

「物部郷□□里」や「伊神郷」に属する人々のほかに「野田村」の土地に所在する田地の売買について書かれたものである。出土した延命寺遺跡の字には上野田・下野田があり、「野田村」は出土地に関連する場所である。しかし、物部郷や伊神郷はこの野田の地からは離れていることが確認されている。実際に野田村に居住していたかどうかについては、はっきりしたことはわからないが、異なる所属をもつ人々が「村」と関係している様子がうかがえる。

これらの事例からは、居住する場としての「村」を前提に編戸の所属を各人が自覚して認識している様子がうかがえる。また「村」が造営などと合わせて認識されている事例に、正倉院文書中の次の史料が挙げられる。

【史料五】「造金堂所解案」（続修三十六、『大日古』第十六）

（前略）
卌二文自登美銭司村運和炭十四斛車一両賃
四百五十文自泉狛村運鋳形料六十五斛車五両賃〈両別九十文〉
（中略）
三百文自村屋村買運青菜車四両賃〈両別七十五文〉
百六十七文自同村運買〈草〉車二両賃〈一両八十七文／一両八十文〉
（中略）
一貫三百八十文檜皮葺堂料礎卅六顆自蒲池村運車賃〈顆別卅文〉
（後略）

ここには、登美銭司村、泉狛村、村屋村、蒲池村などの村を確認することができる。それぞれの村の実態をこの史料からうかがうことは難しいが、登美銭司村からは和炭、泉狛村からは鋳形、村屋村からは青菜など、蒲池村からは礎石などそれぞれに異なるものが集められている。造金堂所に集積された材はのうちごく一部のものが「村」から運ばれており、この史料の作成者あるいはそれぞれの材の報告者が村と認識していたのであろう。

飛躍するようなことであるが、牛頸窯跡群もこうした造営にあたっての材の産地として「村」として認識されていたのではないだろうか。はっきりした証拠はないが、窯跡近辺では大宰府など国家による造営事業が行われており、その生産拠点として重視されていたことは疑いない。実際に大宰府等で出土する須恵器は、窯跡群で生産されたものと考えられている。しかし、須恵器の窯が官営として管理されていた場合、だれがどのように管理していたのか詳らかではない。また、民営であった場合、これだけの規模の窯をどのように維持・管理し、生産物をどのように流通させていたのか不明である。しかしながら、窯の生産のために長期にわたって存続している集落があり、編戸が行われていることが分かっている。こうした関係性をこれまで見てきた史料を参考に理解するとすれば、長く続いてきた「村」の中に「奈珂郡手東里」などに編戸された人々が、もしかすると複数の所属をもつ集団であるかもしれないが、須恵器の生産に当たっていたと指摘することができるのではないだろうか。

編戸による里や郷は、あくまで律令制下において徴税・徴兵のために編成されたものであり、人為的に設定されたものである。しかし、そうした編成を受けた彼らは様々な活動を行う場所に集まり、居住していた。「手東里」の場合、ヘラ書のとおり須恵器を生産し、調として納めることが目的である。彼らの所属は表記の通り「那珂郡手東里」に編成されており、その認識を残したものである。居住していた集落を「村」として認識していたのか、されなかったのか、その点は不明であるが、律令制下における所属と居住の関係性をうかがうことができたのではないだろうか。

推測の多い結論となるが、当時の在地社会の一様相をうかがうことができたのではないかと考える。

## おわりに

ここまで見てきたように、牛頸窯跡群と工人たちの集落からは、律令制下における「村」と編戸の関係性をうかがうことができるものである。実際の編戸の様子は不明ながら、須恵器生産のために居住し、集まってきた人々の姿というものも想定できるのだろう。「手東里」がどこに比定できるのか、やはり不明としか言いようがない。しかしながら徴税・徴兵の目的のために、律令制以前の集落を利用して、編戸が行われていたことが確認できる。また窯などの作業場が、官営であれば作業場として、村として表記されることもあるといえるだろう。編戸と「村」の関係性の一つを提示することができたと思う。なお、筑前国の場合、御笠郡の軍団など兵士の集まりと律令制編成の関係も考える必要があると思われ、近年、俘囚の集落と目される遺跡の調査が進められている。また国外からの渡来系の人々も居住しており、それらを含めた包括的な様相を検討する必要があると考えるが、それは今後の課題とすることとしたい。

### 注

（1）史料上の「村」については、鬼頭清明「郷・村・集落」（『国立歴史民俗博物館研究報告』二二、一九八九年）や平川南『律令国郡里制の実像』下（吉川弘文館、二〇一四年）がその性格についてまとめている。また浅野啓介

「日本古代における村の性格」（『史学雑誌』一二三－六、二〇一四年）の指摘も古代村落史研究において重要な提言を行っている。なお、古代村落史研究史をまとめたものとして、田中禎昭「古代村落史研究の方法的課題――七十年代より今日に至る研究動向の整理から――」（『歴史評論』五三八、一九九五年）がある。

（2）村上菜菜「古代日本の村と里」（『古代文化』七三－二、二〇二一年）。

（3）垣中健志「文献史料から見た古代集落」（第二五回古代官衙・集落研究会報告書『古代集落の構造と変遷2』、二〇二二年）。

（4）大野城市教育委員会『牛頸窯跡群――総括報告書I――』（大野城市文化財調査報告書第七七集、二〇〇八年）。ほかに、関係するものとして、舟山良一「牛頸須恵器窯跡」（『日本歴史』七五〇、二〇一〇年）、石木秀啓「牛頸窯跡群出土のヘラ書き須恵器について」（中村浩先生古稀記念論文集刊行会編『考古学・博物館学の風景――中村浩先生古稀記念論文集――』、芙蓉書房出版、二〇一七年）、同「牛頸窯跡群における生産体制の変革」（大宰府史跡発掘五〇周年記念論文集刊行会編『大宰府の研究』、高志書院、二〇一八年）、同「西海道北部の土器生産――牛頸窯跡群を中心として――」（九州国立博物館アジア文化交流センター研究論集第一集『大宰府学研究』、九州国立博物館、二〇一九年）などを参照した。

（5）前掲注（4）石木「西海道北部の土器生産」。

（6）古尾谷知浩『文献史料・物質資料と古代史研究』（塙書房、二〇一〇年）。

（7）正修三十八、三十九（『大日本古文書（編年文書）』一）。

（8）『木簡研究』三三、二〇一一年。

（9）福岡県教育委員会『大宰府史跡出土木簡概報』二、一九八五年。

（10）『福岡県の地名』（日本歴史地名大系、平凡社、二〇〇四年）。

（11）前掲注（6）古尾谷論文。

（12）遺跡としては、上園遺跡などがそれにあたるとされる。

(13) 門井慶介「八世紀の家地売券にみる「村」」(『大谷大学大学院研究紀要』二九、二〇一二年)。
(14) 吉田孝『日本古代籍帳の研究』(塙書房、一九七三年)。
(15) 『木簡研究』三〇、二〇〇八年。

# 称徳天皇の神仏観と神仏列挙

新井真帆

## はじめに

称徳天皇は天武系皇統の天皇であり、父に聖武天皇を持ち、母は聖武天皇の皇后の光明子であった。女性天皇の中でも特異な天皇であり、男性天皇と同じく皇太子となり即位をし、一度は皇位を淳仁天皇に譲ったが、天平宝字八年（七六四）十月に淳仁天皇を廃帝・配流し、重祚した。[1]彼女は出家をしており、前代未聞の尼の身分のままでの践祚となった。

先行研究では称徳天皇は、仏教に傾倒し政治を混乱させたと評価されることが多い。それは、称徳天皇が道鏡を重用したことで、道鏡をめぐる皇位継承の問題にまで発展するからである。北山茂夫氏は称徳天皇と道鏡について、「現実から目を背け、彼らの欲望と行動におぼれた。二人の存在をめぐって、忌まわしい数々の事件が起こって宮廷世界を異常な紛糾におとしいれた。」と、称徳天皇と道鏡が社会を混乱させたと評価している。[2]また、瀧川政次郎氏などは、称徳天皇が皇太子を定めなかったのは道鏡に皇位を伝えんとする下心があったからだと考えられており、法王の位は天皇のプリンスとして、称徳天皇が道鏡を皇位継承者として考えていたという説を取っている。[3]これに対して、瀧浪貞子氏はそれまでの称徳天皇の評価を否定し、称徳天皇を他の女性天皇とは同一視できず、彼女を抜きにして女帝論や皇位継承の問題を把握することはできないとされた(4)。また、勝浦令子氏は称徳天皇の宣命から神仏の順位が孝謙天皇期より称徳天皇期の方が仏菩薩の順位が天地の神や天皇霊より上になっているとし、仏教重視の傾向を指摘している(5)。

称徳天皇は出家者でありながら天皇という立場上、仏教的な政策を打ち出すことも多い。仏教を尊重する姿勢は父・聖武天皇から大きな影響を受けていたことが考えられる。しかし、称徳天皇は聖武天皇やそれまでの天皇とは明らかに異なる意識を持っていた。それは、称徳天皇が出家者のまま天皇として即位したという点から伺える。聖武天皇は出家をする際に皇位を退いている。一般的な観念として、皇位と仏教者という立場は結びつかないものであった。このことは「然るに朕は髪をそりて仏の御袈裟を服て在れども、国家の政を行わずあること得ず。仏も経に勅りたまはく、国王い王位に坐す時は菩薩の浄戒を受けよと勅りたまひて在り。此に依りて念へば出家ても政を行うに豈障るべき物には在らず(6)」と称徳天皇がことさらに出家者が政治に参加することが妥当であることを主張していることからも、貴族層には尼である称徳天皇が政治を行うことに対して違和感があったと考えられる。

このことは、称徳天皇への呪詛などの政治的危機や皇位継承における問題が続出したことに関連すると考えられる。

このような問題が起こった際、称徳天皇が自身を守護するものとして神仏を列挙する例が見られる。また、祥瑞の出現に対しても神仏が列挙される例が見られる。中国の天命思想における「天」の役割を神仏が担うようになるのである。東野治之氏によれば、仏教が祥瑞出現に関わってくるのは聖武天皇以降であり(7)、聖武天皇や称徳天皇の仏教を重視する姿勢は祥瑞出現にも反映された。

関晃氏は天平改元から奈良時代の終わりまでみな祥瑞出現によって改元が行われているが、その特徴は、「一つは天・神祇・先皇・三宝・諸天が並列にあげられるようになり、本来は唯一絶対の天の思想が、多神教的な日本在来の思想によって変貌させせられてしまっていることであり」、二つ目に景雲改元を例に挙げ、「天皇の地位の正当化の意味を持たせる必要がある場合に、天・神祇・先皇の霊だけでなくさらに進んで天照大神の意志を持ち出すに至っていることである」と述べられ、この時期に見られる天命思想は天武系皇統の天皇を中心に抑えられ、天の思想は日本の在来の思想に置き換えられたとしている。(8)

次に、早川庄八氏(9)は八世紀の天皇の宣命を分析し、天孫降臨思想に基づく皇位継承観、早川氏のいう「皇孫思想」とは本来相容れないはずの天命思想とが並存・混在した状態がうかがわれるとし、先述の関氏の見解を否定し、天命思想は抑えられておらず、むしろ八世紀の天皇は天命思想をはっきりと意識しており、問題は「その意識のしかた、意識の内実にあるもの」だとする。そこで早川氏は以下の二点に注目している。まず、称徳天皇が淳仁天皇や道祖王などの傍系を排除するのにそれを正当化するものとして「天」を登場させているのは、もはやこれは天命思想本来の「天」ではなく、天命思想は「天武直系を擁護し絶対化するものとして機能していた」と述べている。また、「八世紀の天皇の意識、特に孝謙・称徳天皇に顕著であるが、在来の皇孫思想や天神地祇と外来の天命思想や仏教が混在していた」という点に注目し、このことが日本独自の「天」の思想を生み出す下地であり、天武系の諸天皇にとっては、天武系という枠組み、ひいては皇孫思想という枠組みのなかでの天命思想であったとする。

八世紀の天皇が天命思想をどのように意識していたのかについては意見が分かれるものの、八世紀の天皇を権威づけるものとして、根底に天命思想があったこと、また、天命思想における「天」を意識して神仏が列挙され、さまざまな尊格が現れるようになったという点は一致が見られる。

ただし、これらの研究は八世紀の天皇の天命思想を研究対象にしているので、改めて、称徳天皇の天命思想の特徴を確認したいと思う。

さらに、神仏は皇位継承者の決定にまで関わってくると考えられていた。これは「天」が皇位を授ける思想として「皇位天授」の思想と呼ばれた(10)。八重樫直比古氏は、称徳天皇に至っては、「天」の意志が称徳天皇の意志と一体のものになっているとしている(11)。というのも、神護景雲三年（七六九）十月乙未条（宇佐八幡神託事件）や天平宝字八年（七六四）十月壬申条（仲麻呂の乱）で聖武天皇から称徳天皇が皇位継承者にふさわしくないと思うものは退けて別の人物を立ててもよい、と皇位継承者の決定権を与えられたことを明言しているからである。

このことは、神仏列挙の事例が、称徳天皇の「天皇の正統性」に対する意識、また彼女の神仏観を伺うことができる重要な史料であることを指していると考えられる。

本郷真紹氏は称徳天皇期の仏教・神祇の関係は自身の宗教的身分から生み出された苦肉の策ではなく、称徳天皇が理想とする王権と神仏の関係構築に向けての努力の姿勢であったと受け止めるべきだとしている(12)。

本稿では、称徳天皇が理想とする王権とはどのようなものか、また彼女がなぜ出家者の身分のまま即位を行ったのか、彼女が天皇位というものをどのようなものとして捉えていたのか、これらのことを明らかにすることはまず置くとして、今回はこのような特異な身分の女帝の時期に、神仏が担った役割の確認と権威の根幹にあったものが何か、という点に焦点を絞って考えてみたいと思う。なお取り扱う史料は孝謙・称徳天皇期のものであるが、大部分が称徳天皇期に当たるため、「称徳天皇」で表記を統一する。

## 一　神仏の役割と守護の範囲

称徳天皇の宣命にはしばしば天皇などを守護したり、祥瑞を出現させたりする存在として神仏が列挙される場合があることは先に述べたとおりである。

すでに八重樫直比古氏が神仏列挙の事例について分析されているが[13]、改めてそれぞれの記事を確認し、実際に神仏がどのような役割を果たしたのか、まだどのように位置づけられているのかを確認したい。

称徳天皇の宣命の中で神仏が列挙されている例は五件確認できる。

**①天平宝字元年（七五七）四月辛巳条**

道祖王を廃太子し、大炊王（淳仁天皇）を立太子させるために称徳天皇が神仏に祈ったところ、「天下大平」の文字が出現したとする。これは「斯れ乃ち上天の祐くる所、神明の標す所なり。遠く上古を覧、歴く往事を検ふるに、書籍の未だ載せざる所、前代に未だ聞かざる所なり。方に知る、仏法僧の宝、先ず国家大平を記し、天地の諸神、預め宗社の永固を示すことを。此の休符を載きて、誠に喜び誠に躍る」と、上天や神明が出現させた今までに聞いたことがない祥瑞であり、仏がまず国家太平を記し、神々が国の長く繁栄することを示したためとても喜ばしい、としている。他の神仏列挙の例とは表記のされ方が異なるが、神仏が祥瑞の出現や皇位継承に関わるという点で、この条文も神仏列挙の一例として考えることに問題ないと考える。

**②天平宝字元年（七五七）七月戊午条**

橘奈良麻呂の乱に関する条で、奈良麻呂ら自身が選んだ四人の王（黄文王・塩焼王・安宿王・道祖王）のうち一人を皇位につけようと企んでいたが、「此誠に天地の神の慈び賜ひ護り賜ひ、掛けまくも畏き開闢已来御宇しし天皇が大御霊たちの穢き奴等をきらひ賜ひ弃て賜ふに依て、また盧舎那如来・観世音菩薩・護法梵王・帝釈・四大天王の不可思議威神の力」によって企みが明るみに出て、罰を受けることになったとしている。

**③神護景雲元年（六七六）八月癸巳条**

景雲の出現によって神護景雲に改元が行われた条文である。伊勢神宮の内宮を含む各所で景雲の出現が確認された。称徳天皇はこの景雲が「大神の慈び示し給へる物なり。また掛も畏き御世御世の先の皇が御霊の助け給ひ慈び給へる物」であり、また正月に大法師たちが『金光明最勝王経』（以下は『最勝王経』とする）を読み、吉祥天悔過を正しく行い、官人たちも誠実に仕事をした結果、三宝や諸天、天地の神たちがこのような祥瑞を現わしてくれたのだ、と解釈したとしている。

**④神護景雲三年（七六九）五月丙申条**

称徳天皇の異母姉妹である不破内親王が県犬養姉女とともに自身の子供である志計志麻呂を天皇位につけようと画策し、称徳天皇の髪を盗み呪詛を行おうとした事件について書かれている。しかし、「然れども、盧舎那如来・最勝王経・観世音菩薩・護法善神梵天・帝釈・四大天王の不可思議威神力、掛けまくも畏き開闢已来御宇しし天皇の御霊、天地の神たちの護り助け奉りつる力に依て、其等が穢く謀りて為る厭魅事皆悉く発覚れぬ。」と、神仏の力によってこの企みが明るみに出たとする。ここでは称徳天皇を守護するものとして神仏が列挙されている。『最勝王経』も神仏と同等に列挙されていることも注目される。[14]これは、景雲改元でも言われていたように、正月に『最勝王経』を読ませたことも神々が祥瑞を現した一つの要因として挙げていることや、次の⑤の神護景雲三年（七六九）十月乙未条（宇佐八幡神託事件）では「国王がその国の人々が悪い行いをすることを正さないのは道理に沿ったものではない」という『最勝王経』の王法正論品の一節を引用していることから、この経典が称徳天皇にとって重要な経典となっていたと考えられる。[15]

また、春名宏昭氏によると「百部最勝王経」の書写が天平二十年（七四八）に開始されており、これは東大寺完成とも連動させた当時皇太子であった称徳天皇の地位強化のデモンストレーションであったとしている。[16]称徳天皇は女性としては唯一皇太子となった人物である。そのため、その正当性が問題視されていたことは、先述の②の奈良麻呂の乱で、称徳天皇が聖武天皇の皇太子であるにもかかわらず後継者がいないと言われていたことに象徴される。『最勝王経』は皇太子時代から称徳天皇を支えてきた経典であり、皇位継承問題が頻出した称徳天皇期においてさらに重要度が増したと考えられる。

**⑤神護景雲三年（七六九）十月乙未条**

神護景雲三（七六九）年九月己丑条で明らかになった宇佐八幡宮神託事件は、「道鏡が皇位につけば天下が太平になる」という八幡神の託宣によって起こった、皇位継承問題である。この事件に関連して、この条では皇位継承の問題について言及している。

称徳天皇はまず、元正天皇・聖武天皇の遺詔を引用し、元正天皇の遺詔では官人たちに朝廷への奉仕の仕方を教えるとし、「官人たちに正しき心をもって我が子である聖武天皇に仕えなさい[17]」とし、「皇太子である阿部内親王（称徳天皇）にもよく使えなさい」と伝え、それに従わず、反する王臣があれば、「自分は必ず天翔りしてそれを退ける」と述べている。

聖武天皇の遺詔では、光明皇后と皇太子であった称徳天皇によく仕えよ、としている。しかも、ここでは自分の子供は二人とおらず、称徳天皇一人だけであるともいい、「天皇位は「天」に授けられていない人はそれを保つことはできない。皇太子が天皇位にふさわしくないと（称徳天皇が）思う人であるならば、別の人を立てることも心のままにせよ」と述べている[18]。この後、称徳天皇の言葉が書かれるが、その中で「夫君の位は願ひ求めるを以て得る事は甚難しと云ふ言をば皆知りて在れども、先の人は謀をぢなし、我は能くつよく謀て必ず得てむと念ひて種々に願ひ禱れども、猶諸聖天神地祇御霊の免し給はず授け給はぬ物に在れば、自然に人も申し顕し、己が口を以ても云ひつ、変へりて身を滅し災を蒙て終に罪を己も他も同く致しつ」と天皇位を願っていても諸聖・天神地祇・御霊が授けない人は身を滅ぼす、としている。この条では皇位を授ける主体として神仏が列挙されている。

この中で「諸聖」とは④で列挙された「盧舎那那如来・最勝王経・観世音菩薩・護法善神梵天・帝釈・四大天王」であると考えられる[19]。

また、「御霊」という語について、「天皇霊」とは書かれていないが、「天神地祇の御霊」という語が他には用例がなく、また他の事例と比較しても、この部分には「天皇霊」という語が使われる可能性が高いため、「天皇の」などの語が抜け落ちたものと考えられる[20]。

以上が孝謙・称徳天皇期に見られる神仏列挙の事例である。この五つの事例は、祥瑞出現記事や政治的危機など重要な記事ばかりである。神仏の列挙はそういった天皇位の守護・承認と密接に大きく関わっていると言える。しかも、それだけでなく、⑤でも見えるように、宣命中で列挙されてきた神仏は皇位継承者の決定の主体としても挙げられた。

仏教が皇位継承に関わることについて、堀裕氏は「皇位を授ける存在に仏教的尊格が加入したのは、聖武天皇没後であり、聖武天皇の影響を受けているが、称徳天皇が自身の正当性を補強するために打ち出した論理である」としているというのは、仏教的尊格を含めた神仏の列挙は聖武天皇期の天平勝宝元年（七四九）四月甲午条（陸奥での産金）で、金の産出を助けた存在として「天神地祇・天皇霊」とともに「三宝」や「盧舎那仏」が挙げられたのが初見であり、「盧舎那仏・最勝王経・観世音菩薩」が天皇を守護したり、皇位を授ける存在として仏教的尊格が加入したりするのは聖武天皇没後のことであった。これは称徳天皇が亡くなった聖武天皇に代わって仏教的尊格を統治の正当性を保証するものとして考えていたとしている。(21)

これらの神仏の列挙から、それぞれの記事で表現が変わる場合もあるが、基本的には「三宝・諸天・天皇霊・天神地祇」が列挙されている。そしてこれらは、八重樫氏が指摘するように、神仏がどちらも皇位を守護するものとして機能していたと言える。(22)

勝浦令子氏は称徳天皇の宣命から神仏の順位が②の橘奈良麻呂の乱の「天地の神の慈び賜ひ護り賜ひ、掛けまくも畏き開闢已来御宇しし天皇が大御霊たちの穢き奴等をきらひ賜ひ弃て賜ふに依て、また盧舎那如来・観世音菩薩・護法梵王・帝釈・四大天王の不可思議威神の力」と④の不破内親王らによる呪詛事件の「盧舎那如来・最勝王経・観世音菩薩・護法善神梵天・帝釈・四大天王の不可思議威神力、掛けまくも畏き開闢已来御宇しし天皇の御霊、天地の神たちの護り助け奉りつる力」とでは④の方が仏菩薩の順位が天地の神や「天皇霊」より上になっているとするが、皇位を守護するという役割に着目すると、神祇も仏教も同列に扱われている。(23)(24)(25)

また、仏教的な存在が列挙されているにもかかわらず、神仏列挙の事例では仏教が中心にある記事では見られない。この点は聖武天皇との違いと言える。聖武天皇が神仏を列挙した金の産金は大仏造立事業に関わるものであり、神仏が仏教事業を助けたということになる。孝謙・称徳天皇期には仏教事業を助けるような形での神仏列挙は見られない。逆に仏教が神祇を助けると言った例も見られない。この点からも、少なくとも神仏列挙の事例では、神仏は皇位を守護するものとして徹底されており、どちらかが上位にあるという関係ではなかったと言える。

また、先述の①〜⑤の事例と類似しながらも神仏が列挙されない場合がある。

天平神護二年（七六六）十月壬寅条の道鏡が法王に任命された。この契機として「去ぬる六月、思ふ所有るが為に、菩提心を発して、無上道に帰す。霊示有るに因りて、緘器に虔み候ふに、遂に則ち舎利三粒、緘器に見る。数月感歎して、為す所識ること莫し。」と、仏舎利が現れたことが任命の翌日の記事に記されている。(26) この仏舎利の出現という奇瑞により法王などの任命が行われた。①の祥瑞出現のように称徳天皇の願いに応える形で奇瑞が現れているが、神仏の列挙は行われていない。

次に、天平神護元年（七六五）八月庚申条に記される和気王の謀反では、和気王が先霊に「遠流に処された舎人親王の子孫たちを都に召し戻して天皇の臣下としたい」ということと、「自分が怨んでいる男女二人を殺してほしい」と願う文が見つかったという。この男女というのは称徳天皇と道鏡のことであると考えられる。称徳天皇は舎人親王の血縁者である淳仁天皇を始め、船王や池田王などを仲麻呂の乱で配流しており、舎人親王の孫である和気王は、まだ生存している舎人親王の血縁者を呼び戻し、自身が皇位についた際に臣下としたいと考えていたことが読み取れる。皇位を狙い、称徳天皇などを害そうとしている点は、④の不破内親王らによる呪詛事件との類似性がある。

しかし、この記事の中で一体なぜこの企みが明らかになったのかということは書かれていない。つまり、不破内親王の事件のように天皇を守護する存在の列挙がされていない。

この二つの事例と、先に見た神仏の列挙がなされている事例を比較すると、これらの違いは、神仏が守護・承認する対象の範囲の違いという点を挙げることができる。

神仏が列挙されている場合では、守護・承認対象は皇位継承者に限定されるが、神仏が列挙されていない場合は皇位継承者以外の守護・承認対象が存在する。①の祥瑞出現は大炊王の立太子についての条文であるため、大炊王への承認のように思えるが、祥瑞は「大炊王を立太子させたい」という称徳天皇の祈りに答えたものであるし、この時点で大炊王は称徳天皇の想いがどうであれ、皇位継承者としてほぼ決定しているため、神仏の列挙がなされたと考えられる。

以上から、基本的には「天皇霊・三宝・諸天・天神地祇」が列挙されている。また、神仏は徹底して皇位の守護という役割を担い、聖武天皇期に見られるような仏教事業への助力などの例は見られない。神仏は同列に位置づけられ、どちらかが上位にあるという関係性ではなかったのである。また、神仏が列挙されている場合と類似の事柄であっても列挙されない場合がある。これは、皇位継承者以外の守護・承認対象がいるために、皇位を守護すると役割を担った神仏を列挙しなかったと考えられる。

## 二　皇位継承と「天皇霊」

前節でみたように、表現は変わる場合はあるが「三宝・諸天・天皇霊・天神地祇」が皇位を守護する役割を担っていた。ただし、先に挙げた事例の中で①の「天下大平」の祥瑞の出現だけは「天皇霊」が挙げられていない。なぜ、ここで「天皇霊」が列挙されないのか。次にこの点について検討してみたい。

そこで、「天皇霊」の解釈をめぐる先行研究を確認しておこう。

まず、折口信夫氏は天皇の身体は魂の入れ物であり、「天皇霊」は唯一のもので代々受け継がれてきた霊魂とし、その身体に入ることで天皇を権威づけるものであるとした[27]。これに対して熊谷公男氏は折口説に疑問を呈し、「天皇霊」は「歴代の諸天皇霊」であり王権を守護するものであるとされた[28]。しかし、北康宏氏はそれまでの研究が『日本書紀』と『続日本紀』をひとまとめにして「天皇霊」を位置づけてきたことを問題視し、「天皇霊」は現天皇の権威を示す概念から統治を守護する先皇霊魂を指すようになり、天皇霊の守護は臣下から天皇自身へと変化していることを指摘している[29]。また、八世紀に中国的な天の位置に「天皇霊」が据えられ、君主権を基礎づけるものになっていったとされる。舟久保大輔氏も『日本書紀』では「天皇霊」は天皇以外が頼るものであり、『続日本紀』では「天皇霊」は複数表現がされる場合があり、代々の天皇をひとまとめにし、天皇自身を護るものであるとしている[30]。

このように考えるならば、「天皇霊」は『続日本紀』では天皇を守護し、天皇位の正統性を保証するものとされたことが理解できる。

そして、皇位と密接に関わる「天皇霊」が①の祥瑞の出現の際に見られないのは、結論から述べると、やはりこれも守護対象の範囲が関係するのではないかと考える。つまり、守護対象が称徳天皇だけでなく、大炊王も守護対象になるという点が問題であったのではないだろうか。

繰り返しにはなるが、この祥瑞は称徳天皇が大炊王立太子の可否を神仏に問うた結果、その承認として出現した。

神仏に認められた大炊王は正統な皇位継承者となり、神仏に守護されるのである。ここで「天皇霊」が挙げられないのは、大炊王立太子に対する称徳天皇の拒否感が存在したからではないかと考える。

この後、大炊王は称徳天皇から皇位を譲られ即位することになるが、称徳天皇との関係は良好な関係ではなかった。天平宝字三年（七五九）六月の淳仁天皇の父・舎人親王に尊号を与えることなどに対する称徳天皇の反発[31]や、天平宝字六年（七六二）六月の称徳天皇による帝権分離宣言[32]など、徐々に対立を深め、最終的には淳仁天皇を廃帝とするほどであった。大炊王立太子の際にはすでに称徳天皇の中に対立意識があったと考えられる。

それでは、守護の範囲によって「天皇霊」だけが列挙されなかったのはなぜだろうか。この点は、称徳天皇が「先帝からの譲位」、言い換えれば「正統な皇位継承者として先帝からの承認される」ことが自身の正統性に強く結びつくと考えていたからではないだろうか。

「先帝からの譲位」による正統性の保証は、称徳天皇の独自の観念ではない。熊谷公男氏は奈良時代の即位宣命を分析し、即位宣命・譲位宣命で神話による権威付けが行われているのは先帝であり、天皇の即位はその〝正統な先帝の意志による譲位〟という理論によって正統性が根拠づけられていたとしている[33]。

ただし、称徳天皇の場合は先にも挙げた⑤の宇佐八幡宮神託事件に関連する記事では、聖武天皇の遺詔を引用し、自身が聖武天皇のたった一人の後継者ということや聖武天皇から皇位継承者の決定権を負託されたことを明言している。また、元正天皇も臣下に対して称徳天皇によく仕えるように伝えていたことも明らかにしており、称徳天皇が前代までの天皇以上に、先帝によって自身の正統性が保証されると考えていたことは明らかである。また、皇位継承者の決定権の負託については、天平宝字八年（七六四）十月にも自身が淳仁天皇を廃帝させることができる根拠として⑤と同様に聖武天皇の遺詔を引用している[34]。称徳天皇が皇位継承という問題に際して、先帝、特に聖武天皇に頼っていることがわかる。

このように、称徳天皇は自身の正統性を保証するものとして、「先帝の承認」というものを強く意識していた。このため、「天皇霊」が天皇位を守護・承認するものとして組み込まれたと考えられる。①の「天下大平」の祥瑞出現に「天皇霊」が関与しないのは、称徳天皇には大炊王立太子への拒否感があり、「先帝の承認」を得た大炊王が正統な皇位継承者となることを防ぐためであったと考えられる。

## 三　「天皇霊」と「大神」

前節で称徳天皇が「先帝の承認」を重要視し、それが皇位継承における「天皇霊」の重要視に繋がった可能性を指摘したが、「天皇霊」の重視についてはもう一つ理由があると考えている。

注目したいのが、③の神護景雲改元の記事である。

検討を行うにあたって、神護景雲元年（六七六）八月癸巳条の内容について、適宜史料を挙げながら確認を行いたい。

内容としてはまず、同年の六月十六日、六月十七日、七月十日、七月二十三日に景雲が出現。特に十七日は「度会郡の等由気の宮の上」に景雲が出現した。称徳天皇は「大瑞が現れるのはその治政が清浄なものであるとき、それを天地の神が承認し現わすものである。私の徳が神の心を動かしたわけではないと思っているが、大御神の宮の上に景雲を現わされた」とし、この祥瑞は「大神の慈び示し給へる物なり。また掛も畏き御世御世の先の皇が御霊の助け給ひ慈び給へる物」であるとした。そして、正月に大法師たちが『最勝王経』を読み、吉祥天悔過を正しく行い、官人たちも誠実に仕事をした結果、「三宝や諸天、天地の神たちがこのような祥瑞を現わしてくれたのでともに喜びたい」と、祥瑞の出現は臣下の働きも一つの要因であると考え、祥瑞出現の喜びを臣下にも共有した。

伊勢神宮の外宮をはじめとして、立て続けに景雲が出現し、それによって改元が行われている。祥瑞は中国の政治思想であり、良い政治が行われているとき「天」が出現させるものであった。この根底にあるのが天命思想である。中国において「天」とは天帝のことであるが、この景雲は「大神・天皇霊・三宝・諸天・天地の神々」が出現させた祥瑞と解釈されている。そして、これは二グループに分けられる。一つは、伊勢神宮に景雲を現した存在、もう一つは僧侶や官人たちの奉仕によって景雲を現した存在である。

前者を見ると、大御神の宮の上に現れた景雲は「大神」だけでなく「天皇霊」も想定されている。つまり、伊勢神宮での祥瑞の出現は「大神」と「天皇霊」がともに授けたものだとされており、「天皇霊」が「大神」と同様の意志を持ったものと解釈されている。称徳天皇が「天皇霊」を重要視するのは「大神」の意志と「天皇霊」意志を同一のものとして考えていたからではないか。そうであれば、この「大神」が何を指すかが問題となる。

宣命を見ると、伊勢神宮の景雲出現は「等由気の宮の上」であるから、この「大神」は等由気の宮、つまり外宮に祀られている「豊受大神」を指していることになる。しかし、関氏は景雲が外宮に出現していることから、「大神」は「豊受大神」と理解することができるものの、叙位を内宮の禰宜も受けていることや、「天応改元のときに伊勢神宮の意志をあげているのは、この神護景雲の前例を承ったものとみられるからやはり天照大神をさすとみるのが妥当」としており[35]、「大神」が「天照大神」を指すと解釈することも可能であることがわかる。

「大神」という言葉が「豊受大神」をさしているのか、「天照大神」をさしているのか明確にすることは、称徳天皇の政治的意図、または思想を検討する重要な要素になると考えている。そこで、「大神」という語が、伊勢神宮に関わる記事でどのように使用されているかを検討する。

まず、神護景雲改元条では内宮・外宮の禰宜の昇叙で「大神」が見え、「大神宮の禰宜・大物忌・内人等」「大神宮の禰宜外従五位外神主首名に外正五位下」「等由気宮の禰宜外正六位下神主忍人に外従五位下[36]」というように使用される。両宮の禰宜らの昇叙・内宮の禰宜については「大神宮」、外宮の禰宜については「等由気宮」という言葉を使用している。

外宮については神護景雲二年（七六八）四月辛丑条で内宮・外宮の禰宜の季禄を支給した記事では、「度会宮」という語が使用されている例も見られる。つまり、「大神」という語は外宮のみを指す語として使用されない可能性があると考えられる。

さらに、天平勝宝元年（七四九）四月甲午条の産金の功績によるものと考えられる同年四月戊戌条の内宮の禰宜の昇叙にも見られ、「伊勢大神宮の禰宜従七位外神主首名に外従五位下」と、内宮の事を「伊勢大神宮」としている。

次に天平宝字四年（七六〇）三月甲戌条に病の光明皇后のため祭祀を行い、その助力に対する昇叙では、「大神宮禰宜・内人・物忌より、諸の社の祝部に至るまで、爵一級を賜ふ。（中略）外従五位上神主首名に外正五位下、外正六位上神主枚人に従五位下を授く」とあり、内宮・外宮両宮の禰宜が昇叙されていることから、「大神宮」は両宮を指す語としてここでは使用されている。

以上、『続日本紀』における「大神」という語の使用例を確認した。これらの記事からは、「大神」という語が外宮のみを指す言葉としては使用されず、それは伊勢神宮全体を指す言葉か、もしくは内宮のみを指す言葉として利用されていることがわかる。つまり、この「大神」は内宮や「天照大神」を指す可能性が高いのである。

今一度景雲改元条に戻りたい。景雲の出現に対して、阿倍朝臣東人らは「等由気の宮」の上に景雲が出現したと報告した。そして、それを受け称徳天皇が自身の意見を表明する際には「大御神宮上の示し顕し給ふ。故尚是は大神の慈び示し給へる物なり。」と表現した。「大神」という語の使用は、称徳天皇がこの景雲の出現に内宮や「天照大神」を強く意識しているものと考えられ、つまり、称徳天皇は今回の景雲出現に際して「天照大神」の意志があったと意識していたのではないかと考えることができる。

以上から、伊勢神宮の景雲出現は皇祖神「天照大神」と「天皇霊」が現わしたものであり、これらが同一の意志を持っていたと考えられる。

称徳天皇が「天皇霊」を皇位継承者を守護・承認するものとして特に重要視していのは、「先帝の承認」を正統性の根源として考えていただけでなく、「天皇霊」が皇祖神の「天照大神」の意志をも内包するものであったからではないだろうか。

そして、神護景雲改元では「天皇霊」の意志には「天照大神」の意志が包括されており、神仏列挙の中で「天皇霊」が出現することの重要性を、臣下に共有したと考えられる。

## おわりに

本稿で検討したことをまとめると、基本的に列挙される神仏は「天皇霊・三宝・諸天・天神地祇」であったということである。これらの神仏は徹底して皇位の守護という役割を担い、聖武天皇期に見られるような仏教事業への助力など、皇位を守護・承認する以外の例は見られない。神仏はこの役割において同列に位置づけられ、どちらかが上位にあるという関係性ではなかったのである。

また、①～⑤と内容が類似している記事であっても神仏が列挙されない場合がある。これは、皇位にある者以外の守護・承認対象がいるため、皇位を守護する役割を担った神仏を列挙しなかったのである。神仏は王家の守護神として、皇位を守護するものとなっていたのである。

このような役割を担った神仏の中でも、特に「天皇霊」の守護は重要な意味を持った。称徳天皇の正統性は「先帝からの承認」によって保証されていた。対立意識があった大炊王立太子の際の祥瑞出現に「天皇霊」が関わらないのは、大炊王を「先帝の承認」を得た正当な皇位継承者としないためであったと考えられる。「天皇霊」の守護は皇位継承者の正統性の根幹をなすものと考えられる。

さらに、「天皇霊」は、皇祖神の「天照大神」の意志と「天皇霊」の意志が同一のものであった。この点も「天皇霊」の承認が重要な意味を持った理由の一つだと考えられる。景雲改元条は「天皇霊」と「天照大神」の意志が一致しており、「天皇霊」の守護がいかに重大であるかを臣下に共有したと考えられる。

称徳天皇は神仏の列挙を行うことで、自身が正統な皇位継承者であることを主張していったが、貴族層はどう考えていただろうか。

神護景雲改元の後、祥瑞の献上が増加することが確認できる。細井浩志氏は称徳・道鏡政権が祥瑞を珍重するのを見て、祥瑞の献身のラッシュになったとしている(37)。

しかし、祥瑞は各地方の豪族や下級官人などから奏上されることが多く、中央貴族層がどのように考えているのかまではわからない。また改元前ではあるが、河内国から報告された景雲に関する条では、僧侶が手を叩いて喜ぶ姿が俗人のようであると非難されていること(38)や、不破内親王の呪詛事件などが起きていることは、やはり称徳天皇が仏教や僧侶を重要視したことや、称徳天皇が天皇の地位にあることに違和感を覚える貴族層が多かったことを表している。

木本好信氏は称徳期と孝謙期の昇叙と任官の数を分析し、昇叙が孝謙期の天平勝宝年間・年平均二十二件、称徳期・年平均八十五件あり、補任が天平勝宝年間・年平均十五件、称徳期・年平均七十五件で、昇叙や任官が孝謙天皇期に比べてはるかに多く、毎年人事異動を行いながらも、貴族官人を掌握することが十分にできなかったとしている。(39)

宣命で言及するほどあからさまな皇位継承の問題に対する貴族層の不満が現れなくなっていたと考えられるが、それは単に表面化しないだけで依然として彼らの違和感が残っていたと考えられる。その結果として、称徳天皇が聖武天皇から皇位継承者決定を負託されながら最後まで皇位継承者を決定しなかったのは、そのような貴族層の違和感が存在したためではないかと考えるのである。

**注**

(1)『続日本紀』天平宝字六年六月庚戌条。
(2) 北山茂夫『女帝と道鏡』(中公新書、一九六九年)。
(3) 瀧川政次郎「法王と法王宮職」(同氏『律令諸制及び令外官の研究』、角川書店、一九六七年。初出は『史林』三七-三、一九五四年)、前川明久「道鏡と吉祥天悔過」(同氏『日本古代政治の展開』、法政大学出版局、一九九一年。初出は『続日本紀研究』一五〇、一九七〇年)、勝浦令子「称徳天皇の『仏教と王権』——八世紀の『法王』観と聖徳太子信仰の特質——」(同氏『日本古代の僧尼と社会』、吉川弘文館、二〇〇〇年。初出は『史学雑誌』一〇六-四、一九九七年)など。また、前川明久氏は神護景雲元年から行われた吉祥天悔過は道鏡が吉祥天を称徳天皇、毘沙門天を道鏡に見立て配偶関係を宣布し、皇位を得ようとした、そして称徳天皇にもその意思があったとしている。

（4）瀧浪貞子「孝謙女帝の皇統意識」（同氏『日本古代宮廷社会の研究』、思文閣出版、一九九一年）。

（5）前掲注（3）勝浦論文。

（6）『続日本紀』天平宝字八年九月甲寅条。

（7）東野治之「飛鳥奈良朝の祥瑞災異思想」（『日本歴史』二五九、一九六九年）。

（8）関晃「律令国家と天命思想」（同氏『日本古代の国家と社会　関晃著作集　第四巻』、吉川弘文館、一九九七年。初出は『東北大学日本文化研究所研究報告』一三、一九七七年）。

（9）早川庄八「律令国家・王朝国家における天皇」（同氏『天皇と古代国家』、講談社学術文庫、二〇〇〇年。初出は朝尾直弘・網野善彦・山口啓二・吉田孝編『日本の社会史』三〈権威と支配〉、岩波書店、一九八七年）。

（10）金子武雄『続日本紀宣命講』（東京図書出版、一九四一年）。

（11）八重樫直比古「宣命における「天」と「諸聖」」（源了圓・玉懸博之編『国家と宗教――日本思想史論集――』、思文閣出版、一九九二年）。

（12）本郷真紹「称徳朝神仏関係の再検討――西大寺と八幡弥勒寺――」（『立命館史学』四〇、二〇一九年）。

（13）前掲注（11）八重樫論文。

（14）前掲注（3）勝浦論文

（15）前掲注（3）勝浦論文。

（16）春名宏昭「百部最勝王経覚書」（『正倉院文書研究』一、一九九三年）。

（17）実際には聖武天皇は元正天皇の子供ではなく甥であるが、自らの皇太子となったので我が子という表現を使っていると考えられる。

（18）『続日本紀』神護景雲三年十月乙未朔条。

(19) 本居宣長『続紀歴朝詔詞解』(『本居宣長全集』七、筑摩書房、一九七一年)。
(20) 本居宣長『続紀歴朝詔詞解』(前掲注(19))。
(21) 堀裕「盧舎那仏と法王道鏡——仏教から見た統治権の正当性——」(栄原永遠男編『東大寺の思想と文化』、法藏館、二〇一八年)。
(22) 前掲注(11)八重樫論文。
(23)『続日本紀』天平宝字元年七月戊午条。
(24)『続日本紀』神護景雲三年五月丙申条。
(25) 前掲注(3)勝浦論文。
(26)『続日本紀』天平神護二年十月癸卯条。
(27) 折口信夫「大嘗祭の本義」(『折口信夫全集』三、中央公論社、一九五五年。初出は一九三〇年)
(28) 熊谷公男「古代王権とタマ(霊)——「天皇霊」を中心にして——」(『日本史研究』三〇八、一九八七年)。
(29) 北康宏「律令法典・山陵と王権の正当化——不改常典と先皇霊に基礎づけられた新しい政体——」(同氏『日本古代君主制成立の研究』、塙書房、二〇一七年。初出は『ヒストリア』一六八、二〇〇〇年)。
(30) 舟久保大輔「「天皇霊」と「皇祖之霊」について」(『駒澤大学史学論集』五一、二〇二一年)。
(31)『続日本紀』天平宝字三年六月庚戌条。
(32)『続日本紀』天平宝字六年六月庚戌条。
(33) 熊谷公男「即位宣命の理論と「不改常典」法」(『東北大学東北学院大学論集　歴史と文化』四五、二〇一〇年)。
(34)『続日本紀』天平宝字八年十月壬申条。
(35) 前掲注(8)関論文。
(36) 内宮の禰宜の首名は天平宝字四年に正五位下に叙されている記事がみられ、どちらかの記事に誤りがあるものと思われる。

(37) 細井浩志「『続日本紀』の自然記事――祥瑞・天文記事と国史――」(同氏『古代の天文異変と史書』、吉川弘文館、二〇〇七年)。
(38) 『続日本紀』神護景雲元年八月乙酉条。
(39) 木本好信「称徳・道鏡政権の実態――貴族官人層との関係――」(同氏『奈良時代の政争と皇位継承』、吉川弘文館、二〇一二年。初出は『史聚』第三九・四〇合併号、二〇〇七年)。

# 日本古代の鮨（鮓）補論

櫻井信也

## はじめに

日本古代における鮨（鮓）については、前稿[1]において少し論じており、さらに、鮎の鮨（鮓）についても別稿[2]を草したところであるが、その後に中世から近世の史料にみえる鮨（鮓）についても検討したことから[3]、これらを踏まえて、古代の鮨（鮓）について論じたこれらの旧稿での遺漏を補う必要があると考えている。また、近年になり、古代の食についての共同研究や復元或いは再現実験研究が行われており、興味ある貴重な見解が提示されている[4]。これらのなかで鮨（鮓）についてみれば、米や塩などの材料を記す史料はあるものの、具体的な製法についての史料はみられないことから、現在の民俗例や江戸時代の料理書にみられる製法を援用する方法が採られているが、これらが古代の製法を受け継いでいると判断するには問題がある。このうち、古代の鮎の鮨（鮓）の復元研究については別稿で批判を加えたところである。しかし、ここでの指摘は全く顧慮されることなく、当該論文は再録されて[5]おり、これは誠に遺憾というほかはないが、さらなる説明が必要であると感じているところである。

これらのことから、小稿では、旧稿での遺漏を補うとともに、すでに論じた問題についても改めて検討を加えることとし、日本古代における鮨（鮓）の実態を明らかにする手掛かりとしたいと考えるものである。

## 一　鮨（鮓）の用字

鮨（鮓）の用字については、「鮓」と「鮨」がともにみえる。これが同義であることは、前稿で論じたように、『貞観儀式』巻第二、践祚大嘗祭儀上[6]に阿波国からの由加物として記される「鰒鮨十五坩」が、同じく『貞観儀式』巻第四、践祚大嘗祭儀下[7]では「蚫鮓七壺半」と記されており、数量の単位は異なるものの同じものを意味していることから判明する。「鮨鰒」が「蚫鮓」とも表記され、「鰒」と「蚫」、「鮓」と「鮨」は同義であり、日本古代においては、「鮨」と「鮓」とが同じく「すし」を意味していたことが確認できる。

ちなみに「鰒」について確認をしておくと、「蚫」のほかに、「鮑」の用字があることは、例えば、『延喜式』巻第四、伊勢太神宮、式年遷宮[8]には、山口神祭の用物のなかに「米、酒各一斗、堅魚、鰒各二斤」とあるものが、『皇太神宮儀式帳』の新宮造奉時行事幷用物事の山口神祭用物幷行事[9]では「酒一斗、米一斗、堅魚二斤、鮑二斤」とあることからも判明する。出土木簡史料をみても、平城京左京二条二坊五坪二条大路北濠状遺構ＳＤ五三〇〇出土木簡には、「鰒鮓[10]」、「鮑鮨[11]」などがある。つまり、鰒（鮑）の「すし」については、「鮓」と「鮨」とが、ともに用いられているわけである。

関根真隆[12]は、「鮨」と「鮓」の用字について、飯のなかに魚や貝を入れたものを「鮓」、魚の腹のなかに飯を詰めたものを「鮨」と表記したものと考えている。前稿では、関根の見解に依拠しながら、「出土木簡では、年魚（鮎）には「鮨」、貽貝には「鮓」が用いられており、「鮨」と「鮓」とが区別されているようであるが、鰒（鮑）には

「鮨」と「鮓」とが用いられている。また、後に掲げるように、「鮨鮎」や「鮨鮒」は、切り身ではないことが確認できる。関根の指摘するように、魚を一尾ごと漬けたものは「鮨」と表記し、魚の切り身や貝には「鮓」を用いるという傾向があったものと推測されるが、今後の史料の増加を俟ちたいと思う」としたところである。

関根が魚の腹のなかに飯を詰めるとした製法は、『賦役令集解』調絹絁条[13]の「古記」が引用する「音義」に「音義曰、属之人、取魚不去鱗、破腸以塩飯酒合喫之、重碑其上、熟食之」とある記載を「まず魚の臓物を取出し、塩をして、なかに飯と酒とを合せたものを詰め、重しをして、醗酵さして食用したようで」と理解したことによるものであり、前稿でも「鱗を取らないまま魚の臓物を取り出し、魚に塩を振って、飯に酒を合わせたものを魚の腹に詰めて、その上に重石をして熟成させる」としながら、「塩と飯と酒を混ぜ合わせて魚に詰める」という解釈も可能であるとしたが、実のところは、日本古代の史料のなかでは、魚の腹に飯を詰めるという製法は確認できないのである。勿論、確認できないということが、存在を否定することに繋がるというわけではない。年代は降るが、元和九年（一六二三）の序のある安楽庵策伝『醒睡笑』巻之六、児の噂[14]には「いかほどのすしも見たれど、これほど腹に飯のないすしをば見た事がない」とあり、魚の腹に飯を詰めていたことはわかる。ただし、先にみた鰒（鮑）の例では、「鮨」と「鮓」とがともに用いられているが、鰒（鮑）は魚ではないから、腹のなかに飯を詰めるということはできず、これにより「鮨」と「鮓」との製法の相違を説明することには無理があるということになる。

ところで、鮨（鮓）の用字については、「酢」とするものがあることが指摘されている。旧稿では「酢年魚」とある木簡史料について、酢漬けではないかとしたが、その後、別稿では、この見解を改めて撤回している。それは、以下の史料によるものである。

(1)平城京左京三条二坊八坪東南隅溝状遺構ＳＤ四七五〇出土木簡[15]

・○年魚酢分米三升受「

・○　豊国　家令　□□

これについて、『平城京木簡』二、解説(16)では、「「酢」は「鮓」に通じ、すしのこと。なれずしを作るのに用いる米の伝票木簡であろう。鮨が魚に飯をつめたものであるのに対し、鮓は飯の中に魚介類をいれたもの（関根真隆『奈良朝食生活の研究』、吉川弘文館、一九六九年）。鮓に用いる魚介には、鯛・鮒・鰒・貽貝などの事例がある」と説明している。

ここでの説明は簡潔に記されているが、「年魚酢」に用いる「米三升」の受け取りを記したものであることから、これを「酢漬け」の年魚に用いる米三升の意味と理解することは困難で、鮨（鮓）の「飯漬け」に用いる米三升の意味と理解するのが適切であるということであろう。ただし、酢は鮓に通じるとする一方で、鮨と鮓とを区別する関根の見解を紹介しているわけで、その関係が説明されてはいないのである。

このほかに、鮨（鮓）に「酢」の文字を充てたと思われるものとしては、以下の木簡史料がある。

(2)平城京左京三条二坊八坪二条大路南濠状遺構ＳＤ五一〇〇出土木簡(17)

酢年魚上

(3)平城京左京三条二坊八坪東南隅溝状遺構ＳＤ四七五〇出土木簡(18)

麻殖郡酢年魚四斗

(4)平城宮第一次大極殿院西辺東西溝ＳＤ一一九六五出土木簡(19)

・□□〔美濃カ〕国大野郡美和郷長神直三田次進酢年

・□〔魚カ〕二斗六升　神亀三年十月

(5)平城京左京三条二坊八坪二条大路南濠状遺構ＳＤ五一〇〇出土木簡[20]

酢鰒一堝

(6)平城京左京三条二坊八坪二条大路南濠状遺構ＳＤ五一〇〇出土木簡[21]

酢鰒

(7)藤原宮北辺地区ＳＤ一四五出土木簡[22]

酢鮑十三□〔列ヵ〕

(8)飛鳥池遺跡北地区東西溝ＳＤ一一〇八出土木簡[23]

鮑耳酢一斗□

これらのうち、(3)の木簡は荷札木簡で、麻殖郡は阿波国にあたるが、[24]阿波国には中男作物に鮨年魚があり、この木簡の貢進主体が個人ではないことから、この木簡も中男作物による荷札の可能性が指摘[25]されている。(4)の木簡は荷札木簡で、美濃国大野郡美和郷の郷長が貢進の主体である。税目はわからないが、美濃国からは、『延喜内膳司式』諸国貢進御贄の年料[26]に「鮨年魚」がある。(5)の木簡は付札木簡であり、「酢鰒一堝」とある「堝」は、土製の容器であろうが、鮨（鮓）についてみれば、平城京左京二条二坊五坪二条大路北濠状遺構ＳＤ五三〇〇出土木簡に「御贄鰒鮓一堝[27]」、平城京左京二条二坊五坪二条大路南濠状遺構ＳＤ五一〇〇出土木簡に「御贄鯛鮓一堝[28]」、「御贄貽貝鮓一堝[29]」などとあるように、荷札木簡にもみえる数量単位である。また、(7)の木簡も付札木簡であるが、荷札木簡や付札木簡には、鰒（鮑）の数量単位を「列」や「烈」や「連」などとする例が多くみられ、例えば、平城京左京三条二坊八坪東南隅溝状遺構ＳＤ四七五〇出土木簡に「上総国鰒十連三列[30]」、平城京左京三条二坊八坪二条大路南濠状遺構ＳＤ五一〇〇出土木簡に「夏鰒百十烈[31]」などとある。「列」や「烈」、「連」は、ともに「つらなる」の意[32]であることから、鮑を連ねた状態であることはわかるが、(7)の木簡は、その状態で鮨（鮓）にしたものということになるのであろうか。これについては、ほかの例がなく、よくはわからない。さらに、(8)の木簡も付札木簡であるが、「鮑耳」とは、鰒（鮑）の肉の周りの部分であり、[33]平城京左京三条二坊八坪二条大路南濠状遺構ＳＤ五一〇〇出土木簡には、長門国大津郡からの「鰒耳漬」[34]があり、『延喜主計寮式』[35]には、「著耳鰒」や「放耳鰒」がみえる。「鰒耳酢」が鰒（鮑）の耳の部分のみを鮨（鮓）としたものであるとすれば、すでにみた「鰒鮓」や「鮑鮨」、「酢鰒」などは、どのような状態であるのかという疑問が生じることになるが、これだけでは判断できない。

ともあれ、このようにみてくると、「鮨」と「鮓」、「酢」は、ともに「すし」を意味していることになり、それぞれの用字に製法の相違を認めることはできないと思われるのである。また、『(天治本)新撰字鏡』巻第四、酉部第四十四[36]では「酢」と「醋」とは同じで、醋に「加良之」「須之」の訓を充てており、同じく巻第九、魚部第八十七では、「鮓」を「須志」と訓じている。また、『(元和古活字那波道円本)倭名類聚抄』巻第十六、[37]飲食部二十四、魚鳥類第二百十二では、「鮨」の和名を「須之」とし、「鮓属也」としている。つまり、「酢」と「鮨」、「鮓」は、ともに「すし」と訓じるわけであり、醱酵により酸味を生じさせる「すし」に、これらの文字を充てたものと考えられるのである。

ちなみに、「すし」に「酢」の表記を用いていることが明確な事例として、年代は遥かに降るが、室町幕府の政所代を務めた蜷川親俊の『蜷川親俊日記』に記載がある。すなわち、八朔の祝儀物として、公文役分の俵、鮎鮓、錫が到来したことを記しているなかで、天文七年（一五三八）七月二九日条[38]には「公文為役俵十、錫一、鮎鮓百到来」とあるものが、天文二一年（一五五二）七月二九日条[39]では「公文役分俵十、鮎酢百、錫一」とあり、鮎の鮨（鮓）を「鮎鮓」とも「鮎酢」とも記していることが明らかである。

## 二　鮨（鮓）の時季

古代における鮨（鮓）の生産の時季と醱酵、熟成の期間については、別稿において、鮎の鮨（鮓）の事例をもとに、その時季に得られる食材を用いて、比較的短期間の熟成により製されるものと推測したところである。すなわち、『類聚国史』巻第七十九、弘仁五年（八一四）二月乙巳条では、山城国以下の諸国に対して、百姓が小年魚を捕獲することを禁じているのであるが、四月以降は禁断の限りではないとしていることから、四月以降が年魚、すなわち、鮎が成魚となる時季の目安とされていることがわかる。そして、『延喜内膳司式』諸国貢進御贄、旬料では、大和国吉野御厨からの旬料の御贄である「年魚鮨火干」の貢進期間を四月から八月としているが、吉野御厨からの貢進の時日は月別の上下旬としていることから、四月上旬についてみれば、鮎を捕獲した後、長くみても十日間のうち貢進しているということになる。[40][41]

これらから推察できることは、ここでの鮎の鮨（鮓）は、長期間の「塩漬」の鮎を用いて飯に漬けて鮨（鮓）としているものではないということである。年代は降るが、江戸時代においても、例えば、寛文八年（一六八八）序『料理塩梅集』天、鮨部の「岐阜鮎鮓方」には、一夜の塩押を経て、鮎の腹に飯を詰めたものを飯に漬けて重石を置いて、「四五日めには上々吉也」とある。同書には、これに続けて、塩漬の鮎を用いる「塩鮎鮓仕やう」の記載もあるが、延享二年（一七四五）序の『伝演味玄集』二ノ中、鮓にも、鮎は目を刳り抜いてから「塩押可ㇾ用」とあり、塩押については、小魚は腹を開いて、ものにより頭を取り骨は抜き、大魚はおろしてひらひらと作り、「扨半日程塩おししてめしに移すなり」とある。そして「六日めほとにて漬也」としている。このような料理書の記載[42][43]

が実態を反映しているかどうかが問題となろうが、奈良の春日社の社司で、慶長四年（一五九九）に正預となる中臣祐範の日記である『中臣祐範記』には、以下の記載がある。

(9)『中臣祐範記』慶長六年（一六〇一）七月二一日条[44]

一、御焼物鱧鮓備進了、前日ニ出納来テ云、鮎種〻雖レ致二苦労一無二御座一候間、代ヲ以テ可レ致二備進一由申、予云、近比出納覚悟曲事也、生鮎ニテ備進有レ之事ナラハ、臨期ニ不二相調一候由注進無二是非一、塩ヲシニシテ鮓ニ調テ備進之物躰也、十日廿日ヨリ於レ致二其覚悟一者不レ可レ有二相違一、疏略之段太以不レ謂儀候由申聞之処ニ、種〻其理ヲ言上了、則今日於二神前一モ曲事之由及二評定一、雖レ可レ被レ止二出仕一、先以二此度之儀一被レ加二遠慮一、重而之儀一段其覚悟可レ仕候通、以二常住一出納ニ下知了、

春日社では、毎月朔日、一一日、二一日に旬祭が行われるが、その際に神饌（御供）として鮎鮓が供されている。この「旬御供」は、保安二年（一一二一）に藤原忠通が創始したものと伝えるが、[45]『中臣祐範記』において「鮎鮓」がみえるのは慶長五年（一六〇〇）七月二一日条[46]が最初である。以後、慶長五年（一六〇〇）から元和九年（一六二三）の記載[47]によれば、例年五月から九月までは鮎鮓が供されており、鮎が得られない場合は、鮎鮓に代えて鱧鮓が供されている。また、十月から四月までは鮎鮓ではなく塩鯛となる。ここでの記載は、神饌の調進にあたる出納職が鮎鮓の代わりに鱧鮓を備進したことに対して、生鮎を神饌として供えるわけではなく、鮎を塩押にしたうえで鮓にするわけであるから、十日前或いは二十日前にその心構えをしておけば、鮎鮓を調整して備進できる筈だというのである。すなわち、鮎鮓は、鮎を塩押にしてから飯に漬けて鮓とするのであり、その期間は十日乃至二十日間であることが判明するのである。また、鮎鮓を神饌として備進する期間が五月から九月であり、鮎の生魚の期間と一致することも、長期間の塩漬による鮎を用いていないことを裏付けるものである。

神饌については、果たして、それが食するに堪え得る状態のものであるかという懸念が生じるかもしれないが、神饌であるが故に鮨（鮓）として熟成していない不完全な状態のものを供えることは憚られるであろうし、撤饌の後に行われる直会での共食を考えれば、十分に食することができる状態であると考えて良いであろう。

なお、『小右記』永延元年（九八七）二月二三日条[48]には、摂政藤原兼家邸での一種物の宴を記しているが、この折に右大将の藤原済時が銀の桶に鮨鮎を持参したとある。一種物とは、各々が酒や肴を一種ずつ持ち寄り開く宴会であり、同日条では、左大将藤原朝光は腹に児鱠を入れた銀の鯉、春宮権大夫藤原公季節は銀の葉餅を用意したとあるが、『小右記』にみられる一種物の宴のなかで、その際の酒や肴を具体的に記すことはほかにはみられない。『日本紀略』康保元年（九六四）十月二五日条[49]では、左近衛陣座において諸卿が「魚鳥珍味毎物一両種」を持参して一種物の宴を催したとあるが、『小右記』[50]が腹に児鱠を入れた銀の鯉、銀の葉餅などと記しているのは、これらが異例の珍味、珍物の類であったためと思われるのであり、鮨鮎については、銀の桶に入れられていることに併せて、通例よりも時季が早いということが特異であったということなのであろう。

ともあれ、鮎鮓の事例からは、長期間の塩漬を経ることなく、その食材の旬の時季に鮨（鮓）に漬けていることが判明する。これをほかの事例から傍証することは、史料の制約から難しいのであるが、貢納の期限が明確な税目である調や調副物、中男作物のなかにみえる鮨（鮓）から少し考えてみることにする。

まず、『延喜主計寮式』[52]に越中国の中男作物としてみえる「鮭鮨」である。周知のように、中男作物は、養老元年（七一七）に正丁の調副物と中男の正調を廃して、これに代わり諸国において中男を使役して中央の官司が必要とする物品を調進する制度[53]である。『養老賦役令』調庸物条[54]には、「凡調庸物、毎年八月中旬起輸、近国十月三十日、中国十一月三十日、遠国十二月三十日以前納訖、其調糸七月三十日以前輸訖」とあり、これは中男作物においても適用されたと考えて良いことから、『延喜民部省式』[55]に中国とされる越中国からの鮭鮨は、一一月三〇日までに貢進されることになる。なお、平城宮跡や平城京跡などの宮都からの出土木簡には、『養老賦役令』[56]調庸物条の期限に合致しない荷札木簡の例があることが指摘されており、その理由についても検討が加えられているが、時季としては、志摩国や因幡国からの海藻については、旬の時季の良質のものを貢進している[57]と考えることができる。

鮭の時季については、平城京左京二条二坊五坪二条大路北濠状遺構ＳＤ五三〇〇出土木簡[58]に「因幡国進上鮮鮭御贄壱隻　雄栖　天平八年十月」とあり、御贄としての「鮮鮭」の貢進時期がわかる。また、同じく、丹後国からも「丹後国鮮鮭　御贄　雄腹」「与謝川」と記された荷札木簡[59]があるが、年月まではわからない。また、平城京左京三条二坊八坪二条大路濠状南遺構ＳＤ五一〇〇出土木簡[60]には、「十一月料鮭五隻 鮑三連 天平八年十二月廿一日」とある。さらに、『延喜神祇官式』四時祭上、二月祭[61]の平岡神の祭神料に「生鮭」がある。これらは、「鮮鮭」「生鮭」の時季を知り得る史料である。なお、年代は降るが、伏見宮貞成親王『看聞日記』永享二年（一四三〇）一一月一四日条[62]や永享五年（一四三三）一一月二日条[63]、永享八年（一四三六）八月二六日条[64]などに「生鮭」がみえる。

その貢進国については、『延喜宮内省式』諸国例貢御贄[65]に、若狭、丹後、但馬の各国からの「生鮭」、『延喜内膳司式』諸国貢進御贄[66]に、若狭、越前、丹波、丹後、但馬、因幡の各国からの「生鮭」があるが、これらは、河川を遡上した鮭を漁獲したものと考えられる。『出雲国風土記』出雲郡[67]では、出雲大川には年魚や鮭、鱒などがあるとしており、同じく神門郡[68]でも神門川に年魚や鮭、鱒などがいるとし、『常陸国風土記』久慈郡[69]では、助川駅家の名称について、河で鮭を取るために助川と名付けたとし、その鮭の親魚を「すけ」と称するとしていることが、これを示すものである。

年代は降り江戸時代になるが、秋田佐竹家に家老として仕えた梅津政景の日記、『梅津政景日記』[70]には、贈答としての鮭がしばしば記されている。そのなかで、「初鮭」「はつ鮭」と鮭の鮨（鮓）の記載を拾い出すと、以下のようなことが判明する。このうち、初鮭（はつ鮭）は、各々の領地からの初物の到来であるから時季が相違するのは勿論であり、また、閏年もあるわけであるが、傾向としては、八月中旬と同月下旬が多いようである。寛永九年（一六三二）八月一四日条には「初塩鮭」とあることから、たんに「初鮭」とあるものは、「塩漬け」ではないのであろう。鮭の鮨（鮓）の時季としては、寛永七年（一六三〇）八月二四日条に「鮭ノきりつし」があるが、同年九月一六日に「すし鮭壱尺」とあるものは鮭一尾を鮨（鮓）にしたものであり、すでに食することができる状態のものであることが判明する。寛永八年（一六三一）八月一日条は、江戸に鮭の塩引、切すし、大すし、すち子（筋子）などを江戸に献上することを命じたものであり、この時に鮨（鮓）を献上したということではないが、これが八月一日に命じられていることが注意される。また、元和七年（一六二一）一〇月九日条では、同年八月一六日に命じた「鮭のすし」の献上が未だ行われていないことが記されているが、これは、同年一〇月一一日条で「鮭ノ子ノ入候切すし」であることがわかる。寛永一八年（一六四一）跋のある斎藤徳元『誹諧初学抄』仲秋[71]には、「鮭」があり、正保二年（一六四五）の刊行と考えられる松江重頼『毛吹草』巻第二誹諧四季之詞[72]にも八月に「鮭同梁」とあるが、『梅津政景日記』の記載からみれば、やはり、八月以降が鮭の漁獲の時季であり、その時季に捕獲した鮭を鮨（鮓）にしていることがわかるのである。

つぎに、『延喜主計寮式』[73]に近江国の中男作物にみえる「阿米魚鮨」である。この「阿米魚」は、『延喜宮内省式』[74]諸国例貢御贄と『延喜内膳司式』[75]諸国貢進御贄の年料にも近江国からの貢進としてみえており、延喜一一年（九一一）一二月二〇日に定められた山城、大和、河内、和泉、摂津、近江等六国の日次御贄のなかにも、近江国からの御贄として鯉や鮒、鰕などとともに「阿米」がある。[76]これは、琵琶湖に棲息する「アメノウオ」、すなわち、琵琶鱒のことであると考えられている。[77]

『延喜民部省式』[78]に近国とされる近江国からの中男作物の阿米魚鮨は、八月中旬から十月三十日までに貢納されることになる。ところが、阿米魚については、先に掲げた史料のほかに、奈良時代から平安時代の史料には殆ど記載がみえないのである。ようやく、室町時代以降に、いくつかの日記に記されるようになるので、これを参考にすることとする。阿米魚には、雨魚のほか、江鮭、水鮭、鯇などの用字があり[79]、また、魭とも書かれることがある。[80]

一五世紀から一六世紀の日記や茶会記[81]から拾い出すと以下のような傾向を知ることができる。

まず、年代では、『看聞日記』永享五年（一四三三）八月一三日条に「水鮭五喉」とみえるものが早い例である。時季としては、『蜷川親元日記』文明一七（一四八五）八月朔日条に「鯇」とあるものが早い例である。そして、『宗及茶湯日記（自会記）』天正五年（一五七七）五月九日に「鯇鱠」とあるものが遅い例で、時季としては、八月から五月までということになるが、そのなかでも九月と八月に頻出する。なお、寛永十八年（一六四一）跋のある斎藤徳元『誹諧初学抄』[82]仲秋には、「あめの魚　八月一日ゟ江州に取初也」とあり、正保二年（一六四五）の刊行と考えられる松江重頼『毛吹草』巻第二誹諧四季之詞[83]にも八月に「江鮭《あめ》」がある。

そして、その鮨（鮓）の時季としては、『山科家礼記』文明九年（一四七七）八月二四日条に「あめのすし」とあるものが早い例であり、『言国卿記』文亀元年（一五〇一）九月九日条に「アメノスシ」がある。また、『北野社家日記』明応二年（一四九三）三月八日条に「魭」とあるのが遅い例である。

すなわち、阿米魚の鮨（鮓）の時季についても、先にみた鮭と同じように捕獲される時季のなかに収まるのであり、これは、長期間の塩漬けを経たものを鮨（鮓）に漬けているのではなく、その時季に捕獲されたものを旬のうちに鮨（鮓）にしていると考えられるのである。そして、阿米魚の漁は八月ごろより始まるが、早ければ、同月下旬、或いは翌月上旬には鮨（鮓）として食されていることが窺われる。もちろん、閏年があることから、飯に漬ける期間を単純に計算することはできないが、何箇月もの長期間の醱酵を要するものではないことは明らかである。

以上にみたように、鮭や阿米魚の漁撈の時季と、それが鮨（鮓）として供される時季に大きな隔たりはないことがわかり、その時季に漁獲された旬の鮭や阿米魚を鮨（鮓）にしていることがわかる。また、その時季は、中男作物が貢進される『養老賦役令』調庸物条の貢進期限のうちに収まるものである。後代の史料によるものではあるが、中男作物にみられる鮭鮨と阿米魚鮨についても、その旬の時季に鮨（鮓）としているものと考えることに大過はないと考えるのである。

## おわりに

以上、旧稿の補論として、鮨（鮓）の用字とその熟成期間について考察を加えたところである。鮨（鮓）は、「酢」と表記されることもあるが、いずれも、その製法の差異を意味するものではなく、「すし」の読みを適宜に充てたものと推測される。また、鮨（鮓）の生産の時季と熟成、醱酵の期間については、その時季の旬の食材を用いて、短期間の熟成により製成されたものと考えられる。前稿においては、天平九年（七三七）の「但馬国正税帳」に記される食料の「雑鮨」、『延喜大膳職式』や『延喜斎宮寮式』にみられる月料の「雑魚鮨」などの食材を記さない鮨（鮓）について、雑多な小魚や貝を食材にした鮨（鮓）としながらも、「塩漬」で保存した食材を需要に合わせて「飯漬け」にしたものとも考えられるとしたところであるが、以上にみたところからすれば、「雑魚鮨」や「雑鮨」という名称は、その時季に得ることができる各々の旬の食材を鮨（鮓）としたものと考えるほうが適切ではないかと思われる。なお後考を俟つこととする。

## 注

（1）櫻井信也「日本古代の鮨（鮓）」（『続日本紀研究』三三九、二〇〇二年）。以下、前稿と称することとする。
（2）櫻井信也「日本古代の鮎の鮨（鮓）」（『続日本紀研究』四〇八、二〇一四年）。以下、別稿と称することとする。
（3）櫻井信也「江戸時代における近江国の「ふなずし」」（『栗東歴史民俗博物館紀要』一八、二〇一二年）、同「室町時代から織豊時代の鮨（鮓）」（『栗東歴史民俗博物館紀要』一九、二〇一三年）、同「江戸時代における近江国の「ふなずし」（補遺）」（『栗東歴史民俗博物館紀要』二〇、二〇一四年）、同「「生成の鮨（鮓）」の再検討」、同「江戸時代の「ふなずし」」（滋賀県ミュージアム活性化推進委員会編集発行『みんなで語る「ふなずし」の歴史』所収、二〇一五年）、同「江戸時代の「ふなずし」」（橋本道範編『再考ふなずしの歴史』所収、サンライズ出版、二〇一六年）。
（4）山辺規子編著『甘葛煎再現プロジェクト』（かもがわ出版、二〇一八年）、三舟隆之・馬場基共編『古代の食を再現する』（吉川弘文館、二〇二一年）、清武雄二『アワビと古代国家』（書物をひらく）（平凡社、二〇二一年）、三舟隆之・馬場基共編『古代寺院の食を再現する』（吉川弘文館、二〇二三年）。
（5）三舟隆之・馬場基共編『古代の食を再現する』（前掲）。なお、再録に際しては「原論文を大幅に改変・要約した」としている。
（6）渡邊直彦校注『儀式・内裏式』〈神道大系朝儀祭祀編一〉（神道大系編纂会、一九八〇年）。
（7）渡邊直彦校注『儀式・内裏式』〈神道大系朝儀祭祀編一〉（前掲）。
（8）虎尾俊哉校注『延喜式』（上）〈神道大系古典編十一〉（神道大系編纂会、一九九一年）。
（9）胡麻鶴醇之・西島一郎校注『皇太神宮式帳・止由氣宮儀式帳・太神宮諸雑事記』〈神道大系神宮編一〉（神道大系

編纂会、一九七九年）。
(10) 奈良文化財研究所編集発行『平城京木簡』三、解説（二〇〇六年）四九七二号木簡。
(11) 奈良文化財研究所編集発行『平城京木簡』三、解説（前掲）、四九七三号木簡。
(12) 関根真隆『奈良朝食生活の研究』（吉川弘文館、一九六九年）。
(13) 黒板勝美『新訂増補国史大系』第二十三巻（吉川弘文館、二〇〇〇年新装版）。
(14) 鈴木棠三校注『醒睡笑』下〈岩波文庫〉（岩波書店、一九八六年）。
(15) 奈良国立文化財研究所編集発行『平城京木簡』二、解説（二〇〇一年）一九九三号木簡。
(16) 奈良国立文化財研究所編集発行『平城京木簡』二、解説（前掲）。
(17) 奈良国立文化財研究所編集発行『平城宮発掘調査出土木簡概報』三十一（一九九五年）三四頁上段。
(18) 奈良国立文化財研究所編集発行『平城京木簡』一、解説（一九九五年）四四四号木簡。
(19) 国立文化財機構奈良文化財研究所編集発行『平城宮木簡』七、解説（二〇一〇年）一二八三八号木簡。奈良国立文化財研究編集発行『平城宮発掘調査出土木簡概報』三十六（二〇〇一年）一三頁上段。
(20) 奈良国立文化財研究編集発行『平城宮発掘調査出土木簡概報』二十二（一九九〇年）四〇頁下段。
(21) 奈良国立文化財研究編集発行『平城宮発掘調査出土木簡概報』三十一（前掲）、三五頁上段。
(22) 奈良県教育委員会編集発行『藤原宮跡出土木簡概報』〈奈良県文化財調査報告十〉（一九六八年）一六〇号木簡。
(23) 奈良文化財研究所編集発行『飛鳥藤原京木簡』一、解説（二〇〇七年）六六五号木簡。
(24) 『続日本紀』神護景雲二年七月乙酉条。青木和夫ほか校注『続日本紀』四〈新日本古典文学大系一五〉（岩波書店、一九九五年）。
(25) 亀谷弘明「中男作物制の再検討」（『延喜式研究』一三、一九九七年）。
(26) 虎尾俊哉校注『延喜式』（下）〈神道大系古典編十二〉（神道大系編纂会、一九九三年）。
(27) 奈良国立文化財研究編集発行『平城宮発掘調査出土木簡概報』二十九（一九九四年）三四頁下段。

(28) 奈良国立文化財研究編集発行『平城宮発掘調査出土木簡概報』二十二（前掲）三四頁上段。
(29) 奈良国立文化財研究編集発行『平城宮発掘調査出土木簡概報』二十二（前掲）三四頁下段。
(30) 例えば、平城京左京三条二坊一・二・七・八坪長屋王邸出土木簡。『平城京木簡』二（前掲）、二三四六号木簡。
(31) 奈良国立文化財研究編集発行『平城宮発掘調査出土木簡概報』三十一（前掲）三四頁下段。
(32) 『類聚名義抄』僧上「列」、仏上「連」、仏下末「列」。正宗敦夫校訂『類聚名義抄』第一巻（風間書房、一九七三年）。
(33) 人見必大『本朝食鑑』巻之十、介類、鰒。島田勇雄訳注『本朝食鑑』五〈東洋文庫〉（平凡社、一九八一年）。
(34) 奈良国立文化財研究編集発行『平城宮発掘調査出土木簡概報』二十二（前掲）三八頁下段。
(35) 虎尾俊哉校注『延喜式』（下）〈神道大系古典編十二〉（神道大系編纂会、一九九三年）。
(36) 京都大学文学部国語学国文学研究室編『天治本新撰字鏡』（臨川書店、一九六七年）。
(37) 京都大学文学部国語学国文学研究室編『諸本集成倭名類聚鈔』増訂版（臨川書店、一九六八年）。
(38) 竹内理三編『増補続史料大成』第十三巻（臨川書店、一九七八年）。
(39) 竹内理三編『増補続史料大成』第十四巻（臨川書店、一九七八年）。
(40) 黒板勝美編纂『新訂増補国史大系』第五巻（吉川弘文館、一九九九年新装版）。
(41) 虎尾俊哉校注『延喜式』（下）〈神道大系古典編十二〉（前掲）。
(42) 松下幸子・吉川誠次「古典料理の研究」(二)（『千葉大学教育学部研究紀要』二五、二部、一九七六年）。
(43) 松下幸子・吉川誠次・川上行蔵「古典料理の研究」(四)（『千葉大学教育学部研究紀要』二七、二部、一九七八年）。
(44) 春日大社編、中臣祐範研究会校訂『中臣祐範記』第一〈史料纂集古記録編〉（八木書店、二〇一五年）。
(45) 『中臣祐賢記』文永十年五月一日条。竹内理三編『増補続史料大成』第四十八巻（臨川書店、一九七九年）。東京大学史料編纂所編『大日本史料』第三編之二十七（東京大学出版会、二〇〇五年）。

(46) 春日大社編、中臣祐範研究会校訂『中臣祐範記』第一〈史料纂集古記録編〉（前掲）。

(47) 春日大社編、中臣祐範研究会校訂『中臣祐範記』第一～第三〈史料纂集古記録編〉（八木書店、二〇一五～一七年）。

(48) 沼部春友「直会と解斎」（『國學院大學日本文化研究所紀要』二五、一九七〇年）。沼部は「直会とは、神に供えた御饌や御酒、あるいは神に供えるものと同様の御膳を頂戴すること」としている。

(49) 東京大学史料編纂所編『小右記』一〈大日本古記録〉（岩波書店、一九五九年）。東京大学史料編纂所編『大日本史料』第二編之九（東京大学出版会、一九七〇年復刊）。

(50) 『小右記』寛和元年三月四日条、同年三月廿日条、永延元年二月廿三日条、長和三年十月十一日条、同年十月十二日条。東京大学史料編纂所編『小右記』一（前掲）及び東京大学史料編纂所編『小右記』三〈大日本古記録〉（岩波書店、一九六四年）。

(51) 黒板勝美『新訂増補国史大系』第十一巻（吉川弘文館、二〇〇〇年新装版）。

(52) 虎尾俊哉校注『延喜式』（下）〈神道大系古典編十二〉（前掲）。

(53) 『続日本紀』養老元年十一月戊午条。青木和夫ほか校注『続日本紀』一〈新日本古典文学大系一二〉（岩波書店、一九九〇年）。

(54) 井上光貞ほか校注『律令』〈日本思想大系三〉（岩波書店、一九七六年）。

(55) 虎尾俊哉校注『延喜式』（下）〈神道大系古典編十二〉（前掲）。

(56) 茅野優美子「律令制下の地方支配と律令制度――租税収取の実態を通じて――」（『市大日本史』一六、二〇一三年）。

(57) 東野治之「志摩国の御調と調制の成立」（同『日本古代木簡の研究』所収、塙書房、一九八三年）、樋口知志「『二条大路木簡』と古代の食料品貢進制度」（『木簡研究』一三、一九九一年）。

(58) 奈良国立文化財研究編集発行『平城宮発掘調査出土木簡概報』二十四（一九九一年）二九頁上段、奈良国立文化財研究編集発行『平城宮発掘調査出土木簡概報』二十九（前掲）四十五頁上段。
(59) 奈良国立文化財研究編集発行『平城宮発掘調査出土木簡概報』二十四（前掲）二八頁下段。
(60) 奈良国立文化財研究編集発行『平城宮発掘調査出土木簡概報』二十二（前掲）一五頁上段。
(61) 虎尾俊哉校注『延喜式』（上）〈神道大系古典編十一〉（前掲）。
(62) 宮内庁書陵部編『看聞日記』三〈図書寮叢刊〉（明治書院、二〇〇六年）。
(63) 宮内庁書陵部編『看聞日記』四〈図書寮叢刊〉（明治書院、二〇〇八年）。
(64) 宮内庁書陵部編『看聞日記』五〈図書寮叢刊〉（明治書院、二〇一〇年）。
(65) 虎尾俊哉校注『延喜式』（下）〈神道大系古典編十二〉（前掲）。
(66) 虎尾俊哉校注『延喜式』（下）〈神道大系古典編十二〉（前掲）。
(67) 秋本吉郎校注『風土記』〈日本古典文学大系二〉（岩波書店、一九五八年）。
(68) 秋本吉郎校注『風土記』〈日本古典文学大系二〉（前掲）。
(69) 秋本吉郎校注『風土記』〈日本古典文学大系二〉（前掲）。
(70) 東京大学史料編纂所編『梅津政景日記』一～九〈大日本古記録〉（岩波書店、一九五三～六六年）。
(71) 尾形仂・小林祥次郎編『近世前期歳時記十三種本文集成並びに総合索引』（勉誠社、一九八一年）。
(72) 竹内若校訂『毛吹草』〈岩波文庫〉（岩波書店、一九四三年）。
(73) 虎尾俊哉校注『延喜式』（下）〈神道大系古典編十二〉（前掲）。
(74) 虎尾俊哉校注『延喜式』（下）〈神道大系古典編十二〉（前掲）。
(75) 虎尾俊哉校注『延喜式』（下）〈神道大系古典編十二〉（前掲）。
(76) 『西宮記』臨時六、侍中事。土田直鎮・所功校注『西宮記』〈神道大系朝儀祭祀編二〉（神道大系編纂会、一九九三年）。
(77) 渋沢敬三「式内水産物需給試考」（渋沢敬三『渋沢敬三著作集』第一巻所収、平凡社）、一九九二年。

（78）虎尾俊哉校注『延喜式』（下）〈神道大系古典編十二〉（前掲）。
（79）『易林本節用集』、阿、気形。中田祝夫『古本節用集六種研究並びに総合索引』（風間書房、一九六八年）。
（80）西洞院時慶『時慶記』慶長五年八月十五日条。時慶記研究会『時慶記』第二巻（本願寺出版社、二〇〇五年）。
（81）阿米魚の記載のある史料と、その典拠は以下のようである。『看聞日記』（宮内庁書陵部編『看聞日記』四、六〈図書寮叢刊〉、明治書院、二〇〇八年、二〇一二年）、『蜷川親元日記』（竹内理三編『増補続史料大成』第十巻、第十一巻、第十二巻、臨川書店、一九七八年）、『山科家礼記』（豊田武・飯倉晴武校訂『山科家礼記』第三～第五〈史料纂集〉、続群書類従完成会、一九七〇～七三年）、『言国卿記』（豊田武・飯倉晴武校訂『言国卿記』第四〈史料纂集〉、続群書類従完成会、一九七七年、飯倉晴武校訂『言国卿記』第七〈史料纂集〉、続群書類従完成会、一九八四年）、『北野社家日記』（竹内秀雄校訂『北野社家日記』第四〈史料纂集〉、続群書類従完成会、一九七三年）、『実隆公記』（高橋隆三校訂『実隆公記』巻三下、巻五下、巻六、巻七、巻八、続群書類従完成会、一九七九年、一九八〇年）、『後法成寺関白記』（東京大学史料編纂所編『後法成寺関白記』二〈大日本古記録〉、岩波書店、二〇〇四年）、『お湯殿の上の日記』（『続群書類従』補遺三、㈢、続群書類従完成会、一九八〇年訂正三版）、『天文日記』（草野顕之・早島有毅編『天文日記』一〈大系真宗史料文書記録編八〉、法藏館、二〇一五年）、『蜷川親俊日記』（竹内理三編『増補続史料大成』第十三巻、臨川書店、一九七八年）、『言継卿記』（太田藤四郎編『言継卿記』第四、続群書類従完成会、一九九八年）、『宗及茶湯日記（自会記）』（山田哲也編『宗及茶湯日記［天王寺屋会記］自会記』〈茶書古典集成四〉、淡交社、二〇二三年）、『宗及茶湯日記（他記会）』（山田哲也編『宗及茶湯日記［天王寺屋会記］自会記』〈茶書古典集成三〉、淡交社、二〇二二年）、『松屋会記（久政茶会記）』（竹内順一編『松屋会記』〈茶書古典集成二〉、淡交社、二〇二四年）、『時慶記』（時慶記研究会編『時慶記』第二巻、本願寺出版社、二〇〇五年）。
（82）尾形仂・小林祥次郎編『近世前期歳時記十三種本文集成並びに総合索引』（前掲）。
（83）竹内若校訂『毛吹草』〈岩波文庫〉（前掲）。

# 延暦年間における公廨稲停止・再設置についての再検討

増成一倫

## はじめに

天平十七年（七四五）に設置[1]された官稲である公廨稲は、官物欠負未納の補塡、国儲、国司得分など、複数の機能を有していた。その検討は、律令地方財政制度自体に加え、律令制下における地方支配の特質の解明のためにも不可欠であり、これまで多くの研究が蓄積されてきた。筆者も別稿において、八世紀後半～九世紀における公廨稲の展開過程を「奪公廨」に着目し論じたが[2]、特に律令国家の展開期である八世紀末以降に関して、その特質や展開過程の分析をさらに深める必要があると考えている。そこで本稿では、公廨稲制度の大きな変革とされてきた延暦十七年（七九八）～延暦十九年（八〇〇）の公廨稲の停止・再設置に着目し、①関係史料の再検討、②公廨稲停止の背景、③公廨稲停止期間中の「奪公廨」の位置づけ、の三点を中心に検討する。

# 一　関係史料の再検討

**関係史料と先行研究の整理**

本節では延暦期の公廨稲停止・再設置について、関係史料と先行研究を整理し私見を提示する。検討史料は次の通りである。

【史料①】『類聚国史』巻八十四政理六公廨　延暦十七年（七九八）正月甲辰条（史料中の〈 〉は割注部分を指す）

停二止公廨一、一混二正税一。割二正税利一、置二国儲及国司俸一。又定二書生及事力数一、停二公廨田一。〈事具二国郡部一。〉

【史料②】『類聚国史』巻八十四政理六借貸　延暦十七年六月乙酉条

勅、国司借二貸官稲一、先已禁断。至有二違犯一、法亦不レ容。今聞、自レ停二職田一、只待二食料一。非レ有二借貸一、更無二資粮一。宜レ令下一年之料三分之一、准二其差法一、且借且補上。

【史料③】『日本紀略』延暦十九年（八〇〇）八月丁亥条

依レ旧更置二国司公廨田一。

【史料④】『類聚国史』巻八十四政理六公廨　延暦十九年九月丁酉条

諸国論定・公廨、依レ旧出挙。

それぞれの史料をもとに、一連の経過について整理しておく。まず延暦十七年正月に公廨稲が停止・正税へ混合され、正税利稲を割き国儲と国司俸が設置された。同日には書生・事力が設定され、公廨田（国司職分田）が停止されている。また同年六月には、公廨田停止に伴う措置として、「一年之料」の三分の一に相当する額の借貸が許可された。しかし延暦十九年八月には論定稲と公廨稲の出挙が、同年九月には論定稲と公廨稲の出挙が、それぞれ「旧に依りて」再置・再開された。

さて、以上の展開過程について、本格的な検討を加えたのが薗田香融氏である。薗田氏は、公廨稲停止後に国司借貸が許可されていることから、公廨稲と国司借貸の「内面的関係」を、「きわめて整合的にたどることができる」と指摘したうえで、その展開を【図①】のように整理した。薗田氏の理解はその後、梅村喬氏・渡辺晃宏氏にも継承され、長く通説的位置を占めてきた(3)。

しかし、これまでの理解に近年疑問を呈したのが、山本祥隆氏の研究である(4)。山本氏は薗田氏の説の問題点として、「図から正税(=論定)が省略されている」、「公廨の補塡機能の沿革を「?」(=不明)とされている」、「公廨の国司得分・国司俸・国司借貸・公廨田といった、国司の経済的得分を担う制度の相互関係に疑問符が付される」、の三点をあげた。そして公廨稲停止によって「公廨の未納補塡機能は切り捨てられ」、停止期間中は「正税未納の補塡を担う制度は存在しなかった」と指摘した。また得分機能は「それぞれ《公廨得分→国司俸→公廨得分》《公廨田→国司借貸→公廨田》と、別個の沿革をたどったと理解すべき」と指摘し、その展開を【図②】のように整理した。さらに「公廨の停止期間中、正税未納の補塡機能も同時に停止され」たことを重視し、「延暦期の改変は、《公廨の第一義=補塡機能》という根本姿勢を律令国家自身が初めて、かつもっとも先鋭的なかたちで転換することを表明したもの」で、「その後は国家の側でも、公廨を国司の得分を担う制度と見なすようになってゆく」とした。すなわち山本氏は、公廨稲の停止・再設置を、公廨稲の国司得分化の画期として高く評価したのである。

山本氏の説は、公廨稲停止期間中にはその補塡機能が停止されたことを解明した点で重要であり、この点は従うべき理解であろう。しかし各制度の展開や、公廨稲得分化の画期と評価する点については、別の見方も可能ではないか。そこで次項以下では特に、①公廨田・事力、②国司借貸について、それぞれの位置づけに着目し、史料を再検討したい。

### 公廨稲停止と公廨田・事力

本項では、公廨稲停止と公廨田との関係について検討する。

【史料①】によると、公廨稲の停止・国司俸の設置と同日に公廨田も停止されている。薗田氏は国司俸を、公廨稲の得分機能と公廨田の双方を継承したものとみた。これに対して山本氏は、「公廨田の停止は「又」以下の第二項として記されて」おり、公廨田と国司俸に「直接の系譜関係」はなく、国司俸は公廨稲の得分機能のみを継承したとみた。直接的な継承関係に関しては、山本氏の理解に従うべきであろう。しかし【史料①】では、国儲の設置や書生・事力数の設定などにも言及されている。公廨稲・公廨田・国司俸の相互関係を解明するためには、これらの位置づけも含め、【史料①】の内容を総合的に理解する必要があろう。

そこでまず、【史料①】で国司俸と共に設置が規定される、国儲についてみていきたい[5]。薗田氏・山本氏の整理のように、国儲は従来公廨稲から支出されており、公廨稲停止に伴い正税利稲から割かれたと考えられる。注目したいのは、同じく【史料①】にみえる、書生数の設定と国儲との関係である。

国儲の性格を理解する上で重要なのが、『延暦交替式』延暦二十二年（八〇三）二月二十日太政官符所収の「定下割二公廨一置二国儲一数上事」である。当該史料では、国儲は「朝集使還国之間、及非時差役幷繕二写籍帳一書生、幷除レ運二調庸一外向レ京担夫等粮食」に用いるとされている。先行研究で指摘されるように、「繕二写籍帳一書生」は国書生を指すと考えられる。国書生については、国府等に恒常的に勤務し、国務運営に不可欠な役割を担ったこと、九

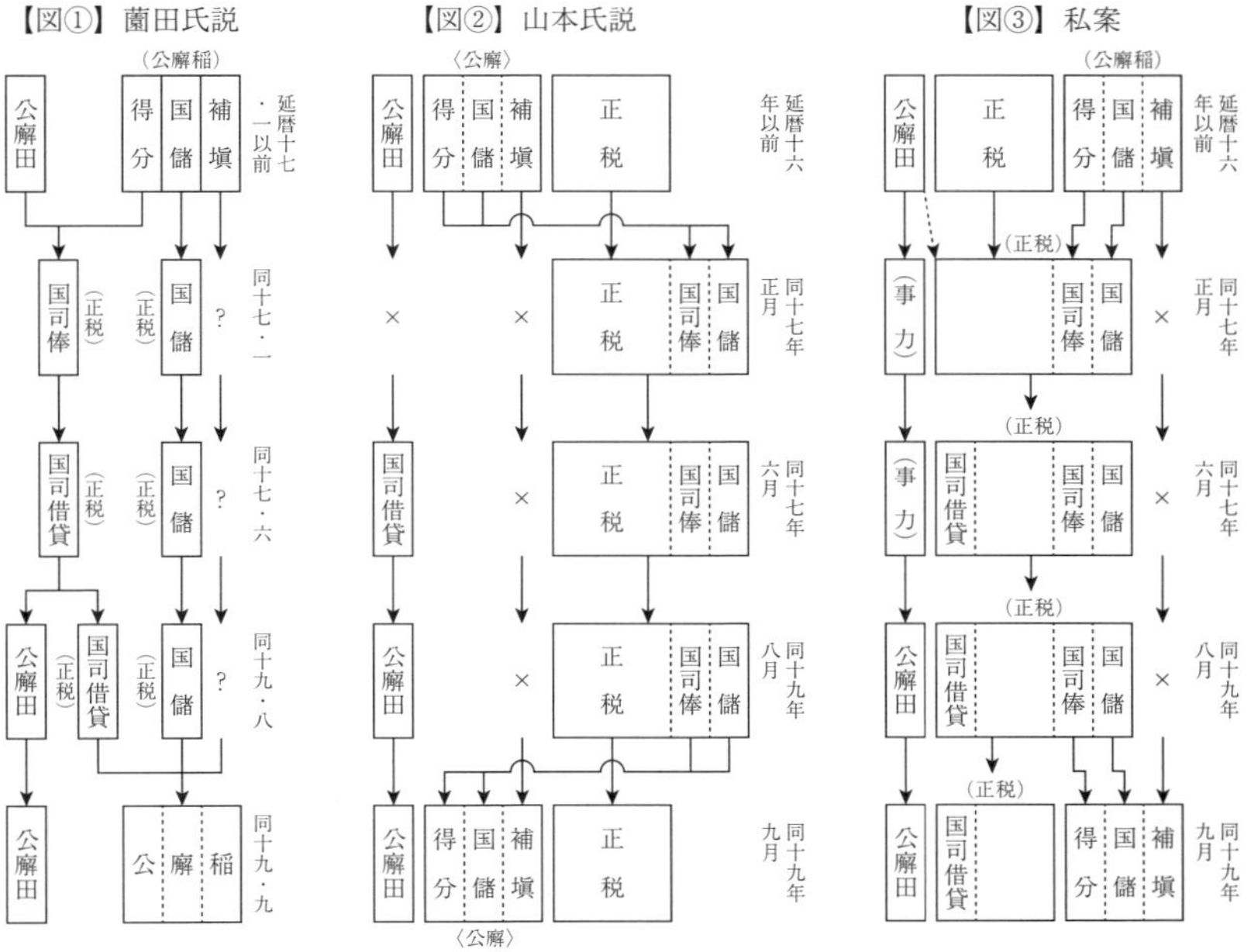


※ 公廨田から正税への矢印は、穫稲が正税へ混合されたことを示す。

**・【図①】【図②】は、薗田氏注(3)論文、山本氏注(4)論文による。**
**・【図③】私案の各項目の幅は、それぞれの財源の規模の大小を意味するものではない。**
**延暦17年～19年における公廨稲制度の展開過程についての各氏の理解**

世紀には「国務全般を担う存在であった」(6)ことが指摘されている。様々な国儲の支給対象のうち、【史料①】で特に国書生が明示されていることは、当該期の国書生の、国務における位置づけの重要性を反映していよう。

さて、【史料①】からは、財源である「国儲」設置と、支給対象である「書生」数の設定との密接な関係を確認できる。したがって両者は「又」を隔てて、別個の項目とされているものの、規定の内容としては、相互に対応する関係にあると言えよう。この点を重視すると、【史料①】全体を、国司給与に関する制度の改変という、一連の措置を規定したものとも評価できよう。すなわち「国司俸」についても同様に、直接的には公廨稲の得分機能を引き継ぐ一方、公廨田と公廨稲の得分機能の双方に代わる、新たな国司給与として設置されたとみることも可能ではないか。

次に、事力について検討したい。【史料①】では、国司給与制度の再編に加え事力数も規定されたことがわかり、一連の過程を理解するためには、その位置づけも重要である。事力の基本的な性格を整理しておくと、まず軍防令51給事力条において、国の等級と国司の四等官を基準に、国司への支給人数が規定されている。また『令集解』田令31在外諸司職分田条古記では、「問、国司公廨田以二誰人一作。答、役二事力一作也。」とある。すでに指摘されている通り、事力は公廨田の耕作が第一の設置目的であったと考えられよう。[7] ここで改めて【史料①】を見ると、国儲と書生と同様、事力と国司俸についても対応関係が窺える。このことから、事力と国司俸は共に、国司給与制度の再編の結果、国司に給付された対象として位置づけられていると見ることができよう。

さて【史料①】によると、この時に公廨田が停止された一方、労働力である事力は存続したことになり、以降の事力の役割が問題となる。まず想定されるのが、国司が経営する何らかの水田を、引き続き事力が耕作した可能性である。しかし、『類聚三代格』巻十五墾田并佃事、延暦三年（七八四）十一月三日太政官符「禁三断国司作レ田妨二百姓業一事」に「自今以後、国司等不レ得三公廨田外更営二水田陸田一。又不レ得下私貪二墾闢一侵中百姓農桑地上。」とあり、延暦十七年（七九八）当時は、公廨田を除く国司の営田は禁止されていた。そのため水田耕作の労働力として、中央政府が事力を存続させたとは考え難いだろう。労働に相当する物品を、事力から徴収することを想定した可能性もあるが、事力は国司の裁量下で柔軟に使役可能な労働力として存続したと、現時点ではみておきたい。[8]

本項の最後に、停止期間中の公廨田の管理形態についても見通しを示しておきたい。【史料④】で言及される通り、公廨田は延暦十九年（八〇〇）に再設置された。注目したいのは、【史料④】は一般的な稲の刈り取り時期のひとつに相当する八月に出されている点である。[9] すなわち、公廨田の再設置は延暦十九年から適用され、その穫稲は当年度から直ちに、国司に支給されるものであったと想定できよう。さらに、この点に着目すると、公廨田はその停止期間においても、他の水田とは別に維持・経営されていたと考えられるのではないだろうか。

そこで本稿では、停止中の公廨田が闕官田として管理・耕作された可能性を提示したい。[10] 別稿[11]で検討したように、闕官田は田令34在外諸司条の後半部分で、「闕官田用二公力一営種。所レ有当年苗子、新人至日、依レ数給付」と規定されている。また同じく別稿[12]でみたように、この「公力」は具体的には雑徭を指すと考えられる。停止中の公廨田にも当該規定が適用され、雑徭により耕作されたのではないか。加えて『令集解』田令34在外諸司条古記に「古記云、依レ法給レ之。謂史生田六段、応レ得二稲三百斤一、造レ米十五斛。計一年三百六十日、即一日料米四升六分之一充レ此。此依レ法給レ之。但充外余者、成二官物及公廨等物一耳。」とあり、闕官田穫稲の余剰は「官物」または「公廨物」にすると注釈する点にも注目したい。渡辺晃宏氏によると、この「官物」は具体的には郡稲を指している。[13] また、天平六年（七三四）の官稲混合[14]の結果郡稲は正税へ混合されたため、延暦十七年当時の「官物」は正税と考えられる。すなわち、停止中の公廨田は雑徭により耕作され、穫稲は正税に混合されたと想定できるのではないだろうか。

**公廨稲停止と国司借貸**

本項では【史料②】を中心に、延暦十七年（七九八）六月に許可された国司借貸について検討する。なお、借貸全般の特質や展開については、【史料②】も含め別稿で詳論しており、[15] ここでは公廨稲・公廨田の展開に関係する部分に絞って分析したい。

薗田氏は、国司借貸の実施に伴い国司俸は停止され、その後延暦十九年（八〇〇）八月の公廨田再設置により、国司給与は公廨田と国司借貸に分かれ、さらに同年九月の公廨稲再設置の結果、国司借貸は停止されたとする。一方山本氏は、国司借貸は公廨田停止の不足を補うために国司俸と並置され、公廨田再設置により停止されたとする。

国司借貸と国司俸が並置された点については、山本氏に従いたい。一方で公廨田と国司借貸との関係については、異なる理解も可能ではないか。すなわち、山本氏は【史料②】について、「公廨田（＝職田）停止の反対給付として国司への借貸が認められている」と指摘しており、国司借貸は公廨田を引き継ぐとみている。しかし【史料②】では「自レ停二職田一、只待二食料一。非レ有二借貸一、更無二資粮一。」とあり、ここでは職田（＝公廨田）の停止による、国司給与の総額の減少を問題としていることが重要である。加えて、国司借貸は正税の運用方式のひとつであり、水田からの収穫である公廨田穫稲とは性格が異なる点にも注意が必要であろう。したがって国司借貸の位置づけについては、公廨田や公廨稲との系譜関係よりも、総量が削減された国司給与を補うために、正税の中の一つの機能として新設されたものとみるのが、より適切ではないだろうか[16]。

さらにもう一つ、国司借貸に関してはその停止時期も問題となろう。先行研究では、公廨田もしくは公廨稲の再設置に伴い、国司借貸は停止されたとみられてきた。しかし別稿[17]で論じたように、国司借貸の運用規定である『延暦交替式』天平八年（七三六）十一月十一日太政官符「国司借二貸大税一事」は、『延暦交替式』の成立時点である、延暦二十二年（八〇三）においても現行法であったと考えられる。したがって、公廨田や公廨稲の再設置以降も国司借貸は存続したと考えられよう[18]。

以上、本節では延暦年間における公廨稲停止～再設置の展開過程を検討した。私見と先行研究との相違点をまとめておくと、①事力を公廨田系列の中で労働力のみが存続したものとして、公廨田の展開過程に位置づけたこと、②国司借貸は国司の経済的得分の総量減少に応じて新設され、公廨稲・公廨田再設置後も存続したとみたこと、である。さらに試案として、③停止中の公廨田は闕官田に準じ経営され穫稲は正税に混合された、と考えた。これらの理解を踏まえ、現時点での筆者の理解を【図③】のように整理・提示したい(19)。

## 二　公廨稲停止の背景

### 公廨稲停止と補填機能

本節では、公廨稲停止の背景について検討していく。その際、公廨稲の主要な機能である補填機能と得分機能の、延暦年間におけるそれぞれの位置づけに着目したい。

本項ではまず、補填機能についてみていく。具体的な検討に入る前に、公廨稲の補填機能の具体的な対象を、次の史料から確認しておきたい。

【史料⑤】『延暦交替式』天平勝宝七歳（七五五）七月五日太政官宣（「今案」は省略）

太政官宣、官物欠負及未納物応二償填一事。右検二案内一、太政官去天平十八年正月一日符偁、諸国司等割二留正税一、以為二公廨之料一。若有二正税数少、及民不レ肯レ挙者一、不二必満レ限。其官物欠負未納之類、以レ茲令レ填、不レ許二更申一。臣等商量如レ前。今録二事状一、伏聴二　天裁一。奉　レ勅、依レ奏者。国宜二承知、准レ状施行一者。如聞、諸国公廨稲、或者前後国司、同分入レ己、或者彼此相競、紛紜無レ極、並正税帳輙注二欠数一。理須下奉二遵朝範一、勘中審官物上。豈得下隠欺為レ事、貪濁為レ心、曽不レ謹レ公日益中私室上哉。故今作二科条一具如レ左。

一、動物欠負及欠損事

右物者徴二当時専当人一令二償填一

一、不動物欠負及欠損事

右校二正税帳一、依二丈尺積高相錯一、致二物実有レ欠者、徴二当時専当人一令レ塡。其丈尺積高並合而後随レ事、検量之日如有レ欠者、以二公廨物一令レ塡。即公廨有レ余者依レ例処分。（中略）縦欠物多、当時公廨物少、不レ得二償塡一者、具レ状申レ官聴レ裁。但欠損物者、一准二動物一推徴。

一、未納物事

右水旱不熟之年出挙雑物、如有二未納一者、以二当時公廨物一塡二納之一。

以前、被二大納言従二位藤原朝臣仲麻呂宣一、具件如レ右。国司宜三承知、自今以後永為二恒例一。

天平勝宝七年七月五日

別稿でも論じたように、【史料⑤】の理解については早川庄八氏の研究に従うべきと考える。[20] 早川氏は【史料⑤】の補塡対象を「「当時専当人」により徴して塡納すべきもの」と「「公廨物」を以て塡納すべきもの」に分類した上で、公廨稲の補塡対象は「不動物の欠負のうち「丈尺積高並合、而後随事検量之日、如有欠」の場合」と「出挙未納」であるとした。この二つは必ず公廨稲により補塡すべき対象として、中央政府によって明示されたものと考えられる。山本祥隆氏が明らかにしたように、公廨稲停止中は補塡機能が継承されていないという点に着目すると、延暦年間における二つの補塡機能（対象）の位置づけの検討は、公廨稲停止の背景を理解する上でも重要な手がかりとなろう。

それでは、不動物（＝不動穀）の補塡機能からみていく。ここでは延暦十年代に散見する、穎稲の穀化を命じた諸官符に注目したい。

【史料⑥】『延暦交替式』延暦十一年（七九二）十一月二十八日太政官符

太政官符、応レ糙二諸国古稲一事。得二民部省解一偁、被二去延暦五年三月廿八日宣一偁、諸国正税、除二論定公廨并年中雑用一之外、残穎満二卅万束一、宜レ返二却正税帳一。若不レ及者、留レ帳勘申者。諸国不レ務二糙成一古稲稍多。交替之日、彼此有レ煩、為レ糙之時、還陳二耗損一。望請、除二年中出挙雑用一之外、不レ遺二束把一、咸皆為レ糙者。省宜二承知、依レ件施行一。

延暦十一年十一月廿八日

【史料⑦】『延暦交替式』延暦十八年（七九九）五月十七日太政官符

太政官符。応二正税本稲依レ旧挙レ穎事。検二案内一、太政官去年九月十七日下二諸国一符偁、自今以後、出二挙正税一、給レ穀納レ穀、立為二恒例一者。是則絶二祖税耗損之源一、改二吏民塡備之弊一。今被二右大臣宣一偁、奉 レ勅、如聞、稲有二早晩一、各任二土宜一。而尽穎為レ穀、種子難レ弁。宜下本者収レ穎、利者納レ穀、不レ絶二本穎一、廻充中種子上。其承前之事、惣納二穎稲一、計帳之日、更出令レ糙。甲乙所レ進、丙丁代糙、至レ有二欠損一、糙者塡レ之。遂乃富強之人拱手無レ労、貧弱之家合門受レ弊。自今以後、自糙自進、本稲之外、不レ得レ収レ穎。其用二尽旧稲一、一依二前符一。若有三過レ限収レ穎及遺二旧稲一者、国郡官司、科二違 勅罪一。損耗贓重者、亦計レ贓科レ之。後任国司、阿受容領、与同罪者。諸国承知、依レ件行之。

延暦十八年五月十七日

【史料⑥】では、延暦五年（七八六）三月二十八日太政官宣により、年中雑用や公廨稲を除いた穎稲の残余が三十万束を超える場合は当年の正税帳を返却することを定めたものの、諸国が穎稲の穀化に務めていないことを指摘する。そして、今後は年中出挙や雑用を除き、ことごとく穀化することを命じている。また【史料⑦】では、延暦十七年（七九八）九月十七日太政官符にて正税出挙は穀を出挙・徴収すると定めたが、「稲有二早晩一、各任二土宜一。而尽穎為レ穀、種子難レ弁」という問題が生じたため、今後は本稲分は穎稲で徴収し、利稲は穀で徴収することを命じている。渡辺晃宏氏は【史料⑥】について、「糙成の不履行が原因で古穎が異常に増大しているという認識」に基づき穎稲の穀化が命じられていること、【史料⑦】所引の延暦十七年官符では「出挙の過程の中での稲穀化」が意図されていることを指摘しており、いずれも従うべき理解である。ここで重要な点は、この穀は渡辺氏が指摘するように、「蓄積にふりむけること、すなわち将来の不動穀化」がなされるものであったことである。つまり延暦年間の不動穀については、穎稲の穀化や穀の徴収を進めることで、蓄積を増加させることが主要な課題とされていたと考えられる。加えて注目したいのは、延暦期における糙成の停滞と穎稲の増加という認識は、「公廨稲制度が本来的に抱えていた弱点の発見とみることができ」るという、渡辺氏の指摘である。[21] これに従えば、延暦年間において公廨稲はむしろ、不動穀の蓄積を妨げる原因のひとつにもなっていたことになる。

このように、延暦期には公廨稲の不動穀の補塡財源としての位置づけが、相対的に低下していたことを指摘できよう。[22]

次に公出挙未納の補塡機能について。ここでは以下の史料を検討したい。

【史料⑧】『類聚国史』巻八十三政理五正税　延暦十四年（七九五）閏七月乙未朔条

詔曰、字レ民之道、義資二恤穏一、富レ国之方、事在二薄斂一。朕祇膺二霊命一、嗣守二丕基一。身在二厳廊一、心遍二区域一。思レ俾下菽粟之積等二於京坻一、礼譲之風興中於萌俗上。而四海之内未レ洽二雍熙一、百姓之間致レ有二罄乏一。如今諸国出二挙正税一例収二半倍息利一、貧窮之民不レ堪二備償一、多破二家産一、或不二自存一。興二言於此一、深以閔焉。古人有レ言、百姓足、君孰与不レ足。且其論二定公廨及雑色等稲出挙息利一、始レ自二今年一、一従二省減一。仍率二十束一、収二利三束一。庶皐レ財利レ用、済二生民於頽弊一、家給人足、緝二隆平於当今一。布告二遐邇一、使レ知二朕意一。

【史料⑨】『政事要略』巻五十九交替雑事（禁断犯用官物）延暦十四年閏七月二十一日太政官符（「私記」は省略）

又云、太政官符、百姓負二官稲一身死不レ須二免除一事

右、准レ令、百姓負二官物稲一、身死者理不レ可レ徴。又免死之法十分而免二一分一。今諸国百姓、出挙之日、多受二正税一、収納之時、競申二死亡一。已非レ有二悛革一何絶二姧源一。自今以後、不レ得二免除一。

延暦十四年閏七月廿一日

【史料⑧】では公出挙の利息を五割から三割へと変更することを、【史料⑨】では百姓が多く出挙を借り受けながら収納の際に競って死亡を申し出て返済を免れようとするため、今後は死亡時の返済免除を認めないことを定めている。二つの史料はいずれも同一年月に出されている。早川氏が指摘するように、公出挙の利率と死亡百姓の公出挙返済免除とは密接に関わると考えられ[23]、これらは公出挙の利率の三割への削減に伴う百姓の死亡免稲の禁止という、一連の措置とみることができる。注目したいのは、公廨稲が停止された延暦十七年には【史料⑧】【史料⑨】が現行法であり、百姓死亡による免除を原因とする未納が、制度上存在しなかった点である。このことは、当該期には出挙未納の面でも、公廨稲の補塡財源としての位置づけが相対的に低下していたことを意味するのではないだろうか。

### 公廨稲停止と得分機能

続いて本項では、延暦年間における公廨稲の得分機能の位置づけについて検討する。ここでも渡辺氏の研究が重要である。渡辺氏は、【史料⑥】【史料⑦】の政策は「稲穀と穎稲のアンバランスの解消」に大きな意味があり、「稲穀による利稲収取の導入という新しい政策にあたって、出挙稲の運用を一括した方が安定した経営が図れるというメリット」から、公廨稲が停止されたのではないかと指摘する。また「それ以上に重要」な点として、「出挙

利稲を稲穀で収取する」ことで「蓄積に振り向けなくてもよい稲穀が生まれることにな」り、「糙成した稲穀を確実に蓄積するためには、国司がこの稲穀を公廨稲得分として利用できないようにしておく必要があ」るため、公廨稲が停止されたとした。従うべき理解であり、本稿ではさらに公廨稲停止と得分機能の関係について、次の二点を指摘したい。

第一に、別稿でも指摘したように、少なくとも中央政府の認識では、公廨稲成立時から延暦期に至るまで公廨稲の第一の機能は一貫して官物欠負未納の補塡であり、得分機能はあくまでもその残余であった。したがって前項で指摘したように補塡機能の位置づけが相対的に低下すれば、公廨稲の設置意義自体も低下することになり、その結果、得分機能も含め公廨稲が停止されたと考えられるのではないか。

第二に、公廨稲の得分機能については、特に国司交替時を対象に、国司間の配分方式が複数回改定されている。別稿でもみたように、『類聚三代格』巻六公廨事、弘仁十年（八一九）十二月二十五日太政官符「応レ処二分公廨一事」によると、延暦年間においては国司の着任時期と官稲の出挙・収納の時期が、帰属の基準とされていた[24]。この基準に基づいた場合、出挙や収納の時期は毎年全く同じではないため、交替時の公廨稲の帰属決定や配分をめぐって、対立や決定の煩雑さが生じる可能性が存在したことが予想される。また注意したいのは、公廨田についても、国司交替時の穫稲の帰属決定に際して、公廨稲と同様の事態が発生しうる点である[25]。つまり公廨稲・公廨田の停止には、双方に共通する制度上の構造的な問題を、同時に解消する意味合いも存在したのではないだろうか。

以上、本節では延暦年間における公廨稲の位置づけを機能の面から検討した。そして当該期における補塡機能の位置づけの相対的低下や、得分機能の構造的問題の存在を、公廨稲停止の背景として指摘した。

## 三　公廨稲停止と「奪公廨」

本節では公廨稲の停止期間中における機能の継承関係について、「奪公廨」に着目して検討する。詳細は別稿において検討したが、「奪公廨」は国司の職務違反に対する処罰を第一の性格とした措置で、公廨稲の得分機能の部分を「奪う」ものである。その初見史料は『延暦交替式』延暦十四年（七九五）七月二十七日太政官符「一、雑米未進事　一、調庸未進事」（以下「延暦十四年官符」と表記）と、本官符所引の諸官符である。当該官符によると宝亀～延暦年間に、雑米・調庸違反において国司に対して「奪公廨」が適用・拡大され、延暦十四年に「奪公廨」を前提としつつ、未進分を公廨稲により補塡する措置が確立したと考えられる。

この延暦十四年官符にみえる一連の展開を、延暦期の公廨稲停止と関連させて論じたのが梅村喬氏である。梅村氏は、延暦十四年官符および当該官符所引の諸官符は「雑米や調庸未進に共塡法が適用され」たものとする[26]。また雑米・調庸未進の公廨稲による共塡や、それに続く公廨稲の停止は、延暦年間における公廨稲の国司得分化の進行と欠負未納の累積という「公廨稲の現状に見合った現実的な政策」として実行されたもので、これにより公廨稲の大部分を引き継いだ「国司俸」を国司得分として配分し、それぞれの国司が「国司俸」を財源に官物欠負未納を補塡する共塡法が採用されたとみたのである。このように梅村氏は、公廨稲停止後の官物欠負未納の補塡機能は「国司俸」に継承されたとする。しかし別稿で論じたように、公廨稲による官物欠負未納の補塡と、公廨稲の国司得分に対する措置である「奪公廨」は、それぞれ対象となる公廨稲の機能が異なる点に注意する必要がある。両者はともに公廨稲を用いた補塡の側面を有しているものの、その性格の解明のためには、まずは個別に特質や展開について検討を進める必要があろう。

前節で検討したように、公廨稲の官物欠負未納の補塡機能は、延暦年間にはその位置づけが相対的に低下していたと考えられる。やはり山本祥隆氏が明らかにしたように、公廨稲停止中の官物欠負未納の補塡機能は、他の財源には継承されず、停止されたとみるのがより適切であろう。一方、官物欠負未納の補塡機能とは性格や対象が異なる点を重視すれば、延暦十四年官符に規定される、雑米・調庸の違反に対する「奪公廨」と、それと一体となった補塡については、公廨稲停止中にも存続した可能性があるのではないだろうか。公廨稲停止中の「奪公廨」について、実施を明示する事例は管見の限り現存しないものの、次の史料が参考になるだろう。

【史料⑩】『延暦交替式』延暦十七年（七九八）四月七日太政官符

太政官符、国司交替付領過レ限准レ状科レ罪事

一、明法曹司去天平宝字二年九月八日解偁、国司交替、官符到後百廿日内付了帰レ京。若応レ過レ限者、申レ官請レ裁。違レ此停留、釈然合レ解。就中、欠二負官倉一留連不レ付者、論レ実是罪人也。知レ情許容限内無レ領者、准レ法是同罪也。新旧両人並皆有レ罪。若レ此之輩同合二解官一。但実無二欠負一、拘レ令解官者、原レ情可レ責、罪在二新人一、准レ律以二故入人罪一論。

一、太政官去天平宝字三年三月十五日符偁、凡公廨物者、先塡二欠負未納一、次割二国内之儲一、後以二見残一、作レ差処分者。然則未レ知二欠負一、理難二分得一。又交替之程、明立二法文一。而今諸国司等、一任之内云猶云レ未レ検二官物一、不レ進二税帳一、且用二公廨一、不レ塡二欠倉一。寄二事前人一、規二避後怠一。自今以後、如レ是之類、不レ給二公廨一、没為二官物一。

一、延暦元年十一月四日勅書偁、公廨之設、先補二欠負一、次割二国儲一、然後作レ差処分。如レ聞、諸国司曽不二

遵行一、所有公廨、且以費用。至レ進二税帳一、虚注二未領一。因レ茲、前人滞二於解由一、後人煩二於受納一。於レ事商量、甚乖二道理一。又其四位已上者、冠蓋既貴、栄禄亦厚。授以二兼国一、佇二聞善政一。今乃苟貪二公廨一、徴求以甚。至二于遷替一、多無二解由一。以レ此不レ責、豈曰二皇憲一。自今以後、国司解替、満二百廿日一、未レ得二解由一者、

宜下奪二位禄・食封一、以懲中将来上。

以前、勘解由使奏偁、謹検二明法曹司案文幷前後格勅一、或唯科二其罪一、不レ論二公廨一、或偏奪二俸禄一、無レ論二其罪一。雖レ設二条例一、指帰未レ明。違法之徒無レ知二章程一、断罪之官科結有レ疑。故今明陳二格令一、顕二示科条一。謹案二考課令一云、官人有レ犯二私罪下中・公罪下下一、並解二見任一。即依レ法合二除免官当一者、不レ在二考校之限一。並奪二当年禄一。注云、本犯不レ至二除解一、而特除解者不レ徴者、准レ此而論。遷任国司及新任之人、分付受領過二百廿日一者、解二却見任一、并奪二俸料一。其解任之人、及代レ之国司過レ限者、科二公事稽留之罪一、亦奪二俸料一。就中欠二負官倉一留連不レ付、及知レ情許容、限内無レ領者、依レ法科レ罪、即徴二其贓一。但五位以上、未レ得二解由一者、一依二 勅文一、重奪二位録・食封一。其新人拘留、致レ奪二封禄一者、以二故入人罪一論者。被二中納言従三位壹志濃王宣一偁、奉レ

勅、依レ奏。

延暦十七年四月七日

ここでは、国司交替時の交替期限の超過や官物欠負未納補塡の違反への処罰を定めた従来の官符には、「或唯科二其罪一、不レ論二公廨一、或偏奪二俸禄一、無レ論二其罪一」という不備があり、処分に際し「雖レ設二条例一、指帰未レ明。違法之徒無レ知二章程一、断罪之官科結有レ疑」という問題があることを指摘する。そこで本官符では「今明陳二格令一、顕二示科条一」、すなわち罰則については格や令に明記されていると指摘し、さらに考課令[27]の規定を引用したうえで、分付受領の手続きが百二十日を超えた場合は、①「遷任国司」と「新任之人」は現任を解き「俸料」を奪う。②「解

任之人」と「代之国司」には「公事稽留罪」を科し「俸料」を奪う。④官倉の欠負を留連し税帳に付さない場合や、それを知りながら許容し、交替期限までに付領しない場合は、法に依って罪を科し「其の贓」を徴収する。⑤五位以上の解由未取得者は勅文に依って処罰し、重ねて位禄・食封を奪う、⑥新人を拘留し、「俸禄」を奪う場合は、「故入人罪」を以て論じる、と定めた[28]。

このように【史料⑩】は、法律による処罰と経済的得分を「奪う」措置を一体として規定している。経済的得分に対する措置に着目すると、【史料⑩】所引の天平宝字三年（七五九）三年三月十五日太政官符に「不㆑給㆓公廨㆒没為㆓官物㆒」とあることや、【史料⑩】に示される改定の目的が、それまでの「或唯科㆓其罪㆒、不㆑論㆓公廨㆒、或偏奪㆓俸禄㆒、無㆑論㆓其罪㆒」という問題点の解消である点が重要であり、「奪俸料」は公廨稲に対する処分を引き継ぐ側面を有していると推測できよう。また【史料⑩】は公廨稲・職分田の停止中に出されており、「俸料」は「国司俸」を指すことが確実である。中央政府は国司交替時の違反の処罰として「奪俸料」を整備し、国司統制へ積極的な活用を図ったと考えることができよう。

「奪俸料」と「奪公廨」はいずれも、国司の職務違反に関する得分を対象とした処罰であり、公廨稲停止以降も「奪公廨」と同様の措置の活用が積極的に進められたことが窺えよう。したがって、雑米違反・調庸違反における「奪公廨」や補塡は、公廨稲停止中も「国司俸」に引き継がれたと考えられるのではないか。

## おわりに

本稿では、延暦十七年（七九八）～延暦十九年の公廨稲停止・再設置の特質や展開について検討を進めた。まず公廨稲停止・再設置の展開過程を再検討し私見を示した。次に公廨稲停止の背景として、延暦年間には補塡機能の位置づけが相対的に低下しており、加えて得分機能にも、国司交替時の配分の決定に関して構造的問題が存在したことを指摘した。さらに、公廨稲停止以降も「奪公廨」は、国司俸に引き継がれる形で存続した可能性を指摘した。

本稿の最後に、公廨稲の設置・再設置と公廨稲の国司得分化との関係について、見通しを示したい。

第一節でみたように、山本祥隆氏は公廨稲の停止について「《公廨の第一義＝補塡機能》という根本姿勢を律令国家自身が初めて、かつもっとも先鋭的なかたちで転換することを表明したものと評価」でき、「その後は国家の側でも、公廨を国司の得分を担う制度と見なすようになってゆく」とした。公廨稲の第一の機能である補塡機能が停止されたことは、公廨稲制度の展開上極めて重要である。その一方で、公廨稲停止・再設置を公廨稲の国司得分化の画期とみなせるかについては、【史料④】で公廨稲が「旧に依り」再設置と表記されることや、公廨稲再設置後に成立した『延暦交替式』所収の諸官符でも、公廨稲の第一の機能はあくまでも補塡財源とされていることなどが問題となろう。また山本氏が公廨稲の国司得分化の反映とする、九世紀以降の国司に対する公廨稲の没収（「奪公廨」）の性格については、本稿や別稿での検討結果を踏まえると、公廨稲停止以前～公廨稲停止・再設置以降の連続面も大きい。詳細な検討は今後の課題としたいが、公廨稲再設置以降もしばらくは、少なくとも中央政府の認識では、公廨稲は第一に官物欠負未納の補塡財源として位置づけられていたと考えられるのではないだろうか。

延暦年間の地方行政・財政に関する諸政策は、中央政府の国司に対する統制強化としても論じられており、[29]今後は公廨稲停止・再設置についても、八世紀末～九世紀の地方制度における位置づけにも着目しながらさらに検討する必要があろう。本稿で提示した論点については、別稿と重なる点や推測にとどまる部分も多く、今後さらに実証を深める必要がある。また公廨稲再設置の理由[30]にも十分に言及できなかった。これらについては今後の課題としたい。

## 注

（1）『延暦交替式』天平十七年（七四五）十一月二十七日太政官奏など。
（2）拙稿「公廨稲制度の展開と国司」（『ヒストリア』二八九、二〇二一年）。公廨稲の先行研究も当該論文を参照。特に断らない限り別稿はこれによる。なお、紙幅の関係上、旧稿にて参照した本稿に関連する先行研究については、その提示を最小限にとどめたことをお断りし、詳細はそれぞれの拙稿をご参照いただきたい。
（3）薗田香融「出挙――天平から延喜まで――」（『日本古代財政史の研究』、塙書房、一九八一年、初出一九六〇年）、梅村喬「公廨稲制と塡償法の展開――専当人補塡から共塡へ――」（『日本古代財政組織の研究』、吉川弘文館、一九八九年、初出一九七四年）、渡辺晃宏「律令国家の稲穀蓄積の成立と展開」（笹山晴生先生還暦記念会編『日本律令制論集下巻』、吉川弘文館、一九九三年）。特に断らない限り薗田氏・梅村氏・渡辺氏の研究は、それぞれこれらによる。
（4）山本祥隆「公廨二題――律令国家地方支配の転換点をめぐって――」（佐藤信編『律令制と古代国家』、吉川弘文館、二〇一八年）。山本氏の研究はこれによる。
（5）国儲については薗田氏注（3）論文のほか、専論としては、山里純一「公用稲と国儲」（『続日本紀研究』一九七、一九七八年）、小市和雄「舂米運京の粮料と国儲」（『日本歴史』四〇三、一九八一年）などを参照。なお、国儲についての本格的検討は今後の課題であるが、本稿でも検討した『延暦交替式』延暦二十二年（八〇三）二月二十日太政官符の「定下割二公廨一置二国儲一数上事」では、公廨稲と国儲の関係や展開過程について言及がなされている。
（6）森公章「国書生に関する基礎的考察」（『在庁官人と武士の生成』、吉川弘文館、二〇一三年、初出一九九三年）。国書生の先行研究は拙稿「律令制下における借貸の機能と展開」（『古代文化』七四‐三、二〇二二年）に引用する諸研究も参照。
（7）事力は、阿部猛「事力考」（『平安貴族社会』、同成社、二〇〇九年、初出一九六九年）、斎藤和彦「事力に関する一考察」（『史学研究集録』七、一九八二年）などを参照。事力の本格的な検討は別稿を期したい。

（8）事力に関する個別史料を検討すると、例えば『続日本紀』天平八年（七三六）五月丙申条では「諸国司等、除二公廨田・事力・借貸一之外、不レ得二運送一」とあり、事力が国司への給付物と並列の形で表記される。その一方で、『続日本後紀』天長十年（八三三）六月乙酉条では「至二于自力一、竟レ年駆使」とあり、事力の労働力としての性格が強調されている。

（9）拙稿「新任国司への給粮と律令地方財政」（『続日本紀研究』四一六、二〇一九年）。田植えや稲の収穫時期に関する先行研究についても、当該拙稿を参照。

（10）なお本稿では、国司公廨田には闕官田の経営に関する規定が独自に存在することを重視し、公廨田停止期間においては田令34在外諸司条が適用され、穫稲は正税に混合された可能性を提示した。一方で、停止期間中の国司公廨田が別個に経営されたと仮定すると、もう一つの可能性として、公田の一部として耕作されたことも想定できよう。その場合穫稲は、正税ではなく公田地子に組み込まれたことになるが、詳細な検討は今後の課題としたい。なお公田についても多くの先行研究があるが、近年の研究としては三谷芳幸「公田と賜田」（『律令国家と土地支配』、吉川弘文館、二〇一三年、初出二〇〇八年）を参照。

（11）注（9）拙稿。闕官田の経営に関する先行研究についても、当該拙稿を参照。

（12）注（9）拙稿。

（13）渡辺晃宏「公廨の成立——その財源と機能——」（笹山晴生編『日本律令制の構造』、吉川弘文館、二〇〇三年）。当該史料についての筆者の理解は、注（9）拙稿を参照。

（14）『続日本紀』天平六年（七三四）正月庚辰条。

（15）注（6）拙稿。なお当該拙稿でも論じたように、【史料②】において国司借貸の基準として提示される「一年之料」は、渡辺氏の指摘の通り「国司俸」を指すと考えられる。

（16）【史料②】が職田（＝公廨田）のみに言及するのは、公廨稲の得分機能が国司俸に引き継がれたのに対し、公廨田は直接的には存続しなかったこと、律令制下において国司の給与は第一に公廨田であったことなども関係していよう。

(17) 注（6）拙稿。

(18) 注（6）拙稿で論じたように、【史料②】の国司借貸は少なくとも制度上は、『貞観交替式』延暦二十五年（八〇六）三月二十四日太政官符「応レ聴三新任国司借二貸正税一事」が出されるまでは存続したと考えられる。

(19) 水田である公廨田と労働力である事力を同一の系譜関係の中で論じる点は、両者の性格が異なるため問題もあろう。しかし、ひとまず本稿では、事力が制度的には公廨田の耕作を第一の役割として国司に付与されたもので、公廨田の関係制度のうち労働力のみが存続し、引き続き国司に与えられたことを重視し、【図③】のように整理した。事力の位置づけに関しては、今後事力の性格自体についての検討をさらに深め、最終的な結論を提示したい。

(20) 早川庄八「公廨稲制度の成立」（『日本古代の財政制度』、名著刊行会、二〇〇〇年、初出一九六〇年）。なお、公廨稲の補塡機能運用のあり方については、山本祥隆「出挙未納と公廨」（『国史学』二〇一、二〇一〇年）も参照。

(21) 渡辺氏は、公廨稲制度が稲穀の蓄積を進めるために円滑に機能するには、「糙成の実施が何よりも不可欠」であり、「糙成を促進させる意味を失う時、公廨稲制度はその根底から揺らぐことになる」と指摘している。

(22) この他にも、延暦期における公廨稲の補塡機能の位置づけに関しては、『延暦交替式』延暦十六年（七九七）八月三日太政官符「応レ塡三納旧年未納欠物一事」、および同官符所引延暦九年（七九〇）十一月三日太政官符も重要である。別稿で検討したように、本官符は旧年分の官物未納・欠物について毎年補塡すべき最低額を定めている。すなわち、旧年未納に関して公廨稲の補塡機能が縮小されており、当該期に公廨稲の官物欠負未納の補塡機能の位置づけが、相対的に低下していたことが窺える。

(23) 早川庄八「交替式の基礎的研究」（『日本古代の文書と典籍』、吉川弘文館、一九九七年、初出一九六八年）。

(24) 当該官符によると、国司交替時の公廨稲の配分については、複数回にわたり制度の改定が行われている。その中で、同官符所引の延暦五年（七八六）六月一日格では「一依二天平宝字元年十月一日式一、収納之前入二於後人一、収納之後者、令レ入二前人一」とあり、公廨稲が停止された延暦十七年段階では、出挙利稲の収納時期と国司の赴任時期が、公廨稲（得分機能）の帰属の基準とされていたようである。

(25) 詳細については注（9）拙稿で検討したが、田令34在外諸司条の前半部分では「凡在外諸司職分田、交代以前種者、入㆓前人㆒。若前人自耕未㆑種、後人酬㆓其功直㆒。」と規定されている。ここでは田植えの実施が、国司交替時における公廨田穫稲の帰属決定の基準とされており、具体的な時期がそれぞれの年次で必ずしも一定でない可能性がある点は、官稲の出挙・収納とも共通する特徴であると考えられる。その後『令集解』同条令釈所引養老八年（七二四）正月二十二日格では、公廨田穫稲の帰属の基準が四月三十日・五月一日という、水田経営と分離した具体的な月日に変更されたが、この月日も田植えの時期と密接に関わるものであったことが指摘されている。国司給与が水田経営の形態を取る以上、交替時の帰属決定をめぐって、煩雑さや対立が生じうる構造的な問題は、引き続き存在したと考えられるのではないか。

(26) なお梅村氏は、延暦十四年官符における雑米・調庸未進と共塡法の成立との関係について、「雑米や調庸未進に共塡法が適用される時期としては、その成立期を宝亀年間、その制度的確立を延暦十四年と考えることができると思う」とする。しかし山本祥隆氏が指摘し、また筆者も別稿においても論じたように、延暦十四年官符以前の「奪公廨」は、補塡よりも国司への処罰（懲罰）の性格を重視すべきと考えられる。延暦十四年官符の位置づけも含めた、共塡法の展開についての本格的な検討は今後の課題としたい。なお別稿では、官物欠負未納の補塡機能に対して、共塡法が公的に採用された画期は弘仁期であるとの見通しを示した。

(27) 考課令58犯私罪条。

(28) 林陸朗「勘解由使と不与解由状の成立」（『桓武朝論』、雄山閣出版、一九九四年、初出一九八二年）は、【史料⑩】の「遷任国司」は「他官に選任していく国司」、「解任之人」は「次に転任する官が決まっていない人」であり、共に前司とする。また「新任之人」「代之国司」をともに新任国司、すなわち後司としており、本稿も林氏の理解に従いたい。加えて【史料⑩】全体の理解についても、林氏当該論文を参照。なお、別稿では、【史料⑩】所引天平宝字三年三月十五日太政官符について、公廨稲の機能の優先順位の観点から検討した。

(29) 最近では、本庄総子「書評　宮川麻紀著『日本古代の交易と社会』」(『古代文化』七三－三、二〇二一年)が、延暦年間の公廨稲の停止を、当該期の国司統制策の強化のひとつとして指摘している。

(30) 先行研究でも指摘されているように、大きな傾向としては、急激な国司統制の強化に対する国司の反発などが、公廨稲再設置の理由として考えられる。今後は勘解由使などの同時期の国司監察制度との関連や、官稲の運用方式などの面も踏まえつつ、引き続き考察を深めていく必要があろう。

**付記**　公廨稲については、本稿成稿後に、拙稿「八世紀後半から九世紀前半における公廨稲制度の展開過程について——各機能の整備過程と共塡法採用に着目して——」(『続日本紀研究』四三五、二〇二四年)を執筆、発表した。本稿【史料⑤】や弘仁五年(八一四)の共塡法採用の意義など、本稿とも関わる点について論じており、あわせてご参照いただければ幸いである。

# 『弘決外典鈔』撰述過程の検討（序説）
## ――「外典目」を中心として――

小倉慈司

### はしがき

『弘決外典鈔』は具平《ともひら》親王（九六四～一〇〇九）によって記された唐代の天台僧荊渓湛然（七一一～七八二）撰『止観輔行伝弘決』の注釈書である。全四巻よりなる。『止観輔行伝弘決』は、天台三大部の一つである天台大師智顗（五三八～五九七）述・章安灌頂（五六一～六三二）編『摩訶止観』についての最古の注釈書であり、天台止観実践の正統的なあり方を宣揚するために編まれたものであった(1)。従ってその後の天台思想の展開において同書は極めて重視されることとなった。最澄は、自分のもとを離れて空海に就いた泰範に対し、『止観輔暁伝弘決』は天台宗にとって深要の書であり披読必須の書であるものの写すのが難しく、後進が難儀しているため、返して欲しいという内容の書状を送っている(2)。

『弘決外典鈔』の写本や研究史については、同書が引く『論語義疏』の性格について論じた髙田宗平氏の研究に詳しい(3)。また具平親王がどのようにして『止観輔行伝弘決』に注釈を加えたかについては、河野貴美子氏の研究がある(4)。

河野氏によれば、『弘決外典鈔』の注釈内容は、以下のように分類できる。

㋐『止観輔行伝弘決』本文中の難字に反切、直音による音釈や訓詁注記等を施すもの。

㋑『止観輔行伝弘決』の本文中の語句に対して漢籍からの引文を用いずに一般的な説明、解釈を加えるもの。

㋒『止観輔行伝弘決』の内容に関連のある漢籍の記述を引用するもの。

㋓『止観輔行伝弘決』に見える漢籍の引文について、それに対する注や疏を加えるもの。

㋔具平親王の案語。

河野氏はさらに具体的内容について検討を加え、

a　具平親王が経・史・子・集の四部それぞれの書物を幅広く利用していること、

b　そのまま引き写すのではなく、適当な部分を抜粋しながら引文を構成することがしばしばあること、

c　皇侃『論語義疏』等の引用など古代日本における漢籍利用の傾向と軌を一にしていること、ただし他に比べ医書類の引用が頻繁かつ大量であるが、それは具平親王が得意とした分野であったことを反映していること、

d　㋐について、『止観輔行伝弘決』の文を一字一字に及ぶまで詳密かつ正確に読み取ろうとする姿勢が読み取れ、『切韻』系韻書や『経典釈文』『玉篇』を頻繁に利用していること、

e　㋒に関し、『止観輔行伝弘決』本文の典拠となるもとの故事にさかのぼって引用することがあること、

f　㋓に関し、本文に関わる注や疏を参照して引用することがあること、

g　㋔に関し、「案」の語に続けて本文とは別の典籍を引くなど、自身の記憶によって関連記述を記すことがあること、

を明らかにし、加えて

h　具平親王はテキスト間の異同にも注意を払っており、それによって貴重な本文が伝えられている事例のあること、

i　『修文殿御覧』を利用して注釈を付したと考えられる事例のあること、

も指摘した。hについては、髙田宗平氏が『論語義疏』を対象にさらに詳細に検討を加えている。なお、『弘決外典鈔』が引用する典籍についての検討は、早く内野熊一郎氏によってなされている。(5)

これらの先行研究によって、『弘決外典鈔』の著述過程はかなり明らかになってきているが、「外典目」の位置づけなど、まださらに論ずべき点は残されていると考える。その点について、本稿で論じることとしたい。

なお、『弘決外典鈔』は具平親王編纂の原本は現存せず、写本によってのみ伝えられている。古写本として、天理大学附属天理図書館所蔵三条家旧蔵平安時代写本（存巻第一、巻首欠）、称名寺所蔵弘安七年（一二八四）円種校合加点写本（巻第三尾欠、巻第四欠）、身延文庫所蔵鎌倉写本(6)（巻第一～四断簡）があり、完本としては身延文庫所蔵鎌倉写本を祖本ないし親本とすると見られる（髙田氏）身延文庫所蔵江戸写本がある。河野氏によれば、（欠失が生じる前の）身延文庫所蔵鎌倉写本が宝永六年（一七〇九）九月跋刊本の底本であるという。(7)ただし刊行時に他史料に拠って文字を改めたと推測される箇所もある。(8)

諸写本や版本には、必ずしも誤写・誤刻や誤脱・衍字で処理し切れないと見られる異同が存する。この点について三条家旧蔵本・称名寺本・宝永刊本に検討を加えた内野氏は、音切の異同の約八割が原本以来の体裁であること、三本のなかでは三条家旧蔵本が最も原形に近いと見られるのに対し、称名寺本は訛衍も多く、宝永刊本に比して遠い関係にあるとした。さらに髙田氏は、さらに身延文庫の二本は宝永刊本と同系統であり、称名寺本とは別系統であることを指摘している。

これらの点を踏まえると、何をもって『弘決外典鈔』当初の姿と見なすか問題が残るが、本稿では宝永刊本複製を底本とした『続天台宗全書』をテキストとしつつ、必要に応じて三条家旧蔵本影印（天理図書館善本叢書漢籍之部二）および称名寺本影印（西東書房、一九二八年）、宝永刊本複製（西東書房、一九二八年）を参照することとする。[9]
また『止観輔行伝弘決』は便宜上、大正新脩大蔵経（諸宗部第四六巻　一九一二番）を底本とする。

## 一　序についての検討

初めに巻第一の前に付される序について検討したい。この序は「外典目」「年代略記」と共に称名寺本・宝永刊本のみならず身延文庫の二本にも存する（三条家旧蔵本はこの部分も含めて冒頭が欠けている）ので、当初から存するものと考えて良いであろう。

まず本文と現代語訳を掲げる（説明の都合上、適宜改行し、i〜iiiの番号を付す。また称名寺本との校異を示す）。

i余竊見二天台章疏一、智者大師已説二三種之止観一、深顕二一乗之妙理一、円融実相一心三観、仏旨殆尽歟、章安一聞記レ之、妙楽後来弘レ之、或仮二儒墨一、以為二比喩一、或採二陸郭一、以釈二音訓一、欲レ令三末代下根易レ得二覚悟一也、当レ知、四依菩薩為二如来使一、遞為二師弟一、弘二宣正教一矣、

ii去年有二一僧一、相語曰、我宗法文多引二外典一、就レ中弘決輔行記太為二繁粋〔砕カ〕一、[1]後来末学不レ必二兼習一、況転写之間、点画多誤、披読之処、文義易レ迷、羨勘二本書一、以決二疑滞一、余自知二不才一、再三辞謝、然而苦請不レ休、難レ得二黙止一、

iii今直鈔二外典之文一、引二本書一而注レ之、其未レ決者、[2]缺而不レ論、撰為二四軸一、号二弘決外典鈔一、筆削甫[3]就欲レ聞二臧

否一、先[4]写二一本一、敬贈二多武岑[5]賀公一、庶世世与レ公結二因縁一、猶三今章安与二妙楽一焉、于時正暦二年二月[6]二十九日也、

1来―[称]進　2缺―[称]闕　3就―[称]畢　4先―[称]故　5岑―[称]峯　6二十―[宝]廿

ⅰ私がひそかに天台の章疏を見たところ、智者大師（智顗）は三種止観を説き、深く法華経の妙理を明らかにした。円融実相、一心三観に仏の教えはほとんど尽きるであろうか。弟子の章安灌頂がこれを筆録し、妙楽大師（湛然）が後に出でて弘めた。そこではあるいは様々な学派の文[10]を借りて比喩をなし、あるいは陸氏・郭氏の文[11]を採って音訓を釈している。末代の劣った者に覚悟を得やすくせしめんと考えてのことである。[12]まさに世の人々のよりどころとなる菩薩が如来の使となり、かわるがわる師弟となって正しい教えを弘め明らかにしてきたということがわかる。

ⅱ去年、一人の僧が私に、「我が宗の法文は多く外典を引いている。なかでも「弘決輔行記（止観輔行伝弘決）」ははなはだ頻繁に引いているが、今の末学は必ずしも内外兼習しておらず、理解しにくい。加えて転写の間に点画に多くの誤りが生じており、披読しても文義に迷いやすい。そこでもとの書を勘がえて疑滞を決して欲しい」と言った。私は不才であることを自覚しているから再三辞退したが、ぜひにということであったので、断りきれなかった。

ⅲ今、直ちに外典を引用している文を写し、もとの書を引いてこれを注することとした。ただし判断がつかないものは論じないこととした。選んで四軸とし「弘決外典鈔」と名づけた。最初の筆削が終わったところで良し悪しを聞こうと思い、まず一本を写して謹んで多武峯の賀公（増賀　九一七～一〇〇三）に贈る。三世に公と因縁を結び、今の章安と妙楽大師となることを願う。正暦二年二月二十九日

具平親王はある僧侶[13]の依頼によって、多くの外典が引かれている『止観輔行伝弘決』の疑滞を決することとした。具体的には、注釈と本文自体の校訂であろう。そのため親王は、まず外典を引用している箇所を抜き書きし、その原典にあたって注釈を加えることとした。ただし判断がつかないものは論じないこととしたという。そして四軸となし、初校が出来上がった段階で「賀公」に贈り、その批判を乞うた。「賀公」は宝永六年刊行時の跋に北村可昌（一六四七～一七一八）が記したように増賀のことであり、親王の師である慶滋保胤（九三三頃～一〇〇二）が止観を学んでいた[14]。

## 二　「外典目」についての検討

### 「外典目」の書名表記

序に次いで「外典目」として、書目五九件が掲載される[15]。これはその末尾に「右弘決所レ引外典、依二隋書経籍志等一、記二目録一、而備二尋検一矣、」と記すように、『止観輔行伝弘決』が引く外典について、『隋書』経籍志等に拠って確認してリスト化したものである。序に記された編纂経緯から考えれば、原書にあたって確認するために、まずは『止観輔行伝弘決』所引の外典をリスト化したものと考えられよう。

「外典目」とはいえ、そのなかには「古今仏道論衡」「国清寺百録」「甄正論」「弁正論」「破邪論」などといった『大唐内典録』『貞元新訂釈教目録』に掲載されるような書も含まれる。それぞれ「釈道宣撰」「灌頂大師撰」「沙門玄疑撰」「沙門法琳撰」「法琳撰」などと注記されている内容を把握した上で具平親王は記しており、誤解ではなく、「外典」に準じた書として扱ったということなのであろう[16]。

この「外典目」の書目は『止観輔行伝弘決』に引かれた書名そのままで挙げられているわけではない。例えば「外典目」冒頭に掲げられる「周易」は、『止観輔行伝弘決』本文では「易」と記されている（以下、稿末の表「外典目一覧」参照）。この他、「尚書洪範五行伝」は本文では「洪範五行伝」、「古今仏道論衡」は本文では「論衡」、「国清寺百録」は本文では「国清百録」といった具合である。これらは、具平親王がそれぞれを「周易」「尚書洪範五行伝」「古今仏道論衡」「国清寺百録」と判断して、書名を掲げたということになる。

加えて「周易」を例とすれば、具平親王は「周易十巻〈鄭玄・王弼各注、〉」と記しており、鄭玄注と王弼注であると認定している。これも『隋書』経籍志には数多くの「周易」が掲載されており、また『日本国見在書目録』にも複数の「周易」が確認できる〔二〜七〕[17]ので、『止観輔行伝弘決』本文を一見しただけで記すことができる内容ではない。実際に鄭玄注・王弼注が当時の日本に流布していたとはいえ、親王の判断によってその情報を追加したということになる。

なかにはかなり難易度の高い判断もある。「後漢書」は『止観輔行伝弘決』本文では「漢書」とのみ記されている（巻第一之三　一六三頁下段一三行目）が[18]、これは『後漢書』巻第二一列伝二一の杜詩伝に相当すると見られる（中華書局本一〇九七頁）。また「三国志」も、『止観輔行伝弘決』本文には「孫伝」（巻第五之三　二九四頁中巻二〇行目）「列伝」（巻第六之二　三四三頁中段六行目）とのみあるが、それぞれ『三国志』巻第四七呉書二呉主伝（中華書局本一一一五頁）、『三国志』巻第二九魏書二九方技伝二九華佗伝（中華書局本七九九頁）に相当する。「晋書」も、恐らく「列伝」（巻第二之五　二一〇頁下段八行目）を指しているのであろう（『晋書』巻第四九列伝一九阮籍伝、中華書局本一三五九頁）。いずれも内容から具平親王が書名を探し出したと見られる。

また『弘決外典鈔』引用において『止観輔行伝弘決』本文の書名を書き換えている場合もある。『止観輔行伝弘決』巻第五之二に「春秋伝曰、天反時為レ災、又伝例曰、天火曰レ災、」という箇所があり（二八五頁上段二一行目）、『弘決外典鈔』も引用しているが、『弘決外典鈔』ではそれを「易曰、天反時為レ災、又説文曰、天火曰レ災、」と改めている（五七頁）。これは具平親王が書名を校訂した例と言えよう。ただし「天反時為レ災」は『春秋左氏伝』宣公一五年などに見えるので、なぜ具平親王が「易」に改めたのか疑問ではある。あるいは類書に拠ったのであろうか。

## 「外典目」の配列

さて、この「外典目」の書目のなかにはそれまで親王が目にしたことのなかったものもあったと見られるが、そうした場合の編者や員数等のデータは何に拠ったのであろうか。そもそもどのような順序で書目を並べたのであろうか。「外典目」の配列は『止観輔行伝弘決』本文における初出順とも異なっており、なんらかの基準に従って並び替えたものであることは間違いない。

第一に想定されるのは、『隋書』経籍志である。「外典目」末尾の記述を信じればそういうことになるが、実際には「外典目」の記載は『隋書』経籍志のそれとは一致していない（表「外典目一覧」参照）し、配列も『隋書』経籍志の順と一致していない。このことは、「外典目」が『隋書』経籍志とは別の目録によって記されたものであることを意味する。『隋書』経籍志は参考にしただけであり、それによって記されたわけではないのである。『隋書』経籍志ではないとして、考えられる目録に『旧唐書』経籍志が思い浮かぶが、それともやはり一致しない。

その次に想起される依拠目録として『日本国見在書目録』が考えられるものの、「大戴礼記」など「見在書目録不レ見」と注記する書名があることから知られるように、少なくとも最初に『日本国見在書目録』によって書き上げられたと考えることは困難である。また例えば「外典目」が「尚書十三巻〈孔安国注、〉」「国語二十一巻〈左丘明撰、〉」であるのに対し、『日本国見在書目録』が「古文尚書十三巻〈漢臨准太守孔安国注、〉」〔三四〕「春秋外伝国語廿一巻〈韋昭注、〉」〔一六五〕と記すなど、具体的記載の一致度も高くないため、やはり『日本国見在書目録』に依拠したとは考えられないであろう。

それ以上は推測の域を出ないが、まず書目の中には日本に伝来せず、具平親王も所蔵していなかったであろう「尸子」や「異物志」なども含まれているので、国内の蔵書目録の類とは考え難い。配列については、「毛詩」を「周礼」「礼記」より後ろに配列する点、「国語」を経書ではなく史書の雑史として配列しているように思われる点、儒家書より前に道家書を配列している点、地理書である「異物志」を雑家書として配列しているように思われる点、「広雅」や「釈名」を小学書と同類として配列しているように思われる点、そして小学書を子書よりも後に配列しているといった特徴を見出すことができるが、これが依拠した目録の配列の影響を受けたものであるのかどうか、定かでない[19]。員数を記さない書目として「異物志」と「七曜図」があるが、このうち「異物志」は細字双行注として記す「涼州異物志二巻」と「交州異物志一巻」に相当するかどうか、確証が持てなかったのであろう。「七曜図」は相当書が特定できなかったため、それ以上の情報を記さなかったと見られる。「外典目」は「依二隋書経籍志等一」と「等」があって、複数の目録を参照したことが推測される。ある目録によってまず書目の配列を整えた後に『隋書』経籍志によって撰者等について補っていったというようなことが想定されようか。「外典目」の「蒼頡篇」注によれば、具平親王は『麟臺四部書目録』を参照していたことが知られる。この書は七世紀後半の垂拱・天授頃より八世紀初頭の中宗神龍頃の秘書省の蔵書目録と見られ、『日本国見在書目録』二三簿録家にも「麟臺書目録一」〔六二八〕と見えている[20]。親王は複数の図書目録によって確認したと見て良いであろう。

なお、以上に関して参考となるのは、類書における史料の引書配列である。付晨晨氏によれば、梁の『華林遍略』ではまず字書を引用して基本的解釈を示し、ついで経書を引いて重要な経典解釈を紹介し、最後にその他の書を時代順に配列するという配列順であったのに対し、それを底本とした北斉の『修文殿御覧』は北朝系の書物を加えただけでなく、配列も改め、それは概ね経史子集の順であったが、例えば地理書が子部書中に配列されるなど、『隋書』経籍志の配列とは違っていたという[21]。

**『日本国見在書目録』に拠る注記**

先にも触れたが、「外典目」には「見在書目録不㆑見」と注記されている場合がある。「大戴礼記」の他には以下の四書目が該当する[22]。

尸子二十巻〈秦相衛鞅二客尸撰、〉

牟子二巻〈牟広撰、或云三巻、〉

字統二十巻〈楊承度撰、〉

七曜図

このうち「牟子」は実際には『日本国見在書目録』に掲載されている〔六四三〕が、具平親王が見落としたのか、あるいは親王が参照した『日本国見在書目録』に脱落があったのか、もしくは『弘決外典鈔』転写の過程で注記に誤りが生じたのかは、定かでない。また「尸子」は『秘府略』巻八六八に引用されているが、原書からではなく、先行類書からの孫引きと考えられている[23]。

この『日本国見在書目録』の注記については、後人の書き加えとする説もある[24]が、そうではなく、「外典目」を書き出した後、実際に原本を捜索するに先立って、『日本国見在書目録』と見比べ、書き加えたと解釈すべきであろう。これらの「不レ見」とされた書は、「牟子」も含めて具平親王は引用していない(25)。

これらの書目の他に、現存『日本国見在書目録』に見えない書目が存する(26)。

異物志〈涼州異物志二巻、交州異物志一巻、〉

国清寺百録五巻〈灌頂大師撰、〉

甄正論三巻〈沙門玄嶷撰、〉

心鏡論十巻〈李思慎撰、〉

二教論一巻〈沙門道安撰、〉

孝子伝十五巻〈蕭堯〔広カ〕済撰、〉

これらは、具平親王が参照した『日本国見在書目録』には存していたのか、あるいは『弘決外典鈔』現行本に「見在書目録不レ見」の注記が脱落しているのか、定かでない。「異物志」「国清寺百録」「甄正論」「心鏡論」は『弘決外典鈔』注釈部分には引用がなく、具平親王が目にしていない可能性も否定できない。これに対し「二教論」と「孝子伝」は『弘決外典鈔』注釈部分に引用があり（それぞれ二九頁下段、四八頁上段）、具平親王は間違いなく原書を目にすることができたと考えられる。そのために「見在書目録不レ見」と記されなかった可能性が考えられよう。「国清寺百録」も、『伝教大師将来台州録』や『智証大師請来目録』等に見えるので、具平親王が目にできる可能性は高かったと推測される。であれば、これらは『日本国見在書目録』に見えなくとも、日本に現存することを知っていたから、敢えて「見在書目録不レ見」と注記しなかったということが想定できる(27)。

### 「外典目」非掲載の外典（一）

次に、「外典目」に挙げられていない『止観輔行伝弘決』所引外典の問題について考えてみたい。『止観輔行伝弘決』に引かれながら「外典目」に挙げられていない外典書目には、二種類がある。

一つは、『弘決外典鈔』に本文として掲げられていながら、「外典目」として挙げられていないという事例である。詳細に検討すれば、まだ見つかるであろうが、一覧して筆者が気づいたものが一〇箇所ある。

①「章安山記」（一八頁上段、『止観輔行伝弘決』巻第一之一　一四九頁下段二三行目）

引用文は「本称二南岳一、周霊王太子子晋居レ之、魂為二其神一、命二左右公一改為二天台山一也、」である。章安灌頂による『南嶽記』（逸書）ではないかと見られる[28]。親王は「子晋」と「魂」に注釈を加えている。内典と考えて言及しなかった可能性も考えられるし、親王が目を通した蔵書目録に掲載されていなかったために、対応する書名が見つけられなかった可能性も考えられよう。

②「韓康伯」（二二頁下段、『止観輔行伝弘決』巻第二之二　一八九頁下段二九行目）

引用文は「洗レ心曰レ斎、防レ患曰レ戒、」である。『周易正義』繋辞上に見える。『周易』は鄭玄注と王弼注のみを挙げているため、不掲載の事例としたが、広く『周易』に含めたと考えれば良いのかも知れない。『隋書』経籍志には「周易十巻〈魏尚書郎王弼注六十四卦六巻、韓康伯注繋辞以下三巻、王弼又撰易略例一巻、梁有魏大司農卿董遇注周易十巻、魏散騎常侍荀煇注周易十巻、亡、〉」と見える。

③「帝王世紀」（二四頁下段、『止観輔行伝弘決』巻第二之五　二一〇頁中段九行目）

引用文は「帝嚳妃姜嫄、履二神人之迹一而孕、以為二不祥一、棄二之陋巷一牛羊不レ践、置二之寒氷一鳥覆翼レ之、嫄以為レ神収而養レ之、童齓好二於稼穡一、及レ長仰二伺房星一、以為二農候一、舜進二之於堯一、以掌二農正一而為二稷官一、故謂二之后稷一、

賜二姓姫氏一、始レ武終レ赧三十七王一、」である。本書は『弘決外典鈔』注釈にも二箇所引かれており（二五頁下段、九九頁上段）、直接引用と考えるのが自然のようにも思えるが、なぜ[29]「外典目」に書名を挙げなかったのかという問題が残る。現時点では、類書からの引用であった可能性を考えておきたい。[30]

④「神軌」（四七頁上段、『止観輔行伝弘決』巻第四之一　二五六頁上段一二行目）

称名寺本は頭注に「臣」と記し、「臣軌」の誤りとする。実際、『止観輔行伝弘決』は「臣軌」に作る。引用文は「夫孝者先須レ安レ国、」（あるいはそれに続く「国安所二以家安一、家安所二以行レ孝等、」まで）。『臣軌』巻上至忠章に内容的に類似する文言（「欲レ安二其家一、必先安二於国一」等）が見えるが、同文は見当たらない。『止観輔行伝弘決』と同じ湛然の撰述である『法華玄義釈籤』（大正新脩大蔵経一七一七）巻第十六に「国安所二以家安一、家安所二以行レ孝、是故先須レ安二其国一也、」（九三三頁上段一三行目）と、ほぼ同文を見出すことができる。「臣軌注」は『弘決外典鈔』注釈部分に多数見出せる（三三頁下段〜三四頁上段にかけての八箇所）ので、具平親王は『臣軌』を目にすることができたと考えて良い。となると、「臣軌」（あるいは「神軌」）が『臣軌』の文ではないことに気づいていたために、敢えて「外典目」に挙げなかった可能性が考えられる。

⑤「杜延業」（六一頁下段、『止観輔行伝弘決』巻第五之三　三〇〇頁上段二六行目）

杜延業は唐の人であり、顔師古の『顔氏字様』を続修した『群書新定字様』や『晋春秋略』の著作がある。[31]本書の引用文は「福有二五種一、一曰寿福、二曰富福、三曰康寧福、四曰攸好徳福、五曰考終命福、此之俗儒、但知レ有レ福而不レ弁二所感一」であり、語義の説明であることから、小学書である『群書新定字様』の逸文と考えられる。[32]同書は『本朝書籍目録』にも「定字一巻〈杜延葉〔業〕等撰、〉」（二六六）と見えている。ただし同書および著者は必ずしも著名とは言えないので、具平親王が気づかなかったということも考えられるであろう。

⑥「列伝」（六八頁下段、『止観輔行伝弘決』巻第五之六　三二五頁中段二一行目
引用文は「喜謂二周大夫一、善二星象一、因レ見二異気一而東迎レ之、果得二老子一、[33]請レ著二書五千有言一、喜亦自著二書九篇一、名二関令子一、」である。『列仙伝』巻上 関令尹に同内容の記事があり、また『史記集解』巻六三 老子伝にも「列仙伝」として引かれる。『列仙伝』は『日本国見在書目録』にも掲載されている（五八〇）。従って「外典目」に掲載されても良いはずであるが、『史記』に含めたために、挙げなかったのではなかろうか。

⑦「孝経（注）」（八一頁上段、『止観輔行伝弘決』巻第七之四　三八八頁下段一行目）
『止観輔行伝弘決』本文は「孝経注」であるが、『弘決外典鈔』では「孝経」とする。引用文は「食レ稟曰レ禄、」である。『令集解』官位令集解に「位、胡愧反、位処也、位列也、孝経、能保二其禄位一、鄭玄曰、食レ稟曰レ禄、居レ官曰レ位也、職掌所レ事、謂二之官一、朝堂所レ居、謂二之位一也、」と見え（新訂増補国史大系三頁）、孝経鄭玄注と考えられる。『孝経』士章第五の「能保其禄位」の注であろう。正義には「禄、謂二稟食一、」と見える。孝経鄭玄注は『日本国見在書目録』には「孝経一巻〈鄭玄注、〉」（一六八）として見えるが、『隋書』経籍志では「亡」とされる。「孝経」の文字を具平親王が見逃すとは考え難いので、これが「外典目」に掲載されなかったのは、意図的なものと考えられる。親王が見た写本に「孝経」とあったものの、この文が『孝経』本文でなかったことから、他書の可能性を考えて躊躇したのかも知れない。なお、孝経学で親王が主体としていたのは劉炫の『孝経述義』であったことが指摘されている（内野氏）。

⑧「郭璞注方言」（八一頁上段、『止観輔行伝弘決』巻第七之四　三八八頁下段五行目）
引用文は『弘決外典鈔』では「戟中有二不刺一、謂二雄戟一也、」、『止観輔行伝弘決』では「戟中有二小刺一、謂二雄戟一也、」である。『方言』では巻九 三刃枝に「今戟中有二小孑刺一者、所謂二雄戟一也、」とあり、これが本来の形と見ら

れる。本書は『日本国見在書目録』にも「方言十巻〈漢揚雄撰、郭璞注、〉」（二一〇九）と見えるが、『弘決外典鈔』ではこの箇所以外に「方言」への言及はない。引用文が兵器であったということが関連するのかも知れないが、具平親王の関心は低かったようである。

⑨「字書」（九〇頁『止観輔行伝弘決』巻第八之三　四〇三頁上段一九行目）

引用文は『弘決外典鈔』では「諫者、字書云、以レ道訓レ人、名レ之為レ諫、又云、諫有二五種一、謂正諷誦諂闚、此中即諷諫也、」、『止観輔行伝弘決』では「諫者、字書云、以レ道訓レ人、名レ之為レ諫、又云、諫有二五一、謂諷順闚指陷、此中即諷諫也、」である。「字書」は『隋書』経籍志に「字書三巻」「字書十巻」、『旧唐書』経籍志に「字書十巻」、『日本国見在書目録』に「字書廿巻〈冷然院、〉」（二一五七）と見えるが、『弘決外典鈔』注釈部分には「字書」からの引用は見えない。『日本国見在書目録』の「冷然院」の注記が冷然院の蔵書目録に拠ったことを示し、その冷然院が貞観十七年（八七五）正月に焼失して蔵書が焼失したこと（『日本三代実録』同月二十八日条）を具平親王が把握していたとすれば、親王はもう「字書」を確認することができないことを知っていたから、「外典目」には掲載しなかったということが考えられるかも知れない。

⑩「楚詞」（九一頁上段、『止観輔行伝弘決』巻第八之三　四〇七頁中段一四行目）

引用文は「啾譊者、楚詞云、啾譊虫鳴、又云、啾啾鸞声、」である。『楚辞』離騒経に「鳴玉鸞之啾啾」の文言が見えるものの、同文は現行『楚辞』には確認できない。『楚辞』も『日本国見在書目録』に「楚辞十六巻〈王逸、〉」（一三四一）と見え、[34]広く流布していたから、具平親王が所蔵していた可能性は高く、7「孝経（注）」と同様、原本に本文が確認できなかったことから、敢えて「外典目」に掲げなかった可能性が考えられるであろう。

以上をまとめれば、内典と見做した可能性がある①、また「外典目」に掲げた書目に含めた可能性がある②⑥を除くと、その書名では原文が確認できない書目の場合（④⑦⑨⑩）とそれ以外（③⑤⑧）とに分けられる。先述したように「外典目」は『止観輔行伝弘決』に出てくる書名をそのまま引用したわけではなく、「外典目」作成段階で、具平親王がある程度、考察を加えていたことが確認できるので、前者についてはその延長線上に位置づけられるであろう。後者について、特に③は類書使用にとどめ、さらに原書を捜索しようと考えなかった可能性が考えられる。⑧をどのように考えるかが問題となるが、『弘決外典鈔』に抜き出している以上、その引用文に関心を持たなかったとは言えない。「外典目」のなかには具平親王が入手できなかったであろう書目もあり、原書入手の困難さは必ずしも「外典目」に掲げない理由とはならない。だとすれば、原書を捜索するまでもなく、類書等の確認で事足りると考えたため、とひとまず考えておきたい。

**「外典目」非掲載の外典（二）**

これ以外に、そもそも『弘決外典鈔』に『止観輔行伝弘決』本文として引用されていない箇所に見える外典が存在する。引文も含めて掲げることにする。

⑪「亘者通度也、方言云、竟也、」（巻第一之二　一五三頁中段一八行目）
⑫「賈逵云、変也、宜也、」（巻第一之三　一六五頁下段五行目）
⑬「字書云、加趺者大坐也、」（巻第二之一　一八二頁中段一四行目）
⑭「懺悷者不調之貌、出二字書一」（巻第九之一　四一四頁下段一一行目）(35)
⑮「（倏）楚辞云、往来速疾也、」（巻第五之四　三〇二頁中段八行目）
⑯「（拽）字林云、臥引也、」（巻第十之一　四三四頁上段一七行目）

⑰「馴者、字林云、性行調馴、馴字〈余輪切、〉」（巻第八之一　三九二頁上段九行目）

先に掲出した『方言』『字書』『楚辞（楚詞）』の他、『日本国見在書目録』に呂忱撰と見える「字林」（二六四）が見える。これらは具平親王が見落としただけという可能性も皆無ではないが、特に「楚辞」や「字書」の事例は前後に引用されている箇所があるため、その可能性は極めて低いと言える。とすれば、本文確認や注釈の必要が無いと考えて、『弘決外典鈔』に引かなかったということになる。恐らく字句の単純な説明であり、文字の誤りの可能性も少ないと考えて、挙げなかったのであろう。賈逵（三〇～一〇一）は後漢の学者であるが、『春秋左氏伝解詁』『国語解詁』等、多くの注釈があり、この情報だけでは何を典拠としたのかわからない。そのため、最初から検討対象としなかったのかも知れない。

**「外典目」に掲載されながら『弘決外典鈔』では省略された引文**

以上とは別に、「外典目」に書目が挙げられているものの、『弘決外典鈔』には本文として引かれていないという事例も存する。文が引かれている場合に限って、以下に掲げる（「……」は中略を示す）。

⑱「周礼」

「周礼云、在レ首曰レ冠、亦可二去声一、謂レ冠二於首一」（巻第一之二　一五九頁下段一六行目）

「富者福也、周礼云、豊レ財也、」（巻第六之二　三四〇頁下段六行目）

⑲「礼」

「作円壇等者、礼云、築レ土為レ之、」（巻第二之二　一八九頁下段一〇行目）

「頌中云二儐従一、礼云、導也、又云、侍辺也、」（巻第七之四　三八七頁上段二〇行目）

⑳「詩」

「詩云、介㆓爾景福㆒」（巻第五之三　二九六頁上段二行目）

「詩云、万人顒顒、」（巻第五之六　三二五頁下段八行目）

「詩云、懐㆓我好音㆒」（巻第七之四　三八五頁下段一六行目）

㉑「論語」

「論語云、導、謂㆑為㆓之正教㆒也、」（巻第一之二　一五七頁上段一七行目）

㉒「爾雅」

「爾雅釈親云、父之考、為㆓王父㆒、加㆑王者尊也、王父之考、為㆓曾祖王父㆒、加㆑曾者重也、曾祖王父之考、為㆓高祖王父㆒、加㆑高者最上也、」（巻第一之一　一四九頁中段一四行目）

「由者藉也、爾雅云、助也、」（巻第一之三　一六二頁中段二三行目）

「郭注爾雅云、労苦多堕、」（巻第四之四　二七四頁中段二九行目）

「爾雅云、休者喜也、」（巻第五之三　二九四頁上段一八行目）

「爾雅云、陰而風曰㆑翳、」（巻第五之四　三〇四頁中段二一行目）

「羅者、爾雅云、鳥罟曰㆑羅、」（巻第五之四　三〇七頁下段一一行目）

「堂堂者、爾雅云、堂堂容也、」（巻第五之四　三〇八頁下段二行目）

「爾雅云、顒顒昂昂君徳也、」（巻第五之六　三二五頁下段七行目）

「崖者岸也、爾雅云、水浜也、又云、崖重者曰㆑岸、」（巻第六之三　三四四頁中段一行目）

「爾雅云、宛中隆、郭璞云、山中央高也、」（巻第七之二　三七〇頁下段二二行目）

「酖者、爾雅云、久楽也、」（巻第七之二　三七二頁上段八行目）

「戌者、爾雅云、遏也、」（巻第八之三　四〇六頁上段二九行目）

㉓「白虎通」

「白虎通云、堂堂明也、」（巻第五之四　三〇八頁下段三行目）

㉔「郭璞（後漢書列伝注カ）」

「郭璞云、往来貌也、」（巻第七之二　三七〇頁下段二二行目）

㉕「国語」

「疲者、国語云、労倦病也、」（巻第二之一　一八二頁下段二一行目）

㉖「荘子」

「云㆓恬愉㆒者、恬静也、荘子云、無為也、」（巻第九之一　四一五頁上段一行目）

㉗「淮南子」

「淮南子云、海不㆑譲㆑水、積㆑小成㆑大、」（巻第一之二　一五六頁上段）

「淮南子云、偸者天下之大賊、」（巻第五之六　三二四頁下段三行目）

㉘「風俗通」

「風俗通云、州者疇也、疇順也、」（巻第四之三　二六五頁上段一三行目）

㉙「広雅」

「即者、広雅云、合也、」（巻第一之一　一四九頁下段一四行目）

「広雅云、顚倒也、」（巻第一之二　一五九頁下段九行目）

「広雅云、閑者正也、」（巻第三之四　二四三頁中段一〇行目）
「休否者、……広雅云、慶也、否者悪也、」（巻第五之三　二九四頁上段一九行目）
「庸者、……広雅云、愚也、」（巻第八之二　四〇〇頁下段一一行目）

㉚
「玉篇」
「玉篇云、無レ目曰レ瞽、又云、有レ瞳無レ眒曰レ瞽、眒字〈直忍切、〉」（巻第一之二　一五三頁中段一行目）
「玉篇云、剝者裂也、刻割也、去レ肉脱レ皮也、割裁截也、」（巻第一之三　一六五頁中段一八行目）
「玉篇云、加レ言曰レ誣、」（巻第一之五　一七五頁中段一八行目）
「饌者、玉篇云、陳二飲食一也、亦具レ食也、」（巻第二之二　一八九頁下段二六行目）
「億者、玉篇云、心不レ力也、謂二懈怠一也、」（巻第七之二　三六七頁上段二一行目）

㉛
「蒼頡（篇）」
「疲者、……蒼頡云、嬾也、」（巻第二之一　一八二頁下段二二行目）
「私者、蒼頡云、不公也、」（巻第三之二　二三二頁下段二行目）
「抒者除也、蒼頡篇云、酌取也、」（巻第七之二　三七一頁中段一六行目）
「月円明也、蒼頡篇云、大明也、」（巻第九之一　四一四頁上段九行目）

㉜
「説文」
「中鷲頭者、説文云、此鳥黒色多レ子、」（巻第一之一　一四五頁上段一行目）
「廐者、説文云、馬舎也、」（巻第一之一　一四七頁上段一七行目）
「寧者、説文云、願辞也、亦豈也、」（巻第一之二　一五四頁下段三行目）

「勧修中云肖者、説文云、骨法相似也、」（巻第二之二　一九三頁上段六行目）
「造往、聘迎、説文云、造就也、聘問也、」（巻第四之三　二六五頁上段一〇行目）
「疇類也、説文云、田界也、」（巻第四之三　二六五頁上段一三行目）
「肥腴者、説文云、腹下肉也、」（巻第四之三　二七〇頁中段六行目）
「説文云、券別之書、以レ刀判二其旁一、故謂二之契一、」（巻第七之四　三八四頁上段二五行目）
「睿者、説文云、深明也、智也、」（巻第七之四　三八五頁下段一四行目）
「鬐者項毛也、説文云、馬鬐鬣也、」（巻第八之一　三八九頁下段三行目）

㉝「釈名」
「弘者広也、誓約也、釈名云、誓制也、」（巻第一之四　一七一頁下段三行目）
「釈名云、州者注也、」（巻第四之三　二六五頁上段一二行目）

「外典目」全五九書目中、一六件について確認できる。書目のなかにはそもそも一箇所しか『止観輔行伝弘決』に見えない書も二〇件近くあるので、かなりの割合となることが判明する。これらをすべて見落としと考えることはできないから、「外典目」に挙げた書目であっても、その掲載箇所をすべて網羅しようとする意識は、持っていなかったと言える。具平親王の引用・非引用の基準がどこにあったのかは明確でないが、やはり比較的簡単な字義に関する引用が省かれていることが多い。親王の関心は主として語句そのものというよりは、その背後にあったと言えよう。

なお、「外典目」のなかには『止観輔行伝弘決』には引文が無く書名のみが記される書も掲出されている。「甄正論三巻〈沙門玄嶷撰、〉」「弁正論八巻〈沙門法琳撰、陳子良注、〉」「心鏡論十巻〈李思慎撰、〉」「破邪論一巻〈法琳撰、注四巻、又二巻沙門普応撰、〉」45「修文殿御覧三百六十巻〈祖孝徴等撰、〉」がそれである。これらは間違いなく具平親王が積極的に掲載したものと考えられる。このなかでも「弁正論」と「修文殿御覧」は『弘決外典鈔』注釈において特に盛んに利用されている。

## むすび

本稿では、『止観輔行伝弘決』の注釈書である具平親王撰『弘決外典鈔』について、その冒頭に掲載された「外典目」の検討を中心に、親王がどのようにして注釈作業を行なおうとしたか、を検討した。推測にわたった点も多いが、要約すると、引用外典の校訂と注釈を目的とした具平親王は、まず『止観輔行伝弘決』から外典の書名を抜き出したが、単にそれをそのままリスト化したのではなく、内容を検討した上で該当する書名を何らかの図書目録を参考にして捜索し、『隋書』経籍志や『麟臺四部書目録』『日本国見在書目録』などによって確認した。書目はすべてを網羅したわけではなく、省略したものもあり、また「外典目」に掲出された書目であっても、『弘決外典鈔』作成にあたって、そのすべての引文が抜き出されたわけではなかった。一方で『止観輔行伝弘決』には引文が無く書名のみが挙げられている書であっても、注釈のためあるいは親王の向学心から「外典目」に加えられた書目が存する。

本稿では主として「外典目」作成までの検討にとどまり、それ以降の注釈作業過程について検討を加えることができなかった。また残念ながら、身延文庫本の調査も行なう余裕が無かった。あわせて今後の課題としたい。

## 注

（1）池麗梅「結論」（『唐代天台仏教復興運動研究序説――荊渓湛然とその『止観輔行伝弘決』――』、大蔵出版、二〇〇八年）四〇〇～四〇二頁。

（2）比叡山専修院附属叡山学院編『伝教大師全集』五（比叡山図書刊行所、一九二七年）「伝教大師消息」所収弘仁四年六月十九日付最澄書状。

（3）髙田宗平「『弘決外典鈔』所引『論語義疏』の性格」（『日本古代『論語義疏』受容史の研究』、塙書房、二〇一五年、初出二〇一一年）。以下、髙田氏の論は同論考に拠る。なお称名寺所蔵本については、徳富蘇峰による紹介以前、阿佐山房主人（荻野仲三郎）「金沢文庫の一珍本に就て」（『中央史壇』一一‐三、一九二五年）がある。髙田氏以降の『弘決外典鈔』の研究には、河野貴美子a「日本古代の仏典注釈書にみえる『論語』の引用をめぐって」（大橋一章・新川登亀男編『「仏教」文明の受容と君主権の構築――東アジアのなかの日本――』、勉誠出版、二〇一二年）、同b「身延文庫蔵《弘決外典鈔》古鈔本初探」（劉玉才・潘建国主編『日本古鈔本与五山版漢籍研究論叢』、北京大学出版社、二〇一五年）、同c「「鬼」を語り記すことの意味――『弘決外典鈔』からみる『日本霊異記』の「鬼」および内典・外典――」（『説話文学研究』五一、二〇一六年）、孫猛「《見在目》与《弘決外典鈔・外典目》」（『日本国見在書目録詳考』下、上海古籍出版社、二〇一五年）、馮利華「影印宝永丁亥刻年《弘決外典鈔》考述」（『《弘決外典鈔》整理与研究』、巴蜀書社、二〇二二年）があり、拙稿「摂関期貴族社会における漢籍収蔵の様相」（髙田宗平編『日本漢籍受容史――日本文化の基層――』、八木書店、二〇二二年）でも略述した。

（4）河野貴美子「具平親王『弘決外典鈔』の方法」（吉原浩人・王勇編『海を渡る天台文化』、勉誠出版、二〇〇八年）。以下、特に言及する場合を除き、河野氏の論は同論考に拠る。

（5）内野「弘決外典抄の経書学的研究」（内野熊一郎博士米寿記念論文集刊行会編『内田熊一郎博士米寿記念論文集 日本漢文学研究』、名著普及会、一九九一年、初出一九五〇年）。以下、内野氏の論は同論考に拠る。

（6）河野氏注（3）b論文は、長澤規矩也・川瀬一馬「身延問答」（『書誌学』三‐四、一九三四年）に拠ってか、

「平安末期―鎌倉期（十二三世紀左右）」の書写とする。

（7）河野氏注（3）b論文。

（8）河野貴美子「『弘決外典鈔』音釈小考」（『注釈史と考証』一、二〇〇九年）、同氏注（3）ａｂ論文等。

（9）校異の略称として以下の符号を用いる。三条家本㊂、称名寺本㊍、宝永刊本㊎。なお本来ならば、身延文庫本の二写本も参照すべきであるが、その余裕がなかった。表「外典目一覧」のみ孫氏注（3）論文により身延文庫鎌倉写本を示した。

（10）原文「儒墨」は「泛指多種学派」の意味（『漢語大詞典』一、漢語大詞典出版社、一九九三年第三次、初版一九九〇年、一七一六頁）と捉えた。

（11）原文「陸郭」を陸法言と郭知玄と解したが、別人の可能性も考えられよう。

（12）湛然が儒家の出身であったこと（池麗梅「湛然の生涯と著作」『唐代天台仏教復興運動研究序説――荊渓湛然とその『止観輔行伝弘決』――』、大蔵出版、二〇〇八年、等参照）も関係するであろう。

（13）特に敬意が払われていないことなどから考えれば、この僧は親王より年下であったろう。親王と気安く関係が結べる天台僧ということから見ると、例えば藤原為光男の尋光（九七一～一〇三八）や藤原公季男の如源（九七五～一〇二一）、藤原義懐男の尋円（九七七～一〇三一）などが候補として考えられる。

（14）『今鏡』巻九「まことのみち」等。大曾根章介「具平親王考」（『日本漢文学論集』二、汲古書院、一九九八年、初出一九五八年）等。

（15）称名寺本は「外典目」の標題は無く、序に続けて書目を列挙する。また宝永刊本が注記とする『破邪論』別本を独立して記しており、その場合は六〇件となる。

（16）孫氏注（3）論文。「外典目」の標題が親王が記したものでなかったとしても、「弘決外典鈔」という書名から考えて、「外典」を対象としていたことは疑いない。

（17）矢島玄亮『日本国見在書目録――集証と研究――』（汲古書院、一九八四年）に拠る番号。以下、『日本国見在書

目録』に言及する際には〔　〕の中にこの番号を付すことにする。なお孫猛『日本国見在書目録詳考』（上海古籍出版社、二〇一五年）考証篇での番号もこれと同じである。

(18)『弘決外典鈔』も「漢書」と記されているので、転写過程での脱字は想定しなくて良いであろう。

(19) 金文京「中国目録学史上における子部の意義――六朝期目録の再検討――」（『斯道文庫論集』三三、一九九九年）は、唐呉兢（六七〇～七四九）の蔵書目録『西斎目録』が五七部に分類されていたこと（『玉海』巻五二芸文）を指摘して、『隋書』経籍志以降の目録は、官撰はほとんど例外なしに四部分類に従っているが、個人の目録は必ずしもそうでなかったことを指摘し、『日本国見在書目録』も四部がなく、子目があるのみであり、「尚書家」「春秋家」など儒教経典を諸子百家並みに扱うのは尋常ではないものの、恐らく唐代の民間ではそのような習慣があり、それが日本にも伝えられたと推測する。

(20) 孫氏注（17）書九三七～九三八頁参照。池田昌広「『日本書紀』は「正史」か」（『鷹陵史学』三三、二〇〇七年）は同目録について大宝度の遣唐使が舶載した可能性を指摘する。

(21) 付氏「『藝文類聚』から見た初期類書の性格」（『東洋学報』一〇一―二、二〇一九年）、同「『修文殿御覧』編纂再考――南朝類書の北伝と北朝類書の誕生――」（『東方学』一四〇、二〇二〇年）。

(22) この他、称名寺本は「春秋左氏伝三十巻〈杜預注、〉」にも「目録不ㇾ見」との注記があるが、「春秋左氏伝集解卅巻〈晋杜預注、〉」（一三三）に相当すると見て良く、転写の過程に生じた誤りであろう。

(23) 飯田瑞穂「『秘府略』に関する考察」（『飯田瑞穂著作集』三 古代史籍の研究 中、吉川弘文館、二〇〇〇年、初出一九七五年）。

(24) 川口久雄「解説」（内野熊一郎博士米寿記念論文集刊行会編『内野熊一郎博士米寿記念論文集　日本漢文学研究』、名著普及会、一九九一年）三一二頁。これは「外典目」の書目をすべて具平親王は参照することができたと解釈してのことと考えられる。同氏は「具平親王の文学と弘決外典鈔」（『三訂　平安朝日本漢文学史の研究』中、明治書院、一九八二年、初版一九六一年）では「この外典目はあるいは親王以外の後人の書き加えかもしれない」

（五六五頁）と、「外典目」自体が後世のものである可能性を指摘していた。

(25)「牟子」については「子鈔」から牟子の伝記を引用している（五五頁上段）が、梁庾仲容の『子抄』であろう（福井康順「牟子の研究」『道教の基礎的研究』、書籍文物流通会、一九五八年二版、初出一九三八年）。

(26) 孫氏注（3）論文はこれに加えて「神農本草」につき、「外典目」に「三巻」とあるのに対し、『日本国見在書目録』では「七巻」とあるので、別書と見なす。

(27) なお、『孝子伝』については、小島憲之「上代官人の「あや」その一――外来説話類を中心として――」（『万葉以前――上代びとの表現――』、岩波書店、一九八六年、初出一九七三年）、黒田彰「令集解の引く孝子伝について」（『孝子伝の研究』、思文閣出版、二〇〇一年、初出一九九八年）、東野治之「律令と孝子伝」（『日本古代史料学』、岩波書店、二〇〇五年、初出二〇〇〇年）等によって、劉向本、また陽明文庫系統本が八世紀前半以前に日本に伝来していたことが知られる。『弘決外典鈔』注釈所引文は陽明文庫本と同系統である（小島氏論文）。『甄正論』は天平勝宝六年（七五四）入唐廻使によって日本にもたらされ（天平宝字五年三月二十二日付奉写一切経所解案。『大日本古文書』編年四‐四九八頁）、院政期写本が石山寺に蔵されている（石山寺文化財綜合調査団編『石山寺の研究』一切経篇、法藏館、一九七八年、七五五頁）。

(28) 薄井俊二「天台山をめぐる古文献逸文輯考――唐代までを中心に――」（『天台山記の研究』、中国書店、二〇一一年、初出二〇〇二年）、佐々木章格「章安灌頂の研究――灌頂にかかわる著作目録について――」（『駒沢大学大学院仏教学研究会年報』一一、一九七七年）。

(29) なお、池田氏注（20）論文は、三条家旧蔵本において、『止観輔行伝弘決』本文が引く「帝王世紀」は「世」字を避諱により「卋」の字体に作るのに対し、『弘決外典鈔』注釈部分が引く「帝王世紀」は常体の「世」を使用していることから、具平親王が実見した『帝王世紀』は「世」避諱以前のきわめてふるい鈔写になったか、あるいはその重鈔本」であったと推測する。しかし具平親王在世時には「卋」を使用するのが一般的であったということが言えない限り、根拠としては薄弱と思われる。ちなみに『御堂関白記』自筆本を見ると、長保六年（一〇〇四）

六月六日条・二十二日条・二十三日条等では「卋」が使用されているが、寛弘六年（一〇〇九）十一月二十五日条と寛仁三年（一〇一九）十二月三十日条では「世」が使用されており、長徳四年（九九八）十二月二十九日条では「世」「卋」両方の字体が用いられている。

(30) 拙稿注（3）論文。

(31) 『干禄字書』序、『旧唐書』芸文志等。孫猛「唐佚籍十二種考――『日本国見在書目録』著録書を中心に――」（『日本中国学会報』五六、二〇〇四年）、孫氏注（17）書四一六頁。

(32) 池田証壽「杜延業『群書新定字様』再考」（『訓点語と訓点資料』一三九、二〇一七年）。

(33) 底本は「謂」に作るが、宝永本・称名寺本、また『止観輔行伝弘決』本文ともに「請」であるから、底本の誤植であろう。

(34) 「卅八楚辞家」として他に「楚辞音義〈釈智騫〉」（一三四二）「楚辞集音〈新撰〉」（一三四三）「離騒十巻〈王逸〉」（一三四四）「離騒音二巻」（一三四五）「離騒経潤一巻」（一三四六）が挙げられている。

(35) 以上は筆者が一見して気づいたものを掲げたに過ぎず、この他にも存在する可能性がある。以下の事例引用も同じ。

| 経籍志 | 旧唐書経籍志 | | | 日本国見在書目録 | | |
|---|---|---|---|---|---|---|
| 周易九巻〈後漢大司農鄭玄注、〉 | 甲経易 | 7 | 又(周易)九巻〈鄭玄注、〉 | 01易家 | 2 | 周易十巻〈後漢鄭玄注、〉 |
| 周易十巻〈魏尚書郎王弼注六十四卦六巻、韓康伯注繫辞以下三巻、王弼又撰易略例一巻、〉 | 甲経易 | 13 | 又(周易)七巻〈王弼注、〉 | 01易家 | 4 | 周易十巻〈魏尚書郎王弼注六十四卦六巻漢康伯注繫辞以下三巻、王弼又撰易略例一巻、〉 |
| 古文尚書〈漢臨淮太守孔安国伝、〉 | 甲経書 | 1 | 古文尚書十三巻〈孔安国伝、〉 | 02尚書家 | 34 | 古文尚書十三巻〈漢臨准太守孔安国注、〉 |
| 尚書大伝三巻〈鄭玄注、〉 | 甲経書 | 9 | 尚書暢訓三巻〈伏勝注、〉 | 02尚書家 | 37 | 尚書大伝三巻〈鄭玄注、或本伏生注、〉 |
| 尚書洪範五行伝論十一巻〈漢光禄大夫劉向注、〉 | 甲経書 | 10 | 尚書洪範五行伝論十一巻〈劉向撰、〉 | 02尚書家 | 38 | 尚書鴻範五行伝論十二巻〈漢光禄大夫劉向撰、〉 |
| 周官礼十二巻〈鄭玄注、〉 | 甲経礼 | 2 | 周官礼十三巻〈鄭玄注、〉 | 04礼家 | 63 | 周官礼十二巻〈鄭玄注、〉 |
| 礼記二十巻〈漢九江太守戴聖撰、鄭玄注、〉 | 甲経礼 | 41 | 小戴礼記二十巻〈戴聖撰、鄭玄注、〉 | 04礼家 | 77 | 礼記廿巻〈漢九江太守戴聖撰、鄭玄注、〉 |
| 大戴礼記十三巻〈漢信都王太傅戴徳撰、〉 | 甲経礼 | 40 | 大戴礼記十三巻〈戴徳撰、〉 | | | — |
| 毛詩二十巻〈漢河間太傅毛萇伝、鄭氏箋、〉 | 甲経詩 | 4 | 毛詩詁訓二十巻〈鄭玄箋、〉 | 03詩家 | 49 | 毛詩廿巻〈漢河間大傅毛萇伝、鄭氏箋、〉 |
| 春秋左氏経伝集解三十巻〈杜預撰、〉 | 甲経春秋 | 10 | 春秋左氏伝三十巻〈杜預注、〉 | 06春秋家 | 133 | 春秋左氏伝集解卅巻〈晋杜預注、〉 |
| 集解論語十巻〈何晏集、〉 | 甲経論語 | 1 | 論語十巻〈何晏集解、〉 | 08論語家 | 188 | 論語十巻〈何晏集解、〉 |
| 爾雅三巻〈漢中散大夫樊光注、〉 | 甲経詁訓 | 1 | 爾雅三巻〈李巡注、〉 | 08論語家 | 200 | 爾雅三巻〈郭璞注、〉 |
| 集注爾雅十巻〈梁黄門郎沈璇注、〉 | 甲経詁訓 | 5 | 集注爾雅十巻〈沈璇注、〉 | 08論語家 | 202 | 爾雅集注十巻〈沈旋注、〉 |
| 白虎通六巻 | 甲経讖緯 | 10 | 白虎通六巻〈漢章帝撰、〉 | 08論語家 | 211 | 白虎通十五巻〈班固等撰、〉 |
| 史記八十巻〈宋南中郎外兵参軍裴駰注、〉 | 乙史正史 | 2 | 又(史記)八十巻〈裴駰集解、〉 | 11正史家 | 397 | 史記八十巻〈漢中書令司馬遷、宋南中郎外兵参軍裴駰集解、〉 |
| 漢書一百一十五巻〈漢護軍班固撰、太山太守王劭集解、〉 | 乙史正史 | 8 | 又(漢書)一百二十巻〈顔師古注、〉 | 11正史家 | 405 | 漢書百廿巻〈唐秘書監顔師古注、〉 |
| 後漢書九十七巻〈宋太子事范曄撰、唐太子賢注、范他在方術伝、〉 | 乙史正史 | 42 | 又(後漢書)九十二巻〈范曄撰、〉 | 11正史家 | 418 | 後漢書百卅巻〈范曄本、唐臣賢太子、但志卅巻、梁剡令劉昭注補、〉 |

**外典目一覧**

| 番号 | | 身延文庫鎌倉写本 | 称名寺本 | 本文 | 鈔 | 隋書 | |
|---|---|---|---|---|---|---|---|
| 1 | a | 周易十巻〈鄭玄・王弼各注、〉 | 周易十巻〈鄭玄・王弼各注、〉 | 易／周易 | 易 | 経易 | 5 |
| | b | | | | | 経易 | 9 |
| 2 | | 尚書十三巻〈孔安国注、〉 | 尚書十三巻〈漢鄭玄、臨淮大守孔安国注、〉 | 尚書 | 尚書注 | 経書 | 1 |
| 3 | | 尚書大伝三巻〈漢伏生撰、鄭玄注、〉 | 尚書大伝三巻〈漢伏生撰、鄭玄注、〉 | 尚書大伝 | 尚書大伝 | 経書 | 14 |
| 4 | | 尚書洪範五行伝〈劉向撰、〉 | 尚書洪範五行伝論十一巻〈漢光禄大夫劉向撰、〉 | 洪範五行伝 | ― | 経書 | 16 |
| 5 | | 周礼十三巻〈鄭玄注、〉 | 周礼十二巻〈鄭玄注、〉 | 周礼／鄭玄注礼 | 周礼注 | 経礼 | 2 |
| 6 | | 礼記廿巻〈鄭玄注、〉 | 礼記二十巻〈鄭玄注、〉 | 礼／礼記経解 | 鄭玄礼記注 | 経礼 | 73 |
| 7 | | 大戴礼記十三巻〈漢信都王大傅戴徳撰、見在書目録不見、〉 | 大戴礼記十三巻〈漢信都王大傅戴徳撰、見在書目録不見、〉 | 大戴礼 | ― | 経礼 | 70 |
| 8 | | 毛詩二十巻〈漢河間大傅毛萇伝、鄭玄注、〉 | 毛詩二十巻〈漢河間大傅毛萇伝、鄭玄箋、〉 | 詩／毛詩 | 鄭注／毛詩伝 | 経詩 | 4 |
| 9 | | 春秋左氏伝三十巻〈杜預注、〉 | 春秋左氏伝三十巻〈杜預注、目録不見、〉 | 左伝 | 左伝 | 経春秋 | 9 |
| 10 | | 論語十巻〈何晏集解、〉 | 論語十巻〈何晏集解、〉 | 論語／論語注 | 論語／鄭玄論語注 | 経論語 | 3 |
| 11 | a | 爾雅三巻〈沈旋集注十巻、〉 | 爾雅三巻〈出自周公、汎（沈）旋集注十巻、〉 | 爾雅 | 李巡／爾雅 | 経論語 | 30 |
| | b | | | | | 経論語 | 33 |
| 12 | | 白虎通十五巻〈班固等撰、〉 | 白虎通十五巻〈班固等撰、〉 | 白虎通 | 白虎通 | 経論語 | 44 |
| 13 | | 史記八十巻〈司馬遷撰、裴駰集解、〉 | 史記八十巻〈漢中書令司馬遷撰、宋裴因集解、〉 | 史記／列伝？ | 史記 | 史正史 | 2 |
| 14 | | 漢書百二十巻〈班固撰、顔師古注、〉 | 漢書百二十巻〈後漢護軍班固撰、顔師古注、〉 | 漢書 | 漢書／師古漢書注 | 史正史 | 6 |
| 15 | | 後漢書百卅巻〈范曄撰、唐賢太子注、〉 | 後漢書百三十巻〈宋太子事范華撰、唐太子賢注、花他在方術伝、〉 | 漢書 | 後漢書 | 史正史 | 32 |

| 経籍志 | 旧唐書経籍志 | | | 日本国見在書目録 | | |
|---|---|---|---|---|---|---|
| 三国志六十五巻〈叙録一巻、晋太子中蕇庶子陳寿撰、宋太中大夫裴松之注、〉 | 乙史正史 | 51 | 魏国志三十巻〈陳寿撰、裴松之注、〉 | 11正史家 | 421 | 三国志六十五巻〈晋太子中庶子陳寿撰、宋太中大夫斐松之注、〉 |
| | 乙史偽史 | 24 | 蜀国志十五巻〈陳寿撰、〉 | | | |
| | 乙史偽史 | 25 | 呉国志二十一巻〈陳寿撰、裴松之注、〉 | | | |
| （巻数撰者一致するものなし） | 乙史正史 | 59 | 又（晋書）一百三十巻〈許敬宗等撰、〉 | 11正史家 | 422 | 晋書百卅巻〈唐太宗文皇製、〉 |
| 春秋外伝国語二十二巻〈韋昭注、〉 | 甲経春秋 | 102 | 又（春秋外伝国語）二十一巻〈韋昭注、〉 | 06春秋家 | 165 | 春秋外伝国語廿一巻〈韋昭注、〉 |
| — | | | — | 13雑史家 | 443 | 春秋後語十巻〈孔衍記、龟本、〉 |
| — | | | — | 13雑史家 | 444 | 春秋後語十巻〈范陽盧蔵用注、〉 |
| 山海経二十三巻〈郭璞注、〉 | 乙史地理 | 1 | 山海経十八巻〈郭璞撰、〉 | 21土地家 | 581 | 山海経廿一巻〈郭璞注、見十八巻、〉 |
| 老子道徳経二巻〈周柱下史李耳撰、漢文帝時河上公注、〉 | 丙子道家 | 2 | 老子二巻〈河上公注、〉 | 25道家 | 647 | 老子二〈月柱下史李耳撰、漢文時河上公注、〉 |
| 荘子三十巻目一巻〈晋太傅主簿郭象注、梁七録三十三巻、〉 | 丙子道家 | 62 | 又（荘子）十巻〈郭象注、〉 | 25道家 | 673 | 荘子卅三〈郭象注、〉 |
| 管子十九巻〈斉相管夷吾撰、〉 | 丙子法家 | 1 | 管子十八巻〈管夷吾撰、〉 | 26法家 | 709 | 管子廿巻〈斉相管夷吾撰、〉 |
| 孟子十四巻〈斉卿孟軻撰、趙岐注、〉 | 丙子儒家 | 5 | 孟子十四巻〈孟軻撰、趙岐注、〉 | 24儒家 | 633 | 孟子十四巻〈斉卿孟軻撰、趙岐注、〉 |
| 揚子太玄経九巻〈宋衷注、〉 | 丙子儒家 | 20 | 揚子太玄経十二巻〈揚雄撰、陸績注、〉 | 24儒家 | 640 | 揚子太玄経十三巻〈同（宋衷）注、〉 |
| 列子八巻〈鄭之隠人列禦寇撰、東晋光禄勲張湛注、〉 | 丙子道家 | 80 | 列子八巻〈列禦寇撰、張湛注、〉 | 25道家 | 695 | 列子八巻〈鄭之隠人列圄寇撰、東晋光禄勲張湛注、〉 |
| 尸子二十巻目一巻 | 丙子雑家 | 1 | 尸子二十巻〈尸佼撰、〉 | | | — |
| 淮南子二十一巻（4許慎注二十一巻あり） | 丙子雑家 | 5 | 淮南子注解二十一巻〈高誘撰、〉 | 30雑家 | 720 | 淮南子卅一巻〈漢淮南王劉安撰、高誘注、〉 |
| 牟子二巻〈後漢太尉牟融撰、〉 | 丙子道家 | 102 | 牟子二巻〈牟融撰、〉 | 24儒家 | 643 | 牟子二巻〈後漢太尉牟融撰、〉 |

| 番号 | | 身延文庫鎌倉写本 | 称名寺本 | 本文 | 鈔 | 隋書 | |
|---|---|---|---|---|---|---|---|
| 16 | a | 三国志六十五巻〈陳寿撰、〉 | 三国志六十五巻〈陳寿撰、〉 | 孫伝 / 列伝 | 呉志 / 蜀志 | 史正史 | 42 |
| | b | | | | | | |
| | c | | | | | | |
| 17 | | 晋書百三十巻〈大宗文皇帝御製、〉 | 晋書百三十巻〈唐太宗文皇帝御製、宋院紘（イ无）藉列伝在第十九巻、〉 | 列伝 | 晋書 | | |
| 18 | | 国語二十一巻〈左丘明撰、韋昭解、〉 | 国語二十一巻〈左丘明撰、韋照解、〉 | 国語 | 韋昭 | 経春秋 | 102 |
| 19 | a | 春秋後語十巻〈凡衍記八巻、范陽盧蔵用注、〉 | 春秋後語〈孔衍記、范陽盧蔵用注十巻、〉 | 春秋後語 / 後語 | 本注 | | |
| | b | | | | | | |
| 20 | | 山海経二十一巻〈郭璞注、〉 | 山海経二十一巻〈郭璞注、〉 | 山海経 / 郭注山海経 | 山海経 | 史地理 | 1 |
| 21 | | 老子二巻〈漢文帝時河上公章句、〉 | 老子経〈漢文帝伝（時イ）河上公帝章句、〉 | 老子 | 老子 / 河上公注 | 子道家 | 2 |
| 22 | | 厳子卅巻〈郭璞注、厳本荘字也、而有所避改荘為厳、漢史避明帝諱皆為厳、〉 | 厳子三十三(ニイ)巻〈郭象注、厳本荘字也、而有所避改荘為厳、漢史避明帝諱皆為厳字也、荘厳同音、〉 | 厳子 | 荘子 / 厳子 / 郭象荘子注 | 子道家 | 25 |
| 23 | | 管子廿巻〈斉相管仲撰、〉 | 管子二十巻〈斉相管仲撰、〉 | 管子 | — | 子法家 | 1 |
| 24 | | 孟子十四巻〈孟軻撰、趙岐注、〉 | 孟子十四巻〈斉卿孟軻撰、趙岐注、〉 | 孟子 | — | 子儒家 | 5 |
| 25 | | 大玄経十三巻〈楊雄撰、宋嚢注、〉 | 大玄経十三巻〈揚雄撰、宗嚢注、〉 | 太玄経 | — | 子儒家 | 18 |
| 26 | | 列子八巻〈鄭隠人列禦寇撰、張湛注、〉 | 列子八巻〈鄭隠人列禦寇撰、東晋張湛注、〉 | 列子 | 列子 | 子道家 | 22 |
| 27 | | 尸子二十巻〈秦相衛鞅二客尸撰、見在書目録不見、〉 | 尸子二十巻〈秦相衛鞅上客尸佼撰、本朝見在書目録不見、〉 | 尸子 | — | 子雑家 | 2 |
| 28 | | 淮南子卌二巻〈漢淮南王劉安撰、高誘注、〉 | 淮南子四十二巻〈漢淮南王劉安撰、高誘注、〉 | 淮南子 | 高誘淮南子注 | 子雑家 | 5 |
| 29 | | 牟子二巻〈牟広撰、或云三巻、見在書目録不見、〉 | 牟子二巻〈牟広撰、或云三巻、見在書目録不見、〉 | 牟子 | — | 子儒家 | 25 |

| 経籍志 | 旧唐書経籍志 | | | 日本国見在書目録 | | |
|---|---|---|---|---|---|---|
| 劉子十巻 | 丙子雑家 | 27 | 劉子十巻〈劉勰撰、〉 | 30雑家 | 791 | 劉子十巻 |
| — | | | — | 30雑家 | 793 | 劉子三巻 |
| 呂氏春秋二十六巻 | 丙子雑家 | 3 | 呂氏春秋二十六巻〈呂不韋撰、〉 | 30雑家 | 719 | 呂氏春秋廿六巻〈呂不韋撰、高誘注、〉 |
| 説苑二十巻〈劉向撰、〉 | 丙子儒家 | 16 | 説苑三十巻〈劉向撰、〉 | 24儒家 | 638 | 説苑廿巻〈劉向撰、〉 |
| 風俗通義三十一巻録一巻 | 丙子雑家 | 9 | 風俗通義三十巻〈応劭撰、〉 | 30雑家 | 723 | 風俗通卅二巻〈応劭撰、〉 |
| 博物志十巻〈張華撰、〉 | 丙子小説 | 4 | 博物志十巻〈張華撰、〉 | 30雑家 | 728 | 博物志十巻〈張華撰、〉 |
| 涼州異物志一巻 | | | — | | | — |
| 異物志一巻〈後漢議郎楊孚撰、〉 | 乙史地理 | 45 | 交州異物志一巻〈楊孚撰、〉 | | | — |
| — | 丙子儒家 | 58 | 家訓〈顔子推撰、〉 | 30雑家 | 784 | 顔氏家訓七巻 |
| — | 丙子道家 | 110 | 集古今仏道論衡四巻〈釈道宣撰、〉 | 30雑家 | 808 | 古今仏道論衡四巻 |
| — | | | | | | — |
| — | 丙子道家 | 121 | 甄正論三巻〈杜乂撰、〉 | | | — |
| — | 丙子道家 | 118 | 弁正論八巻〈釈法琳撰、〉 | 30雑家 | 802 | 弁正論十二巻 |
| — | 丙子道家 | 116 | 笑道論三巻〈甄鸞撰、〉 | 30雑家 | 799 | 咲道論二巻〈甄鸞撰、〉 |
| — | 丙子道家 | 122 | 心鏡論十巻〈李思慎撰、〉 | | | — |
| — | 丙子道家 | 119 | 破邪論三巻〈釈法琳撰、〉 | 30雑家 | 797 | 破邪論一巻〈琳法師撰、〉 |
| — | | | — | 30雑家 | 798 | 注破邪論四巻 |
| — | | | — | | | — |
| 聖寿堂御覧三百六十巻 | 丙史事類 | 6 | 修文殿御覧三百六十巻 | 30雑家 | 758 | 修文殿御覧三百六十巻〈祖孝徴撰、〉 |
| 孝子伝十五巻〈晋輔国将軍蕭広済撰、〉 | 乙史雑伝 | 40 | 孝子伝十五巻〈蕭広済撰、〉 | | | — |
| 広雅三巻〈魏博士張揖撰、梁有四巻、〉 | 甲経詁訓 | 14 | 広雅四巻〈張揖撰、〉 | 08論語家 | 208 | 広雅三巻〈張揖撰、〉 |
| 玉篇三十一巻〈陳左衛将軍顧野王撰、〉 | 甲経詁訓 | 28 | 玉篇三十巻〈顧野王撰、〉 | 10小学家 | 259 | 玉篇卅一巻〈陳左将軍顧野王撰、〉 |
| 通俗文一巻〈服虔撰、〉 | | | | 10小学家 | 268 | 通俗文一巻 |

| 番号 | | 身延文庫鎌倉写本 | 称名寺本 | 本文 | 鈔 | 隋書 | |
|---|---|---|---|---|---|---|---|
| 30 | a | 劉子三巻〈註十巻、〉 | 劉子注十巻〈亀本三巻、〉 | 劉子 | — | 子雑家 | 11.4 |
| | b | | | | | | |
| 31 | | 呂氏春秋廿六巻〈呂不韋撰、〉 | 呂氏春秋二十六巻〈秦相呂不韋撰、〉 | 呂氏春秋 | 高誘呂氏春秋注 | 子雑家 | 3 |
| 32 | | 説苑二十巻〈劉向撰、〉 | 説苑二十巻〈劉向撰、〉 | 説苑 | 説苑 | 子儒家 | 15 |
| 33 | | 風俗通卅二巻〈応劭撰、〉 | 風俗通三十二巻〈応劭撰、〉 | 風俗通 | — | 子雑家 | 7 |
| 34 | | 博物志十巻〈張華撰、〉 | 博物志十巻〈晋司空張花撰、〉 | 博物志／博物誌 | 博物誌 | 子雑家 | 15 |
| 35 | a | 異物志〈涼州異物志二巻、交州異物志一巻、〉 | 異物志〈涼洲異物志二巻、交州異物志一巻、〉 | 異物誌 | — | 史地理 | 93 |
| | b | | | | | 史地理 | 36 |
| 36 | | 顔氏家訓七巻〈北斉黄門侍郎顔之推撰、〉 | 顔氏家訓七巻〈北斉黄門侍郎顔之推撰、〉 | 顔氏家訓 | 顔氏家訓 | | |
| 37 | | 古今仏道論衡四巻〈釈道宣撰、〉 | 古今仏道論衡四巻〈釈道宣撰、〉 | 論衡 | 古今仏道論衡 | | |
| 38 | | 国清寺百録五巻〈灌頂大師撰、〉 | 国清寺百録五巻〈灌頂大師纂、〉 | 国清百録 | — | | |
| 39 | | 甄正論三巻〈沙門玄嶷撰、〉 | 甄正論三巻〈沙門玄嶷撰、〉 | 甄正 | — | | |
| 40 | | 弁正論八百〈沙門法琳撰、陳子良注、〉 | 弁正論八巻〈沙門法琳撰、陳子良注、〉 | 弁正 | 弁正論 | | |
| 41 | | 笑道論二巻〈甄鸞撰、〉 | 笑道論三巻〈甄鸞撰、〉 | 笑道 | — | | |
| 42 | | 心鏡論十巻〈李思慎撰、〉 | 心鏡十巻〈李思慎撰、〉 | 心鏡 | — | | |
| 43 | a | 破邪論一巻〈法琳撰、注四巻、又二巻沙門普応撰、〉 | 破邪論一巻〈法琳撰、注四巻、〉 | 破邪 | — | | |
| | b | | 破邪論二巻〈沙門普応撰、〉 | | | | |
| 44 | | 二教論一巻〈沙門道安撰、〉 | 二教論一巻〈沙門道安撰、〉 | 二教／二教論 | 二教論 | | |
| 45 | | 修文殿御覧三百六十巻〈祖孝徴等撰、〉 | 修文殿御覧三百六十巻〈祖孝徴等撰、〉 | 御覧 | 御覧 | 子雑家 | 91 |
| 46 | | 孝子伝十五巻〈蕭堯済撰、〉 | 孝子伝十五巻〈蕭堯済撰、〉 | 孝伝／蕭堯済孝子伝 | 孝子伝 | 史雑伝 | 52 |
| 47 | | 広雅四巻〈張揖撰、〉 | 広雅四巻〈張揖撰、〉 | 広雅 | 広雅 | 経論語 | 36 |
| 48 | | 玉篇卅一巻〈顧野王撰、〉 | 玉篇三十巻〈陳左将軍顧野王撰、〉 | 玉篇 | 玉篇 | 経小学 | 32 |
| 49 | | 通俗文一巻 | 通俗文一巻 | 通俗文 | — | 経小学 | 65 |

| 経籍志 | 旧唐書経籍志 | | | 日本国見在書目録 | | |
|---|---|---|---|---|---|---|
| 梁有蒼頡二巻〈後漢司空杜林注、亡、〉 | 甲経詁訓 | 19 | 三蒼三巻〈李斯等撰、郭璞解、〉 | 10小学家 | 242 | 蒼頡篇一巻 |
| 説文十五巻〈許慎撰、〉 | 甲経詁訓 | 24 | 説文解字十五巻〈許慎撰、〉 | 10小学家 | 256 | 説文解字十六巻〈許慎撰、〉 |
| 釈名八巻〈劉熙撰、〉 | 甲経詁訓 | 13 | 釈名八巻〈劉熙撰、〉 | 08論語家 | 210 | 釈名八巻〈劉熙撰、〉 |
| 埤蒼三巻〈張揖撰、〉 | 甲経詁訓 | 22 | 埤蒼三巻〈張揖撰、〉 | 10小学家 | 243 | 埤蒼二巻〈張揖撰、〉 |
| 字統二十一巻〈楊承慶撰、〉 | 甲経詁訓 | 27 | 字統二十巻〈楊承慶撰、〉 | | | — |
| 太公六韜五巻〈梁六巻、周分王師姜望撰、〉 | 丙子兵書 | 4 | 太公六韜六巻 | 33兵家 | 836 | 太公六韜六巻〈周文王師姜望撰、〉 |
| — | | | — | | | — |
| 神農本草経三巻 | 丙子医術 | 1 | 神農本草三巻 | 37医方家 | 1278 | 神農本草七〈陶隠居撰、〉 |
| — | 丙子医術 | 21 | 新修本草二十一巻〈蘇敬撰、〉 | 37医方家 | 1277 | 新修本草廿巻〈孔志約撰、〉 |
| 文選三十巻〈梁照明太子撰、〉 | 丁集総集 | 6 | 文選六十巻〈李善注、〉 | 40惣集家 | 1500 | 文選六十巻〈李善注、〉 |

| 番号 | | 身延文庫鎌倉写本 | 称名寺本 | 本文 | 鈔 | 隋書 | |
|---|---|---|---|---|---|---|---|
| 50 | | 蒼頡篇一巻〈秦相李斯撰、驎臺四部書目録別有二巻、〉 | 蒼頡一巻〈秦相李斯撰、驎臺四部書目録又有蒼頡二巻、〉 | 蒼頡篇／蒼頡 | ― | 経小学 | 1.1 |
| 51 | | 説文解字十五巻〈許慎撰、〉 | 説文解字十五巻〈許慎撰、〉 | 説文 | ― | 経小学 | 24 |
| 52 | | 釈名八巻〈劉煕撰、〉 | 釈名八巻〈晋劉煕撰、〉 | 釈名 | 釈名 | 経論語 | 40 |
| 53 | | 埤蒼二巻〈張揖撰、〉 | 埤蒼二巻〈張揖撰、〉 | 埤蒼 | ― | 経小学 | 2 |
| 54 | | 字統廿巻〈楊承慶撰、見在書目録不見、〉 | 字統二十巻〈楊承慶撰、見在書目録不見、〉 | 字統／楊承ヵ | ― | 経小学 | 31 |
| 55 | | 大公六韜六巻〈大公望撰、〉 | 大公六韜六巻〈大公望撰、〉 | 太公六韜 | ― | 子兵家 | 11 |
| 56 | | 七曜図〈見在書目録不見、〉 | 七曜図〈見在書目録不見、〉 | 七曜図 | ― | | |
| 57 | | 神農本草三巻 | 神農本草経三巻 | 神農経 | 陶景本草注 | 子医方 | 72 |
| 58 | | 新修本草廿巻〈孔志約撰、〉 | 新修本草二十巻〈孔志約撰、〉 | 本草 | 本草／蘇敬注 | | |
| 59 | | 文選六十巻〈梁昭明太子撰、李善注、〉 | 文選六十巻〈梁照明太子撰、李善注、〉 | 文選／孫公山賦 | ― | 集総集 | 14 |

注）『弘決外典鈔』「外典目」の記載と同書本文（『止観輔行伝弘決』の引用部分）・注釈部分（「鈔」欄）、『隋書』経籍志・『旧唐書』経籍志・『日本国見在書目録』における記載を対照させた。

身延文庫鎌倉写本は孫猛『日本国見在書目録詳考』（上海古籍出版社、2015年）の記述により掲げた。

『日本国見在書目録』には矢島玄亮『日本国見在書目録――集証と研究――』（汲古書院、1984年）による通し番号を付した（孫猛『日本国見在書目録詳考』も同番号）。

# デジタルアーカイブ検索の実践例——平安時代の占いを手掛かりに——

伊藤実矩

## はじめに

昨今、様々な資料館や博物館・図書館などで資料画像のデジタル公開が盛んである。各機関が所蔵する資料目録がデジタル化され、画像とあわせてインターネット公開されることで現地に行かずとも自宅の端末から資料を手軽に閲覧することができ、多くの人々に利活用を促進することになった。また公開によって、これまで見落とされてきた資料から新たな発見につながることもあり、研究分野に多大なメリットをもたらしている。所蔵者側としても歴史資料の劣化を防止できるほか、デジタルデータの加工や編集が容易となり、利便性が格段に増したところにデジタル公開の特色がある。

その一方、公開するためにはメタデータを作成・付与して検索性を高めておかなければ、せっかくのデジタルコンテンツが特定の分野や利用に偏ってしまい、新たな発想や知識の発展・広がりといったチャンス（機会）が起こりにくいというデメリットもある。そもそも、デジタルアーカイブにおける歴史資料の公開は目録のデジタル化とその検索ツールの提供が主な目的だが、利用者側も多角的に検索できなければ、自身にとって最適な資料を見つけ出すことはできない。

そこで本稿では、筆者が所属している京都府立京都学・歴彩館（以下『歴彩館』）のデジタルアーカイブをとおして、多角的な検索の実践例を紹介したい。筆者が専門とする「平安時代における人々と占い」をテーマに、検索でヒットした資料をあわせて紹介し、若干の検討および将来への展望を述べたい。

## 一　京都府立京都学・歴彩館が公開するデジタルアーカイブ

歴彩館では二つのデジタルアーカイブを運営している。二〇一四年三月からは国宝・東寺百合文書の目録とデジタル画像が全点公開されている「東寺百合文書ＷＥＢ」を、二〇一五年一一月からは東寺百合文書を除く所蔵資料の目録と一部画像データを「京の記憶アーカイブ」にて公開している。つぎに、それぞれの概要と特徴を述べていく。

### 東寺百合文書ＷＥＢ

東寺百合文書ＷＥＢの中心資料である東寺百合文書は、京都市南区の東寺（教王護国寺）に伝えられた、奈良時代から江戸時代初期に至る約一〇〇〇年間の文書群で、一九六七年文化財保護を目的に京都府が東寺から購入した。東寺百合文書を受け入れ後の歴彩館の取り組みとしては、一九六七年に整理修理作業を開始し、仮目録が作成され、一九八三年には二回目の修理作業を行った。文書原本保護と閲覧利用に対する利便性の向上のため、一九八〇年にマイクロフィルム化し写真版を製本、二〇〇四年から翻刻史料集を出版（令和四年に第十四巻を刊行）、二〇一三年にはデジタル化された。そして二〇一四年三月に「東寺百合文書ＷＥＢ」の運用を開始してインターネット公開した。この東寺百合文書WEBでは、①東寺百合文書全ての資料画像を公開、②高精細な画像を自由にダウンロード可能、③資料画像を含めたWEB上のコンテンツについては、原則として「クリエイティブ・コモンズ表示2.1日本ライセンス」（CC BY 2.1 JP）による提供、など世界中の人々に自由に利用してもらえる形式をとっている。

東寺百合文書WEBの検索TOPでは、文書を検索するツールとしてキーワード入力のほかに、「函から」・「和暦から」・「西暦から」の各項目が独立して検索できる。また、「詳細検索」では先ほどの項目がまとめて検索できるとともに、こちらは〇〇年～〇〇年といった具合に年代幅を指定して検索できる点が便利である。

### 京の記憶アーカイブ

歴彩館のデジタルコンテンツ「京の記憶アーカイブ」は、古文書・行政文書・近代文学資料・写真資料・古典籍・図書資料など歴彩館が所蔵している資料を一括検索できる点に特徴がある。また資料画像の公開は一部に限られているが、こちらも東寺百合文書WEBと同様に、「クリエイティブ・コモンズ表示2.1　日本ライセンス」（CC BY 2.1 JP）で提供しており、画像のダウンロードはもちろん、出典を明記すれば所蔵館への申請なしに使用できるようになっている。

前述のとおり、京の記憶アーカイブでは古文書をはじめ多岐にわたる資料目録を公開している。これらを一括して検索する「シンプル」検索と、資料群ごとの「詳細」検索の二種類から選ぶことができる。「シンプル」検索では、多数ある目録を横断してキーワード検索することができる一方、「詳細」検索では目録ごとに年月日や形態など目録の各項目別に検索することが可能である。ただし、東寺百合文書WEBにて採用されている年代範囲を指定する検索システムが取り入れられていない点に改善の余地があると思われる。また、こちらの検索で東寺百合文書の目録も検索できるが、資料画像は見ることができない。

## 二　「占い」に関するキーワード検索の実践例

前節では、歴彩館が運営している二つのデジタルアーカイブ（『東寺百合文書ＷＥＢ』と『京の記憶アーカイブ』）の概要と特徴について紹介した。本節では、本題である多角的なキーワード検索の実践例を提示したい。なお、本稿で検索の手掛かりにしている「平安時代の「占い」」は筆者の研究テーマである。当該期の占いに関する資料がどれくらいヒットするのか、あわせて平安時代以外の資料の有無について、「東寺百合文書ＷＥＢ」と「京の記憶アーカイブ」での検索をつうじて紹介したい。

### 「東寺百合文書ＷＥＢ」で検索

東寺百合文書は、前述のとおり奈良時代から江戸時代初期に至る約一〇〇〇年間の文書群で、一八七〇五点の文書が存在する。まずは「詳細」で年代範囲を平安時代（七九四〜一一八五）に限定して検索したところ、平安時代の文書数は五五四点であったが、占いに関するものはほとんど見当たらなかった。

次に、「怪異」「吉凶」「占文」など、占いに関するキーワードでそれぞれ検索すると室町時代に一定数の資料がヒットした。キーワードと文書番号・文書名の対照表は表1のとおりである。

繁田信一氏によると、平安貴族は怪異が発生した際は陰陽師に卜占させて物忌を行うのに値する現象かどうかを判定させていたという[1]。繁田氏の研究を踏まえ、東寺百合文書でヒットした占い関係の文書には、正体不明の発光

**表1　東寺百合文書WEB**

| 資料番号 | 文書名 | 年代 |
|---|---|---|
| ◆ 怪異　8件 | | |
| ウ161 | 後土御門天皇綸旨案 | （文明12年）（1480）9月8日 |
| ヤ148 | 賀茂在通占文案 | 文明18年（1486）9月21日 |
| ヤ173 | 勘解由小路某占文 | 永正14年（1517）閏10月14日 |
| ち3 | 廿一口方評定引付 | 応永26年（1419） |
| ち14 | 廿一口方評定引付 | 嘉吉3年（1443） |
| ゑ57 | 賀茂在通怪異占文 | 文明18年（1486）5月15日 |
| 追加之部22.17 | 足利尊氏御判御教書案 | 延文元年（1356）4月21日 |
| 追加之部23 | 廿一口方重書案写 | 永正6年（1509）閏8月3日 |
| ◆ 吉凶　12件 | | |
| ヤ148 | 賀茂在通占文案 | 文明18年（1486）9月21日 |
| ヤ173 | 勘解由小路某占文 | 永正14年（1517）閏10月14日 |
| ち26 | 廿一口方評定引付 | 明応2年（1493） |
| を116 | 定昌鎮守八幡宮神供釜鳴占文 | 正長2年（1429）1月日 |
| や63 | 定昌釜鳴吉凶占文 | 応永29年（1422）5月日 |
| し197 | 賀茂在重東寺々中光物吉凶占文 | 2月10日 |
| ゑ52 | 六条陰陽頭清栄野狐乗馬吉凶勘文 | 寛正6年（1465）4月9日 |
| ゑ59 | 賀茂在通大師生身供壊吉凶占文 | 明応2年（1493）2月24日 |
| ゑ136 | 六条陰陽師清栄占文（案） | 4月25日 |
| ゑ137 | 六条陰陽師清栄勘文（案） | 4月25日 |
| ゑ150 | 賀茂在重大師仏供頽吉凶占文（案） | 6月26日 |
| 京123 | 定有鶏鳴吉凶占文 | 3月4日 |
| ◆ 占文　17件 | | |
| ウ150 | 広橋綱光奉書 | 7月8日 |
| ヤ148 | 賀茂在通占文案 | 文明18年（1486）9月21日 |
| ヤ173 | 勘解由小路某占文 | 永正14年（1517）閏10月14日 |
| ヤ175 | 勘解由小路某占文 | 永正14年（1517）11月8日 |
| ち14 | 廿一口方評定引付 | 嘉吉3年（1443） |
| を116 | 定昌鎮守八幡宮神供釜鳴占文 | 正長2年（1429）1月日 |
| を432 | 鎮守八幡宮釜鳴占文 | 2月7日 |
| を574 | 鎮守八幡宮釜鳴動謹慎日注文 | （4日） |
| や63 | 定昌釜鳴吉凶占文 | 応永29年（1422）5月日 |
| こ142 | 後花園天皇綸旨 | 9月27日 |
| し197 | 賀茂在重東寺々中光物吉凶占文 | 2月10日 |
| ゑ57 | 賀茂在通怪異占文 | 文明18年（1486）5月15日 |
| ゑ59 | 賀茂在通大師生身供壊吉凶占文 | 明応2年（1493）2月24日 |
| ゑ136 | 六条陰陽師清栄占文（案） | 4月25日 |
| ゑ150 | 賀茂在重大師仏供頽吉凶占文（案） | 6月26日 |
| 京123 | 定有鶏鳴吉凶占文 | 3月4日 |
| 天地之部36 | 廿一口方評定引付 | 寛正4年（1463） |

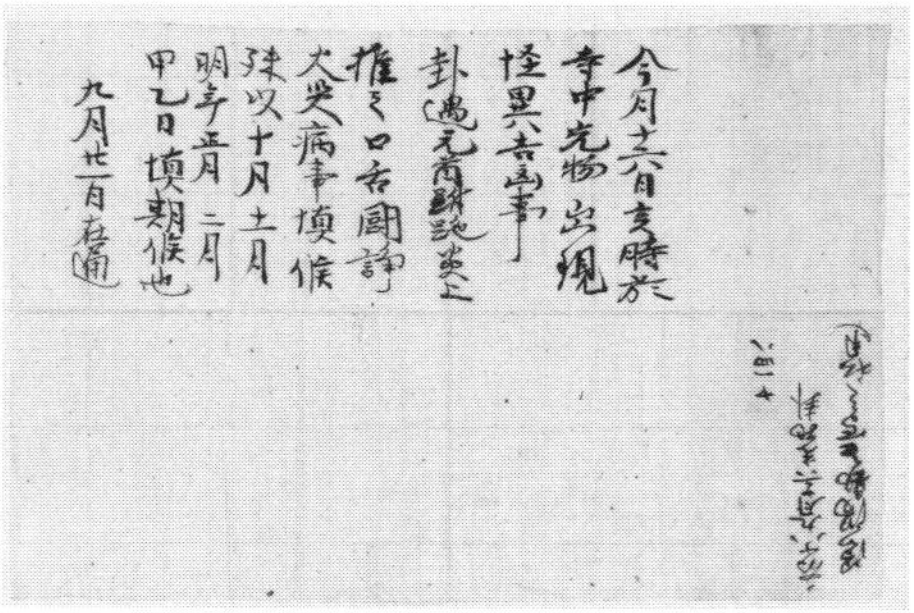

写真1　東寺百合文書
ヤ函148号「賀茂在通占文案」

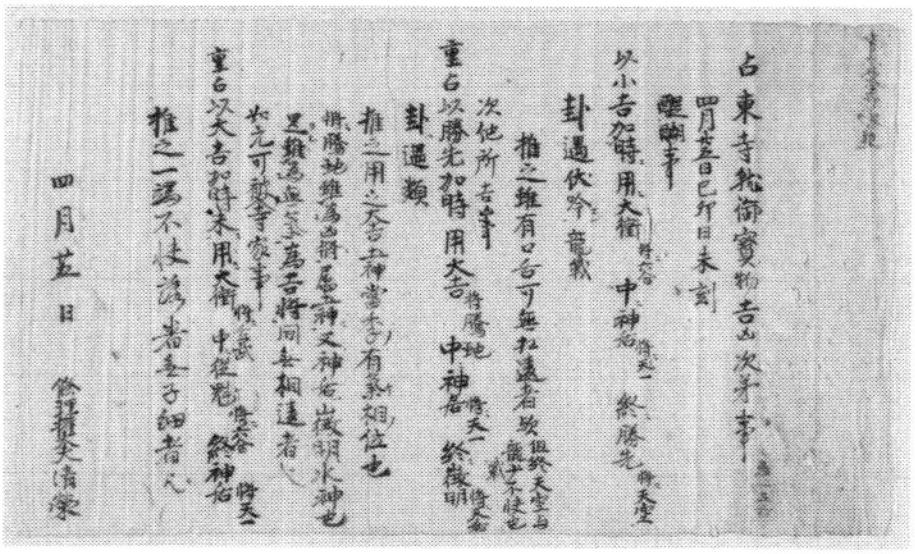

写真2　東寺百合文書
ゑ函136号「六条陰陽師清栄占文（案）」

体出現や鶏鳴・釜鳴の発生、さらには東寺から醍醐寺へ宝物の移管の是非など、様々な怪異事象や行動について占ったケースが全体の約三分の一を占めている。平安時代の人々と同様のケースが室町時代でも対象となっていることがわかる。

## 「京の記憶アーカイブ」で検索

つぎは京の記憶アーカイブで検索してみよう。「シンプル」検索画面で「吉凶」「反閇」「占文」などの検索結果を表2にまとめた。

表2にみえるように、占いに関する資料は六〇点弱あるものの、時代は圧倒的に江戸時代のものが多い。内容としては、彗星の出現や家関係・方角の吉凶などがあり、平安時代の人々が占っていた事柄と同じものが多い。

ちなみに、この表の中で多くみられる若杉家文書[2]は、二二八五点におよぶ陰陽道関係の古文書群である。この中でも、「小反閇作法」・「反閇作法幷作法」・「反閇部類記」は鎌倉時代に記されたもので、「小反閇作法」・「反閇作法幷作法」は陰陽道研究やテレビ番組などでよく利用される資料であるが、「反閇部類記」は前述の二点と比べるとあまり取り上げられておらず、検討の余地を残す資料である。本節では「反閇部類記」を例にあげ、当時の反閇の

**表2　京の記憶アーカイブ**

| 資料番号 | 文書名 | 年代 |
|---|---|---|
| ◆吉凶　27件 | | |
| 館古027若杉家文書463.5 | 吉凶付 | - |
| 館古027若杉家文書463.6 | 吉凶付 | - |
| 館古027若杉家文書472.3 | 内宮別宮日時吉凶付 | - |
| 館古027若杉家文書472.4 | 外宮別宮日時吉凶付 | - |
| 館古027若杉家文書473 | 吉凶付 | - |
| 館古027若杉家文書474 | 吉凶付 | - |
| 館古027若杉家文書475 | 吉凶付 | - |
| 館古027若杉家文書495 | 彗星出現吉凶勘文 | 5月28日 |
| 館古027若杉家文書861 | 口授墨色吉凶伝 | - |
| 館古027若杉家文書912 | 彗星出現吉凶勘文 | 嘉永6年（1853）8月18日 |
| 館古027若杉家文書1792 | 改築吉凶日時勘文 | - |
| 館古366山内家文書1035 | ［年齢吉凶占い書］ | 文政5年（1822）11月 |
| 館古366山内家文書1042 | ［方位吉凶等占い書］ | 午　正月 |
| 館古366山内家文書1048 | ［家普請吉凶之占書］ | 9月 |
| 館古445平和家文書806 | ［吉凶の節ほか献立の申渡］ | - |
| 館古547平和家文書2 | 江戸店業体之吉凶覚 | 文政5年（1822）2月～［天保5年］ |
| 館古548古久保家文書・丙344 | ［張良虎之巻ほか］ | - |
| 館古561宮本守三家文書・乙3187 | ［屋敷平面図］ | - |
| 館古582石田善明氏旧蔵京都関係文書27 | 万端御殿振合心覚之事 | ［寛政3年（1791）～文化2年］ |
| 館古603上野家文書21444 | ［家相図］ | 文久2年（1862）8月 |
| 館古603上野家文書29497 | 男女一代吉凶明細艦 | 明治42年（1909）2月10日 |
| 館古603上野家文書32081.4 | ［方角吉凶書付］ | - |
| 館古616谷口家資料285 | 御吉凶見出 | - |
| 館古630大國家文書61 | ［吉凶·易占伝書］ | - |
| 館古631松岡家文書5915.2 | 九曜星吉凶表 | ［昭和12年］（1937） |
| 館古631松岡家文書7272.2 | 四国88ヶ所順拝略図及ビ観音寺境内図 | - |
| 館古631松岡家文書7273.2 | 御祈禱の栞 | - |
| ◆反閇　3件 | | |
| 館古027若杉家文書73 | 小反閇作法 | ［建長2年（1250）6月23日写］ |
| 館古027若杉家文書74 | 反閇作法并作法 | ［鎌倉末年頃 写］ |
| 館古027若杉家文書75 | 反閇部類記 | ［鎌倉末年頃 写］ |
| ◆占文　29件 | | |
| 館古027若杉家文書496 | 占文案 | ［文化5年］（1808） |
| 館古027若杉家文書497 | 土御門晴親占文案 | 文化10年（1813）11月30日 |
| 館古027若杉家文書498 | 占文案 | - |
| 館古027若杉家文書499 | 変異占文案 | - |
| 館古027若杉家文書500 | 土御門晴雄占文案 | 元治元年（1864）11月23日 |
| 館古027若杉家文書501 | 土御門晴雄占文案 | 元治2年（1865）11月23日 |
| 館古027若杉家文書503 | 土御門晴親占文案 | 天保5年（1834）11月22日 |

| | | |
|---|---|---|
| 館古027若杉家文書504 | 土御門晴親占文案 | 天保5年（1834）11月22日 |
| 館古027若杉家文書505 | 土御門晴親占文案 | 天保5年（1834）11月22日 |
| 館古027若杉家文書506 | 土御門晴親占文案 | 天保5年（1834）11月22日 |
| 館古027若杉家文書507 | 土御門晴親占文案 | 天保5年（1834）11月22日 |
| 館古027若杉家文書508 | 土御門晴親占文案 | 天保5年（1834）11月22日 |
| 館古027若杉家文書509 | 土御門晴親占文案 | 天保5年（1834）11月22日 |
| 館古027若杉家文書510 | 土御門晴親占文案 | 天保5年（1834）11月22日 |
| 館古027若杉家文書511 | 禁裏御殿占文案 | - |
| 館古027若杉家文書512 | 仙洞御所占文案 | - |
| 館古027若杉家文書513 | 大宮御所占文案 | - |
| 館古027若杉家文書514 | 御台所占文案 | - |
| 館古027若杉家文書515 | 西丸御簾中占文案 | - |
| 館古027若杉家文書516 | 占文案 | - |
| 館古027若杉家文書517 | 変異占文案 | - |
| 館古027若杉家文書756 | 某占文断簡 | - |
| 館古027若杉家文書913 | 若杉保申占文 | 嘉永4年（1851）11月30日 |
| 館古027若杉家文書914 | 若杉保之占文 | 申正月 |
| 館古027若杉家文書915 | 若杉保申占文 | 戌3月 |
| 館古027若杉家文書916 | 若杉保申占文 | 2月11日 |
| 館古027若杉家文書917 | 天下安否占文 | - |
| 館古603上野家文書19823 | 周易占文 | 明治36年（1903）3月29日 |

記録をみていきたい。

**反閇部類記（館古〇二七若杉家文書七五）【写真3・4】**

「反閇部類記」は、長元五年（一〇三二）から嘉暦三年（一三二八）の記録や文書がまとめられている反閇儀礼に関する安倍氏の先例集である。前欠しているが、「反閇作法幷作法」と比べると皇后・女院・中宮などの女性が関わっている事柄における反閇の記録が多く記されている。その他の資料で具体的にどう記されているか、歴彩館が所蔵している『小右記』から反閇の様子をみていく。

**小右記**[3]

長保元年十月二十五日条【写真5】

廿五日、甲戌、（中略）大炊頭光栄朝臣奉仕反閇、可給禄、而禄物先候可渡御之処、入給別納所東門調渡給処、之間、光栄又奉仕反閇、

治安元年八月七日条【写真6】

七日、庚戌、伝聞、今日内大臣初参、按察示送云、

公卿初着陣日反閇歟、先例如何侍乎、又大臣参着時、雨儀　自温明殿砌可退出歟、報云、公卿初参時反閇不聞事也、但大臣初参時有反閇歟、又未知事也、下官大納言・参議時初参日不令反閇、大臣初参異他歟、関白被初参之例尤可佳、被申案内、可被従彼例吉也、又内府為大納言初参時反閇有無如何、又初参雨儀未知事也、初参日自敷政門可用出入歟、然者猶可用温明殿壇歟、如何

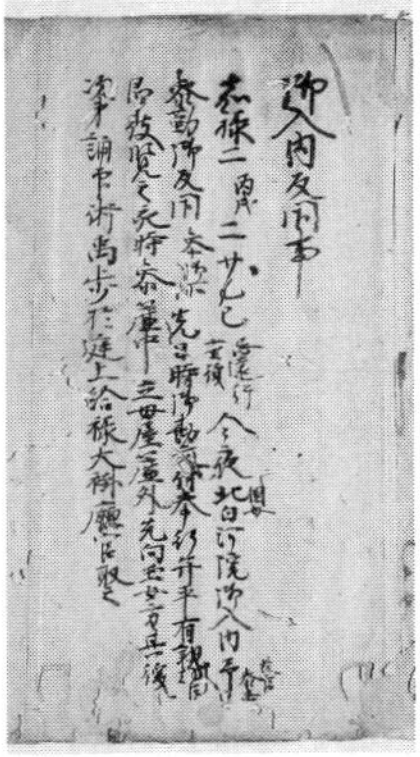

写真３　反閇部類記「御入内反閇事」

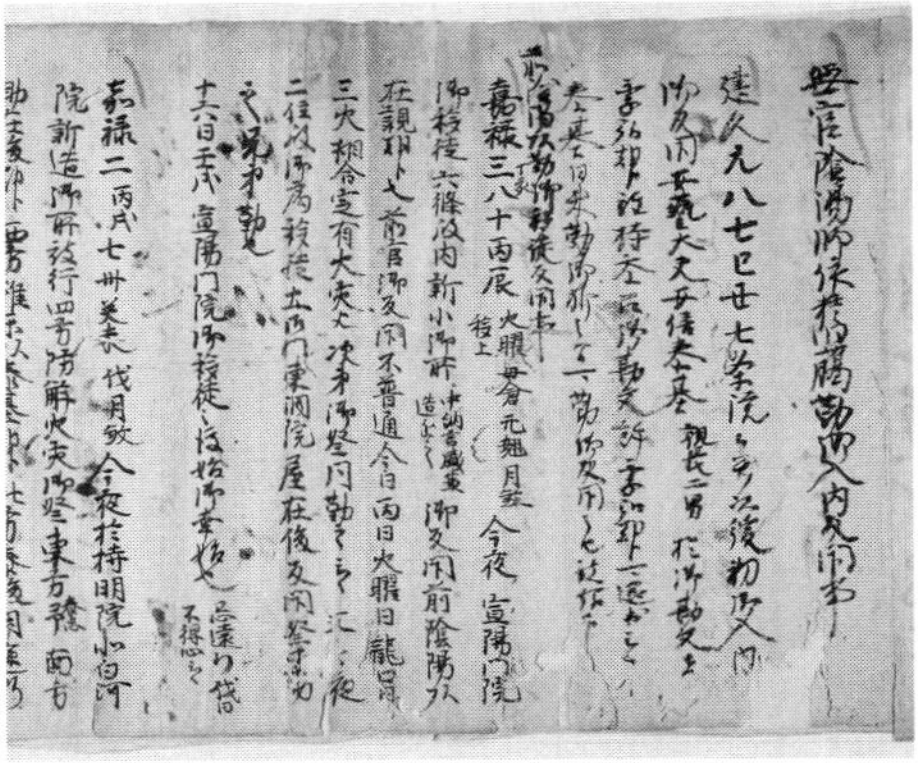

写真４　反閇部類記「前陰陽頭勤御移徙反閇事」

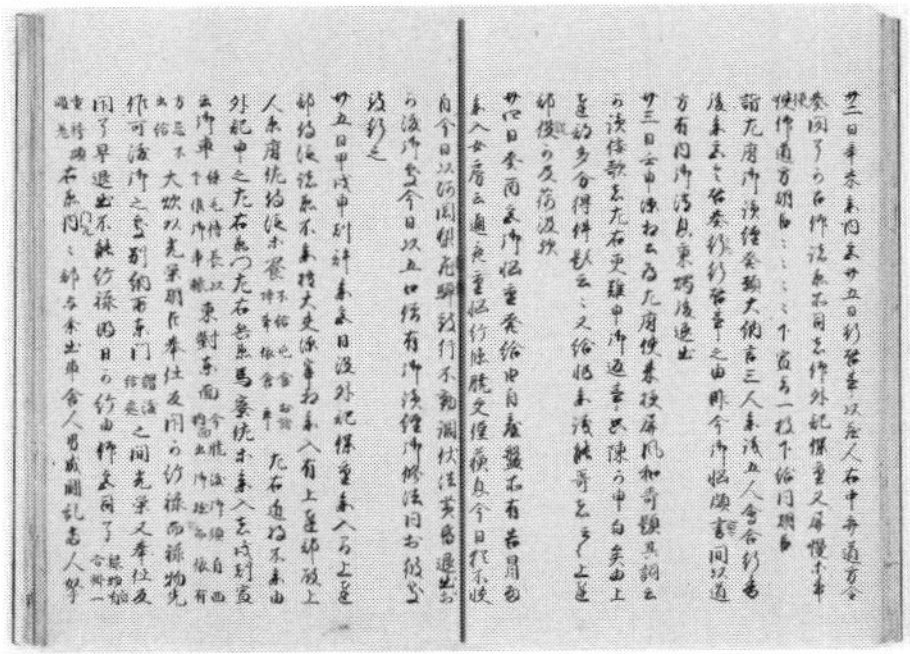

写真５　小右記　長保元年十月二十五日条

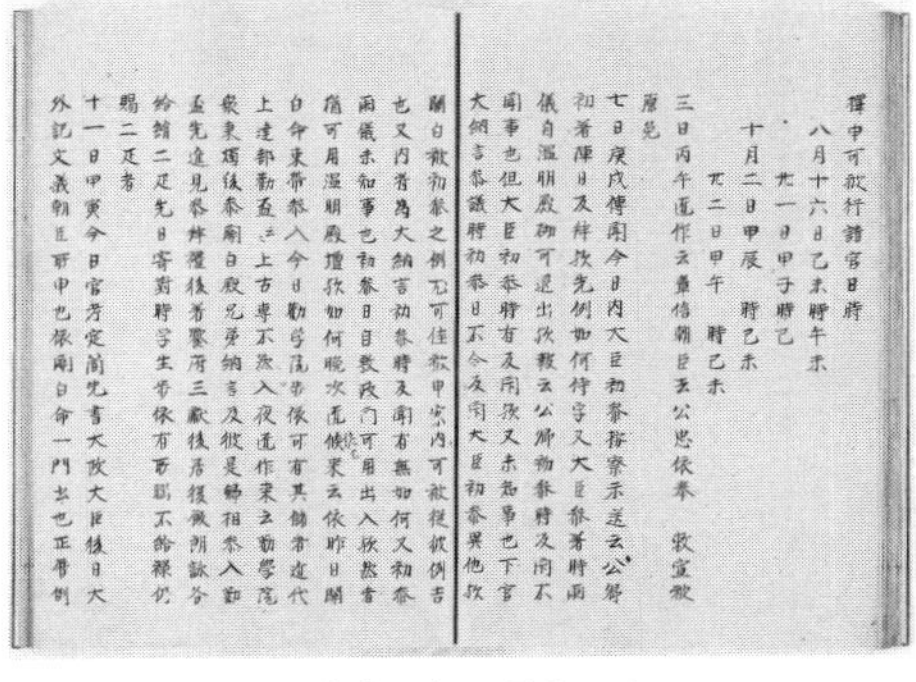

写真６　小右記　治安元年八月七日条

以上、日記からも反閇の記録についてみてきたが、反閇をしている人物の様子について、または反閇をするかしないかなど、先例を踏まえながら確認している記載もあり、当時の人々の反閇に関わる際の状況が史料からわかるのではないだろうか。

## 三　平安時代の占い

これまで「東寺百合文書ＷＥＢ」や「京の記憶アーカイブ」をつうじて、検索の実践例を紹介してきた。資料の残存状況もあるが、平安時代に作成された一次資料はヒットしなかったものの、実は後年に筆写された二次資料は存在している。本節ではこの写本をもとに平安時代の占いについて考察を進めていきたい。

平安時代史事典の「占い」(4)の項目をみてみると、

平安時代には神祇官卜部の亀卜と陰陽寮陰陽道の六壬式占、大学寮諸道兼学の儒者や密教僧・宿曜師の易占が主要な占法。律令制段階と比較し、(一)当初中国の礼の制での亀卜重視を受け、勅問には亀卜のみであったのに対し、陰陽道も当初の諸司公事問・私問だけでなく、八世紀後半ごろより勅問にもあずかるようになったこと、(二)当初陰陽部門（のち陰陽道）の占法であった易占・式占（太一・雷公・遁甲・六壬）などのうち、易占は九世紀には既に儒家らの手に移り、禁書の扱いを受けた太一・雷公・遁甲の三式占も十世紀までには行われなくなったこと、(三)陰陽道の占法は十世紀後半までには六壬式占専用となったことなどの重要な変化が認められる。かくして大事の神事に関しては長らく神祇一官があずかる一方、国政の一環としての勅問の系統に属する軒廊御卜(5)（陣御卜。官奏を経ない時、神祇官故障の時などは陣腋御占）では神祇・陰陽両官が災・怪異などの国家的大事の卜占に携わり、諸司公事問・私問の系統を受ける天皇家・諸官衙・氏集団・家族集団内での怪異・病事占や、第宅・社司の占定などは陰陽道があずかり、六壬式占は公私にわたる平安貴族社会を体現する占法とされた。

とあるように、平安時代の占いは公私様々な出来事と深く結びついていた。また、占いを担当する官職・陰陽寮について『令義令』(6)にも記載されている。

では、実際に当時の社会ではどのようなことが占いの対象になっていたのか。平安時代の占いといえば村山修一氏・繁田信一氏・小坂眞二氏・山下克明氏など陰陽道の先行研究ですでに平安貴族との関りや詳細について触れられているため、諸氏の研究を参考にしながら紹介していきたい。

当時、陰陽寮に所属していた安倍晴明が編纂したとされる『占事略決』(7)を例に挙げてみていこう。『占事略決』とは、安倍晴明が撰したとされる陰陽道に関する書物の一つである。全三六章から構成され、内容は六壬神課とよばれる占術の基本的な説明と、占う目的ごとに六壬神課をどのように使って占うかの解説がされている。歴彩館所蔵の『占事略決』は全一冊三六丁から構成され、奥書によると慶長一五年（一六一〇）に書き写されたことがわかる。この資料は、先行研究や陰陽道・安倍晴明が特集のテレビ番組などでもよく取り上げられている。

**占事略決（館古〇二七若杉家文書八五三）**【写真7~14】

四課三伝法第一　課用九法第二
天一治法第三　十二将所主法第四
十二月将所主法第五　十干剛柔法第六
十二支陰陽法第七　課支干法第八

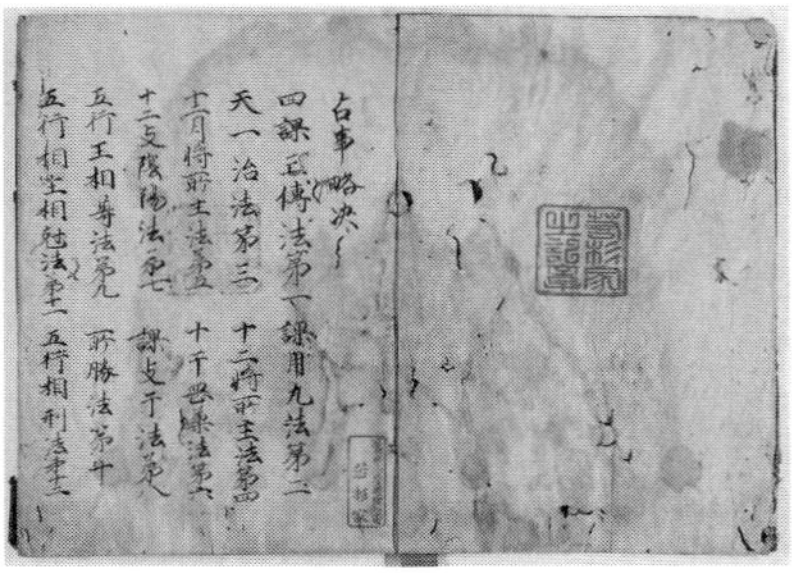

写真 7　占事略決0002

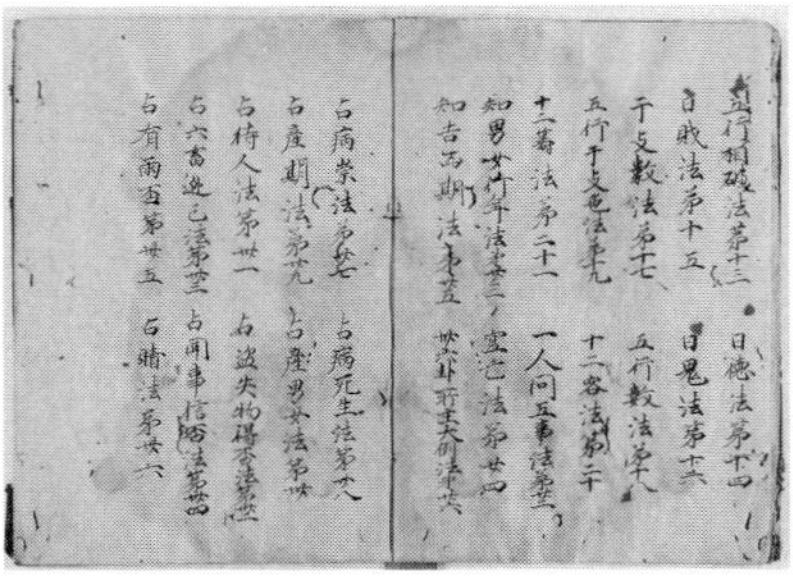

写真 8　占事略決0003

五行王相等法第九　所勝法第十
五行相生相剋法第十一　五行相刑法第十二
五行相破法第十三　日徳法第十四
日財法第十五　日鬼法第十六
干支数法第十七　五行数法第十八
五行干支色法第十九　十二客法第二十
十二籌法第二十一　一人間五事法第廿二
知男女行年法第廿三　空亡法第廿四
知吉凶期法第廿五　卅六卦所主大例法第廿六
占病祟法第廿七　占病死生法第廿八
占産期法第廿九　占産男女法第卅
占待人法第卅一　占盗失物得否法第卅二
占六畜逃亡法第卅三　占聞事信否法第卅四
占有雨否法第卅五　占晴法第卅六

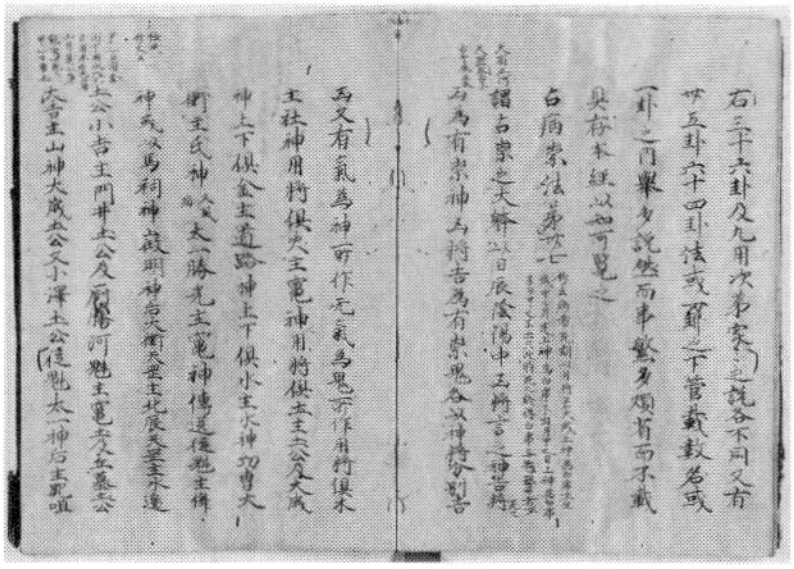

写真 9　占事略決0028

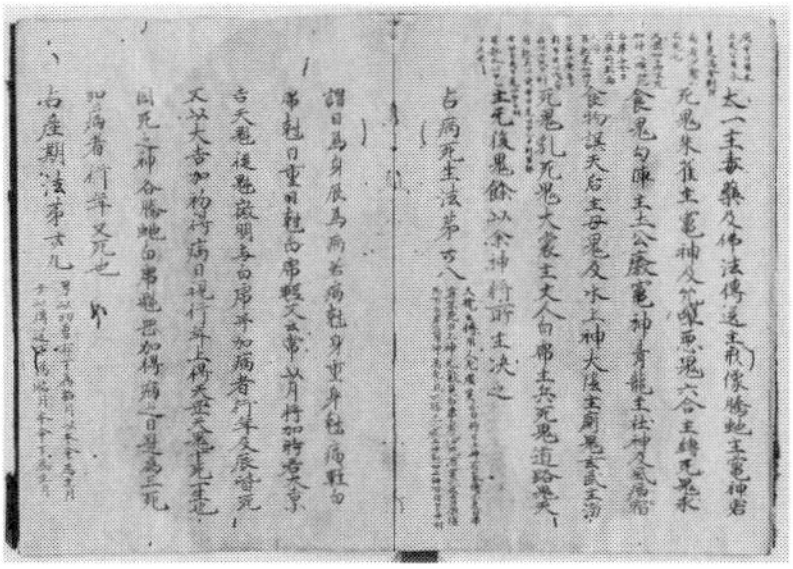

写真10　占事略決0029

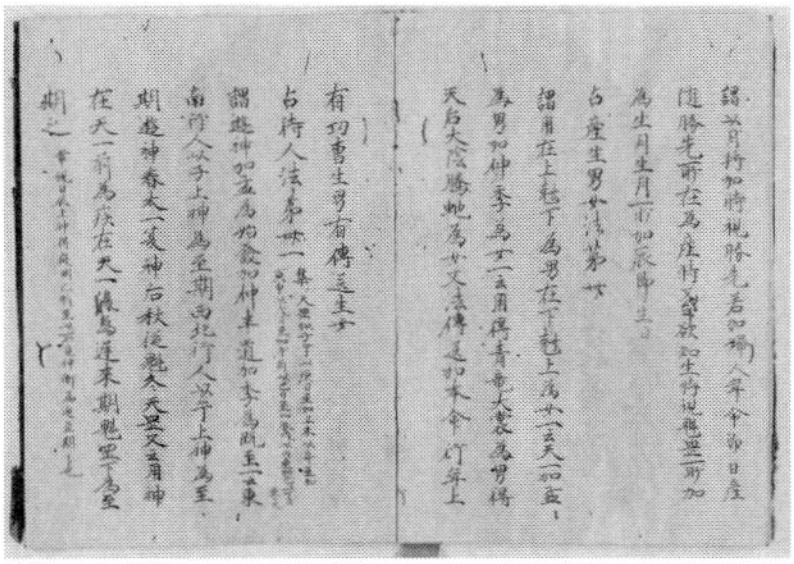

写真11　占事略決0030

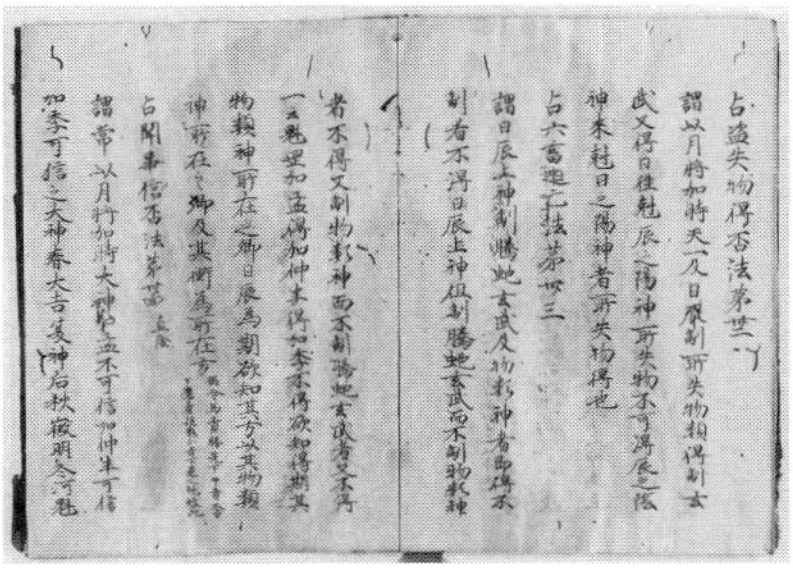

写真12　占事略決0031

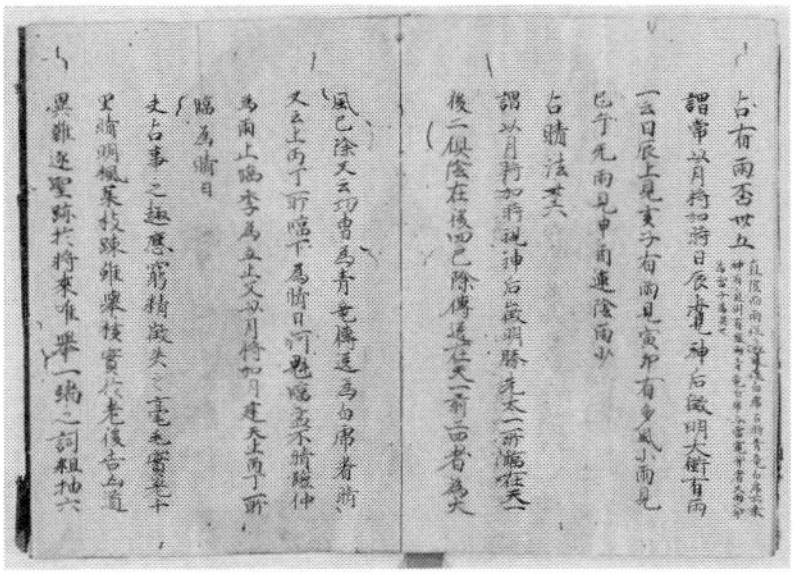

写真13　占事略決0032

写真14　占事略決0033

前述のとおり計三六項目あり、その中で、具体的な占い事例は「廿七」から「卅六」である。そこで、「廿七」から「卅六」までの項目を一つずつ詳しく見ていきたい。

●占病祟法第廿七（病の原因が何の祟りかを占う方法）

占病祟法第廿七妙云病者死期以月将若大歳上神為白虎不生／歳中也月建上神為白虎不出月中也日上神為白虎／不日中也不出只此時死也終得白虎与魁剛并者必／死也

謂占祟之大躰以日辰陰陽中凶将言之神吉将／凶為有祟神凶将吉為有祟鬼各以神将分別吉／凶又有気為神所作无気為鬼所作用将倶木／主社神用将倶火主竈神用将倶土主土公及大歳／神上下倶金主道路神上下倶水主水神功曹大／衝主氏神又風病太一勝先主竈神伝送従魁主儛／神或以馬祠神徴明神后大衝天剛主北辰天剛主水辺／土公小吉主門井土公及厨膳河魁主竈土及丘墓土公／大吉主山神大歳土公又小澤土公従魁太一神后主咒咀／太一主毒薬及仏法伝送主形像騰蛇主竈神客／死鬼朱雀主竈神及咒咀悪鬼六合主縛死鬼求／食鬼勾陣主土公廢竈神青龍主社神及風病宿／食物誤天后主母鬼及水上神大陰主厠鬼玄武主溺／死鬼乳死鬼大裳主丈人白虎主兵死鬼道路鬼天／主无後鬼余以余神将所主決之。

●占病死生法第廿八（病人の死生を占う方法）

占病死生法第廿八大撓云伝用人死虚実正日時日上神有気伝不是白虎／者不死日上神无気見白虎者必死有実也又云日辰陰／陽有白虎宜用神為死気所勝亦也辰上神剋日上神皆信日上神刻／

謂日為身辰為病若病剋身重身剋病軽白／虎剋日重日剋白虎軽又云常以月将加時若大吉小／吉天魁従魁徴明与白虎并加病者行年及辰皆死／又以大吉加初得病日視行年上得天剛天鬼十死一生也／因死之神各騰蛇白虎魁剛加得病之日是為三死／加病者行年又死也

●占産期法第廿九（産期を占う方法）

占産期法第廿九 男以功曹有下為胎月以本命為生月 女以伝送下為胎月本命下為生月

謂以月将加時視勝先若加婦人年命即日産／随勝先所在為産時又云欲知生時視魁剛所加／為生月生月所加辰即生日

●占産男女法第卌（生まれる子供が男女のどちらかを占う方法）

占産生男女法第卌

謂用在上剋下為男在下剋上為女一云天一加孟／為男加仲季為女一云用得青竜大裳為男得／天后大陰騰蛇為女又法伝送加本命行年上／有功曹生男有伝送生女

●占待人法第卌一（待ち人が来るか占う方法）

占待人法第卌一 集々天剛加子午以庚日至加丑未以辛至加／寅申以戊 日至加卯酉以巳日至加辰戌以丙至加巳以丁日至之也

謂遊神加孟為始發加仲半道加季為既至一云東／南行人以子上神為至期西北行人以午上神為至／期遊神春太一夏神后秋従魁冬天剛又云用神／在天一前為疾在天一後為遅來期魁剛下為至／期之 常視日辰上神得徴明巳時至以所見神衝為逐至期之也

●占盗失物得否法第卌二（盗失物がみつかるか占う方法）

占盗失物得否法第卌二

謂以月将加時天一及日辰制所失物類得制玄／武又得日往剋辰之陽神所失物不可得辰之陰／神來剋日之陽神者所失物得也

●占六畜逃亡法第卅三（逃げた六畜について占う方法）

占六畜逃亡法第卅三

謂日辰上神制騰蛇玄武及物類神者即得不／制者不得日辰上神但制騰蛇玄武而不制物類神／者不得又制物類神而不制騰虵玄武者又不得／一云魁剛加孟得加仲半得加季不得欲知得期其／物類神所在之郷日辰為期欲知其方以其物類／神所在之郷其衝為所在方 假令馬責勝先下牛責大吉／下鷹責従魁小吉下是也他效此

●占聞事信否法第卅四（聞いたことを信じていいか占う方法）

占聞事信否法第卅四　直陰

謂常以月将加時大神加孟不可信加仲半可信／加季可信之大神春大吉夏神后秋徴明冬河魁

●占有雨否卅五（天気が雨か占う方法）

占有雨否卅五 直陰而雨従竜風従白虎占時青竜白虎所乗／神有気則有風雨青竜白虎与雷電幷者大雨也卯／為雷子為霊也

謂常以月将加時日辰上見神后徴明大衝有雨／一云日辰上見亥子有雨見寅卯有多風小雨見／巳午无雨見申酉連陰雨少

●占晴法卅六（天気が晴れるか占う方法）

占晴法卅六
謂以月将加時視神后徵明勝先太一所臨在天一／後二倶陰在後四巳除伝送在天一前二四者為大／風巳除又云功曹為青竜伝送為白虎者晴／又云上丙丁所臨下為晴日河魁臨孟不晴臨仲／為雨止臨季為立止又以月将加月建天上丙丁所／臨為晴日／
夫占事之趣応窮精徵失之毫毛實差千／里晴明楓萊枝疎雖擧核實於老後吉凶道／異難逐聖跡於将來唯擧一端之詞粗抽六／壬之意而已

このように、人の生死にまつわることや、天気のこと、紛失物のことなど、現代の私たちが日々の生活の中で抱える悩みや心配事を当時の人々も占うべき事象としていたことが史料からうかがうことができる。

その他の資料では、具体的にどう記されているか、例として雨について占う様子を『小右記』から紹介する。

小右記(8)
永観二年十一月七日条【写真15】
七日、癸丑、（中略）又神祇・陰陽官寮於陣頭奉仕連日雨祟御占云々、
長元四年八月二三日条【写真16】
廿三日、戊辰、（中略）中納言奉軒廊御卜事、雨不止事也、頭辨伝関白消息云、

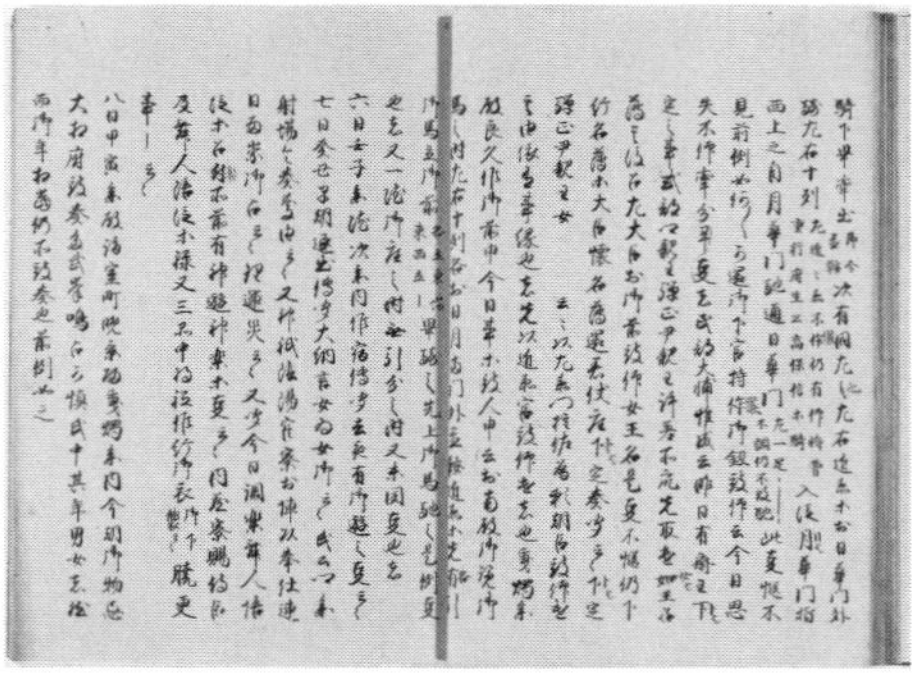

写真15　小右記　永観二年十一月七日条

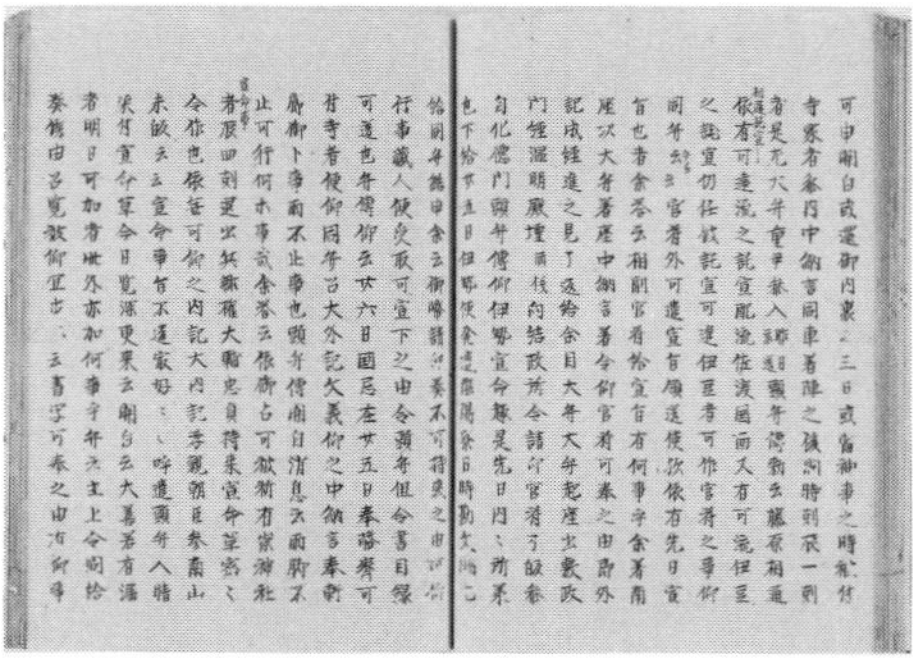

写真16　小右記　長元四年八月二三日条

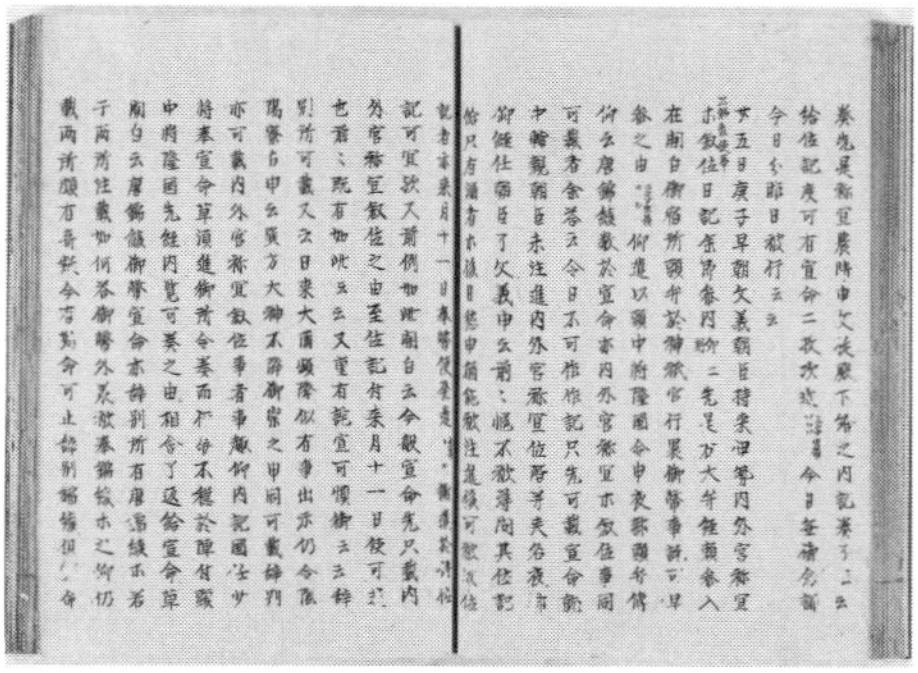

写真17　小右記　長元四年八月二五日条

雨脚不止、可行何等事哉、余答云、依御占可被祈有祟神社者、辰四刻退出、

長元四年八月二五日条【写真17】

廿五日、庚子、（中略）又云、日來大雨頻降、似有事祟、仍令陰陽寮占、申云、巽方大神不降御祟之申、

以上のように、神祇・陰陽官寮が大雨などの天候不良の際、その原因を探るため占いを行っていた記録をみることができ、前述のとおり当時の人々にとって人間が意図的に変化を加えることができない自然的な事象は占いの対

象となっていたことがよくわかるのではないだろうか。

## おわりに

本稿では「東寺百合文書WEB」と「京の記憶アーカイブ」を検索してヒットした資料をもとに平安時代の占いを紹介した。その結果、平安時代に書かれた一次資料はなく、後世の写本や江戸時代の占いに関する資料が中心ではあったが、平安時代における人々と占いの関係性について紹介することができたのではないだろうか。

また本稿でとりあげた資料は、もともと研究者により著書や論文で紹介されるなど学術利用が多かった資料であるが、資料画像をデジタル公開したことにより、テレビなどでも画像が使用され研究者以外の多くの方の目に触れる機会が多くなった。筆者も学術利用だけでなく、古文書になじみのない方に資料について関心を持つきっかけ作りに、画像を使った工作のワークショップやフィールドワークの講座を開催するなど、古文書が読めなくても親しめる体験型コンテンツを作る際に利用している。

このように、従来の博物館や資料館など、実際に訪れた人に対して公開する形式も大切だが、それだけでなく、新たな公開コンテンツを作り世界中のどこにいてもみることができるような環境を整えていくことが、今後、その館が所蔵している資料、そして資料を所蔵している館自体を多くの層に広く情報発信していく（認知度を上げていく）上での重要な役割となっていくのではないだろうか。

## 注

（1）繁田信一『平安貴族と陰陽師――安倍晴明の歴史民俗学――』（吉川弘文館、二〇〇五年）。
（2）京都府立京都学・歴彩館ホームページ「文書解題」若杉家文書の項。
陰陽頭土御門家の家司であった若杉家に伝えられた中世から近世までの文書、二二八五点。主家土御門家に伝わった文書のほか、本来の若杉家文書・若杉家のあった上京塔之段松之木町の江戸時代から明治期にかけての町文書の三つに分類できる。
（3）貴一六二『小右記三』長保元年十月二十五日条。貴一六二『小右記十八』治安元年八月七日条。
（4）『平安時代史事典』本編上「占い」の項（小坂眞二著）。
（5）『平安時代史事典』本編下「軒占御卜」の項（加納重文著）。
朝廷において公式に行われる卜占。さまざまな異変のある時に、紫宸殿の軒廊において行われた。卜占の対象となる異変は、火旱・洪水・大風といった天変や、寺社における社殿の転倒や樹木の枯死などの怪異、死や火災における穢れ、山陵の鳴動といった変事のほか、病悩や闘乱、社殿造営など多岐にわたる。卜占を担当するのは神祇官・陰陽寮で、召しあがった時には日華門より参入、神祇官は東第三間以東に北面西上して、陰陽寮は第一間以西に北面東上して座を占め、主殿寮、主水司、大膳職がそれぞれ設けた火・水・坏で以て、神祇官は亀卜により、陰陽寮は式占によって卜占を行う。
（6）『令義解』巻一、職員令、三六頁。
（7）『平安時代史事典』本編上「占事略決」の項（小坂眞二著）。
六壬式占書。一巻。安倍晴明撰。天元二年（九七九）成立か。『黄帝金匱経』等の中国の古占書に基づき若干の私案を加えて、六壬式占の課式作製法・所主推断法を三六章にわたって簡便にまとめる。陰陽道の法の復元に有用であるが、実際の法と異なるところもある。古占書逸文を伝える後人の注記に異同のある京都大学図書館蔵本と尊経閣文庫蔵本との二種があり、宮内庁書陵部蔵本・若杉家旧蔵本は後者の抄写本。

（8） 貴一六二『小右記二』永観二年十一月七日条。貴一六二『小右記二十四』長元四年八月二三日・二五日条。

**参考文献**

村山修一『日本陰陽道史総説』（塙書房、一九八一年）
村山修一編著『陰陽道基礎史料集成』（東京美術、一九八七年）
小坂眞二『安倍晴明撰『占事略决』と陰陽道』（汲古書院、二〇〇四年）
斎藤英喜『安倍晴明——陰陽の達者なり——』（ミネルヴァ書房、二〇〇四年）
繁田信一『平安貴族と陰陽師——安倍晴明の歴史民俗学——』（吉川弘文館、二〇〇五年）
繁田信一『陰陽師——安倍晴明と蘆屋道満——』（中公新書、二〇〇六年）
繁田信一『呪いの都　平安京——呪詛・呪術・陰陽師——』（吉川弘文館、二〇〇六年）
山下克明「陰陽道関連資料の伝存状況」（『東洋研究』一六〇、二〇〇六年）
山下克明「若杉家文書『反閇作法并作法』『反閇部類記』」（『東洋研究』一六四、二〇〇七年）
斎宮歴史博物館編『暦と怪異——不安な日々の平安貴族——　平成二四年度特別展』（斎宮歴史博物館、二〇一二年）
村山修一ほか編『新装版　陰陽道叢書四　特論』（名著出版、二〇一七年）
山本琢「若杉家文書の陰陽道関係資料」『新陰陽道叢書』第五巻特論（名著出版、二〇二一年）

# 諏訪市博物館蔵「慶応四年十一月五日ゟ東京着ゟの日記」翻刻と概要

三澤佑里香

## はじめに

大陸から仏教が伝来して以来、日本固有の神信仰は仏教と融合し、およそ千年にわたって神仏習合の世界観をつくり上げていた。全国の神社に別当寺が設置され、本地仏が安置されていた。信濃国一之宮諏訪神社（現・諏訪大社）も例外ではなく、上社と下社に置かれた合わせて七つの別当寺を中心に、堂塔施設が立ち並ぶ神宮寺の空間が広がっていた。江戸時代初期に描かれたとされる諏訪市博物館寄託「諏訪社遊楽図屛風」(1)は、上社と下社それぞれの隻に、神社とその周辺に広がる神宮寺の空間配置を描いたものである。これによると、上社は神社境内およびその南方一帯の丘陵地帯に伽藍が並んでいたことがわかる。中心は大坊（神宮寺とも）と呼ばれ、如法院（上の坊）・蓮池院（下の坊）の真言宗寺院とそれぞれに付属する院坊、また、付近にあった臨済宗法華寺も宮寺とされていた。上社神宮寺の創建は諸説あるが、確実なところでは鎌倉期(2)まで遡ることができる。なお、「諏訪社遊楽図屛風」には、霊場への参詣のために訪れる人々や門前の商店の賑わう様子も描かれており、江戸初期の地方の霊場を描いた参詣曼荼羅として貴重な資料である(3)。

ところが慶応四年（一八六八）三月、新政府は祭政一致の制に復するため神祇官を設置し、太政官布告で神仏判然令を布告した。これにより、全国でこれまで一体であった神と仏を分ける動き（＝神仏分離）がおこり、一部が先鋭化して廃仏毀釈へと発展した。この影響は諏訪にも例外なく及び、堂塔の取り壊しが急速に行われ、慶応から明治に改元した一八六八年のうちに上社下社一帯の様相は激変してしまった。なお、上社と下社それぞれの神宮寺に安置されていた多くの仏像は、諏訪地域の真言宗派の寺院に移転され、今日まで受け継がれている(4)。

本稿で紹介する史料は、諏訪上社大祝家に伝わる大祝諏方家文書のうちの一つであり、明治元年（慶応四）十一月から十二月に記された東京での記録である。鷲尾順敬「信濃諏訪神社神仏分離事件調査報告」（以下、「調査報告(5)」）および『諏訪史』第四巻にて一部が引用されているが、全文の翻刻はこれまでに発表されていない。よって、本稿では史料全文を翻刻し若干の考察を加えた。

## 一　書　誌

諏訪市博物館所蔵「明治元戊辰十一月五日ゟ東京着ゟの日記」（大祝諏方家文書）。袋綴じ。全二十二丁であるが、本文は十七丁裏一行目までとなっており、十九丁・二十丁には漢字の偏や旁、「御頭御社宮司」「信濃國」などの固有名詞の試し書きが見える。縦二十七・八cm、横十八・四cm、厚さ四mm。表紙・裏表紙ともにナシ。内題に「明治元戊辰十一月五日ゟ東京着ゟの日記」とあり。一行文字数は二十七文字前後。かな交じり文。墨消しによる訂正が所々に見える。なお、一部の丁の裏面には明治二年の日付とともに人名が記され、明治元年に「日記」として記された後に裏紙として再利用された痕跡が見えるものの、現在は明治元年の記録を主として一冊に綴じられている。

## 二　内　容

### 成立の背景

前述の通り、当史料が属するのは「大祝諏方家文書」である。大祝とは諏訪神社の祭祀の頂点に立つ現人神であり、諏訪家のうち「神」姓を名乗る家系の男児が世襲する。大祝は諏訪明神そのものとされ、「祀られる」側であり、逆に「祀る」側には、「五官祝」と呼ばれる五つの祀職（神長・禰宜・権祝・擬祝・副祝）があり、その下に庶務担当に相当する職（両奉行・政所役・雅楽・職掌・八乙女など）があった。(6) なお、大祝は五官祝の一人である神長の手により即位の儀式(7)（江戸時代以降は「即位式」と記されることが多い）を執り行い、大祝として即位する。これは明治維新で大祝が廃止されるまで行われていた。(8) 諏訪市博物館には、現在一万点を超える大祝諏方家資料が所蔵されている。中には大祝直筆による日記が存在しており、当時の祭祀や風俗の様子を知るうえで大変貴重な資料といえる。

本稿で取り扱う史料「明治元戊辰十一月五日ゟ東京着ゟの日記」は、日付及び本文中の内容から、大祝の名代として五官祝らが宝祚長久を祈禱した神札の献上のために神祇官を訪ねて東京入りした時の日記とみられる。(9)

本史料は奥付等に筆者名が明記されていない。なお、史料の一部を引用している「調査報告」では、「当時大祝は東京に滞在してゐたのである」との解説が添えられているが、(10) 本史料の十一月七日の条には「大祝は当年五歳である」（翻刻丁2オ）、「大祝は幼いので東京に参上するのは難しい」（翻刻丁2ウ）という旨が記されている。「神氏系図」(11) によると、最後の大祝は第六十五代頼武（一八三三〜六五）となっており、頼武は慶応元年六月二十三日、神宮寺宮田渡の大祝邸（現・諏訪市中洲）にて、三十二歳の若さで急死したという。[12] 後を継いだ頼嵩は三の丸千野貞炳の三男で、元治二年八月八日に大祝諏方家の養嗣子となった。[13] 正式に即位式を執り行っていないが、[14] 年齢的に見ても「幼年の大祝」とは彼のことであろうと推察される。

## 神仏判然令以降の社方寺方の動向

五か条の御誓文が発出される前日の慶応四年三月十三日以降、俗に「神仏判然令」と呼ばれる太政官布告が立て続けに発出される。それ以前にも平田門下の国学者松沢義章（一七九一～一八六二）が諏訪で神仏分離を唱えており、元治元年・慶応三年に下社の千手堂や観照寺に火の手が上がるが、この火災が社方の放火によるものである疑いは否定できない。[15] 三月十七日には僧形で神社に奉仕するものの「復飾」（還俗）が命じられ、二十八日には神社内から仏像仏具の取り除きを命じている。[16] また、翌月には神葬祭が許可された。

慶応四年三月の布告を受けて、高島御役所は四月十六日に社方を、翌十七日に寺方を呼びつけ神社内の廃仏と神葬祭復活について太政官の趣旨を申し渡した。上社神宮寺のただなかにあり、宮寺の一つにも数えられていた法華寺の、当時の住持仙巌が記した日記「慶応四年常住諸用日記録」（以下、「諸用日記録」）[17] には、予定されていた神勤神事は見合わせるように申し付けられたこと（四月二十六日の条）、神宮寺・如法院・拙寺で高島御役所へ命じられていた由緒書きを差し出しに行ったこと（五月二十六日の条）など、当時の混乱の様子が克明に記録されている。

社方は廃仏を催促し、寺方は現状維持を懇願し、板挟みとなった高島御役所は廃仏に対してしばらく意向を固めることができないでいた。[18] なお、元治元年（一八六四）～慶応元年（一八六五）には、高島藩主諏訪忠誠が幕府の老中職をつとめていた。慶応三年四月十九日に忠誠は薩長征伐に反対して老中職を退いている。同年五月十五日には、忠札が藩主となって、人心の一新と新政府への恭順の意を示した。

六月十五日には京都より監察使が下向し、諏訪大祝方へ宿泊する。この日の夕方、法華寺・神宮寺・如法院でご機嫌伺に出向くが、除仏・堂塔取り払い、社僧還俗の命をいかに心得ているのか、と厳重に命じられたことが「諸用日記録」に記されている。十五日には法華寺・神宮寺・如法院・元蓮池院（還俗し名を七嶋大内藏）・大祝名代五官・両奉行が列席する中、監察使に改めて除仏を明日行うようにと命じられ、この場で強引に除仏の御請書に調印させられた[19]。六月十九日には監察使・両社の社方が立ち合う中、堂塔の取り崩しが始まった。人足は社領から出すようにとの命だったものの、人々は仏罰を恐れて動かず、両社の社家が羽織袴のまま手伝い、諸堂の下造作を取崩した。監察使は二十日に下社へ向かったがこちらも人足が働かず、農繁期ということで秋まで延期を願い出、監察使に帰ってもらった。なお、法華寺は七月一日に廃寺になり、「諸用日記録」の筆者である仙巌の弟子は還俗し北条大学と改名、仙巌自身は隠居となり、法華寺で預かっていた仏像等は地蔵堂（現・諏訪市神宮寺）に移され、檀家は近隣の安国寺（現・茅野市宮川）に預けられることとなった[20]。

堂塔の取り崩しは秋まで延期されたが、その間にも地元神宮寺村では何とかして堂塔を移転し保存したいと願い出があった。しかしそれは受け入れられず、地元村へは何れか一堂だけくださることとなり[21]、神宮寺村では薬師堂をいただくこととなった。上社の御神体として信仰されていたお鉄塔は、二代藩主忠恒が寄進したものであり、菩提寺である温泉寺へ十月二十七・二十八日に運び込まれた。十一月には上社神宮寺の象徴ともいえる五重塔・普賢堂解体の入札がおこなわれ、真志野村が五十両で落札[22]。普賢堂は十二月七日から九日まで、五重塔は十二月十日から十九日までかかって解体された[23]。特に五重塔は地元村に再建したいという希望があり、三十分の一の詳細な実測図[24]をとったのちに、解体した部材に雨除けを被せて保存した。

「明治元戊辰十一月五日ゟ東京着ゟの日記」十二月十日の条（翻刻丁13オ）では、大祝名代矢嶋泰輔が国元の長坂主斗からの手紙に応じ、神祇官に対して「夏に命じられた通り、国元では堂塔の取り崩しが始まったが、銅灯籠梵鐘類はどうしたらよいか。なるべく神領の百姓共へいただかせていただきたい」と伺書にしたためている。対して神祇官は御付紙にて「寄付人などがある品は斟酌して取扱い、そのほかの品は百姓どもに下げ渡すことも妨げない」と、返答している。

## 三　おわりに

現在も多くの参拝客で賑わう諏訪大社上社の周辺には、明治以前の神仏習合の痕跡はほとんど残されていない。「神宮寺」という名称は、諏訪市中洲地区の小字としてそのまま残るものの、在りし日に村々を見下ろした五重塔や普賢堂の跡地には歴史を伝える看板が残るのみである。

近年、諏訪地域には明治維新以前の、神仏が共存したかつての姿を振り返る動きがある。これにより、諏訪の神宮寺にかかわる寺社の史資料や神宮寺から移転した仏像の調査研究が急速に進められ、御柱年でもあった令和四年十月一日から十一月二十七日にかけて、神宮寺由来の仏像や仏具、秘仏を一斉公開した。神仏習合及び神仏分離に関するテーマはこれまで忌避される傾向にあったが、今後は各地の霊場においても貴重な歴史資料の調査が進められることを願う。

## 注

(1)『写真集　諏訪社遊楽図屛風』(諏訪市博物館、二〇〇一年)。原資料は個人蔵、諏訪市博物館寄託。長野県宝にも指定されている六曲一双屛風。

(2)「諏訪大社上社神宮寺五重塔鉄製伏鉢残闕」(諏訪市教育会蔵、諏訪市博物館寄託)には、「延慶元年戊申十一月大工甲斐国志太郷住入道」と刻まれている。

(3)『写真集　諏訪社遊楽図屛風』(諏訪市博物館、二〇〇一年、作品解説)。

(4)上田晴一『諏訪の名刹　真言宗智山派　高野山真言宗』(南信日日新聞社、一九七九年)。

(5)鷲尾順敬「信濃諏訪神社神仏分離事件調査報告」(『新編明治維新神仏分離史料』五、名著出版、一九八三年)。

(6)『諏訪市史』上巻(諏訪市史編纂委員会、一九九五年、七一七〜七二五頁)。

(7)「守矢満実書留」(『復刻諏訪史料叢書』第一巻、諏訪教育会、一九八五年)。

(8)『諏訪市史』上巻(諏訪市史編纂委員会、一九九五年、七二五頁)。

(9)『諏訪史』第四巻(諏訪教育会、一九六六年、七一七頁)。

(10)鷲尾順敬「信濃諏訪神社神仏分離事件調査報告」(『新編明治維新神仏分離史料』五、名著出版、一九八三年、四六九〜四七〇頁)。

(11)『復刻　諏訪史料叢書』第五巻(諏訪教育会、一九八四年)。

(12)小尾左牛『諏訪人物史』(諏訪文化会館・諏訪タイムス社、一九六五年。古代編「諏方頼武」の項)。

(13)「藩譜私集二」(『復刻諏訪史料叢書』第四巻、諏訪教育会、一九八四年)。

(14)『諏訪市史』上巻(諏訪市史編纂委員会、一九九五年、七四三頁)表6「大祝即位の記録」による。明治初年の写しとみられる「神氏系図」には、頼嵩についての記載はない。

(15)林武朗「諏方における神仏分離——諏訪上下両社を中心にして——」(『諏訪近現代史研究紀要』九、諏訪郡市編纂部、一九七八年)。

(16) 安丸良夫『神々の明治維新』(岩波書店、一九七九年)。

(17)「慶応四年常住諸用日記録」(法華寺蔵、諏訪市博物館寄託)。なお、『諏訪市史』下巻には「法華寺日記」として引用が見える。

(18)『諏訪市史』下巻(諏訪市市編纂委員会、一九七六年、五五一頁)。

(19)「慶応四年常住諸用日記録」(法華寺蔵、諏訪市博物館寄託)。六月十八日の条。「諸用日記録」中に請書の控が写されており、控全文を翻刻すれば次の通り。

御請

今般
御一新ニ付除仏之儀
御布告之通り粗暴無之様早速相違奉取斗候此段
以書付御請奉申上候　以上

上ノ社　元
神宮寺　印
辰六月十七日　同
如法院　印
神祇官　同
御役所
法華寺　印
同
蓮池院　印

右印紙差出し候

(20) 今井広亀『諏訪上宮法華寺の話』(鷲峰山法華寺、一九七〇年、九一〜九二頁)。

(21)「両社仏閣・社僧寺院御廃一派諸般記」(仏法紹隆寺文書、諏訪市仏法紹隆寺所蔵。九月十九日の条)。

(22)「明治元年十一月　上社普賢堂並五重塔取払入札　触」(御破損方大工棟梁伊藤家文書、個人蔵、諏訪市博物館寄託)。

(23)日付は『諏訪市史』下巻による。「諸用日記録」では、普賢堂の解体を十二月一日から七日まで、五重塔解体を十二月十日から十九日までとしている。

(24)実測図は四点五通存在している。うち二点は軸装であり、個人蔵、諏訪市博物館寄託資料。一点は現場で記録したと思われる野帳および清書の二通がセットとなっており、諏訪市教育委員会が所有する。最後の一点は、喬木村歴史民俗資料館に所蔵される神宮寺最後の住持神原図書と法華寺仙巌の弟子北条大学の署名が入ったもの。五重塔は伊那谷の知久氏が寄進した経緯があり、明治維新の五重塔解体後知久氏の子孫からの要望に応じ二名の署名入りの実測図が知久氏に渡された。喬木村歴史民俗資料館は知久氏に由来する史資料を公開しており、この五重塔図も常設展示している。

**付記**　本史料の閲覧および翻刻には、諏訪市博物館、本橋さおり先生、三嶋祥子先生、下諏訪町立諏訪湖博物館・太田博人先生よりご助言をいただきました。記して深くお礼申し上げます。

# 諏訪市博物館蔵「慶応四年十一月五日ゟ東京着ゟの日記」翻刻と概要

## 凡例

・底本は、長野県諏訪市博物館所蔵「明治元戊辰十一月五日ゟ東京着ゟの日記」である。
・字体は新字体を用い、異体字・略字・古字・俗字は改めた。また、名前・地名などの固有名詞は原文の字体を尊重した。
・変体仮名はひらがなに改める。合字ゟ（より）はこの字体のままにした。江（へ）・幷（ならび）・茂（も）・ニ（に）・而（て）・者（は）はこの字体のまま小字とした。
・改丁は「」」を用いて示し、「」1オ」のように丁数ならびにページ数を示した。
・判読可能な見せ消しや墨消しは文字の上に傍線を引き右傍らに〔墨消し〕とし、判読不能な見せ消しや墨消しは□の上に傍線を引き右傍らに〔墨消し〕とする。いずれの場合も原資料に訂正文がある場合は〔墨消し〕の下に（　）で記した。
・原資料にある図形はできるだけ再現した。

【表紙】
明治元戊辰十一月五日ゟ東京着ゟの日記
今日着昼飯仕舞長坂都喜夫原田寛橋両人ニ而
樹下~~耕雲~~〔墨消し〕石見守殿之宿所幷神祇官御役所何方ニ候哉探さく

罷出候尤前夜ゟ宿取周旋旁寛橋泊り込ニ山本屋市郎
右衛門方へ参り居候処三州之産小嶋国之助と申人元者神
主ニ而当時刑法官ニ出居此人山本屋ニ而出合種々之物語
の折柄ニ樹下氏の萬居少々聞当候間長坂原田両人ニ而罷
出所々聞合候処何ら不相分元会津屋敷和田倉御門内今岩
倉殿御旅宿ニ罷成是へ出樹下殿承り候処一円不相分七ツ半
時頃両人旅宿へ罷帰候
」1オ
一六日今朝又々岩倉殿御族舘迄原田官橋罷出御門ニ而申候ハ
樹下石見守殿と申人御家御附属ニ而御出之由右伺御中之口迄御
通かゝりし旨申候御中之口迄罷通り御中之口番ニ承り合候処
只今ハ石見守殿改名いたし耕雲と申候由被申候居処者
雉子橋外丹波亀山松平豊前守殿屋敷ニ罷在候趣承り
罷帰る
一長坂都喜夫矢嶋泰輔神祇官御役所へ着御届ニ罷出候御
役所ハ日比谷御門内本多中務大輔殿屋敷ナリ□〔隅消し〕□
一昼後雉子橋外丹波亀山の屋敷へ都喜夫泰輔
實橋三人ニ而樹下氏へ面会出折能面会ニ而万端
相頼罷帰候
」1ウ

一七日五ツ半時頃神祇官へ着御届として泰輔都喜夫両人
罷出執次安保賢八郎殿ニ而面会御玄関ニ而手札出し候処応
接所へ通り候様被申候差図ヲ受右御座敷へ罷通り而始控候
処御用掛書記兼田中興太朗殿罷出候間手札差出し
着御届の趣申達候処田中氏被申候ハ此度の御用者大祝
天拝被仰出候ハヽ御召名代ニ而者不相成趣被申候付泰輔
申達候ハ大祝義漸当年五才御座候旨申候処少年ニ而ハ
困り入候間伺し右之趣伺書差出可申様被申候且又此度
御東幸被為在候ニ付大麻献上仕度趣内々ニ而申達候処
此義も伺書差出可申候又社中ニ而大祝始五官両奉行 」2オ
土橋宮嶋迄之名面委敷相認差出候可申様被申渡候
尤大祝名代ハたれ〳〵ニ而致来候や其段も可申出旨
被申渡今日者右ニ而官ヲ下候
一同日□□□□〔墨消し〕樹下氏へ原田寛橘参申候ハ繁
用ニハ候得共御招申度候間御出可被下申遣候処八ツ頃耕雲
殿旅宿山本屋へ被参酒出候色々年明相頼暮時樹下殿
被帰候
一八日早朝樹下氏へ伊藤長坂矢嶋罷出面会大祝幼年ニ付

東京へ参上難仕右ニ付願書如何取認ニ而間敷や其外
之義も種々相頼申被而罷帰昼後かき□分時諏訪邸
へ出夫ゟ下諏方旅宿浅草大六夫ニ候間面会御出候処山田」2ウ
両人留守ニ候間御相談いたし度義ニ而罷越候間御帰被成候ハ
族宿山本屋迄御越被下候様申置罷帰候日常方山田記内
山本屋へ参候間相談等いたし大麻献上の伺書等迄相
談ニ而引取候
一九日早朝山田記内旅宿へ参□□□□（墨消し）大祝名代
矢嶋泰輔五官惣代伊藤一同神祇官へ出大麻献上伺書
神祇官へ差上候伺書文書記し候通り羽織袴着用
ナリ

伺書

今般
御東幸被為遊誠以肝認難有奉存候依之
御宝祚受長国家安寧の御祈一社一同抽」3オ
丹精謹行仕大麻　献上仕度此段奉伺候以上
戊辰　　諏方上下
十一月　　大祝

神祇官
　御届
右中奉書二ツ切半紙へ認候
右の通差出候処御取次安保賢八郎殿被申候ハ伺書の
趣承知致候何し近日此方ゟ沙汰いたし候□引取候様
被申候渡上下社一同引取候　」3ウ
一十日国元ゟ八蔵飛脚として至着候
一十一日今日神祇官休日
一十二日今朝樹下氏へ長坂参り九ツ半頃引取候大祝幼年の
願書の事ニ付伊藤矢しま又々樹下氏の方へ出夕刻引取候
一十三日今朝八蔵国元へ出立為致候朝飯後原田ヲ下社旅宿
へ此程神祇官へ差上候伺書の事ニ付色々相談ニ遣し候
一同日大祝幼稚ニ付願出差上候ニ付樹下氏へ長坂矢嶋両人
出下書頼ミ帰り候昼後右の願出認め申候
一十四日朝四ツ頃右の願書矢嶋氏御役所へ持参いたし候処
追而御沙汰の趣ニ而引取候差出候願書右の通り　」4オ
此度御当所へ
行幸被為在一社一同奉恐悦候然ニ今般一社惣代

御用被為在候趣ニ而被為召難有仕合奉存候代の者
天気伺且
天顔弥の儀被為
仰付実ニ祭政一致の御聖業ニ被護候御儀神慮
ニ於も弥以
宝祚延久の儀権護被為在候御儀と一社一同難有
奉存候ニ大祝儀ハ僅当年五才ニ而実幼雅に御座候而
御大切の御席参上仕候儀深奉恐入候ニ付少とも東西覚
候迄御猶予奉願是渡其上ニ而御用被為仰付□
候ハヽ一社一同深難有仕合奉存候誠恐々謹言

諏方大祝名代
矢嶋泰輔

明治元戊辰年十一月

御役所

神祇官

右之通り相直□十二月十九日ニ神祇官へ上ル
一十八日泰輔長坂神祇官へ罷出御取次安保賢八郎殿へ出会
伺被出候段相達応接所へ通控居候処田中与太朗殿被出被申

」4ウ

候其御達の義有の候間御用之間へ通り候次有之御取次案内
ニ而参り候処御用掛り古川三朗殿出会両社御社格御朱印」（5オ）
高大祝家柄等其外の義種々御尋有之候付口上斗ニ而
申上ニ而も前後も仕万端相分り兼候義も御座候付委
細の義在所へ申越旧記取調可申上旨御達致候処左候ハヽ
早速申越候様有之引取候
右ニ付国元へ長坂都喜夫金子惣十出立ニ付而ハ泰輔神
祇官へ罷出御印鑑相願候処御印鑑壱枚古川氏持参ニ而
御渡相成候左之通り

| |
|---|
| 神祇官　御朱印<br>諏方神官江 |

」（5ウ）
右御印鑑請取書明日差出候様被申渡候
一十九日長氏金子早朝出立いたし候
一昨日被申渡候ニ付泰輔御印鑑請取書持参神祇官へ
罷出候左之通り
証
一　御印鑑　壱枚
右之通慥ニ頂戴仕候尤

国元ゟ差仕候得は早速
返上可仕候　以上
明治元戊辰　　諏訪上社
十一月　　諏方大祝名代
矢嶋泰輔
」6オ
神祇官
御役所
右之通り奉書半切ニ認御取次佐倉市兵〔墨消し〕殿被受取候
一献上御玉会寸法左ニ

長サ九寸八分
巾三寸五分
厚サ壱寸九分
」6ウ
今般
王政御復古被為仰出候ニ付神祇官御直御支配被
仰付一社一同肝認難有奉存候然ニ是迄諏訪伊勢守印

鑑ニ而通行仕候得共御直御支配被仰出候上ハ右印鑑不
通ニ御座候間東海道中仙道甲州道中筋三ヶ所へ諏
方宮印鑑差出置通行仕度奉存候何卒以思召
願之通り被仰付被下候ハヽ一社一同難有奉存候誠恐々謹言　」7オ

明治元戊辰年　　諏方上宮五官惣代
十一月　　　　　　擬祝
　　　　　　　諏方大祝名代
　　　　　　　　矢嶋泰輔

神祇官
　御役所

右奉書竪紙ニ認上ハ包同紙上書左ニ　」7ウ
　願書　　　諏方上宮

一主膳病気付国元へ書状内之ニ而遣候付宮内真須美両人
出府之処阿弥陀海道宿ニ而都喜夫惣十郎ニ面会其日ハ同
宿ニ而色々相談いたし旧地取調旁都喜夫と一同真すみ国元
へ返り《かへり》(原文ママ)候
一廿五日宮内着
一十二月朔日真須美都喜夫惣十郎着

一三日宮内真須美着届ニ神祇官御役所へ出ル泰輔義着
神祇へ御印鑑返上ニ出ル
一四日神祇官御役所ゟ御呼出し候之御書到来左ニ
上諏訪社
大祝
右
御用の儀有之候間
当官へ至急ニ出頭可
致候事
十二月四日　　神祇官
追而当人壱年或者
幼年等ニ候ハヾ可然者
附添出頭可有之事」8オ
右の通り到来御受書上ル左ニ
御用の儀御座候付
御官江至急出頭仕
候様被　仰聞奉畏候
以上」8ウ

十二月四日　　上諏方大社

　　　　　　　　大祝

神祇官

　御役所

追而老年幼年等ニ候ハヽ可然者

附添候様被　仰聞奉畏候以上

右の通御書付到来ニ付真須美泰輔罷出候所被　仰達候者

先日被願出候大麻　献上仕度旨の願書被差出候得共仕まい

迄候而相分り不申候間今一度認差出候様被仰聞候官ヲ

下り依の即刻相認差出候尤此已前者上下大社と認差

出候得共今般者大祝名代五官惣代の名前相認差上候

一五日宮内真須美泰輔三人ニ而御朱印拾通本書幷

四々相添尤美濃紙へ認古書八巻内大祝所持十一軸之内

三巻神長方所持の古書五冊右差出候茨木左兵衛尉殿

御預り相来候御評議の上御沙汰ニ相成候趣被仰聞候御役

所へ罷出居候留守へ左之通り御呼出有の候

　　　上諏方社

　　　　大祝

」9オ

」9ウ

右
御用の儀有の候間唯今
早々当官へ出頭可致事
十二月五日　神祇官

一御返書左ニ
御書難有拝見仕候只今
御官へ参上候間猶又相伝
可申候以上
十二月五日　諏方大祝家来
原田官橘
神祇官
御役所

右の御返書上置候而直ニ官橘神祇官御役所へ参り
委細申述候間先刻御呼出被下候趣御取次安保
賢八郎殿へ申述候処明朝七日願之通り大麻献上
被　仰出候尤当官へ早朝罷出可申候添紙遣候
可申旨被　仰渡候
一七日早朝両社申合　献上ニ参上候次第左ニ

」10オ

大麻大祝五官ニ而壱本□都合弐本下社は壱本
ナリ認方左ニ」10ウ

諏方上宮御玉会　　下り札弐枚共同様ニ認

御玉会□□台之是ハ印形ナリ　　諏方上社

弐枚共同断

右之通り御玉会入候ハからひつへ入絵符ヲ立認方ハ
献上　諏訪上下社からひつかつき候ものハ白張ヲ為着候
不儀取揃候宿五ツ頃出宅神祇官へ罷出候御てんけん済
是ゟ献上可仕旨被仰渡御添紙被下候左の通り

諏方上下
大社」11オ

玉会　其桁宛右
献上之儀過日伺際ニ付今日
献上之儀申出候間御引請
可繕候也

十二月七日　神祇官

弁官事
御中

一西丸御所御中の口へ参上手札差出尤宿所付之
方壱枚宿所無之方壱枚壱人ニ付弐枚宛差出候処
宿所無の方江何番と申番付相印御渡ニ候四拾八番や
夫ゟ弁事伝達所の御座敷江通り候処両社四人の名
面一紙ニ相認候様御差図有之左の通り」11ウ

| |
|---|
| 諏方大祝名代<br>矢嶋泰輔<br>五官惣代<br>神長官<br>下諏方社<br>諏方大祝<br>副祝 |

右の通りニ認差出安藤権兵衛殿へ面会
太麻差上慥控候様有之詰所ニ控居候処亦々御呼出ニ而弁事ニ而
御受取ニ相成候間引取候様被申候御付下ル夫ゟ　神祇官へ」12オ
参上御取次安保賢八郎殿ニ面会献上首尾好相済難有

奉存候御礼申上候且又伊藤主膳も不快其上壱人ニも御座
候間代り神長官祢宜大夫と参□京仕候間主膳も帰郷奉願
度旨申上候処勝手ニ引取候様被　仰付候依之御印鑑頂戴ニ
相成候尤以次[年]返上候可仕旨被　仰渡候
一九日長坂主斗ゟ朔日出の書状到来此節堂塔取崩ニ
高嶋ニ而相掛り右ニ付梵鐘銅灯籠類表役人被願上候
候趣の風聞有之候間　神祇官へ窺候様申来候ニ付明
朝伺出候□」12ウ
一十日真州美泰輔神祇官へ伺出候尤伺書ニいたし持
参左之通り

伺書

一当夏被　仰渡候堂塔取片付の義此節取掛り
候段国元ゟ申越候右ニ付銅灯籠梵鐘類ハ如何
取斗候而宜御座候哉可相来は神領百姓共へ頂戴
為仕度奉存候此段奉伺候　以上

十二月　上諏方大社

神祇官

御役所」13オ

御付紙　仏具取除之義寄付人等有之
品は致斟酌可取扱其外之品ハ
神領百姓共へ遣候義可為勝手事

一同日主膳新宿泊りニ昼頃出立
一去ル五日の書留落
先日願面ヲ以願上置候東海道中山道甲州道中筋
三ヶ所へ諏方宮印鑑差出置社中の者通行為仕度
奉願上候得共可相成共五海道へ差出置通行
為仕度此度奉願候

| 諏方 |
|---|
| 大社 |
| 印 |

」13ウ

一神祇官御鑑札大祝へ弐枚五官祝へ五枚右頂戴仕候而
通行仕度此段奉願候
一大祝五官祝の儀は是迄官位昇進仕候家柄ニ付今般
叙爵の義奉願度此段奉伺候
一大祝五官家督相続の儀　神祇官御役所へ願上候様
被　仰付候得共右願出候年明如何仕候而宜御座候哉奉伺候

」14オ

一人別宗門の義是迄諏訪伊勢守役場へ差出候得共御直
御直支被　仰付候上は向後如何仕候而宜御座候哉奉伺候
一諏訪湖水凍上神渡り是迄諏訪伊勢守殿へ書上候而
旧幕府江及御届候得共此上の義ハ如何取斗候而□
御座候哉奉伺候
右之条々御内裏奉伺候　以上
戊辰十二月　　諏方上大社

古書目録
一往古神事之次第　六巻　壱
一承久二年二月一日神事之次第　壱巻
一寛正五年甲申十二月二十九日御柱之書　壱巻
一　嘉禎四年十二月一日
至徳二年三月十五日　神事之次第　壱巻
一　鎌倉御時代　三通
南朝御下文　壱通　壱巻
一信玄居判　神事之次第　三巻
右之通り差出候而茨木佐兵衛尉殿へ御願上候申置候」14ウ
其節御朱印拾通写差添同人被差出候事

一十二日夕刻宮田殿仲間磯八着古書持参 」15オ
一十四日
　　　　伺書
一先日願上置候　神祇官御鑑札願の通り御下令
被下置候様奉願上候
一諏方社印鑑の義御許容ニ相成候御儀ニ御座候ハヽ
此節調刻為仕度奉存候此段奉伺候
一諏方大祝古来ゟ持来候新田書付持参仕候間
差上申候
一被□当時概略の絵図面奉入御覧候
一諏方湖水凍上神渡り書奉入御覧候 」15ウ
　戊辰十二月　　上諏方大社
右の通り認両新田書付壱通本社幷御射山絵図共弐枚
神渡り帳一真須美泰輔持参神祇官一被出ル御取次安保
賢八郎殿へ差出候処被致落年々別段被申聞候ハ明日四ツ
時頃の呼出申遣候処幸参候間不申遣間明四ツ時参
官候様安保氏申候
一十~~四~~（墨消し）五日四ツ時頃宮内真州美泰輔　神祇官へ罷出候処

植松右近衛少中〔墨消し〕将雅訴卿御目見被　仰付其
節被　仰渡候御還幸被遊候付是ゟハ何事も願立
之義ハ京都へ申出候様との御沙汰也仍而古書御一覧」16オ
の上御差戻し候ニ相成候尤直御支配之義当□〔墨消し〕然
被　仰渡候且又伺置候印鑑寸方壱寸壱分と
被　仰出候右伺済ニ付御官を下ル直ニ印鑑
彫刻申付候
東京
臨幸万機
御親裁被為遊蒼生未夕澤ニ露ハスト雖
内地略及平定候ニ付
大廟江御成績ヲ被為告度来月上旬」16ウ
一先　還幸被為遊候尚明春再幸之
思食ニ付百官有司可得其意旨被
仰出候事
十一月　　　行政官
一十二月廿日印鑑　［印鑑□年印］如斯相認

神祇官へ壱枚宮内持参ニ而差上候処駅逓司
へ壱枚差出候様被　仰渡候付夫ゟ駅逓司御役所へ
被出斉藤寛三郎殿へ面会壱枚差出候処慥ニ
落手致候旨挨拶有之候駅逓司ヲ下ル

」17オ

## 執筆者一覧（論文掲載順）

**堅田　理**（かただ　さだむ）
一九六五年生まれ、福井県出身。大谷大学大学院文学研究科博士課程満期退学。現在、大谷大学文学部非常勤講師、真宗大谷派慈敬寺住職。専門は日本古代史、真宗史。
〔主要業績〕『日本古代社会と僧尼』（法藏館、二〇〇七年）、「真宗における得度儀礼について――証如期以降東西分派以前――」（『真宗研究』第六五輯、二〇二一年）など。

**関山麻衣子**（せきやま　まいこ）
一九七五年生まれ、兵庫県出身。神戸女子大学大学院文学研究科博士後期課程単位取得退学。現在、三木市総務部市史編さん室。専門は日本古代史。
〔主要業績〕「備後国御調八幡宮と和気氏――神仏習合に関連して――」（『神女大史学』第二五号、二〇〇八年）、「平安時代における神の変容――神仏融合と神仏隔離――」（吉田一彦編『神仏融合の東アジア史』、名古屋大学出版会、二〇二一年）など。

**中林隆之**（なかばやし　たかゆき）
一九六三年生まれ、富山県出身。大阪市立大学大学院文学研究科後期博士課程単位取得退学。博士（文学）。専門は日本古代史。
〔主要業績〕『日本古代国家の仏教編成』（塙書房、二〇〇七年）、『東大寺の新研究2　歴史の中の東大寺』（共著、法藏館、二〇一七年）など。

**駒井　匠**（こまい　たくみ）
一九八四年生まれ、神奈川県出身。立命館大学大学院文学研究科博士課程後期課程修了。博士（文学・立命館大学）。現在、佛教大学歴史学部講師。専門は日本古代史。
〔主要業績〕『考証 日本霊異記　中』（編著、法藏館、二〇一八年）、「八・九世紀の天皇における仏教的国王観の受容と展開――天皇菩薩観を中心に――」（『日本史研究』七一四、二〇二二年）など。

**工藤美和子**（くどう　みわこ）
一九七二年生まれ、福岡県出身。佛教大学大学院文学研究科仏教文化専攻博士課程修了。博士（文学）。現在、華頂短期大学総合文化学科教授。専門は日本仏教史。
〔主要業績〕『平安期の願文と仏教的世界観』（思文閣出版、二〇〇八年）、『賢者の王国 愚者の浄土――日本中世誓願の系譜――』（思文閣出版、二〇一九年）など。

**佐藤文子**（さとう　ふみこ）
一九六五年生まれ、京都府出身。京都女子大学大学院文学研究科修士課程東洋史学専攻修了。博士（文学）。現在、京都先端科学大学人文学部教授。専門は日本古代史、日本宗教史。
〔主要業績〕『日本古代の政治と仏教――〈国家仏教〉論を超えて――』（吉川弘文館、二〇一八年）、『仏教がつなぐアジア――王権・信仰・美術――』（共編、勉誠出版、二〇一四年）など。

**細井浩志**（ほそい　ひろし）
一九六三年生まれ、千葉県出身。九州大学大学院博士後期課程単位取得退学。博士（文学）。現在、活水女子大学国際文化学部教授。専門は日本古代史。
〔主要業績〕『古代の天文異変と史書』（吉川弘文館、二〇〇七年）、『新陰陽道叢書第一巻 古代』（編著、名著出版、二〇二〇年）など。

**横田泰之**（よこた　やすゆき）
一九六〇年生まれ、静岡県出身。大谷大学大学院修士課程仏教文化専攻修了。専門は仏教美術史。
〔主要業績〕「地持院地蔵菩薩坐像について」（『地方紙静岡』二三号、一九九七年）、「坂ノ上薬師堂の古像について――大日如来と三体の如来像を中心に――」（『静岡の仏像＋伊豆の仏像』二〇二一年）など。

**杉本　理**（すぎもと　おさむ）
一九六一年生まれ、東京都出身。大谷大学大学院文学研究科博士後期課程単位取得。現在、大谷大学非常勤講師。専門は日本仏教史。
〔主要業績〕「京都国立博物館所蔵『春記』紙背聖教と醍醐寺勝賢」（『年報中世史研究』三四、二〇〇九年）、「『中右記』薨卒伝について」（『古代文化』四五－一、一九九三年）など。

**宮﨑健司**（みやざき　けんじ）
※奥付に別掲

**東舘紹見**（ひがしだて　しょうけん）
一九六三年生まれ、岩手県出身。大谷大学大学院文学研究科博士後期課程仏教文化専攻修了。博士（文学）。現在、大谷大学文学部歴史学科教授。専門は日本古代中世仏教史。
〔主要業績〕『『親鸞聖人伝絵』考察』（東本願寺出版、二〇二二年）、「天暦造像と応和の大般若経供養会――社会・国家の変化と、交流・呼応の場としての講会の創始――」（伊藤唯信編『浄土の聖者 空也』、日本の名僧第5巻、吉川弘文館、二〇〇五年）など。

**岡野浩二**（おかの　こうじ）
一九六一年生まれ、岡山県出身。駒澤大学大学院博士後期課程満期退学。博士（文学）（総合研究大学院大学）。現在、國學院大學兼任講師。専門は日本仏教史。
〔主要業績〕『平安時代の国家と寺院』（塙書房、二〇〇九年）、『中世地方寺院の交流と表象』（塙書房、二〇一九年）など。

**大平敏之**（おおひら　としゆき）
一九七九年生まれ、奈良県出身。大谷大学大学院文学研究科博士後期課程満期退学。博士（文学）。現在、龍安寺学芸員。専門は日本禅宗史。
〔主要業績〕「橘嘉智子神聖化とその背景――霊験譚による仁明皇統始祖神聖化――」（『大谷大学史学論究』一三、二〇〇七年）、「藤原道長と多武峰――無動寺別院化とその背景――」（『文芸論叢』七二、二〇〇九年）など。

**西村雅美**（にしむら　まさみ）
一九七三年生まれ、静岡県出身。大谷大学文学部史学科卒業。現在、富田林市教育委員会文化財課。専門は日本考古学、日本古代史。
〔主要業績〕「人形に関する覚書――玉櫛遺跡出土大形人形をめぐっての予察――」（『大阪文化財論集Ⅱ』、㈶大阪府文化財センター、二〇〇二年）、「付論1　左京三条五坊十坪出土の土器埋納遺物について」（『奈良県遺跡調査概報　二〇〇三年（第一分冊）』、奈良県立橿原考古学研究所、二〇〇四年）など。

**古市　晃**（ふるいち　あきら）
一九七〇年生まれ、岡山県出身。大阪市立大学大学院文学研究科後期博士課程退学。博士（文学）（大阪市立大学）。現在、神戸大学大学院人文学研究科教授。専門は日本古代史。
〔主要業績〕『日本古代王権の支配論理』（塙書房、二〇〇九年）、『国家形成期の王宮と地域社会――記紀・風土記の再解釈――』（塙書房、二〇一九年）など。

**門井慶介**（かどい　けいすけ）
一九八四年生まれ、千葉県出身。大谷大学大学院文学研究科博士後期課程修了。博士（文学）。現在、大野城心のふるさと館学芸員。専門は日本古代史。
〔主要業績〕「日本古代在地社会の研究」（博士論文、二〇一六年）、「筑後国の郷村――大善寺玉垂宮関係文書から――」（大山喬平・三枝暁子編『古代・中世の地域社会――「ムラの戸籍簿」の可能性――』、思文閣出版、二〇一八年）など。

**新井真帆**（にいい　まほ）
一九九七年生まれ、鳥取県出身。大谷大学大学院文学研究科博士後期課程在学中。専門は日本古代史。

**櫻井信也**（さくらい　しんや）
一九六〇年生まれ、滋賀県出身。博士後期課程単位取得満期退学。現在、大谷大学文学部非常勤講師。専門は日本古代史、日本食文化史。
〔主要業績〕「日本古代の鮨（鮓）」（『続日本紀研究』第三三九号、二〇〇二年）、『和食と懐石』（茶道教養講座、淡交社、二〇一七年）など。

**増成一倫**（ますなり　かずひと）
一九八九年生まれ、広島県出身。大阪大学大学院文学研究科文化形態論専攻博士後期課程修了。博士（文学）。現在、大谷大学任期制助教。専門は日本古代史。
〔主要業績〕「救急料の展開と用途」（『続日本紀研究』四二一、二〇二〇年）、「賦役令貢献物条の特質と機能」（『日本歴史』八八五、二〇二一年）など。

**小倉慈司**（おぐら　しげじ）
一九六七年生まれ、東京都出身。東京大学大学院人文社会系研究科博士課程単位修得退学。博士（文学）。現在、国立歴史民俗博物館教授。専門は日本古代史、史料学。
〔主要業績〕『古代律令国家と神祇行政』（同成社、二〇二一年）、『事典 日本の年号』（吉川弘文館、二〇一九年）など。

**伊藤実矩**（いとう　みのり）
一九九〇年生まれ、静岡県出身。大谷大学大学院文学研究科修士課程仏教文化専攻修了。元京都府立京都学・歴彩館職員（古文書担当）。専門は日本古代史。

**三澤佑里香**（みさわ　ゆりか）
一九九三年生まれ、長野県出身。大谷大学文学部歴史学科卒業。現在、諏訪市役所市民環境部。専門は諏訪信仰。
〔主要業績〕企画展「諏訪信仰と仏たち――知られざる上社神宮寺――」（主担当、二〇二二年）、第一〇七回風の樹講座「中先代の乱とその影響――激動の時代の諏訪氏――」（講師、二〇二三年）など。

## 編者略歴

宮﨑健司（みやざき　けんじ）

1959年、兵庫県出身。大谷大学大学院文学研究科博士後期課程修了、博士（文学）。現在、大谷大学文学部教授、大谷大学博物館長。専門は日本古代宗教史。著書・論文に、『日本古代の写経と社会』（塙書房、2006年）、『正倉院文書を考える』（編著、法藏館、2024年）、「「仏法東帰」考――大仏開眼会への道程――」（『大谷大学研究年報』74、2022年）などがある。

日本古代中世の社会と宗教

二〇二五年三月八日　初版第一刷発行

編　者　宮﨑健司
発行者　西村明高
発行所　株式会社　法藏館
京都市下京区正面通烏丸東入
郵便番号　六〇〇-八一五三
電話　〇七五-三四三-〇〇三〇（編集）
〇七五-三四三-五六五六（営業）

装　幀　法藏館編集部
印刷・製本　中村印刷株式会社


ISBN978-4-8318-7791-8 C3021

正倉院文書を考える　宮崎健司編　四、五〇〇円

憑霊信仰と日本中世社会　徳永誓子著　三、五〇〇円

仏教史研究ハンドブック　佛教史学会編　二、八〇〇円

日本古代の国家・王権と宗教　本郷真紹監修　山本崇・毛利憲一編　一八、〇〇〇円

東大寺の新研究　栄原永遠男・佐藤信・吉川真司編

1 東大寺の美術と考古

2 歴史のなかの東大寺

3 東大寺の思想と文化

各巻一七、〇〇〇円

法藏館　（価格税別）